G

咕
噜
GuRu

# 论爱的教育

刘道玉 著

上海三联书店

**图书在版编目(CIP)数据**

论爱的教育/刘道玉著.—上海:上海三联书店,2021.8 重印
ISBN 978 - 7 - 5426 - 7082 - 3

Ⅰ.①论… Ⅱ.①刘… Ⅲ.①教育-文集 Ⅳ.①G4-53

中国版本图书馆 CIP 数据核字(2020)第 177325 号

# 论爱的教育

著　　者 / 刘道玉

责任编辑 / 李巧媚
装帧设计 / Shinorz.cn
监　　制 / 姚　军
责任校对 / 张大伟　王凌霄

出版发行 / 上海三联书店
　　　　　(200030)中国上海市漕溪北路331号Ａ座6楼
邮购电话 / 021 - 22895540
印　　刷 / 上海展强印刷有限公司

版　　次 / 2020 年 11 月第 1 版
印　　次 / 2021 年 8 月第 2 次印刷
开　　本 / 640×960　1/16
字　　数 / 320 千字
印　　张 / 21.5
书　　号 / ISBN 978 - 7 - 5426 - 7082 - 3/G·1564
定　　价 / 78.00 元

敬启读者,如发现本书有印装质量问题,请与印刷厂联系 021 - 66366565

# 自　序

2020 年庚子新春到来之前,在九省通衢的武汉,突然爆发了大规模的新型冠状病毒肺炎疫情。

面对这场重大疫情,是漠不关心还是忧国忧民;是逃避还是迎难而上;是贪生怕死还是勇于奉献和牺牲;是漠视抗疫指挥部的统筹安排还是积极配合……这些都是拷问每个人人性的试金石。

我们十分高兴地看到,在这场生死攸关的疫情面前,我国绝大多数干部和群众都表现出了"性本善"的传统美德。尤其是战斗在抗疫第一线的医生、护士、环卫工人、警察、人民解放军、建筑工人以及物资供应战线的职工和快递小哥等,他们都是逆行者,"明知山有虎,偏向虎山行"。在他们之中,有些人因感染救治无效而牺牲,虽然没有看到抗疫斗争的胜利,但他们死得其所,他们的牺牲重如泰山,人民将会铭记他们的功德!

意大利著名诗人但丁曾说:"爱是美德的种子。"凡是有爱的地方,生命便欣欣向荣。"逆行者"们无私的爱便是对这句名言的最好诠释,而"爱"的教育,也是我一生的孜孜所求。

自 1958 年起我开始从事大学的教育工作,其中有 22 年担任高等教育的领导工作,包括担任武汉大学副教务长、副校长、校长和教育部党组成员兼高等教育司司长,前后从事和研究高等教育工作已 60 年有余。在繁忙的行政工作之余,我一边进行金属有机化学研究工作,一边进行教育改革的理论与实践研究,这既是兴之所至,又受着使命的驱使。即使到了退休之后,我对教育改革依然有割舍不掉的情结,仍然在不停地研究教育、呼唤教育改革,期望创办新式的理想教育。

长期的教育实践逐步形成了我的三大教育理念,即创造教育、爱的教育和自由教育,而教育改革则贯穿于这三大教育理念之中。我深知,不改革传统的应试教育、功利化教育和集权式的教育体制,根本就不可能实现这三大教育理念。其实,我的三大教育理念是相互联系的——爱心既是创造的动因和创造的润滑剂,又是教育改革的原动力。无可讳言的是,唯有热爱教育,营造自由的教育环境,方可批判和改革传统的僵化教育,这也就是爱之深和责之切的道理。

我正值年富力强之时,于54岁被免除武大校长职务,致使我的教育改革规划半途而废,这也是我平生最大的遗憾。但是,对于改革者而言,虽然失去了教育改革的舞台,但他们不会被困难所阻扰,也没有人能够阻挡他们改革的步伐。我会为自己搭建一个进行教育改革实验的平台。

1996年我应一位民营企业家的邀请,创办了私立武汉新世纪外国语学校,它就是武汉大学教育改革的延续。人各有志,也各有所求,有的人办学是为了名,有的是为了利,而我创办私立武汉新世纪外国语学校就是为了进行教育改革实验。可以毫不谦虚地说,对于这所新办的寄宿制中小学,我真的做到了殚精竭虑。在办学之初,我亲自拟定了校训,设计了校徽,制定了教育方针和成长之家的原则。在办学的5年中,除了亲自讲授创造思维方法课以外,我几乎把每个教师和学生都当作研究对象,希望改革陈旧的教学方法,总结人才成长的规律。在此基础上,《爱的学校》和《新世纪的曙光》两本书诞生了,它们是这块实验田里收获的学术成果,并分别于1996年11月和1998年1月由湖北人民出版社出版,前者还获得了武汉市"九五"教育科研规划成果一等奖。

但是,《爱的学校》一书,仅仅限于一所中小学的实验,尚不能涵盖我关于"爱的教育"的全部理念与实践。于是,我打算在《爱的学校》一书框架的基础上,增补我在武汉大学近8年间有关"爱的教育"的内容。于是,就辑成了《论爱的教育》的初稿。

《论爱的教育》包括了我在三个时期的思考与作品,即武汉大学、武汉新世纪外国语学校和退休以后所写作的文章,包括教育即解放、呼唤爱的教育、学校是"成长之家"、做热爱学生的校长和家庭是人才成长的摇篮等五章。窃以为,以这个书名来概括我的爱的教育理念是名实相副的。仅就爱的教育理论而言,如关于爱的本质、幼儿智力发展的萌动期、智力超常教育、论爱在教育中的灵魂作用、论教师的自我解放和怎样培植教师的爱心等,都是言他人之未言,具有独创性的特点。至于爱的教育实践,基本贯彻在我的全部教育活动之中,可谓比比皆是,此不赘言。

为了与内容相呼应,本书的最后增加了附录,在征得作者的同意后,收入了5篇对我的专访。它们是《从大学校长到小学校长》(作者谢湘)、《刘道玉:永远的校长》(作者陈俊、张真宇)、《注视着那个最亮的火炬——访刘道玉》(作者石熙和)、《刘道玉:一位超前的教育改革家》(作者方可成)和《梦魂萦绕系教育——记著名教育家刘道玉的人生追求》(作者杨小岩)。这些专访都出自报刊社的领导、教授、博士和资深记者之手,具有相当高的水平,它们既反映了我执着热爱教育的真情,又为本书增色不少。对他们撰写专访所付出的辛劳,谨致以真诚的感谢!

在我60多年的教育生涯中,爱心一直贯彻在我的全部教育研究与实践中,即使到了耄耋之年,爱的烈焰仍在我胸中燃烧。当我80岁时,曾经提出什么叫热爱教育。我告诫自己,只有像信仰宗教那样信奉教育,像拥抱情人那样拥抱教育,像呵护生命那样呵护教育,那才是一个真正的热爱教育的工作者。不谦虚地说,我做到了这一切——如果这是真实的,而我不敢坦率地承认,那就不是实事求是的态度。对于教育我做到了我能够做的一切,我无愧于自己的职业与良心。

现在,我已是高龄、高残之人,但我热爱教育之心仍然不能释怀。目前,凡是想与我讨论教育改革问题的人,或是向我咨询如何选择专业、怎样自学和成才的青少年,我都会一一回复,绝不会让有求于我的人们失望。我将以唐代诗人李商隐的诗句"春蚕到死丝方尽"来勉励自己,直至生命终止。

谨以此序与广大读者互勉!

作者谨识

2020年8月20日

于珞珈山寒宬斋

# 目　录

# 案例

# 1

## 教育即解放

# 我的教育情结[1]

我在《传记文学》1994 年第 9 期上，曾以《生命六十始》为题，发表了我个人经历的某些片断。我所说的"始"是始于什么呢？对于年过花甲的人来说，显然不是指生理学上的生命，而是指事业上的"生命"。

在教育战线上，我服务了 35 年，从事教育领导工作也有四分之一个世纪。我自从被免除大学校长职务后，仍一往深情地追随着教育改革，并希望创办一所新型的学校，作为进行教育改革的"实验田"。我想我的事业或新的生命，也许就从这里开始。

新世纪外国语学校是经过充分论证，前后酝酿了一年的时间，经过江岸区教委、武汉市教委反复审查后批复创办的。这所学校是由武汉路石教育改革基金会倡导并联合武汉红康公司等单位创办的。也许人们会问：刘道玉长期从事高等教育领导工作，为什么现在又去办一所集小学和中学为一体的外国语学校呢？这个问题是我的一桩心事，也藏着我的毕生追求。自从我离开大学校长岗位以后，总有一种壮志未酬的余憾，一直在寻求创办新型学校的机会。我国教育问题很多，我也是很不满意的。但是，重要的不是"坐而论道""怨天尤人"，而是"起而行""身先士卒"。因此，创办和具体运营武汉新世纪外国语学校，就是我"身先士卒"、继续进行教育改革的一种尝试！

在中外教育历史上，很多先进的思想家和教育家，在推行他们的先进教育思想时，大多会创办以改革为特点的实验学校。例如公元前六世纪，古希腊哲学家柏拉图创办了"柏拉图学园"，前后延续了 900 多年，亚里士多德、欧几里得等都毕业于此校。17 世纪捷克伟大教育家夸美纽斯（J. A. Comenius，1592—1670）曾创办了"夸美纽斯实验学校"，针对中世纪的"经院式"教育，进行了大量的改革，创立了分段式教学的原则。19世纪 20 年代美国著名的实用主义教育家杜威（Johan Dewey，1859—1952）也创办了一所"杜威实验学校"，他亲自担任校长，大力推行实用主义教育，提出"学校即社会、教育即生活"。陶行知先生是杜威的学生，他

---

1 本文写于 1995 年 6 月 22 日。

堪为我国近代最伟大的教育家之一,把毕生精力贡献给了我国的"平民教育"事业。他虽然师从杜威,但并不完全赞同杜威的每一个观点。例如杜威提出"学校即社会、教育即生活",而陶行知的口号则是"社会即学校、生活即教育"。这两个口号,虽然仅仅是语序上的不同,但陶行知的观点无疑更科学、更接近真理。

陶行知为了推行他的平民教育改革思想,毅然辞去了南京高等师范专科学校教授和教务主任之职,创办了晓庄试验乡村师范学校,以实现他的"四个一百万"运动的目标(筹措 100 万元基金,征集 100 万位同志,开设 100 万所学校,改造 100 万个乡村)。尽管陶行知先生的晓庄学校仅仅存在了三年多的时间,他的平民教育理想最终未能在中国实现,但是他给我们留下了大量的教育改革实践经验和论著,影响和激励着我国一代又一代教育工作者在教育实验的道路上开拓前进!

我既仰慕历史上实践教育改革的先贤们,又主张对我国现今教育进行彻底改革。古人讲"国家兴亡,匹夫有责",而我认为"教育兴衰,教者有责"。那么,怎么才能使我国的教育兴旺发达、人才辈出呢?依我之见,别无他法,唯有改革才是中兴之道。改革搞活经济的道理,已为大家所共识,但是改革能否振兴教育?从道理上说,不会有异议,但是从实质上来说,持这种观点的人并不是很多,锐意改革的人更是寥若晨星。也许这是我的偏颇之词,却是我发自内心的对教育改革的最急切的呼求。

正是基于这种认识和情怀,我在"万事休"的年纪以后,仍在为教育改革奔走呼号,创办新世纪外国语学校就是我参与教育改革的一个实际行动。改革需要舞台,如果没有,那就自己创造。新世纪外国语学校就是我们自己设计的一个小小舞台,我愿再作一次改革的尝试,把自己推到改革的风口浪尖上。我的学生们在得知我要创办这所学校并亲自担任校长以后,极力劝阻。他们建议道:"你应当创办一所大学,哪怕当一个百人大学的校长也好,但千万不要去当一所中小学的校长!"我理解他们的心情,他们生怕我"屈尊"了。对此,我自有标准:我不是为了做官,而是为了做事。如果要做官的话,过去我有许多的机会,也婉拒了多次堪为要职的委任,其原因也在于我钟情于教育改革。因此,无论是对过去的选择,或是这一次的决策,我都永不后悔!

3

古今中外的改革,总是以剑与火为根本的动力。我从自己的经历中深深地认识到,改革有阻力、有风险,改革从来都是要付出代价才能换取成果的。一个真正的改革者,应当把个人安危与荣辱置之度外,要有佛教徒那种"我不下地狱谁下地狱"的殉道精神!我笃信改革,虽然还不像佛教徒那样地虔诚,但我确实愿意充当一颗铺路的石子,为改革铺路,即使遇到再大困难也在所不辞!

# 对教育方针的新思考

古今中外,无论社会形态如何,也不管社会制度有怎样的差别,兴办教育都是共同的追求,目的在于向社会输送各类人才。人为什么要受教育?一个国家和民族又为什么要发展教育?这些问题取决于追求什么样的教育目的。它们既受制于一定的教育观念,特别是教育价值观念;又是制订教育方针、教育制度、教学内容和教学方法的依据。

在理论上,教育目的与教育方针是密切相联系的两个范畴,既不能把它们割裂开来,又不能把它们混为一谈。教育目的是教育的方向性和适应性的反映,表明教育与经济、社会的依存关系,决定着教育方向、内容、形式和方法等。而教育方针是根据一定的社会和经济需求,为实现其教育目的而制订的教育总方向和总政策。二者相辅相成,前者是后者的依据,后者是前者的具体表现。

## 一、我国教育方针之沿革

在西方教育史上,英国 17 世纪末的哲学家、教育家洛克(John Locke,1632—1704),首次把教育正式分为德育、智育和体育三大部分,后经赫伯特·斯宾塞(Herbort Spencer,1820—1903)在《智育、德育和体育》一书中加以系统化,从而形成了把"智、德、体"三育作为教育目的的传统观点。[1]

---

1 刘传德.外国教育家评传精选.北京师范大学出版社,1993:43,67.

其实，在我国古代教育论著中，关于教育目的的细化早有记载。《礼记·曲礼》中说："修身践言，谓之善行。行修言道，礼之质也。"这里的礼，也就是德育，它规定着人们的"道德仁义"，"故曰礼者不可不学也"。《礼记·学记》中说："玉不琢，不成器。人不学，不知道。是故古之王者建国君民，教学为先。"不难看出，这里的"学"是指智育，而且被放在首要的地位。《礼记·乐记》中说："乐者，心之动也。声者，乐之象也。"这里的乐，亦即美育之意，它陶冶着人们高尚的精神情操。

在我国近现代史上，关于教育方针的表述，亦因社会思潮和个人兴致的改变而转移。据考证，自戊戌变法创办新学起到 20 世纪 40 年代末，先后改变了五六次之多。清末洋务派提出的教育方针是"中学为体，西学为用"，旨在引进西方国家的科学技术知识。在光绪皇帝统治下的教育方针明确定为："忠君、尊孔、尚公、尚实、尚武"，这完全是为封建王朝服务的。后来，民国政府于 1915 年和 1919 年又两次修订了教育方针，分别为："注重道德，实利，尚武，并运之以实用""以养成健全人格，发展共和精神"。1922 年第八届全国教育联合会召开，对教育方针又作了重大的修正，包括：(1)适应社会进化之需要，(2)发挥平民教育精神，(3)谋个性之发展，(4)注意国民经济力，(5)注意生活教育，(6)使教育易于普及，(7)多留地方伸缩余地。[1]

值得提出的是，蔡元培 1912 年任南京政府教育总长时，对教育方针又作了深刻的阐明，他说："以教育界之分言三育者，军国民主义为体育；实利主义为智育；公民道德及美育毗于德育；而世界观则统三者而一之。"[2] 尤值得称道的是，蔡元培是近代史上第一个正式提出美育的人，对此，鲁迅先生也大加称赞，并亲自担任美术略论课的讲授。蔡元培极力主张以美育代替宗教教育，他认为："鉴激刺感情之弊，而专尚陶养感情之术，则莫如舍宗教而易以纯粹之美育。纯粹之美育，所以陶养吾人之感情，使有高尚纯洁之习惯，而使人我之见，利己损人之思念，以渐消沮者也。"[3]

1 华中师范学院教育科学研究所.陶行知全集：第 2 卷.湖南教育出版社，1985：223，224.
2 高平叔.蔡元培全集：第 2 卷.中华书局.1984：135.
3 同上：33.

新中国成立后不久,全国高等学校会议召开,明确提出了新中国高等教育的方针和任务,即"以理论与实际一致的方法,培养具有高度文化,掌握现代科学和技术成就,全心全意为人民服务的高级建设人才……"。[1]

1952年颁布的《中学暂行规程》(草案)和《小学暂行规程》(草案)中明确写道:"对学生实施智育、德育、体育、美育全面发展的教育。"当时所理解的全面发展的教育,指的是大家受到同等的教育,每个人都能齐头并进。1956年6月,陆定一在全国省市委宣传部部长会议上,提出了"全面发展和'因材施教'相结合的教育方针"。[2] 之后不久,在《人民教育》杂志上就开展了争鸣,争论的中心是:"因材施教"是否属于教学方法? 全面发展的教育方针是否需要结合或补充"因材施教"的内容? 争论的实质关系到培养人才的共性和个性问题,双方各执一词,一直未能统一认识。

1957年2月,毛泽东发表了《关于正确处理人民内部矛盾问题》的讲话,提出:"我们的教育方针,应该使受教育者在德育、智育、体育几方面都得到发展,成为有社会主义觉悟的、有文化的劳动者。"1961年《高教六十条》颁布,其中的表述是:"教育必须为无产阶级政治服务,必须同生产劳动相结合,使受教育者在德育、智育、体育几方面都得到发展,成为有社会主义觉悟的有文化的劳动者。"毛泽东提出的教育方针,无疑具有绝对的权威,成为全国教育的统一纲领。毛泽东提出的教育方针较之过去的提法,有三点不同:一是把德育放在"三育"之首,而过去都是把智育放在首位;二是把美育勾掉了;三是把培养人的落脚点放在"劳动者"上,甚至一段时期内特别强调是普通劳动者。这些改变,既有时代的背景,又是与毛泽东一贯的思想体系相符合的。在整整20年内,毛泽东提出的教育方针,几乎得到了绝对的遵照执行,但多年之后,人们对他的教育方针也提出了质疑。

必须指出的是,这个时期的教育方针,无论是增或是减,都不是随意的,而是有着内在的必然联系。从1957年到1964年,被认为是阶级斗争"越来越激烈"的时期,提出"千万不要忘记阶级斗争",号召知识分子要

1　人民教育.1950,2(2).
2　上海市社会科学学会联合会.社会科学争鸣大系(教育学卷).上海人民出版社,1992:83.

"劳动化",于是提出"两个必须""培养劳动者",并删去被认为带有"资产阶级情调"的美育,这适应了那个时期的政治需要。

之后,在改革开放精神的指引下,广大教育工作者思想解放了,对我国教育方针的讨论也日益活跃起来了,无论是官方抑或是民间,关于教育方针的表述都呈现出多元化的趋势。

1981年6月27—29日召开的十一届六中全会通过的《关于建国以来党的若干历史问题的决议》中关于教育方针的表述是:"要加强和改善思想政治工作,用马克思主义世界观和共产主义道德教育人民和青年,坚持德智体全面发展、又红又专、知识分子与工人农民相结合、脑力劳动与体力劳动相结合的教育方针,抵制腐朽的资产阶级思想和封建残余思想的影响,克服小资产阶级思想的影响,发扬祖国利益高于一切的爱国主义精神和为现代化建设贡献一切的艰苦创业精神。"看来,这是进一步拨乱反正的会议,撇开了"两个必须"和"劳动者"的提法。但是,这个方针并不是完全针对学校教育提出的,而且文字不精炼。很显然,要把它作为一个国家的教育指导方针,虽然有些合理因素,却是不恰当的。

同年11月,五届人大四次全会的《政府工作报告》也讲道:"我们教育的基本方针是明确的,这就是使受教育者在德、智、体几方面都得到发展,成为有社会主义觉悟的有文化的劳动者和又红又专的人才,坚持脑力劳动与体力劳动相结合,知识分子与工人农民相结合。"[1]这个提法与十一届六中全会的提法基本上是一致的,都渗透了非常鲜明的政治思想内容。

目前,还没有关于教育方针更科学、更权威的提法,但是非官方的提法倒是不少。总的说,这些不同的提法都是围绕着教育目标的细化的问题——到底应该提几育呢?根据已有的资料,主要有三种提法,即"三育"(德智体)、"四育("德智体美")和"五育"(德智体美劳)之说。一般来说,对于"三育"没有不同的意见,只是对"三育"的理解与排列次序有不同的看法。美育是审美和创造美的教育,其重要性已被越来越多的人所认识,于是不少人主张把美育增加到教育方针中去,这就构成了"四育"之说。那"五育"又是什么呢?它是指"德、智、体、美、劳",是目前比较流行的说法,

---

1  当前的经济形势和今后经济建设的方针.人民出版社,1981:43.

特别是在中小学当中。但是,对劳动技术教育的分歧又最大。有人认为劳动教育主要是培养学生的劳动观点,这显然已包括在德育中去了;又有人认为劳动技术教育主要是使学生掌握某些应用技术,适应未来就业的需要,如果仅此而已,那又可以分解到德育和智育中去。因此,不少人主张不提劳育,仅提"三育"或"四育"就够了。通过教育界的反复讨论,近年来对我国教育目的的组成要素,比较趋向一致的认识,即由德、智、体、美四要素组成,它们是人的全面发展的基本素质——体脑结合和真善美统一的综合素质。

## 二、关于"人的全面发展"之歧见

关于"人的全面发展"问题,是被教育家们研究得最多,同时是误解和歧见最多的问题。为了准确地理解"人的全面发展"的本意,不妨再引出马克思关于这个问题的原文。在《资本论》中,他说道:"从工厂制度中萌发出了未来教育的幼芽,未来教育对所有已满一定年龄的儿童来说,就是生产劳动同智育和体育相结合,它不仅是提高社会生产的一种方法,而且是造就全面发展的人的唯一方法。"[1]

从马克思的这一段话中,我们可以体悟到一些什么认识呢?我认为有以下几点:

第一,马克思是把教育放在整个社会的背景之下考察的,或者更准确地说,是"从工厂制度中"抽象出"未来教育的萌芽"。马克思是研究经济学的,不是研究教育学的,他提出"人的全面发展"是针对社会化大生产下旧式分工所造成人的片面发展而言的,显然不是从整体上回答教育目标的问题。因此,把马克思的"人的全面发展"当成教育目标或教育方针,那是不严肃的,也是片面的。

第二,"德、智、体、美"全面发展与马克思的"人的全面发展",虽然有联系,但又有着重要的区别。前者是教育目的的体现,是发展教育的内容,是对培养人才基本素质的要求。后者是马克思主义经济学说或人的学说的组成部分,它是对未来社会体脑结合基础上全体社会成员的最高

---

1 马克思恩格斯全集:第23卷.人民出版社,1986:530.

要求,在逻辑上与教育学的体系没有必然联系。因此,不能把"人的全面发展"与"德、智、体、美"全面发展视为同义语,但它作为一个基本理论,其精神对教育工作仍然是有指导意义的。

第三,关于教育与生产劳动相结合的观点,这是马克思的一贯思想。毫无疑问,马克思这里所指的生产劳动是社会化的机器大工业生产,而不是他所批判的普鲁东派所主张的手工业式的综合劳动。由此我们认识到,在过去很长的时间内,许多人把教育与生产劳动相结合理解为与小农生产和工厂里的简单体力劳动相结合,这并不是马克思的原意。不过,我也想对马克思这段话的内容提出一点质疑:他把"生产劳动同智育和体育相结合"视为"造就全面发展的人的唯一方法",这似有点绝对化了,在生产力高度发达和新技术日新月异的时代,能否实现他的观点是令人怀疑的。更何况,他在那一段话中,只字没有提到德育和美育。试问:离开了这些,又怎么可能成为一个"全面发展的人"呢?

上面我们论述了马克思的"人的全面发展"的精神实质,分析了它与"德、智、体、美全面发展"的区别,澄清了在这些问题上的模糊认识。无可讳言,在过去较长的时期内,我国的教育曾受到过严重的干扰与破坏,究其原因就在于对教育方针和关于"人的全面发展"的理解,在教育实践中受到了极左政治运动的干扰与破坏。

那么,我们如何才能比较准确地理解全面发展的内容和精神实质呢?关于这个问题,由于视角和把握的层面不同,因而存在各派的观点。例如,"个人能力(体力与智力)全面、充分发展"的观点;"作为生产力要素的人和作为一定社会关系中的人不同角度的个人发展"的观点;"人的全面和谐发展的二层次和三层次"的观点。从教育的角度来看,用三层面来解释不仅更清晰,而且更科学、更合理。[1]

首先是从人的心理素质来概括人的全面和谐发展的,是指人的心智的全面和谐发展。在心理学上,往往把人的心理素质分为智力、道德和情感三个部分,教育的作用就是通过智育、德育和美育等途径,促使个体人的心理素质全面和谐地发展,从而塑造出真、善、美统一的优根性的素质。

---

1 桑新民.呼唤新世纪的教育哲学——人类自身生产探秘.教育科学出版社,1993.

其次是从人的生理和心理两方面素质来促使人的全面和谐发展。众所周知,良好的生理素质是发展健康的心理素质的物质基础,而健全的心理素质又是强身健体的精神力量。因此生理与心理素质是互为因果的关系,只有当它们协调一致时,人的全面和谐发展才成为可能。

再次是从微观和宏观的结合上来把握人的全面和谐发展。在这里,我是把个体当成微观,而把社会当成宏观。如果说前面两个层面仅仅局限于人的个体,那么第三个层面就超出了个体,而是在更广阔的社会背景中造成人的全面和谐发展。怎么能实现这一目标呢? 看来,问题又回到了马克思所说的"生产劳动同智育和体育相结合"上面来了。我们应当看到,我国的学校教育在这方面是存在严重的缺陷的。因此,为了培养出全面发展的人才,必须使个人的发展与社会的发展同步,人的全面和谐发展只有在改造自己的主观世界和客观世界中才能实现。应当说,只有这样的人才是社会发展所需要的全面发展的人。

### 三、我对教育方针之新思考

教育方针是国家制订教育政策和指导学校教育工作的纲领,也是学校制订培养目标、教学制度、教学计划、教学内容和教学方法的依据。因此,一个国家必须制订总的教育方针,以便对各级各类学校实行宏观规范化的管理。作为办学指导原则的教育方针应当是统一的,运用于各级各类学校,不能再分大学、中学和小学。但是,由于我国是人口众多的大国,学校类型千差万别,为了适应市场经济形势的需要,学校教育也出现了多元化的发展趋势。因此,在国家教育方针的总指导下,应允许一些学校制订一些特殊的方针和政策,以建立有个性和有特色的学校。

一个国家的教育方针,不仅要充分体现教育的目的,还应当明确教育的性质。制订教育方针,应当根据本国的国情,考虑到诸多因素,为建设国家的总目标服务。在当前来说,就是要为改革开放、为建设现代化的社会主义强国服务。

具体说来,制订教育方针应当考虑到以下的因素:

一要从我国国情出发。什么是我国国情呢? 所谓国情,就是国家真实的情况和态势,前者是静态的,后者是动态的。从教育上讲,我国是一个人口众多的大国,原有的教育基础薄弱,九年义务教育普及工作刚刚开始,大学升学率还非常之低,教育结构也不甚合理,教育经费投入严重不足,教学体制单一,教育思想保守等。总的来说,我国教育水准同发达国家相比,还有相当大的差距。这就提示我们:在制订教育方针时,必须解放思想,实事求是,大力推进教育改革,加快我国教育发展的速度。

二要考虑文化的传统。我国是世界文明古国,有五千多年的悠久历史,既有优秀的传统,也有深厚历史的沉淀。例如,"有教无类"、"因材施教"、启发式教学、教学相长、尊师重道等,对于这些精神瑰宝,我们应当要继承。但是,也有保守落后的东西、潜移默化的陋习代代相传,如唯书、唯古、唯上,教育功利化和虚荣心等,对于这些不符合时代精神的东西,我们一定要摒弃。这又启示我们:一定要采取开明的教育思想,尊重学生的志趣,保护学生的有益个性,营造民主自由的学风,着力培养具有创造精神的人才。

三要针对人的素质。联合国教科文组织在《学会生存》一书中指出:"教育必然是从学习者本人出发的。"[1] 这就是说,教育是研究人的发展的实践活动,人既是教育的出发点,又是教育的归宿。从本质上来说,教育就是要把人从无知变为有知、从愚昧变为文明的过程。概而言之,就是使人由黑暗到光明。因此,研究和制订教育方针,必须十分重视人的素质,特别是我国青少年的特征和弱点,只有对症施教,才能达到优化国民素质的目的。那么,千百年来的历史沉积给我国国民素质带来了什么缺陷呢?据我多年的思考,在思维方法上主要的问题可以概括为:"求多不求新、求同不求异、求表不求实、求稳不求变。"同时,不敢冒险也是我国国民素质的重大缺陷。或许,这些正是导致勤劳、聪明的中华民族缺乏创造力的原因,也是我国教育方针应该回答的问题。

四要借鉴国际先进的经验。我国的教育状况,不仅在历史上与国外发达国家存在很大的差距,而且大大地滞后于当代国际教育改革的步伐。近20多年来,联合国教科文组织先后召开了多次国际会议,专题研究教

---

1 联合国教科文组织.学会生存.上海译文出版社,1979:215.

育改革与发展的对策。他们认为："教育能够是，而且必然是一种解放。"[1] "教育的未来在于设计一种教育机构，这种机构要利用工业与技术上的效率去获得知识，同时要培养集体的创造力以促进人类关系的发展。"这就说明，在新世纪到来之际，无论是科技或是教育，都将面临着重大的变革与突破。在这种形势下，制订教育方针绝不可以"闭门造车"，也不能"唯观点论"，而应当吸收人类共同的财富——先进的教育思想和科学技术知识，为"一个新世界培养新人"。

五要有理论的依据。这里所说的理论，是指教育学及相关的教育经济学、教育哲学和心理学等。教育方针本来就是教育学的重要内容之一，应当具有严密的科学性、逻辑性和适用性。这就意味着：制订教育方针，要充分发动教育学家们进行研究，进行充分的论证，在充分民主的基础上实行集中，再以国家的方针付诸实施。这既是科学民主的决策方法，又是"从群众中来再到群众中去"的群众路线工作方法。

在讨论了制订教育方针的诸因素之后，应当回答：我国的教育方针到底是什么？如何把这些因素的精神反映到教育方针中去呢？对此，我前后思索了十多年，希望在综合各家意见的基础上，提出一个比较科学和具有针对性的方针，以指导各级各类学校的教育事业，促使我国教育与现代化经济建设相适应。我也深知，我们所要回答的问题，是一个既敏感又众说纷纭的复杂问题。之所以敏感，是因为像教育方针这类大政要策，在我国历来都是由国家的最高领导人提出。所谓复杂，是因为中国文化中有喜欢"文字游戏"的习惯，再加上"文人相轻"，故很难达成共识。

但是，改革开放以来，思想毕竟解放了很多，这就为学术研究创造了宽松的环境。同时，如果不强求绝对地统一，不妨搞一点"大统一和小自由"，允许不同类型的学校提出有自己特色的办学思想和方针，这将有利于打破"千校一格"和"万人一面"的大一统办学局面，开创我国教育千姿百态的多元化新纪元。

基于上述认识，我才尝试创办了武汉新世纪外国语学校，既然是民办，那么就应当行使独立自主办学的权力，办出民办学校的特色。讲到特

---

1 联合国教科文组织.学会生存：198.

色,很多学校把一流的设备、一流的教师当作特色,也有把外语、电脑课当作特色。这些虽然是重要的,但它们都不能称为学校的特色。从根本上讲,学校的特色是指办学的思想和风格。毫不客气地说,一个学校如果没有自己的办学思想,即使办学条件再好,充其量也只能是一所条件优越的学校,却不能说是一所有特色的学校。

教育方针是教育思想的体现,是学校特色的精髓。正因为如此,在武汉新世纪外国语学校筹建之初,我就决定把构思了十多年而形成的对教育方针的认识,放到这块教育"实验田"里实践,以便总结经验教训。那么,我所设计的教育方针是什么呢? 用文字表达是:"教育必须为社会主义建设服务,坚持德、智、技、群、体、美六育并重,全面开发人的智力,培养具有创造性素质的多功能人才。"与过去各种教育方针的提法相比,这个提法明显有以下几点的不同:

(1)关于教育目的的细化问题。我建议提"六育"并重,与过去的"三育""四育"或"五育"不同,我的提法中多了"技"和"群"两个字。不免有人要问:为什么要加这两个字呢? 是不是画蛇添足? 我说不是的,它们不是随意加的,它是在我对中国传统文化进行反思和对大学生素质长期调查的基础上提出的。

60多年前,陶行知先生曾说:"中国有两种病。一种是'软手软脚病',一种是'笨头笨脑病'。害'软手软脚病'的人,便是读书人。"[1]难道不是吗? 今天的学生,高分低能已成普遍现象。在出国的留学生中,论考试成绩,中国学生几乎个个都是佼佼者,但一进入到科学研究阶段,动手能力与欧美学生相比,那就相形见绌了。我国学生不动手的毛病,有着深远的历史与社会根源,受儒家"重道轻器"的思想影响很深。在学术界,也普遍存在着"重理轻技"的偏向,往往把应用技术称作"雕虫小技"。中国人很聪明,也不乏创造力的火花,但是少有重大的发明创造。

如果不是妄自菲薄的话,我们今天所享受的一切工业文明成果,几乎全部是西方人发明的。这是令人深思的,究其原因,就在于我们缺乏实现创意的实践能力。更进一步的原因,是保守的教育思想压抑了学生的创

---

1 陶行知全集:第2卷.湖南教育出版社,1985:605.

造性。由此看来,"技"的确是很重要的,它是构成人的重要素质之一,应当列为教育目的的一项内容,通过教育予以培养。

也许有人会说,"智育"应包括了"技",不必单独提出来。但是,我认为两者有联系,却不能等同,也不能相互代替。我们都知道,智商高的人不一定能力强,也不一定个个都能成才。因此,把"技"单独列入教育方针,既是有理论根据的,又是有着很强的针对性的。

关于"群"的问题,这是一个长期被忽视的极其重要的问题。本来,在革命时期确立的"三大作风"之一就是密切联系群众,这说明群众观念是十分重要的。从现代观念来讲,"群"包含了群体意识、团队精神和协调能力。从素质上讲,不合群、习惯单干、"以我为核心"、"窝里斗"等,这些已成了我国国民的劣根性之一。有人说:"一个中国人是一条龙,十个中国人是一条虫。"又说:一个中国人与一个日本人较量,日本人斗不过中国人,两个人打个平手,而三个中国人一定斗不过三个日本人。个中原因,还是中国人不合群。有鉴于此,一定要优化国民的优根性素质,养成团队精神,学会合作与竞争的能力。应当看到,这是时代精神的反映,是成功创业者必不可少的素质。群体意识,必须从小抓起,通过"群育"逐步养成团队工作的精神。

也许又有人会说,德育应当包括了"群育",也没有必要单独提出来。但是,我认为二者不能等同,因为它们分属于不同的学科范畴,前者包括在社会科学之内,而后者是属于行为科学。古人说"矫枉必过正",为了克服中国学生群体意识差的积习,把"群育"列入教育方针实属非常必要。

(2)关于"人的全面发展"和"全面开发人的智力"问题。前面已就"人的全面发展"的精神实质和意义作了阐述,它作为人学的一个观点无疑是完全正确的,但作为教育方针不免就显得太抽象了。相比而言,"全面开发人的智力"的提法更具有教育的特点,它正是教育目的所需要回答的问题。开发是动词,这正是教育所应担负的功能。开发什么呢? 不是简单地传授知识,而是开发人的智力——人的高层次的创造性的能力。

(3)"劳动者"与"多功能人才"的问题。"劳动者"的提法并没有什么不对的,只是它反映不出时代的精神。那么,我们所处的时代是一个什么样的时代呢? 未来学家们一致认为,21 世纪是信息革命的时代,科学技术高度发达,技术密集生产将占主导地位,"白领"阶层将是社会的主体。很明显,在这样的社会里,人们的生产方式和生活方式都将发生深刻的变化,劳动本来的意义也发生了变化。普遍预测,到了下个世纪,人们不必到工厂或公司里去上班,可以在家里完成定额任务。学习已不限于学校范围,从为获取文凭而学习变成终身学习,学生也不必上学,可以在家里的计算机网络上学习。很明显,在这种情况下,再提培养"劳动者"已经过时了。相反地,培养具有创造性素质的多功能人才才能反映新时代的精神,这也正是新型教育应当担负起的重要任务。

# 论基础教育改革的任务[1]

基础教育是我国教育的基石,它不仅要为高等学校培养合格的"原材料",还要向国家输送大批的中等技术人才和合格的劳动力。我国是"书香之邦",基础教育有着悠久的历史,不仅数量浩大,而且质量也属上乘,在世界基础教育中占有重要的地位。

然而,随着经济改革与对外开放的深入,特别是新的技术革命对教育提出的挑战,我国基础教育不适应市场经济的弊端也日益暴露了出来。近十多年以来,基础教育领域虽然也进行了一些改革,但总的说来,改革的步子不大,旧的教育思想、教育制度、教学方法、管理方式仍然占据着主导地位。原因何在呢? 这正如维新派梁启超在总结戊戌变法失败的教训时所指出的:"变法不变本原,而变枝叶,不变全体,而变一端,非彼无效,只增弊耳。"[2]当前,我国教育改革的情况正是如此。那么,什么是本原呢? 本原就是教育思想、教育制度。抓本原应当从小学抓起,要全面、持久地抓下去,若非如此是不能奏效的。基于这种认识,我以为基础教育应从三个方面进行改革:

---

1 本文于 1995 年 10 月 3 日写于"树人学园"。
2 吴廷嘉.戊戌思潮纵横论.中国人民大学出版社,1988:388.

## 一、关于素质教育的改革

广义地说，素质是一个人全部的生理与心理的特质系统，即一个人的身心系统。人的素质既来自先天的禀赋，又有后天的塑造。因此，人的素质是先天与后天结合的"合子"。人的天赋素质只是其现实素质的原始起点，而人的最主要的素质是在后天的实践活动中形成的。教育是以人为对象的实践活动，本应担负塑造人的素质的重任。可是，我不能不遗憾地说，我们的学校教育在这方面并没有起到应有的作用。长期以来，学校仅仅被视为"传授知识的场所"，忽视了对青少年素质的培养。现在的学校特别是中小学，虽然也开设品德课、政治思想课，但大多采取灌输式说教的方式，基本上流于形式，少有收效。

素质是一个涵盖很广的概念，包括文化素质、个性素质、心理素质、身体素质等。一个优秀的人才，必须具备这些优秀的素质。事实上，一个人的成就是他们能力的表现，归根到底是他们的素质综合作用的结果。日本学者认为：知识不如能力，而能力又不如素质。这就说明，素质教育在人的培养中占有极其重要的地位。

素质教育与应试教育是根本不同的，前者是以全面提升青少年的素质为目的，而后者仅仅是为了训练学生机械背诵书本知识的能力。对于创造性人才来说，优良的文化素质是重要的，但良好的个性素质、心理素质尤为重要。创造心理学家认为，没有个性就没有创造性，并且须从小培养这些优良的素质。然而，在传统的教学过程中，属于创造性的许多素质要么被忽视了，要么被扼杀了。例如，好奇心、求异心、自尊心、进取心、怀疑心和自我设计、自我实现、爱表现、敢于批判、勇于冒险等精神，都是创造性人才必备的优良素质。但是，在持有僵化保守思想的人看来，这些素质大多是受贬斥的。就拿"爱表现"这个素质来说，长期都是受批评的，凡是具有这种素质的学生，在鉴定表上总要被写上"个性太强、爱表现、好出风头"的评语。在这种强大的舆论压力下，青年们只能说自己不行，以显示自己谦虚，从不敢展现自己的才华。试问：如果我们不革除传统的教育思想，不砸烂束缚创造性的紧箍咒，如何开发我国国民的创造力呢？又如何使我国的科学技术跻身世界先进之林呢？

开展素质教育,既不能脱离教学活动,也不能"无为而治"。最重要的是,必须牢固地树立素质教育的指导思想,且为全体教职工所领悟,自觉地贯彻在一切教学活动中。同时,要围绕着这一目标,开设系列特色课,采用各种开明的管理办法,营造生动活泼的学习氛围,培植滋生发明创造的沃土,让广大青少年的创造性个性和聪明才智,发育成为根深、枝繁、叶茂和硕果累累的大树!

## 二、关于智力教育的改革

学校的功能是什么?从传统的教育观点来看,学校一直被看成是传授知识的场所,主要是培养"书生型"(或知识型)人才。而新型学校的功能,应当是培养创造性人才,这是由下一个世纪的经济和技术发展的需要所决定的。所以,我们在办学章程中明确提出新型学校的任务是:塑造国民优根性,开发创造性智力,培养跨世纪的创造型人才。

教育观念的不同,明显反映在对待有创造性才能学生的评价上。传统学校往往对有创新精神的同学不感兴趣,因为他们不太听话、不太遵守纪律、爱提问题、好异想天开、爱表现、好高骛远、成绩平平甚至功课不及格。然而,从现代教育新观念来看,这些特征正是创造性人才所应具有的素质。在历史上,许多有作为的发明家、艺术家、政治家、实业家,如爱迪生、爱因斯坦、达尔文、艾尔利希、海涅、毕加索、丘吉尔、纳赛尔、福特等,都曾被认为是学习糟糕的人,然而他们凭借着自己非凡的创造力而成为功垂千秋的名人。[1] 这就说明,学校的教育像"可以载舟亦可覆舟"的水一样,既可以培养人才也可能扼杀人才。美国加州的一份调查资料称:大约35%有创造性的学生受到压制或被扼杀。在我国,情况可能更加严重。这也正是我大声疾呼推行创造教育和锐意进行教育改革的根本原因。

知识、智力和创造力的关系,既是彼此联系的,又是有区别的。张建邦等在《知识的爆炸》一书中,着重论述了创造教育的理论与实践问题。知识是重要的,它是构成一个人文化素质的基础,是发展智力、创造力的

1 刘道玉.知识、智力、创造力——谈创造教育.湖南教育出版社,1989:201.

条件。但是,知识并不等于力量,正如爱因斯坦所说:"想象力比知识重要,因为知识是有限的,而想象力概括着世界上的一切……"[1] 正是基于这种理念,我们才提出"把智力开发放在学校教育的首位,并且应当对学校的智力教育进行改革"。

新世纪外国语学校是一所新建的私立学校,她的建制灵活,条条框框较少,拥有相对独立的办学自主权,因此有利于开展各项改革。在当前,围绕着智力的开发,应当从以下几方面进行改革:

(1)从灌输式教学变为启发式教学。讲授并不等于灌输,因此课堂讲授在任何时候都是必要的。问题在于讲授的目的是什么。如果仅仅只是"讲说章句而已",显然"非古者教人之道也"。这正如《礼记·学记》中所说:"君子之教,喻也。道而勿牵,强而勿抑,开而勿达。"这里的喻,即启发、诱导的意思。这一段话的意思是:引导学生但不能牵着走,鼓励学生但不能压抑学生,启发学生但不能代替学生。我认为,如果我们的教师在"道""强""开"三个字上下足了功夫,那么我们的教学就是真正的启发式教学了。

(2)以异步教学代替同步教学。所谓"同步教学",就是"一刀切""齐步走"的教学方法。它忽视学生的个性、主动性和差异,导致"优生吃不饱,差生吃不了"的状况。实际上,同步教学是平均主义和"大锅饭"在教学中的表现,它是以牺牲优秀学生为代价的,对快出人才、出好人才是有害的。异步教学是以承认差别、允许差别为前提的教学方法,是贯彻"因材施教"教学原则的具体措施。孔子是我国古代伟大的思想家、教育家,他有弟子三千,培养了七十二贤人。他育人的成功经验,正如朱熹所概括的"孔子教人各因其材"。孔子是"因材施教"原则的创始人和躬行者。两千多年以来,虽然每每倡导,但在学校的教学中实行者甚寡,其原因是同步教学简单省事,教者缺乏"爱才若渴"的敬业精神。本校办校宗旨是"追求卓越,力争第一",因此从一开始就坚定不移地贯彻"因材施教"的教学原则,既要使每个学生打好"三基"(基本知识、基本方法和基本技能与制作能力),又要让每个学生的个性、志趣和专长最充分地展现出来。

---

1 张建邦等.知识的爆炸.台湾惊声文物供应公司,1971:15.

（3）改革单一评价学生水平的标准，实行多变量动态考核的方法。现在，各类学校评价学生的唯一方法是考试，唯一标准是分数。于是，考试成了教师的指挥棒，分数成了学生的存在价值和家长的期望值。其结果是使学生变成了分数的奴隶，导致了"高分低能"的现象。学校的考试不可没有，但是那种出偏题、怪题以难倒学生为目的的袭击式考试，一定要革除，并以一种科学、民主的评价方法代替之。否则，我们所倡导的以开发创造力为目的的"乐教、乐学"的局面就不可能形成。

（4）正确处理好义务教育和特色教育的关系。作为一所外国语学校，应当以外语教学为特色，但是从小一到初三又处于九年义务教育阶段，必须完成国家颁布的义务教育大纲的内容。表面上看，二者好像是有矛盾的，但是如果处理得当，它们不仅不会相互抵触，还可以相互促进。关键问题在于处理好必修课与特色课的关系，前者是义务教育大纲的要求（最低限度的要求），后者是特色教育所附加的。事实上，青少年的学习能力有着巨大的潜力，他们完全能够在完成必修课的同时接受特色课程教育，以实现更高的目标。我们不仅要求他们学得知识，而且要求他们学会学习、"学会生存"。

（5）坚持学思结合和手脑并重的教育原则。孔子一贯主张学思结合，曾说"学而不思则罔，思而不学则殆"。古今中外的一切大学问家，都十分强调思考在学习中的作用，否则就不能培养独立思考和抽象思维能力。动脑也就是思考，但是只会动脑而不会动手，那也是不可能成为创造型的人才的。所以，陶行知先生十分强调"手脑相长"的教育原则。他不仅说过中国有"软手软脚病"和"笨头笨脑病"，还说过"一个人要贡献于社会一定要手与脑缔结大同盟。然后，可以创造，可以发明"。[1]

我个人认为，创造力主要包括创造性的思维能力和创造性的实践能力，只有二者的有机结合，才能促进创造发明。然而，我国的学校教育一直存在着轻视实践的弊端，并且有着深远的历史根源。在古代，就存在"重道轻器"的思想，后来又演变为"重学轻术""重理轻技"的偏向，致使我国学校培养的学生动手能力很差。针对这种流弊，我们在教育方针中增

---

1 华中师范学院教育科学研究所. 陶行知全集：第2卷：605.

加了一个"技"字,目的在于增强学生的动手能力。当然,要达到这一目的,还必须培养学生动手的兴趣,比如开展丰富多彩的科学实验和小发明制作活动,使他们在"做中学",学会创造性的学习。

### 三、关于管理教育的改革

由于传统文化长期的影响,我国基础教育的管理一直是保守的,严重不适应改革开放形势的需要。具体表现主要反映在:在思想管理上是灌输式的,在学习管理上是惩罚式的,在生活上是"保姆式"的。很明显,不改革僵化保守的管理方式,我们的一整套教育观念、教育制度、教学原则和上面所谈的素质和智力教育改革也只能是一句空话。

对于培养人才来说,教育和管理是相辅相成的,它们作为一种手段都是为培养目标服务的。为了实现新型学校的功能,培养创造性的人才,适应 21 世纪对人才的需要,我们必须对基础教育管理进行全面的改革。需要改革的内容很多,但我觉得应当抓好以下三方面的改革:

首先,要以疏导方式代替"灌输式"的思想教育。思想教育无论是对于贯彻落实《爱国主义教育实施纲要》,或是培养学生高尚的道德品质,都具有十分重要的作用。问题是,我们如何对学生进行有效的思想教育?对人的管理,即是做人的思想工作。很显然,这种教育从幼儿的启蒙就开始了,而且将贯穿于人的学习、工作和生活的全过程。

基础教育包括初级教育和普通中等教育,对象是 6 至 16 岁的儿童和青少年。在这个年龄时期,大多数青少年的思想没有定势,是教育的敏感期,无论是对道德品质的培养或是智力的开发都是至关重要的。

思想教育既不能以突击式的政治运动来代替,也不能指望开一两门政治课来解决问题。最重要也最行之有效的方法是正面激励、理解与疏导,爱心的感染和教师的言传身教。其中,我要特别推荐"爱抚管理学",这是一门新兴的管理学科,它在思想教育中占据着主导的作用。所谓"爱抚管理",就是以爱心来实施管理。世界上没有任何东西比爱心更能调动学生们的学习积极性了。需要爱抚乃人之本能,感情丰富的儿童更是如此。

意大利著名教育家德·亚米契斯(Edemondo De Amieis,1846—

1908)的《爱的教育》是一本名著,译者夏丏尊在译序中写道:"教育上的水是什么?就是情,就是爱。教育没有了情爱,就成了无水的池,任你四方形也罢,圆形也罢,总逃不了一个空虚。"[1]的确是这样,爱心是高效的触媒,她能激发青少年的热情,点燃他们心灵的烈火,陶冶高尚的情操。总之,没有爱心就没有教育,也就没有了一切。正因为如此,美国教育学家巴吉明斯特·富勒才指出:"真理、青年与爱,这就是明天的希望所在。"[2]

其次,以激励代替惩罚式教育。在学生的管理教育中,无论是奖励或是惩罚,都是作为一种手段实施管理。但是,从本质上来看,惩罚式管理教育从来没有产生过真正积极的作用。

惩罚教育是一种奴隶主义的教育,是封建余毒在教育上的反映。对于惩罚教育,虽经历代开明的教育家予以挞伐,但至今仍然有很大的市场。持这种观点的人认为:"没有罚就没有教育",不罚就不能从严要求,不罚就不能惩前毖后,等等。在这种思想的影响下,全国各地惩罚学生的事件时有发生。据报载,有的教师因多数学生做不出教师出的练习题,于是罚全班学生重抄写习题 3000 遍,可怜的学生们从头一天晚上抄到次日天亮才抄完 500 遍。有的教师给课堂上说话的学生嘴上贴封条,长达三天半。有的教师让学生用教鞭打不遵守纪律的学生手心,让学生打自己的耳光。至于对学生罚站、罚劳动、罚款、赶出课堂、辱骂学生的,更是家常便饭。这些虽然是发生在个别学校中的少数现象,但是产生的社会效果却是很坏的,对青少年的心灵所造成的伤害是无法弥补的。如果不革除惩罚教育,代之以民主、有爱心的管理教育,那么大批优秀的人才将会因惩罚而受到摧残。

从理论上讲,大多数的人都不主张惩罚教育,但为什么在家庭和学校的教育中仍然存在惩罚教育的淫威呢?原因就在于他们因"父道尊严""师道尊严"而滥用神圣的教师之权;也是由于他们讲授不得法、教育无力,因而不相信教育的伟大力量,迷恋于惩罚的"威力"。这实在是教者的无能,教育的悲哀!

---

1　亚米契斯 E. 爱的教育. 上海书店,1986:Ⅲ.
2　巴士卡里雅 L. 爱和生活. 生活·读书·新知三联书店,1988:11.

什么叫教育？这似乎是一个不言而喻的问题，但实际上包括教育部门领导人在内的绝大多数从事教育工作的人并不真正懂得它的蕴义。其实，"教育"由"教"和"育"两个字组成，包含着两层意思。所谓"教"，就是施教，是外施于内的过程，主要是指教者的作用。所谓"育"，意指发育，是受教育者内在的自然生长的力量。所以，教育的正确理解应当是外施于内的作用与内在自然生长作用的统一，或者叫作两种作用的合力。由此看来，我国教育上存在的问题多源于此，教育惩罚主义者的问题也出在这里——他们只注意教而忽视育的作用，一旦教之失败，不从教与育两方面去找原因，而是抄起惩罚的大棒。须知，这不仅无助于问题的解决，而且从根本上挫伤了学生学习的积极性、主动性和创造性。

　　也许有人会说，惩罚教育虽有，但那只是个别的。是的，明显粗暴的惩罚是少数的，但变相的惩罚教育却是大有市场。教师对学生的一言一行、一举一动，都可能有好恶的倾向，不管有意或无意都会起到褒贬的作用，甚至会起到压制或埋没人才的不良后果。因此，任何形式的惩罚或歧视性的管理教育，都是与时代精神相悖的，也必须彻底根除，若非如此，创造性的人才就不能脱颖而出。

　　再次，要以培养自立、自主的精神代替"保姆式"管理。"保姆式"管理是一种包办代替的管理方法，最大的特点是不放手。它不仅广泛地流行于中小学中，也存在于大学中；不仅反映在生活管理上，也普遍表现在学习的管理上。例如，在课堂上逐字逐句地讲授，手把手地辅导；习题课演示范题；实验课是"照方抓药"；等等。在生活管理上，"保姆式"的管理更为突出，上课正襟危坐，走路要手拉手，甚至连学生报到注册等手续也都是由父母代替。现在的学龄儿童几乎都是独生子女，被称为"特保儿"，是"抱大的一代"。他们完全过着"衣来伸手、饭来张口"的生活，是完全依赖型的，其心理脆弱得就像是一件易碎的陶瓷艺术品。

　　怎样把这样一代特殊的儿童培养为自立自强的优秀人才，这是我们基础教育面临的一项艰巨的改革任务。值得注意的是，随着市场经济的发展，目前国内出现了一批办学条件优越的私立寄宿制学校，收费稍高，满足了部分先富裕起来的人家子女求学的要求。这类学校的出现不是偶然的，它是改革开放深入发展的必然结果，也是国家政策所允许的。这类学校的积极作用表现在：一是弥补了公立学校之不足，使基础教育呈现多样化的模式，满足了部分人对就学的特殊要求；二是私立学校享有较大的独立自主办学权，有利于深化教育改革；三是促进了教育观念和消费观念的转变，而教育消费特别是家庭教育消费的增加，是社会进步与文明的象征。

但是，私立学校应当按照什么方向办学，应该培养什么样的人，这倒是值得注意和研究的。近几年来，少数私立学校津津乐道地宣传要办成贵族式、全封闭、军事化、国际型的学校。这些提法，完全是误导，显然是出于广告宣传的需要。我国根本就没有贵族存在，也不允许培养精神贵族。至于"全封闭式管理"等口号和做法，也是违反教育规律的，而且是与时代精神格格不入的。

私立学校改善办学条件、追求高的办学目标是完全应该的。但是，必须把握住正确的办学方向，不能因优越的条件产生傲视他人的优越感；高收费不能助长铺张浪费，不允许滋长大少爷的作风；提供全套优质服务，但不能放弃对学生自立、自理能力的培养；加强安全管理，但不能使学生与世隔绝；开展国际交流是必要的，但不能借故搞出国游山玩水之类的活动。

总之，私立学校必须按照新的教育观念办学，按照教育规律管好学校。儿童必须回到童心的世界中，必须与改革开放的时代声息相通。无论是公立学校或是私立学校，都必须摒弃"保姆式"的管理，营造寓教于乐的宽松的教育环境，任何时候都要十分重视学生自立、自强能力的锻炼，强化社会责任感，树立主人翁的思想。只有这样，基础教育才能摆脱传统的窠臼，才能为培养创造性人才输送合格的"原材料"，才能使基础教育适应 21 世纪信息社会的需要。

# 论教师的自我解放

教师是以传授知识和经验为职业的群体，他们是随着学校的诞生而出现的。那么，世界上最早的学校是什么时候诞生的呢？据可查的资料，最早的学校出现在公元前 2500 年的古埃及,中国最早的学校产生于公元前 1000 年的商代。其实,学校的诞生也是一把双刃剑,它既有利于教育的规范化和批量化培养人才,但随即出现的对学校的垄断,又造成教育的不公,也滋生了人们对学校的迷信和依赖,以至于形成了一个亘古不变的教条——"教育等于学校"。[1]

我国长期以来都赞美教师是"太阳底下最光辉的职业",是"人类灵魂工程师"。但是,人们很少注意到:"教师之职业性的习惯是因循保守。"这种保守性表现在他们"既可以阻碍才赋的发展,自然也能够促进才赋的发展"。[2] 这种保守性是怎么造成的呢?这是因为教学活动是一种重复性的脑力劳动,重复既可以达到"温故而知新"的目的,但也可能导致"固步自封"的保守思想。正如联合国教科文组织所指出的:"教学活动本身,如同司法活动一样,倾向于重复过去,倾向于形式化、公式化、标准化。这种双重性的特征在迅速变革时期尤为显著。于是,教育看来既是反对社会变革的,又是推动社会变化的。"[3]

实事求是地看待教师的作用和存在的问题,这才是科学的态度。作为教师个体,我们也必须正确对待自己,不断学习,与时俱进。那么,怎样克服部分教师存在的保守性呢?在这方面我们是有过教训的——用 1951 年"思想改造"运动对待知识分子,或 1958 年以"学生与教师打擂台"式的方式批判教师,或是"文革"中"接受工人阶级再教育"的做法,都是错误的。正确的做法是应当相信广大教师,作为教人者,他们具有自教的能力。他们可以通过学习教育学、心理学和思想修养等著作,提高自己的思想素质,自觉地更新教育理念,紧跟时代前进的步伐,做 一个符合新时代要求的合格的新型教师。

那么,教师的自我解放应当从哪里做起呢?我认为,主要是从师道尊严的权威下解放出来,建立民主、平等、质疑和争鸣的学术风气;从传统的灌输式课堂中解放出来,指导学生自学、思考和研究;从迷信分数的教育价值观中解放出来,重点开启学生的悟性以及隐藏在知识背后的智慧。

---

1 联合国教科文组织. 学会生存:124.
2 贾馥茗著. 英才教育. 台湾开明书店,1976:96.
3 同 1,第 5 页。

## 一、教育者与受教育者的关系关乎教育的有效性

教育过程始终伴随着教育者与受教育者之间的互动,他们究竟应当构成什么关系,这直接关系到教育的有效性。"师道尊严"是一句流传了2300多年的名言,在《礼记·学记》中有云:"凡学之道,严师为难。师严然后道尊,道尊然后民知敬学。"[1]究竟怎样看待这条教育原则?问题并不在字面上的理解,而是在于执行这个原则时人们往往偏离它的主旨。实际上,两千多年以来,这条原则并没有得到很好的贯彻,存在着既有谋求权威的教师又有践踏教师尊严这两种极端的情况。

时至今日,这个问题仍然没有统一的认识,可以说是一个分歧最大的教育论题。赞成者高呼:"要回归师道尊严,让师道尊严永存!"反对者痛斥:"师道尊严可以休矣,必须肃清其影响!"其实,在这两种极端的认识之外,还有大批不温不火和不偏不倚的人群,我本人就是其中的一分子。具体问题具体分析,应该是我们看问题的科学思想方法,切忌主观片面。我们可以把师道拆开来分析:师有良师、庸师和恶师之分,其中凡是有真才实学、为人师表和诲人不倦的教师,都堪为良师;而有些动辄体罚和刺伤学生心灵的就是恶师,难道对后面这些教师也要敬重吗?再说到"道",它涵盖一切伦理、学理和方法的知识,但亦有正确与谬误之别,对于已经被实践检验的科学真理,一切来自实践的真知,我们当然要学习和尊重。但是,对于伪科学和那些剽窃与抄袭之作,我们不仅要坚决摒弃,还应无情揭露和批判。

就我国的国情而言,我们不能不正视一个不被人们注意到的深层问题,就是在我国学术界始终没有形成平等和自由争鸣的风气,这在某种程度上压抑了我国学术界的创造性。从根本上说,其原因就涉及师道尊严的问题:大多数学生对老师顶礼膜拜,对老师的"道"也不敢提出质疑,更无人有胆识向老师发起挑战,对他们不当的学术观点或是学说提出批判。在这一点上,我国知识界与欧美国家是完全不同的,他们师生之间不仅直呼其名,而且能够平等地争辩任何问题,没有闪烁其词和顾及情面的问

1 黄立平. 四书五经. 中国友谊出版公司,1993:283.

题,这是值得我国深刻反思的。

目前,我国大学教师队伍"近亲繁殖"现象十分严重,而且越是重点大学"近亲繁殖"的现象越是严重,因为他们夜郎自大,对于来自非重点大学的毕业生,向来是不屑一顾的。当前,某些重点大学的教师大多是"三世同堂",甚至有"四代同堂"的。更有甚者,在一些大学中流行"夫妻店"和"父子兵"式的课题组,甚至有儿子做老子的研究生或是博士后,他们以家族形式独占了科研资源。其实,这种科研组织不仅仅是利益问题,更存在着严重的排他性。试问:这种家族制的研究,怎么能够建立民主和自由的学风呢?

俗话说,矫枉必过正,既然师道尊严阻碍了我国大学自由民主学风的建立,那么我们就应该反其道而行之。早在 20 多年以前,联合国教科文组织就指出:"在驯化的教育实践中,教育工作者总是受教育者的教育者。在解放的教育实践中,教育工作者作为受教育者的教育者必须'死去',以便作为受教育者的受教育者重新诞生。"[1] 我国人民教育家陶行知先生曾撰写《小先生》一文,论述学生可以做先生的道理。他说:"自古以来,小孩是在教人。但正式承认小孩为小先生是一件最摩登的事……小孩的本领是无可怀疑。我们有铁打的证据保举他们做先生。"[2] 1950 年 12 月 29 日,毛泽东在为湖南第一师范题词时也写道:"要做人民的先生,先做人民的学生。"[3] 这些都说明,教师与学生是相互学习的,也就是教学相长、能者为师的关系。因此,无论以何种形式维护师道尊严或者谋求教师的特权都是不可取的,我们必须从这一道紧箍咒中解放出来,以建立新型自由平等的师生关系。

## 二、教育模式应随时代的前进而不断发展

捷克著名教育家扬·阿姆斯·夸美纽斯,被称为教育学之父,也有人把他称作教育史上的"哥白尼",表明了他在世界教育史上举足轻重的地位。1632 年出版的《大教学论》是他的代表作,标志着教育史上独立教育学的出现。夸美纽斯的主要贡献是首次提出学校工作制度,建立课程体

---

1　联合国教科文组织. 学会生存:191.
2　华中师范学院教育科学研究所. 陶行知全集:第 2 卷:638.
3　苏晓洲. 新华网,2011.

系,编写教科书,特别是实施按班教学的制度。[1]

在 17 世纪出现按班授课不是偶然的,是与当时资本主义的兴起相联系的。工业和商业的发展,使得对人才的要求急剧增加,于是要求普及教育,扩大教育规模,提高教育的效率。夸美纽斯看到了这种发展趋势,并从理论上和操作上论证了班级教学的可行性,于是以班级教学制度代替小农经济个别教学,从而顺应了时代发展的要求,这是教育进步的表现。

又过了 170 多年,另一位教育学家对于推进教学制度的改革,也作出了功不可没的贡献,他就是德国教育学家约翰·赫尔巴特(Johann Friedrich Herbart,1776—1841)。1806 年,赫尔巴特的《普通教育学》问世,从而奠定了他的教育理论基础。在近代教育史上,没有任何一位教育学家能够与之比肩。他曾提出:"学校以课堂为中心,课堂以教师为中心,教师以书本为中心。"然而,美国实用主义教育学家约翰·杜威却批判赫尔巴特的"三中心"是传统的、守旧的,并提出了自己的新"三中心"(以儿童、经验和活动为中心)[2]。但是,杜威的新"三中心"并没有得到广泛的认同和推广,倒是赫尔巴特的"三中心"在全世界流行,成了统治世界各级学校的教育模式,而且固若金汤,迄今没有任何模式能够替代它。那么,究竟怎样看待赫尔巴特的"三中心"呢?联合国教科文组织早在 30 多年以前,就在一份调查报告中指出:"教学内容和教学方法几乎在全世界都受到指责。教学内容受到批评,因为它不符合个人的需要,因为它阻碍了科学的进步和社会的发展,或者因为它和当前的需要脱了节。教学方法受到批评,是因为它们忽视了教学过程的复杂性,不是通过科学研究进行学习,也没有充分地对思想态度的训练作出指导。"[3]

既然教学内容和方法遭到全世界的指责,那为什么没有引起教育界人士的注意,为什么不进行改革呢?这正说明教育界的保守性,人们见怪不怪,只是适应它,而不愿意彻底去改变它。时至今日,又有不少有识之士站出来大声抨击。例如,美国麻省理工学院教授、edX 总裁阿南特·阿

---

1 刘传德. 外国教育家评传精选:38.
2 杜复平. 教育理论价值构建取向. 教学与管理,2012(4).
3 联合国教科文组织. 学会生存:98.

格瓦尔（Anant Agarwat）批评道："教育在过去 500 年实际上（本质上）没有什么变化，上一次变革，是印刷机和教科书。"美国 X 大奖创始人、奇点大学执行主席彼特·戴曼迪斯（Peter Diamonds）更尖锐地指出："标准化是教育的规则，统一性是教育的结果。同一年龄的所有学生使用相同的教材，参加相同的考试，教学效果也按照同样的尺度评估。学校以工厂为模仿的对象；每一天被均匀地分割为若干时间段，每段时间的开始和结果都以敲钟为号。"[1]大学僵化到如此地步，如不进行根本性的改革，怎么能够适应新形势的需要呢？

为什么说"三中心"的教育模式是过了时的呢？这是因为无论是课堂、教师或是教材，都是以知识为基础，而现在的课程体系已经沿用了几百年了，早已陈旧过时了。在 20 世纪末，法国一个教育家曾预言，21 世纪最重要的也是最困难的任务是让教师闭上他们的嘴。叶圣陶先生是从一个中学生自学成为著名的文学家、教育家的，他一生从事文学创作和教育工作，因此对课堂教学的弊端看得最透。他在 20 世纪 60 年代就指出："凡为教，目的在于达到不需要教。"在"拨乱反正"时期，他又重申："教师教任何功课（不限于语文），'讲'都是为了达到用不着'讲'，换句话说，教是为了用不着'教'。"[2]华东师范大学教育学家叶澜也在一次会议[3]上指出："在课堂上，教师要封住自己的嘴，让自己少说一些，留出空间给学生。"这些见解都是十分开明的，也是具有前瞻性的，说明"三中心"的教学模式早已过时，必须以一种新的理念和模式取而代之。

"三中心"的教育模式，为什么能够沿袭数百年？这里有一个如何看待知识的问题。17 世纪英国哲学家弗朗西斯·培根（Francis Bacon，1561—1626）有一句名言："知识就是力量"，于是知识万能论盛极一时，尊重知识、知识改变命运等口号也流行了起来。其实，知识并不等于力量，只有当知识被转化为智慧时，它才能成为力量。因此，准确的说法应该是智慧才是力量。这个道理已经为无数事实所证明，正面和反面的事例都是屡见不鲜的。

---

1　见 2014 年 5 月 24 日《华夏时报》。
2　中央教育科学研究所.叶圣陶语文教育论集.教育科学出版社，1980：717.
3　1999 年 8 月 25 日新基础学校第一次教学研讨会。

例如，史蒂夫·乔布斯(Steve Jobs，1955—2011)，他既没有显赫的背景，也没有高深的学历，在私立里德学院学习了 6 个月就休学了，但他是最富有智慧的人之一。在这个世界上，有两个人因苹果而改变世界，他们的故事家喻户晓。一是牛顿(Sir. Isaac Newton，1642—1727)，他因苹果而发现了万有引力，这是 17 世纪自然科学最伟大的发现之一，从而对物理学、力学和天文学的发展起到了巨大的推动作用；二是乔布斯，他创办了苹果公司，颠覆了电子计算机的概念，从而将个人电脑引进千家万户，进而以"苹果"让世界跟着他转。乔布斯不仅是美国也是世界最伟大的创新家之一，他是一个创新狂，一个永恒的颠覆者，这些素质就是他创造力的源泉。乔布斯的成功给我们的启示是，教育必须彻底改变，智慧是超越知识的，各级学校都要把开启学生的智慧作为根本的目标。

教育的根本改变，必然伴随教师职能的转变。我们可以设想，如果学校的教师真的都闭上了嘴，那学校的教育应该怎样进行，教师们的任务又是什么呢？对于这个问题，我思考了十多年，最近形成了一个崭新的教育理念，从而颠覆了迄今为止以传授知识为主的教育理念。这个理念就是"大智慧之光"(the light of great wisdom)[1]。我认为教育的真谛是解放和启蒙，亦即解放学生的头脑和双手，解放他们的个性和智慧。我国教育的主要问题是，知识灌得太多，而智慧开启得太少，这就是杰出的人才冒不出来的根本原因。

如果确立了"大智慧之光"的理念，整个教育游戏规则都需要改变，即从玩"知识游戏"转向玩"思维游戏"。与此同时，教师们的职能必须转变，他们从课堂上解放出来了，也就自然而然地要闭上嘴，不再是满堂灌。他们的主要职责是开启学生的智慧，进行个性化的精英教学，指导学生的自学、反思和创造性的研究。同时，他们还将编写有利于学生自学、思考的教材，设计能够激励学生思想碰撞的课堂讨论。我们可以展望，"大智慧之光"教育时代的到来，将是人类智慧迸发的时代。

### 三、让教育回归正确的轨道

我国教育界广泛流传一句顺口溜："考，考，教师的法宝；分，分，学生

---

1  见 2015 年 4 月 23 日第 19 版《南方周末》。

的命根;抄,抄,学生的绝招。"这是我国教育的流行病,而且已成为沉疴痼疾,似乎无人能够改变这种状况。尽管素质教育口号喊得震天响,应试教育考场却硝烟弥漫,全国各地都有所谓的"高考工厂"或是"示范学校",它们在各级教育行政部门的眼皮底下,不仅得不到遏制,反而让众多学生家长趋之若鹜。这些现象说明考试的功能已经异化,不仅误导了学校的教师、学生,也误导了广大的学生家长。

从本来意义上说,考试的功能是为了检查教学的效果,既帮助教师发现问题和改进教学,也督促学生努力学习。可是,现在学校的考试已经成为学生们求学路上的关卡,各种考试越来越多,诸如平时小考、期中考试、期末考试、毕业考试、中考、高考等等。考试与评判考试的结果是密切相联系的。我国自汉代开始,评定考试成绩使用等级制,先是只有合格与不合格两级,后来又逐步细分为四级(甲、乙、丙、丁)和五级(优、良、中、可、劣)。我国科举考试沿袭了1300多年,也是以等级区别优劣的,而且一份试卷多人评阅,以多数人的评分定准,相对比较公平。光绪二十八年(1902年)清政府管学大臣张百熙拟定了《钦定学堂章程》,其中规定:"评定分数以百分为满格,通过各科平均计算,每科得60分者为及格,60分以下者为不及格。"[1]自清朝末年起,我国各级学校考试都采用百分制,其间虽短暂地更迭过,但基本上一直是沿用百分制。

所谓百分制,属于绝对评价计分,与等级制评分是相对应的。百分制是把考试成绩划分为100个等份(从0到100)。满分为100分,90~100为优秀,80~89为良好,70~79为中等,60~69为及格,而60分以下者为不及格。在实际评判中,评分可以细化到0.5分。这种细化的评分办法,看起来似乎很严格,但实际上并不科学。比如90分属于优秀,而89分就只能是良好;60分为合格,而59分就是不合格。分数的毫厘之差,对评价学生的好坏产生了迥异的效果,甚至决定了他们的命运,这怎么能说是公平的呢?

1951年我国提出"一边倒向苏联",在教育上也"全盘苏化",不仅教学大纲、教学计划和教材全部使用苏联的,而且以"五级计分制"代替百分

---

1 舒新城. 中国近代教育史资料: 上册. 人民教育出版社,1983: 212.

制。所谓五级计分,就是以 5、4、3、2、1 五个等级来评价学生的学习成绩。我上大学时,正是全盘苏化时期,教师还是以百分制阅评试卷,然后换算成五分,换算的办法是:5 分相当于 90~100,4 分相当于 80~89,3 分相当于 70~79,2 分相当于 60~69,1 分相当于 60 分以下者。实际上是换汤不换药。在中国近现代史上,百分制在国人的思想上根深蒂固,这是与中国人教育价值观偏离相联系的。

由于中苏关系恶化,从 20 世纪 60 年代中期起,我国各类学校恢复了百分制,而且一直沿用至今。既然分数代表了学习的好坏,就成了学生们追求的唯一目标,甚至成了他们学习上唯一的价值观。中国的家长们都有"望子成龙"的情结,于是孩子考试的优异成绩,也就成了他们所希望得到的回报。因此,考试与分数就成了束缚学生和家长们的紧箍咒,使得教育的功能和真正的价值发生了异化。

一般来说,中国学生有三个"心结",即满分、状元和名校,它们成了绝大多数学生和家长们的追求,这是与欧美国家受教育者们的价值观完全不同的。状元本是一个被遗忘的历史名词,在清末废除科举以后,状元一词也基本上消踪匿迹了。可是,自 90 年代初起,这个历史名字又复活了,连篇累牍地出现在各种媒体上,什么文理科状元、高考招生争抢状元、培养状元的秘笈、状元经验报告会、状元谢师宴……值得指出的是,这些现象在解放前没有,解放初期没有,80 年代也没有,而偏偏出现在 90 年代这个时期。为什么? 我认为,90 年代初是我国教育史上的一个拐点,由于大学合并、升格和扩招,从而掀起了一股大跃进的歪风,并导致"狂躁病""浮肿病"和"虚脱病"。应当说,状元的复活,就是这几个病态的综合反映。近 20 多年,全国新办了许多城市小报,它们出于猎奇的需要,在掀起状元热方面,起到了推波助澜的恶劣作用。

从根本上说,追求状元、高分和名校,都偏离了教育的真正价值观。其实,状元、满分和名校,都与成才没有线性关系,实际上都是虚荣心的反映。要使教育回归到正确的轨道,必须把广大学生以及他们的家长从分数的奴役下解放出来。谁都知道,分数并不代表一个人的真才实学,高分低能的现象比比皆是。分数只是一个符号,十多年以前一个获得高考状元的学生,就道出了状元的心境,他说状元不代表什么,如果重新考一次,可能状元就会易主了。这是实事求是的态度,说明考试无常,每个人在不同的地点、不同的时间、不同的试题和不同的身心状况下,会有不同的发挥,获得的分数也会有很大的差异。因此,一定要淡化分数,重点要培育学生的自学能力,开启他们的悟性,进而引导他们获得最重要的能决定每个人成功与前程的智慧。

但是,解放学生先要解放教师。只有教师不再以分数论英雄,学生才会放弃分数至上主义;只有教师不把考试当法宝,学生才不会视分数为命根,也才会从源头上杜绝抄袭和舞弊的行为。分数是枯燥的数字,教师评判学生的优劣,不能仅仅凭分数,而应当凭智慧,在动态中客观地和公平地考核学生。教育学上有两句约定俗成的名言:能够深入浅出的教师是可怕的教师;能够浅出深入的学生是可怕的学生。因此,我希望每一个教师都能成为开明的老师,从师道尊严、课堂和分数的束缚中解放出来,做一个智慧型教师,以培养出自己能够引以为荣的杰出人才而骄傲!

# 教师的真功夫在于"导"

教师是随着学校或教育机构的诞生而出现的,世界上最早的教育机构出现在奴隶社会,与此相应地也就出现了以传授知识或技能为职业的教师。据可查的资料,学校诞生于公元前 2500 年的埃及,中国的学校出现在公元前 1000 年的商代。然而,在 20 世纪 30 年代,法国考古学家安德烈·帕洛特在两河流域上游的名城马里发掘出一所房舍,它被认为是世界最早的学校,叫作埃杜巴[1](也叫泥板书屋)。这所学校建造于公元前 3500 年以前,是人类最早的学校,比埃及的宫廷学校又早了 1000 年。无论是古巴比伦的埃杜巴,古埃及的宫廷学校,还是我国商代的官学,都诞生于四大文明古国,与它们的出现是交相辉映的。

欧洲的学校大概创建于公元前七八世纪,比中国、埃及和巴比伦的学

---

1 李海峰,祝晓香. 阿拉伯世界,2003(6).

校要晚了几百年甚至一千多年。但是,世界文明的发展是相互影响和促进的,由于受到政治、经济和文化等因素的影响,文明也是不断转移的。到了中世纪,欧洲近代文明已经萌芽,于1088年诞生在意大利北部的博洛尼亚大学就是文明的曙光,是所谓的"黑暗中世纪"给人类带来的光明,这是智慧之光。博洛尼亚大学既是欧洲"大学之母",亦是世界大学的鼻祖[1]。此后,大学从意大利传播到法国、英国、德国、捷克等国家。在17世纪初,随着英国"五月花"号船上的移民等抵达北美洲,他们也将宗主国英国的大学带到了美洲,创建了最早的哈佛学院(它是在美国建国前140年创办的,是当今世界最为著名的大学之一)。在随后的几个世纪里,大学的模式传遍世界各国。中国最早的大学诞生于19世纪末,相对于欧美国家而言,晚了800多年,这也是我国高等教育落后的原因之一。

各级学校出现以后,到底如何传授知识呢? 最早的学校,都是靠智者即教师的讲授,教师讲、学生听也就成了亘古不变的教学方式。17世纪捷克著名教育家夸美纽斯曾经说过:"教师的口,就是一个源泉,从那里可以发出知识的溪流。"[2]中国也有一句流行久远的口头禅:"一年胳膊三年腿,十年磨炼一张嘴",强调口才锻炼对于教学的重要性。这些经典的名言,既说明讲授是唯一的教学方式,又说明讲授的口才决定了教学的效果。但是,这毕竟是几百年以前的传统教学法,随着时代的进步,完全依靠口授的教学方法受到了质疑。法国一位哲学家说,21世纪教育改革最重要和最困难的是,要让教师闭上嘴,也就是说要改革满堂灌的传统教学方法。我国文学大师、教育家叶圣陶先生也说过,讲是为了不讲。由此可见,传统的讲说章句的方法必须改革,因为这种单向的传授方法,不利于师生双向交流,也很难启迪和开发学生的智慧。

一般来说,教师的讲授以教师为主,他们是在进行有准备的教学活动,只要认真做好备课,都会取得良好的效果。一个教师如果把一门课讲授三轮以上,他们就会得心应手地驾驭所讲授的课程。因此,教师有一个诨名叫"教书匠"。匠者,就是反复打磨之意。熟能生巧,积年累月下去,

1 宋文红. 欧洲中世纪大学的演进. 商务印书馆,2010: 346.
2 夸美纽斯. 大教学论. 傅任敢,译. 教育科学出版社,1999.

也一定会成为一个有经验的教师。但是,这样的教师,常常会满足于已有的经验,日趋守旧,难以超越自己,也会阻碍自己的进步。常言道,学无止境,同样的,教也是无止境的,一个优秀的教师必须能顺应时代的要求,适时地转变自己的角色。

我们不妨作一个假设,如果教师真的闭上了口,那么他们将怎么发挥作用呢?我认为是转变角色,由"教"向"导"转变。这二字的含义有着天壤之别。在汉语中,"教育"是由"教"与"育"组成的,它们分别包含着两层意思,按照《说文解字》的释义:"教,上所施下所效也;育,养子使作善也。"[1]显而易见,教是指教师的作用,由外向内的过程,学生处于被动的状态,他们只能服从、依从、接受;而育则是指发育、养育、生长之意。我们再对照中文与英文字义的蕴义,"教"的英文是 instruction,是由外向内的,而 education 是由内向外的过程。总之,无论是中文或是英文,"教"与"育"的意思都是迥异的。这就说明,我们为什么提倡教师的作用要由"教"向"导"转变。

从字义上说,包含"导"的词汇有先导、辅导、引导、领导、劝导、疏导、指导、导师、导读、导源……虽然这些词汇与教育都有某些联系,但是在教学过程中最重要的是辅导、引导和指导这三种形式。一个高水平的教师,必须在这三个"导"上下功夫。唯有如此,我们才能够迎接新时代和新形势对我们提出的挑战,也才能够培养出富有智慧的杰出人才。

首先是辅导,从字面上来理解,辅导就是给学生以帮助,为学生解答课程中的疑难问题,也就是解惑的意思。在大学中往往是教授主讲重点课程,由助教任教辅导课。其实,这种分工并不完全合理,辅导课并非是次要的,因为主讲教授是有准备的,而辅导教师是无准备的,而且面对许多学生的提问,如果没有丰富的知识储备,是无法为学生解疑的。我记得在 20 世纪 50 年代初,武汉大学水利学院有一名叫俞忽的教授,是为数不多的一级教授之一,他发现了一个数学计算定理,但是他从来不能把自己的发现向学生讲清楚,倒是他的助教能够深入浅出地把他发现的定理讲解得一清二楚。这就说明辅导课需要学问,也需要讲授的技巧,这些是做

---

1　黄国昌等. 现代教育功能. 台湾幼狮书店,1979:51.

一位优秀教师的必备条件。

其次是引导，所谓的"引"包含牵引、引路之意。一个优秀的教师对学生应当负有引路的责任。教师怎样起到引路的作用呢？孟子曾有言："君子引而不发"，其意思是，善于引导的教师，不是越俎代庖，自己先作结论，而是给学生留有消化、理解和发挥的巨大空间，重在传授方法，以激发学生学习的主动性、积极性和创造性。一个善于引导的教师，首先是以身作则的，身教要胜过言教。古人有一句名言，经师易得，而人师难求。所谓的经师是指以精湛的专业知识传授他人，而以渊博的学识和高尚的人格修养教诲他人的则称为人师。可是，现在的学校，无论是学生或是教师，都只重视经师，而忽视了人师的作用。教师满足于传授专业知识，而学生也仅仅局限于受业于专业老师。然而，一个一心向学的学生，最重要的不是经师，而是寻觅到让自己终身受益的人师。

我们现在的教育最大的问题是，专业知识灌输得太多，而心灵修炼和"授人以渔"的方法则几乎被忽略了。人民教育家陶行知先生曾经说过："千教万教教人求真，千学万学学做真人。"[1] 我们现在的学校有这样的教育内容吗？有这样的教育目标吗？坦率地说，没有，绝对没有。难怪现在学生的道德沦丧，学校培养出来的几乎都是眼高手低的人。又如，现在的学生，大多数人不知道如何自学，不知道如何正确地对待专业学习，不知道如何选择自己的志趣，更不知道如何树立自己的人生理想。这些不能不说是我们学校教育的失误，也是我们教师职责的缺失，我们当教师的必须要补上这一课，以适应新形势的需要。

再次是指导，重点是指导学生进行科学研究。教学与研究走着两种完全不同的路径：教学是认识和接受已有的知识，走模仿前人的路；而研究则是走没有路标的路，是探索未知的领域。传统的教育，是把教学与研究截然分成前后隔开的两个阶段——大学中的七个学期是教学，只有最后一个学期是作毕业论文——这种划分已经不合时宜了。现在美国大学的教授们，纷纷把本科生组织到自己的研究团队里来，充分发挥他们在科学研究中的作用，许多科学发明都有学生参与，这就是在研究中学习，这

---

1　华中师范学院教育科学研究所.陶行知全集：第 3 卷.湖南教育出版社,1985.

是培养杰出人才重要的步骤。

那么,中学生能否参加科学研究呢?这是一个颇有争议的问题。虽然中学生与大学生是有区别的,但在培养他们独立分析和解决问题的能力方面,应该是没有区别的,应当把科学研究贯彻在教学的全过程之中。我们只要看看美国少年发明家群体的崛起,就应当打破认为科学研究神秘的观点了。例如,美国14岁的泰勒·威尔逊(Taylor Wilson)发明了一座核聚变反应堆装置,并因此获得了英特尔国际科学与工程大奖,受到奥巴马总统的接见。15岁的杰克·安德鲁卡(Jack Andraka)发明了检测胰腺癌的纳米试纸,他的方法比普通方法快158倍,灵敏度高400倍,而价格仅为原来的1/26000。[1] 这些少年发明家的出现,得益于他们没有应试教育的压力,也与美国创新文化有关。因此,我们不能再抱着传统的教育观点不放了,应当提倡在研究中学习的理念,把广大青少年蕴藏的好奇心和超级想象力激发出来。这既是培养杰出人才的需要,也是建设创新型国家的必经之路。我们广大的教师要尽快地实现由"教"向"导"的转变,以承担起时代赋予我们的伟大使命。

# 解放中国的"少年派"

2013年新春之际,央视综合频道新推出的《加油!少年派》,迅速获得了一片喝彩声。这个节目是由北京光线传媒股份有限公司策划和制作的,目的是为全国拥有丰富才艺和怀有梦想的少年,提供一个展示自我的舞台,使他们尽情展现自己的个性和才艺。我观看了7月5日这一期的节目,其中有一个叫Bjom的孩子(中文名字叫沈必昂),他用吉他伴奏演唱了英文歌曲"*I believe I can fly*"(《我相信我能飞》)。实际上,这是美国著名歌手罗伯特·凯利(R. Kelly)创作和演唱的一首歌曲,他因此获得了1998年格莱美奖,这首歌也成为电影《空中大灌篮》的主题歌。这是一首

---

1 刘燕燕.科学家发明测癌试纸.参考消息.2014-03-01.

励志歌曲,内容积极向上,对广大青少年具有很大的激励与鼓舞作用。

《少年派的奇幻漂流》根据英国作家扬·马特尔(Yann Martel)同名小说改编而成,由美国好莱坞华人导演李安执导,于2012年12月28日在纽约电影节全球首演。李安无疑是最有才华的导演之一,他凭借此片获得了第85届奥斯卡的4个奖项。影片讲述了少年派和一只孟加拉虎在海上漂流227天的冒险历程。该片中文版于两个月后在中国放映,迅速掀起了一股热潮。《少年派的奇幻漂流》主人公是一个17岁的印度少年,名字叫派西尼·莫尼托·帕特尔(Piseine Molitor Patel),如果直接称呼他的全名,无论用法语或是英语其名都颇为不雅,于是同学们干脆只取名字头两个字母(Pi)称呼他,这就是"派"的来历。

我有理由推测,《加油!少年派》中的"少年派"是从《少年派的奇幻漂流》中借用来的,因为此前我国并没有"少年派"这个词汇。但是,两个"少年派"的指向是不同的,《加油!少年派》是指一批追求展现个人艺术才华的少年儿童,而《少年派的奇幻漂流》中的"派"是指一个人,即17岁的帕特尔。同样的,本文也借用"少年派"这个词,而我所指的"少年派"是我国2.08亿正在受应试教育煎熬的中小学生,所以我呼吁必须从"三座大山"的重压下把他们解放出来。

是危言耸听吗?非也!那么,我国的"少年派"所受的压迫是什么?是哪"三座大山"?这"三座大山"是指家庭、学校和社会。这是中国特有的现象,世界上很少有国家像中国这样压制少年儿童的想象力和创造性,这是导致中国人善于模仿而缺乏创造性的最根本原因。

## 一、"父母皆祸害"

确切地说,是"望子成龙(或望女成凤)"的错误家庭教育价值观,对少年儿童造成了巨大的压力。俗话说,家长是孩子的第一个启蒙老师,那么家长们究竟怎样教育自己的孩子呢?是要求孩子考高分,抑或是开启智慧?是要求孩子加班加点地补习,抑或是让孩子享受童趣?是尊重孩子的自由选择抑或是包办代替?是要求孩子出人头地抑或是做合格的公民?是适当的鼓励抑或是不当的物质重奖?是要孩子争当班干部抑或是鼓励做义工?是要孩子诚实守信抑或虚巧伪人?……我们必须看到,为数不少的学生家长,并不知道如何正确地教育孩子,存在着过度溺爱和打骂孩子两种极端的情况,造成的悲剧是不计其数的。

正是由于这些不当的教育方法,引起了青少年们的不满,他们把父母不当的教育当作是一种"祸害",于是出现了一种反抗形式——2008年一个少年组织通过网站成立了,取名叫反抗父母小组(Anti-parents),2月初就有7000人参加,到了8月已有14311个成员。这说明很多青少年对父母不当的教育越来越不满。该组织的宣言是:"我们不是不尽孝道,我们只是想生活得更好。在孝敬的前提下,抵御腐朽、无知、无理父母的束缚与戕害。"我国中小学生自杀现象不时曝光于媒体,据2009年的统计,当年自杀的少年儿童为2580人,平均每天有7人自杀。自杀也是一种反抗,一种无声和无奈的反抗。自杀各国都屡有发生,但为教育逼迫而自杀,恐怕是中国独有的现象。用孩子们的话说:"死了就可以不做作业了!"少年们自杀是家庭和学校逼出来的,是迫不得已,而祸害是父母。

"父母皆祸害"是一句惊世骇俗的话,听起来似乎有些刺耳,但确实存在这种情况。这句话出自英国畅销书作家尼克·霍恩比(Nick Hornby)的小说,是小说主人公杰丝发出的感叹。杰丝的父亲是教育部部长,但他对子女的不当教育,使得姐姐出走,母亲陷入精神病,父母之间的关系越来越紧张。如果说英国有这样的现象,那么在中国类似的教育方法不当的父母何止千千万万,因为我国家庭的教育价值观比欧美国家更世俗化和功利化。

## 二、残酷的"高考工厂"

我国中小学的应试教育,把学生们捆绑在考试的"战车"上,使他们都变成了分数的奴隶。什么叫应试教育? 通俗地说,就是一切为了应付考试的教育,它就是古代科举考试的翻版。应试教育追求的是高分数、高学历和高学位,这完全是教育虚伪性的表现。谁都知道,高分低能的情况比比皆是,高学位并不真正代表一个人的真实水平。应试教育的种种弊端暴露以后,教育界的有识之士倡导以素质教育替代日暮途穷的应试教育。在20世纪90年代,对素质教育宣传的力度还是很大的。每年的"两会"上,代表和委员们纷纷挞伐应试教育,各级教育行政部门也纷纷交流推行素质教育的经验。

可是,进入 21 世纪以后,应试教育反而越来越猖狂,而素质教育的呼喊几乎销声匿迹,再也听不到"两会"的代表委员们对应试教育的批评之声了。2018 年 5 月,我在接受北京师范大学文化研究院采访时说:"在中国当今,素质教育已经死亡,而应试教育则是永远解不开的死结。"[1]也许,有人认为我的话是言过其实,其实我只是把话说白了,把蒙在我国教育上的一层窗纸捅破了而已。难道不是吗? 现在还有谁在挞伐应试教育,谁还在呼吁实施素质教育? 更没有人在进行素质教育的实验了,其原因就是人们绝望了,正是哀莫大于心死呀!

与此同时,我们再看看当今的应试教育又是何等嚣张啊! 河北省的衡水中学、安徽六安市毛坦厂中学和湖北省黄冈中学,被媒体称为全国三大"高考工厂"[2]。其实何止这三大"高考工厂",应该说各省市都有这类以高考出名的"高考工厂";被各省市树立为榜样的示范中学,也都是"高考工厂"。这些示范中学,究竟示范的是什么呢? 一言以蔽之,就是高升学率,以获得高考的文理科"状元"多而出名。这些"业绩"是靠什么获得的呢? 不是靠平等竞争,也不是按照教育规律办学而取得的,完全是由政府配置优质的师资和教学条件而形成的。这种教育资源的不平衡,导致我国城乡教育不公。实践证明这种按照政府指令而建立的示范学校是弊大于利的,应当采取措施,逐步达到教育资源合理配置,以从根本上实现教育公平。

那么,在素质教育和应试教育之间,是否有正确与错误之分呢? 1998年 12 月 24 日,教育部发布了《面向 21 世纪教育振兴行动计划》,其中第一项内容就是"实施'跨世纪素质教育工程',提高国民素质"。规划明确提出:"实施素质教育,要从幼儿阶段抓起,要用科学的方法启迪和开发幼儿的智力,培养幼儿健康的体质、良好的生活习惯、活泼开朗的性格与求知的欲望。"[3]这就说明,国家是提倡素质教育的,贯彻受教育者德、智、体全面发展的教育方针,反对片面追求升学率的应试教育。然而,这些"高

---

1  京师文化评论. 中国社会科学文献出版社,2018 秋季号(总第三期):73.

2  揭秘中国三所"高考工厂". 生活日报,2014 - 06 - 15.

3  见 1999 年 2 月 25 日《光明日报》。

考超级工厂"就在各级教育领导部门的眼皮底下横行无阻,这岂不是自己打了自己的脸吗?

衡水中学和毛坦厂中学都发迹于90年代初,那是我国教育史上的一个拐点,教育改革倒退,左倾思想抬头,这就为应试教育卷土重来创造了条件。衡水中学的"崛起"始于1992年李金池担任校长,为了整顿学校纪律,他实行了封闭式的寄宿制,并且一步一步走上了军事化全封闭的、"无死角"的管理之路。那么,衡水中学奇迹的秘诀究竟是什么呢?据介绍,它的经验就是两点:一是掐尖,二是军事化的无缝对接管理。所谓的无缝对接,就是以分秒来安排和控制学生的作息时间,从早上5∶30到晚上10∶10,每天几乎学习16个小时,超过成人工作时间的一倍。他们使用的法宝之一就是"考",搞题海战术,几乎是周周考、月月考,一个高中女生保留了三年的考试卷,摞起来竟有2.41米。另一个法宝是"扣",凡是迟到、课堂说话、照镜子、发呆、大小便入厕超时、吃零食、男女生频繁接触等都要扣分,月月排名并公布名次。他们喊出的口号是:"两眼一睁,开始竞争;两眼一睁,学到熄灯。"难怪学生说,他们过的是"起得比鸡早睡得比狗晚"的生活。

安徽六安市毛坦厂中学,地处大别山山坳里,偏僻得连地图上也找不到,却因得名"亚洲最大的高考工厂"而闻名,每年因有一万多人参加高考而惊呆了世人。该校每个班人数多达150人,教学效果可想而知。这所学校瞅准了高考落榜生的巨大市场,每年招收近万个由全国各地来复读的学生,收费可观,大发应试教育的横财。它与衡水中学如出一辙,也是实行全方位"立体无缝管理",使得高考上线率达到80%。为了达到这个目的,他们与世隔绝,禁止一切文娱活动,剥夺了学生的一切合法权利,不允许他们有任何个性。因此,有人讽刺说:"毛坦厂中学是通向天堂的地狱。"通向天堂是假,实际上是地地道道的"人间地狱"。

对于这些高考工厂,教育界、新闻界、社会舆论界都不停地予以抨击。他们评论道:"是典型的应试教育符号""扼杀了少年的天性,不符合素质教育的宗旨""激情教育更像洗脑""传递的是有害成功学""素质教育越喊越空,应试教育越骂越成功""衡水中学是一个全天的保姆""全景监狱""高考工厂把学生的想象力和创造力都泯灭了""我们究竟是培养考试机器还是培养健全的人？""高考工厂步入了歧途，高考改革势在必行，尽快使中学教育正常化"。[1] 美国媒体对此也有辛辣的评论。他们说："是制造机器人""是病态心理和病态结果""中国陷入了囚徒的困境""高考工厂是无法接受的"，等等。

夸美纽斯曾说："学校是儿童心灵的屠宰场"[2]，这是对学校教育最逼真的描绘。如果说，学校是儿童心灵的屠宰场，那"高考工厂"则更加残酷。评论家张志博也说："在我看来，传统的课堂就是心灵的监狱，思维的屠宰场，在这样的环境下受教育，真是一种悲哀。"[3]这些"高考工厂"给青少年造成的伤害是长期的，甚至是终身的，我们切不可忽略它的副作用。这些副作用具体表现在：剥夺了青少年的一切自由，压抑了他们的个性，窒息了他们的好奇心，泯灭了他们的想象力和创造能力。高考工厂是极端的应试教育，是反教育的行为，是反人性的，是必须要整顿和予以制止的。尽管衡水模式的创建者李金池曾反省："当年搞的就是题海战术，拼学生，累得学生发昏，拼教师，累得教师吐血，做了不少违背教育规律的事。"但是，衡水中学居然还在云南、浙江等地办起了分校，不仅继续扩大极端应试教育的影响，而且借办分校获得了更大的利益。这究竟是为什么？

首先是某些教育行政领导部门的不作为，它们对"全国高考工厂"的作为，视而不见，充耳不闻。人们有理由诘问相关部门，你们一边高喊"推进跨世纪素质教育工程"，一边又容忍极端应试教育的"高考工厂"为所欲为，这不是叶公好龙吗？你们的责任心到哪里去了？地方政府和教育部门，就是这些"高考工厂"的后台支柱，因为既有名又有利。安徽毛坦厂中学对当地经济的贡献达到了九成，使得当地的餐饮业、房地产、水电业兴旺发达，甚至连烧香拜佛贡品也红火起来了。衡水中学则是当地的一块金字招牌，如 2013 年该校考上清华、北大的就有 104 人（占全省 80%），囊括了全省的文理科状元，600 分以上的考生占全省五分之一。这些"骄人的成绩"无疑使得当地政府和教育领导人感到光荣与骄傲，所以他们都成

1　李斌. 衡水中学到底哪里不正常. 中国青年报，2014－10－23.

2　夸美纽斯. 大教学论：46.

3　见张志博的微博，http://blog. sina. com. cn/zgjsb。

了"高考工厂"的卫道士。

其次是学生和他们的家长,能够考上大学让他们获得了满足感。虽然家长们缴纳了不菲的学费,起早贪黑地搞陪读,但他们得到了回报。就学生而言,虽然他们被判了"一年有期徒刑"(指复读),或者坐了"三年监狱"(指三年高中),但他们熬到了"金榜题名时",也算了却了父母"望子成龙"或"望女成凤"之愿。可是,他们看问题的方法却是形而上学的,他们只看暂时的,而忽视了长远的;只看表面,而忽视了本质;只看虚假的分数,而忽视了真实的素质。更为严重的是,他们是以牺牲个性、好奇心、想象力、质疑和批判精神为代价的,这是捡了芝麻而丢了西瓜。无数的事实证明,一个人成才和成功不是取决于知识和文凭,而是取决于隐藏在知识后面的智慧,而"高考工厂"恰恰是压抑了青少年的个性,泯灭了他们的想象力,也窒息了他们的智慧,这实在是教育的悲哀!

再次是"高考工厂"的教师,也是应试教育的拥趸和践行者。坦率地说,这些"高考工厂"的教师,既不懂教育学,也没有爱心,他们只是一个教书匠而已。教书匠,犹如铁匠、木匠、石匠,他们反复打造一件器具,那是重复性的劳作。这些学校的教师,对待学生就如打造器具一样,用枯燥的知识塞满学生的脑袋。可是,他们错了,器具是可以打造的,而人是不能打造的。教育人必须顺应人的天性,必须让他们独立思考,自由地成长,使他们学会学习,这才是成才之道。那么,这些教师为什么心甘情愿地推行应试教育呢?这与他们的教育理念有关,又与他们的利益紧密联系在一起。诚然,这些"高考工厂"里的教师是非常辛苦的,有的甚至累病了,他们也是应试教育的受害者。不过,他们也获得了不菲的工资待遇,据说衡水中学教师的工资比普通中学高出三倍,另外还有安家费和各种名目的奖金,这也是他们愿意与学生一起"苦学和苦教"的原因。

在我国当今,"高考工厂"的存在就是一个悖论,非常值得人们深思。如果说在80年代初,大学毛入学率尚处于个位数、考生都是"千军万马争过独木桥"的情况下"高考工厂"的存在还可以找到借口。可是,2002年我国大学毛入学率已达到15%,这意味着我国高等教育已经从精英跨入到大众化的阶段。又据统计,到2018年我国大学在校人数为3779万人,大学毛入学率已达45.7%,大多数省市毛入学率均已经超过50%,意味着我国高等教育达到了普及阶段,像河南、广东、山东、安徽、河北、浙江、江苏、内蒙古等省的高考录取率都超过了90%。也就是说,在这些省,大学入学率已经普及了,基本上每个考生都能够上大学。

素质教育与应试教育的根本区别,就在所持的教育价值观不同。其实,考高分,高升学率,上北大和清华,只有统计和宣传意义,并不代表这些学生个个都能够成为优秀的人才。然而,"高考工厂"全封闭式的量化管理,是以牺牲学生的自由、好奇心、想象力和童趣而换来的,代价是非常沉重的。这种强化考试的应试教育,对学生们的心理、个性和智慧的伤害,今后将会逐渐显示出来。在这样高压下培养出来的人,如果将来进入教育界,又会如法炮制,也将成为应试教育的忠实推行者,这就可能形成我国应试教育的恶性循环!

## 三、害人的"老大文化"

在社会因素方面,确切地说是"老大(或大老)文化"压抑了青少年们的成长。香港凤凰卫视和央视曾有一则广告,是中国娇子集团(成都)所策划的。广告词是:"少年智则国智,少年富则国富,少年强则国强,少年独立则国独立,少年自由则国自由……"尽管网上有评论说这句话是错误的,却引起了我的好奇和同感,经查找方知这句话出自清末启蒙思想家梁启超先生。1900 年梁启超先生年仅 27 岁,他发表的《少年中国说》一文,是流传至今的传世佳作。文章开宗明义地说:"日本人之称我中国也,一则曰老大帝国,再则曰老大帝国。是语也,盖袭译欧西人之言也。呜呼!我中国其果老大矣乎? 任公曰:恶,是何言! 是何言! 吾心目中有一少年中国在。"

欧美和日本称中国是老大帝国,所反映的不仅仅是国体,也说明中国存在一种"老大文化"。什么是"老大文化"呢? 所谓的"老大文化",是指凡事论资排辈,以老为大,以老为尊,老就是权威。于是,大学要争百年老校,甚至不惜弄虚作假;企业要争百年老字号,不惜用重金搞公关。许多烟、酒、茶都冠以几百年以前皇宫用的"御品""贡品""极品""珍品"等说法,但再细看一下,连生产的厂家都没有标。这些泛滥的虚假商标,既体现了老大文化,也反映出商家诚信的缺失。这种老大或大老文化,可能直接或间接受到武林门派的影响,因为他们的帮主就是老大,拥有生杀予夺的权力。

自《少年中国说》发表以来,一百多年过去了,中国老大文化思想不仅没有转变,反而较过去有过之而无不及。比如,中国两院院士平均年龄超过 70 岁,而且一些耄耋之年的院士不退休,终身享受特殊的补贴。鉴于我国现在没有人文社会科学的院士,于是某些大学为了炫耀其水平,私自评定所谓的"资深教授",规定可享受院士的待遇,每月补助 2 万元。这是哪一家的政策?老迈不能工作的"资深教授",居然每年获得 24 万元的高额补助,这是教育最大的不公。某大学从国外聘请了一位耄耋之年的诺贝尔奖获得者为特聘教授,并修建豪华别墅供奉起来,这也是老大文化思想作祟,像这种"打肿脸充胖子"的虚荣心,是世界任何国家都不会有的。

自 2000 年开始评选的国家最高科技奖,奖金高达 500 万元,还在人民大会堂举行隆重的颁奖典礼,由国家最高领导人亲自颁奖,隆重得堪与诺贝尔奖颁奖典礼相媲美。截止到 2013 年,该奖项总共评选出 13 届共 22 位获得者,获奖者最高年龄 91 岁,最低年龄 64 岁,平均年龄 81.68 岁。而且,最高科技奖的评审,并不是评定其某项成果的创造性如何,而是罗列其一生的成就和论文数量,这是违背世界最高奖评选原则的,也违背了人的创造黄金年龄的规律。这种评选的后果,就是鼓励追求数量而忽视质量,树立了一批倚老卖老的所谓权威。因此,国外有评论说:如果中国仍然循着这个思路评选最高奖,那么中国就不会有诺贝尔科学奖的获得者,中国也没有科学的未来。

反观美国,美国人天生就不讲古老语言,敢于冒险,不迷信权威,因此成为发明创造大国。同样的,美国青少年发明家也多得不知其数,他们成了推动美国发明创造的尖兵。例如,发明检测胰腺癌试纸的杰克·安德鲁卡正在读高中一年级,但他不急于上大学,而是决心把这种试纸推向市场,以挽救更多人的生命。杰克的合作者霍普金斯大学肿瘤学教授尼尔班·迈特拉评价说:"杰克就是今天的爱迪生。走着瞧吧!他将给这个世界带来更多的发明和惊喜!"

再如在自家车库里研制成功了小型核聚变反应堆的泰勒·威尔逊。

他成为全球 32 个实现核聚变的人之一,且是其中最年幼的一个。有朝一日,他发明的这个装置可以燃烧核废料,为住宅、工厂或太空移民提供动力——这个装置发电能力为 50 兆到 100 兆瓦,足够为 10 万户家庭提供动力。他也准备推迟上大学,并组建了自己的公司,准备用 5 年的时间把产品推向市场。

美国青少年与中国青少年的价值观是完全不同的,他们并不把上大学当作一回事,像杰克和威尔逊都准备放弃上大学,而盖茨和扎克伯格等不也都是大学肄业生吗? 实际上,美国的科学奇迹和经济繁荣,正是由一批少年派推动的,例如比尔·盖茨、史蒂夫·乔布斯、马克·扎克伯格、拉里·佩奇、谢尔盖·布林、丹尼尔·齐夫、肖恩·帕克、爱德华·萨福伦、达斯丁·莫斯科维茨、斯科特·邓肯等等。他们都是少年得志,既是发明家又是最年轻的亿万富翁。这也证明了梁启超先生的论断:少年智则国智,少年富则国富,少年强则国强……

中国的老大文化,已经渗透到了政治、经济、文化、教育等各个领域。我国各种研究会或是协会,其会长或是理事长大多是由已经退休的老领导或是大学退休的书记和校长担任的,某些企业也会聘请一些老迈的专家当顾问。其实,这些会长和顾问,并不能理事或提出有益的顾问意见,不过是为了宣传需要。因此,老大文化虽然看似中国人的图腾,但实际只是"泥塑偶像"而已。

这种大老文化不仅在大陆存在,在台湾地区也表现得十分严重,这说明大陆与台湾本是一脉相承的统一国家。2010 年 5 月 4 日,台湾《中国时报》发表评论文章,题目是"台湾学界从大师文化到大老文化",披露了台湾教授侵吞研究经费事件,分析认为"深层的因素是学界这二三十年产生了典型的转移:从大师文化转移至大老文化。大师致力于学术精神的开拓,提供后辈与学生追求的风范。大老致力于学术资源的争取,汲汲于各种量化指标的提升。大师一言九鼎,凭借的是独到的见解与对学术原则的坚持。大老喊水结冻,靠的是掌握与分配资源的权力。"这一段评论非常精辟,道出了大老文化的思想本质和根源。

如果说台湾的大老文化窒息了研究人员的创造性,那么大陆的大老文化更是根深叶茂。近几年人们纷纷诘问:为什么中国不能实现诺贝尔奖科学类奖项零的突破？为什么自解放以后就没有出现过学术大师？道理非常明显，是应试教育窒息了少年的好奇心和想象力，是老大文化压抑了他们的独立、自由、质疑、批判和创造精神！

中国的未来在于青少年，我国必须大力改革应试教育，改革高考制度，转变老大文化观念，改革国家最高科技奖评选的办法。否则，我国离诺贝尔奖不是越来越近，而是越来越远了！学术大师将会出现断层，甚至可能后继无人了！

我是一个"杖朝之年"的老人，但我是一个挚爱教育的工作者，至今保持着年轻的心态，与广大青少年的心是紧紧联系在一起的。也许，由我来呼吁解放广大青少年们可以避嫌，不至于落得"少年狂"的骂名。借此文章，我呼吁家长们，请你们不要再包办代替，放飞你们的孩子吧！呼吁广大教师们，请你们不要再搞题海战术，唯分数高低论人才，请解放你们的学生吧！

我相信只要推翻了压在少年们身上的"三座大山"，他们就能够做到像罗伯特·凯利歌词所说的：我相信我能飞翔，只要我展开翅膀，我相信我能触到天空，我就能成为那个我想成为的人！奋进吧！飞翔吧！中国的少年们，祖国的美好未来就寄托在你们的身上！


# 教育即解放[1]

从现在到 21 世纪只有四年多的时间了，新世纪的曙光已现端倪。

全世界的未来学家、科学家、教育学家以及政治家们都在谈论：下一个世纪将是什么样的时代？ 21 世纪谁将成为赢家？我们是否为进入 21 世纪作好了准备？

大家普遍认为 21 世纪是信息革命的时代，也有人认为是创造的时代。以电脑为驱动的信息技术、高新技术将成为主导的产业，并将深刻地

---

1 本文原为《新世纪教育》写的创刊词，在收入本书时作了适当的修改。

改变人们的思维方式、生产方式和生活方式。

作为迎接 21 世纪挑战的战略对策之一,全球的互联网络和信息高速公路正在加速建设,人类不仅需要认识自身的思维、生命和衰老过程的秘密,还将展开对地球外行星上无生命禁区的认识。人类的认识能力是无限的,发明创造未有穷期。

教育是最大的信息资源,它既担负着继承、传递前人信息的功能,又要挑起创造新知识的重任。如果说要为进入 21 世纪作准备的话,那么首先应当研究教育革命的对策。美国著名学者保罗·肯尼迪(Paul Kennedy)在新作《为 21 世纪作准备》一书中,分析了影响 21 世纪发展的各种因素,并把教育列为首要的关键因素。为什么如此重要呢?说到底,教育是培养人的事业,它的重要性主要是体现在人才的重要性上。这就是说,人是最宝贵的因素,只要有了人,什么人间的奇迹都可以创造出来!

我非常赞赏联合国教科文组织提出的"教育能够是,而且必然是一种解放"这个观点,它点到了问题的本质。如果不是危言耸听的话,我国的教育的确到了需要解放的时候了。难道不是吗?被应试教育压得喘不过气来的亿万学生们难道不需要解放吗?被压抑和埋没的广大青少年的创造力难道不需要解放吗?被"以课堂为中心"束缚得紧紧的广大教师难道不需要解放吗?回答当然是肯定的。

回顾 20 年改革的历史,我们每前进一步,都是从"解放思想"开始的;我们所取得的每一个成就,也都是解放思想的结果。同样地,开展教育改革也必须从转变教育观念开始。在过去的十多年间,我国的教育事业有了很大发展,教育改革也取得了不少成果。但是,教育改革尚未触及本质。很坦率地说,像今天这样零星地进行一些教育改革,而没有一个关于教育过程的目标与方法的整体改革的构想,已不再是可取的了。

解放与束缚是根本对立的,人的个性不解放,那么开发人的创造力就只能是一句空话。从本质上说,教育应当深蕴着解放的意义。人之初,本来是一无所知的,从无知到有知,是教育作用的结果。人生的意义不是先天的,是后天教育所赋予的。总之,教育的力量是巨大的,她使人类成为万物之灵,创造出了丰富的物质文明,并引导他们从必然王国走向自由王国。

确立教育的解放功能,是教育观念更新的表现,是教育民主化的特征。"教育即解放",是一个极富有时代精神的口号,它道出了亿万师生心底的声音。但是,传统的教育观念根深蒂固,它倾向于重复过去,倾向于形式化、公式化,按照既定的统一的模式塑造下一代,致使教育在某种程度上对人的全面发展起到了束缚的作用。

因此,要贯彻教育即解放的思想,必须彻底转变教育观念,克服传统教育对人的发展的束缚作用。教育观念的涵盖面非常广泛,但有一点是非常重要的,那就是要从强调教育的统一性向强调创造性和革新精神转变。21世纪将是创造性时代,科学技术与经济竞争制胜的法宝是创造,解决人类面临的各种危机要靠创造,人类自身的彻底解放也还是要靠创造。创造需要"解放",唯有"解放"才能培养创造性的人才,才能开辟美好的未来!

**案例 1-1**

### 国际武汉枫叶学校的成功实践[1]

什么是教育的解放?在持传统教育观点的人们看来,教育是传播知识和技能的,这似乎是天经地义的,是亘古不变的教条。可是,在新的技术浪潮的影响下,教育必须与时俱进,需要以新的教育理念替代传统的观点。正如联合国教科文组织指出的:"教育能够是,而且必然是一种解放。解放教育与驯化(应试)教育是对立的,在驯化教育实践中,教育者总是受教育者的教育者;而在解放教育的实践中,教育者作为受教育者的教育者必然死去,以便作为受教育者的受教育者重新诞生。"

解放与束缚、控制是相对立的,为什么教育不能是束缚而只能是解放呢?通俗地说,教育是育人,而不是制器,不能把人塑造成毫

---

1 本文节选自作者 2010 年 9 月 5 日在国际武汉枫叶学校创办三周年学术论坛上的发言,原题为《"教育即解放"的一个成功典型》。

厘不爽的器皿。人是有思维的,有能动性,一旦受到束缚,他们就不能自由发展。那么,"教育即解放"包含哪些含义呢?从实质上来说,教育就是解放学生,解放学生的个性,解放他们的想象力和好奇心,减轻他们的学习负担。同时,教师也需要解放,需要把他们从课堂上解放出来,转换教师的角色,从讲授转向对学生进行科学研究指导。

解放教育与自由教育是相辅相成的,没有自由就谈不上解放,而唯有解放才能获得自由。自由教育最早的倡导者当是古希腊哲学家、思想家和教育家亚里士多德(Aristotle,公元前384—前322),他主张博雅教育,也就是自由教育,他甚至说自由教育是自由人所应受的教育。18世纪法国启蒙思想家、教育家卢梭(Jean-Jacques Rousseau,1712—1778),当属自由教育集大成者。他认为:"必须遵循自然的要求,顺应人的自然本性,反对成人不顾儿童的特点,按照传统与偏见强制儿童接受违背自然的所谓教育,干预儿童的自由发展。"[1]在卢梭看来,遵循自然的教育必然是自由教育,唯有自由教育才能培养和谐的人。

英国博物学家托马斯·赫胥黎(Thomas Henry Hucley,1825—1895)曾经出版了一本专著,名为《自由教育论》,其中写道:"自由教育是'为己'而不是'为人'的教育。"[2]北京大学的蔡元培校长,也极力推行自由教育,他主张"展自然,尚个性",对学生管理也是"来者不拒,去者不究",这是非常开明的办学理念。因此,他不仅开创了北京大学的黄金时期,也成为中国近代大学校长学习的楷模。

国际武汉枫叶学校创办才三年,但它已经初步兑现了自己的办学宗旨,率先实现了"教育即解放"的目标。在我看来,它解放了学生的个性,解放了学生的想象力,解放了他们的智慧。在所有这些被解放的品格中,最大的解放莫过于把他们从残酷的全国统一高考

1 刘传德. 外国教育家评传精选:49.
2 赫胥黎. 自由教育论. 商务印书馆,2014.

中解放出来了。说残酷言过其实吗？自20世纪90年代开始，我国每一年高考都是"千军万马过独木桥"，有"赤膊班"（指男生都赤膊备考），有"吊瓶班"（学生发高烧仍然备考），有的甚至带着吊瓶上考场，难道这些还不残酷吗？然而，国际武汉枫叶学校高中生毕业时，不参加我国统一高考，他们凭着毕业文凭自由申请国外任何大学的学籍，当然这是双向选择的，但该校学生毕业时被国外大学录取的概率几乎是100%。

相比较国内的高中，没有哪一所学校敢于宣布不参加统一高考，因为大家担心失去了机会，就等于贻误终身。其实，在我国近代史上，在80年代，都没有这种现象。之所以在90年代初出现这种怪现象，完全是功利主义和虚荣心造成的。许多家长把成才与上大学画等号，尤其是上著名大学。这个观点是不能成立的，纵观中外古今，就最杰出的人才而言，自学成才者比大学科班出来的成才者要多得多，如我国华罗庚、贾兰坡、钱穆、叶圣陶、沈从文等。在国外，如美国第16任总统亚拉伯罕·林肯（Abraham Lincoln，1809—1865）仅仅受过一点初级教育，发明家托马斯·爱迪生（Thomas Edison，1847—1931）小学只学过3个月，美国开国三杰之一的本杰明·富兰克林（Benjamin Franklin，1706—1790）是记者、作家、物理学家和发明家，但他只读过两年书，当代的比尔·盖茨、史蒂夫·乔布斯、马克·扎克伯格等，不都只是大学肄业生吗？

国际武汉枫叶学校之所以让人们趋之若鹜，就在于他们办学获得了成功。具体表现在：第一，高中毕业生个个都能够用英文写作，讲得一口流利的地道的英语。然而，我国现在从初中到博士毕业，学生总共学习16年英语，但仍然不能说写，这不恰恰证明了我国英语教学的失败吗？第二，学生们受到了良好的人文素质教育，他们既学习中国的传统文化，又接受西方的通识教育，这种双文化背景，开阔了他们的视野，提高了他们的文化素质，对他们未来的成长是非常有益的。第三，贯彻因材施教的原则，使每一个学生的兴趣和智识都得到了发展。本来,因材施教是孔子教育思想精髓之一,可是 2500 多年以来,我国有几所学校实行了呢?在民国时期,大学规模很小,属于精英教育,大学中有不少教授都是一对一教授学生,甚至在家中授课,因而因材施教是能够得到贯彻的,所以那个时代出现了不少学术大师。

我多次参观国际武汉枫叶学校,也接触过一些教师和学生,感觉真是百闻不如一见。你们从实际出发,走出了一条新的办学路子,其精神可嘉,其经验可鉴。我希望国内更多的学校借鉴你们的经验,推动我国基础教育的改革,从一部分学生的解放到更多的学生解放,从一所学校的解放到更多的学校解放。唯有如此,才能冒出更多的杰出人才,这也是我们对"钱学森之问"的最好回答。

# 转变教育观念,迎接世界第四次教育革命

在人类文明史上,教育与科技始终是一对孪生的姊妹,它们总是相依而存,相伴而行。可以毫不夸张地说,没有科学的发明与积累,就没有教育;而未来的高新技术的发展,又必须依靠教育为其输送创造性人才。

自从 18 世纪中叶以来,曾先后发生过四次技术革命。十分巧合的是,在人类的历史上也曾经发生过四次教育革命。不同的是,它比科技革命所经历的时间要长得多。教育史上的四次革命,是 20 世纪 60 年代一些西方教育史学家提出来的。他们所说的教育革命,意指教育形式根本性的变革,是以知识传授的方式来划分的。

具体来说,第一次教育革命是以专门从事教育活动的教师的出现和学校的产生为标志。这意味着教育活动已从社会生活中独立出来了,教育活动已从家长转向教师,由家庭转向学校,这是与生产力的发展和社会分工相适应的;第二次教育革命是以文字的产生和应用为标志的,它使文

字资料成为教育的主要手段;第三次教育革命是根源于印刷术的发明使得大量书籍出版发行,这不仅有助于学校教育的规范化,而且是教育走向普及的重要前提;第四次教育革命是从 20 世纪 70 年代开始的,实际上它是与第四次技术革命同步的。这次革命是以微电子、计算机技术、音像技术等(也就是交互性多媒体)为标志的,包括声音、文字、图像、动画片、数据和其他各类信息。可以肯定地说,多媒体是一种非常有效的教学手段,它将从以下几个方面深刻地影响教育领域的革命。

## 一、教育观念的大转变

教育观念是对教育内涵、教育功能、教育目的、教育方针、教育质量以及教育内容、教学方法和组织的一种综合的理念。它既产生于教育的实践,反过来又是进行教育改革的指导思想。

自从学校产生以来,教育总是与学校紧紧地联系在一起的。至于什么是教育,其解释也是众说纷纭。不过,从传统的观点来看,大多是把教育视作"养成",也有的当作"传授",亦即传授知识。在培养目标上,主要强调培养专业人才;在学校的功能上,规定"以教学为主";在教学方法上,仍然采用沿袭了数百年的"三中心"(以课堂为中心、以教师为中心、以书本为中心);在师生关系上,始终坚持"以教师为主导";教学质量的高低完全以分数的高低来衡量;等等。总之,在中国人的教育观念中,传统的观念是根深蒂固的,以致我国培养出来的人才大多只会死记硬背,习于模仿,虽然他们知识渊博,但缺乏创造性的能力。

美国教育学家里欧·巴士卡里雅(Leo Buscaglia)曾一针见血地指出:"我们的教育体系旨在使大家相同,只要每个人都一样,我们就自觉十分幸运了。这种现象到处都有:你的个性是什么我不感兴趣。我只要你接受我的一套,跟着学舌。"[1] 教育家赖因(Wilhelm Rein, 1847—1929)更尖锐地指出:"我们就喜欢按照自己的模子塑造下一代,使他们也和我们一样,又瞎又聋,浑身都是毛病,灰心丧气,只是智商很高。"[2] 这是我们今天

---

1 巴士卡里雅 L. 爱和生活.
2 同上。

教育存在的最主要的问题。教育活动本身,肩负着继承和传播前人文化知识和推动社会发展的功能,但是它倾向于重复过去,倾向于形式化、公式化,这又是导致教育保守的原因。这种教育上的双重特性是颇值得研究的,我们要充分发挥教育对于社会的促进作用,同时要克服由于教育保守性而对社会变革所起的阻碍作用。

联合国教科文组织曾提出:"在'解放'的教育实践中,教育工作者作为受教育者的教育者必然'死去',以便作为受教育者的受教育者重新'诞生'。"这的确是非常有见地的观点,是关于教育最富有时代精神的呐喊。可惜的是,这个口号在我国并没有引起多大的反响,和者更寡。我个人认为,我国教育的确到了需要解放的时候,像今天这样零敲碎打式地进行一些教育改革,不从教育体制上进行彻底的改革,已是无济于事了。

解放与束缚是对立的,人的个性不解放,那么开发人的创造力永远只能是一句空话。这绝不是危言耸听,我国教育的现状就是如此。难道不是吗? 被应试教育压得喘不过气来的亿万青少年难道不需要解放吗? 被埋没的具有创造性的人们,难道不需要解放吗? 被传统观念禁锢的广大教育工作者,难道不需要解放吗? 答案是肯定的,"解放"已是大势所趋,人心所向,唯有解放,才能进入 21 世纪!

如何才能实现教育的解放呢? 美国卡内基促进教育基金会的波依尔博士提出,当今的教育思想必须实现五个转变[1]:(1)从强调教育的统一性向强调教育的创造性和革新精神转变。这一点在我国尤其突出,大一统的教育体制,如统一领导、统一政策、统一考试、统一招生、统一分配、统一教材等等,这种现象绝对不能继续下去了。(2)从重点培养竞争性向重点培养合作精神转变。合作和竞争,这是每一个人必须具备的两种重要素质。我国绝大多数人,既缺少竞争意识,又少有合作的能力。因此,我国教育必须肩负起培养这两种能力的任务,并且应当从学生小时教起。(3)从狭隘的民族观点向强调全球意识转变。当今,世界各国之间既相互竞争,又相互依赖,任何一个国家再要坚持"闭关锁国"的"自力更生"政策已是不可能的了。(4)强调从掌握零星的、脱离实际的知识向从整体上掌

---

1  未来教育面临的困惑与挑战. 人民教育出版社,1991: 46.

握与运用知识并提高解决实际问题的能力转变。为了适应 21 世纪的要求,必须强调个人的发展,学习越来越应当成为学习者主动和由学习者推动的过程。(5)从强调为个人而学习向强调为公众的利益而学习转变。这一点是一个文明社会的表现,它已经超出了不同社会制度的界限,是人生价值观的回归。

当然,教育观念的内容十分丰富,需要转变的观念也远不止以上五点。但是,这五点无疑是至关重要的,只要在这几点上真正实现了转变,就会引起教育的深刻变革,为教育进入 21 世纪准备好必要条件。

## 二、科学教育与人文教育的再次结合

打开历史的画卷,我们可以看到一个很有意思的现象:有不少哲学家、艺术家同时又是自然科学家或工程师。例如,古希腊哲学家亚里士多德是柏拉图的学生,他同时又是科学家,被马克思称为"最博学的人物"。16 世纪意大利的米开朗基罗作为雕塑家是人们所熟知的,但他也是画家、诗人、建筑师和发明家。同样地,我们可以列出一长串科学家名单来,他们除了在各自所从事的科学研究领域获得了巨大的成就以外,还是哲学家或是文学家、诗人。例如,17 世纪法国的笛卡尔,他不仅是数学家、生理学家以及解析几何的创始人,而且是著名的哲学家。18 世纪俄国的罗蒙洛索夫,既是哲学家、诗人,又是物理学家、化学家、地质学家,并提出了质量守恒定律。

为什么古时候的科学家能够文理兼通、多才多艺,而现在的科学家却做不到呢? 是古时学术水准太低抑或是现代的人太笨? 这些问题曾困惑了我几十年,前者是客观存在的,后者当然是不能成立的。近年来,对这个问题我又进行了新的思考,并产生了新的心得。

本来,科学和艺术在人类文明史早期是密切结合的,受教育者在这两方面都受到了良好的教育,故而能够在两方面都作出成绩。在公元前 6—前 4 世纪的希腊,教育被称作"缪斯教育"。大家知道,缪斯是希腊神话中主管文艺与科学的神,所谓的缪斯教育就是艺术与科学教育的总称,可见当时的科学教育与艺术教育是同时进行的。

16 世纪以后,随着生产力的发展和社会分工的出现,教育开始向专业化的方向发展,从而导致了科学教育与艺术教育的分离。这种现象虽然在世界上较为普遍,但是在我国尤为突出,这是因 20 世纪 50 年代初我国盲目照搬苏联教育的一套做法造成的。在我国,关于"通才"与"专才"的辩论,已经几起几伏,尽管教育界绝大多数人赞成"通才"教育,但是在实际工作中总是得不到落实,而且专业细分还有进一步蔓延的趋势。在基础教育中,办重点中小学,办文理科重点班,大学则按文理科进行考试和录取,进一步加深了自然科学和人文科学的分离,以致造成了我国培养的人才知识面太窄、能力不强等诸多弊端。

未来学家们几乎一致认为,下一个世纪是信息革命的时代,新的发现、发明将以惊人的速度产生,新的信息将通过交互网络迅速传递到世界每个角落,并将成为人类共同的资源。

与信息时代相适应的教育应当是什么样的呢? 应当培养什么样的人才呢? 我们应当以终身教育为原则,重新设计一种教育机构,充分体现民主、个性与自学的精神。我们不应该再培养青年人从事一种特定的、终身不变的职业,应当培养一专多能的创造性人才,使他们具有不断更新自己知识的能力,能够适应各种不同的职业,这才是万全之策。

很明显,要实施这种新的教育,必须要倡导科学教育与人文教育的再次结合。培养创造性的人才,既要重视智力因素,又要开发非智力因素。我们应看到,科学教育和人文教育,对于培养创造性人才是必不可少的。杨振宁先生曾就科学与文学的关系发表了一次谈话,他认为:"文学与科学实际上有类似的地方。文学与科学都需要想象力。"[1] 这里的想象力,是创造力中最主要的一种智力要素,只有科学教育与人文教育的有机结合,才能最有效地激发想象力,进而培养出创造性的人才。

### 三、多媒体将引起一场教育革命

近二三十年以来,计算机技术如野火春风般地形成燎原之势。对此,"人们称之为自 15 世纪以来,甚至是自文字发明以来知识系统中最大的

---

1  杨振宁.科学家眼中的文学.文汇报,1996 - 05 - 24.

变化"。[1] 这种变化主要表现在：高新技术已在重新组织知识，并使日常知识一天比一天更加抽象；常规学科在分解，同时传统科学在迅速更新；知识的储存、传递、加工更加简便，知识的价值也在迅速增加。

随着电脑技术的普及应用，又出现了多媒体（Multimedia）技术。所谓多媒体，包括计算机硬件、软件和外部设备，能够提供文字、图表、声音、动画、影像、数据和其他信息。由于多媒体技术用途广泛，视觉效果极佳，所以被公认是一种非常有效的学习途径，它把支配学习的权利还给了学生。相关的研究表明：利用多媒体系统学习可以使学习者的学习时间减少50％，记忆的东西增加80％，学习费用下降50％。正是因为如此，西方发达国家各级学校大力推广多媒体教育系统，日本还创办了"亚太多媒体大学"，这将是一所没有校舍的国际高等教育机构，各国学习者都能受益。

中国政府对于多媒体教育也是很重视的。1995年冬天在北京召开了"21世纪教育与多媒体技术研讨会"，260多所中学的校长参加了会议。根据有关规划，到2000年全国80％的高中、16％的初中和1％的小学，要分别达到每校25台、20台和15台的电脑拥有量。也就是说，全国中小学电脑总数将达80万台，比现在的21万台增加了三倍。[2]

多媒体技术，不仅是教学的有效手段，还是推动教育变革的杠杆。阿基米德曾说过，如果能找到一个支点，他就可以把地球撬动起来。多媒体作为一个杠杆，对教育改革所起的作用是巨大的，甚至会引起一场革命。具体地说，至少在以下三个方面将发生根本性的变革：

## 1. 从根本上动摇"三中心"教学模式

自从夸美纽斯提出分班教学的原则以来，学校教育一直是"以教师为中心、以课堂为中心、以书本为中心"的模式，也就是说，学生围绕着教师转，被束缚在课堂上，成了书本的奴隶。尽管不少有识之士发出了呼吁，要破除"三中心"的教学模式，但终不能突破这个框框。除了认识上的原因以外，主要还是没有找到一种更好的形式代替它，这就是"不立不破"的道理。

---

1　托夫勒 A. 力量转移——临近21世纪时的知识、财富和暴力. 新华出版社,1996：498.
2　见 1995年12月20日《中国青年报》。

多媒体辅助教学，正好是代替"三中心"教学模式的最好形式。以电脑为驱动的集文字、声音、图像、图表、数据为一体的多媒体技术，兼有教师、课堂和书本多种功能，可以部分甚至大部分地代替其作用，并且能够获得更佳的效果。

多媒体教育系统应用十分广泛，虽然目前尚处于起步的阶段，但是其前景将是无比宽广的。从已经应用的情况看，它具有以下优点[1]：

（1）教学计划将变得更加灵活。无论何时何地，学生都可以从自己的需要出发，在没有教师的情况下，选择安排自己感兴趣的学习科目。

（2）有利于实行弹性学制。现在各类学校的学制是一成不变的，学生只能同步入学和毕业。采用多媒体技术以后，学生可以随时休课和复课，也可以提前毕业和推迟毕业。

（3）有利于贯彻个性化教学原则。多媒体教育系统将使课程建立在有效的个性化原则上。虽然学生同在一个多媒体室学习，但他们学习的内容和进度却是不同的，他们可以各取所需，各展其长。

（4）有利于"物尽其用"。多媒体是集多种技术为一体的，它是一种"公共资源"。一旦连上国际网络，不仅可以通过信息高速公路使用本国的教学课件，还可以利用其他国家提供的信息资源，做到信息资源共享。

（5）有利于客观地评价教学效果。教师面授是人与人的关系，而多媒体教学是机器与人的关系，因此在多媒体教育系统上学习、作练习、考试和评分，排除了人的感情因素，故能比较客观和准确地衡量教学的效果。

## 2. 电脑和学习软件将代替教科书

在学校教育史上，经历了由无书到有书的过程，教科书曾发挥了不可替代的作用。但是，随着电脑大面积的普及，特别是作为教学工具广泛进入教室，教科书将会受到冲击，进而引起一场教科书的革命。

现在中小学生的书包越来越重，各种课本、辅导资料、练习题已泛滥成灾。对此，社会各界人士发出了强烈的呼吁："减轻学生书包重量，救救

---

1　见 1995 年 4 月 1 日《文汇报》。

孩子吧!"但几年过去了,情况依然如故。多媒体教育系统的出现,使学生从沉重的书包下解放出来成为可能。将来学生上学,不用再背上沉重的书包,只需要带上学习的软件就行了,把它输入电脑,然后就可以按照自己的要求进行学习。

多媒体教学与电子出版密切相关,后者是为前者服务的。这犹如电子计算机的硬件与软件的关系。如果没有软件,那么计算机也就成了一堆无用的废铁。

随着多媒体技术的发展,目前电子出版已迅速形成了一个新兴的高科技产业。电子出版是多学科、多领域人员合作的产物,其中包括编导、文字编辑、美术编辑、音频编辑、视频编辑和软件工程师。同样地,教学软件的制作,也必须由多领域人员合作。由此看到,今后学校里教师的组成和职能将发生变化,他们将告别黑板、粉笔,重点落在教学的软件研究与制作上。对于广大教师来说,采用多媒体教学以后,对他们的要求更高了,他们不仅要精通本专业的知识内容,还要掌握电脑技术,掌握全新的教学方法,指导学生创造性地进行学习与研究。这是传统教学法不能相比拟的,这是由多媒体技术引起的教育革命而带来的硕果!

### 3. 自学将成为真正可行的学习方式

联合国教科文组织曾提出:"新的教育精神使个人成为他自己文化进步的主人和创造者。自学,尤其是在帮助下的自学,在任何教育体系中,都具有无可替代的价值。"[1] 自学的重要性是人所共知的,已为古今中外很多成功的大学问家所证实。但是,在实际的教学中,能够自觉地引导学生自学的教师,简直是凤毛麟角,善于自学的学生更是寥寥无几,这的确应当引起我们教育界深思。

人是习惯性的动物,一种习惯养成之后,人便成了习惯的奴隶。教师的职业习惯便是因循保守。在对待学生的自学上,教师的保守性表现得尤为突出,这也正是自学方法长期不能实施的主要原因。

多媒体教学系统的应用,在很大程度上替代了教师的作用,自然也就

---

1 联合国教科文组织.学会生存:274.

为学生自学减小了阻力。再加上多媒体教学系统生动有趣,形象直观,不太受前续和后续课程内容的限制,这就为推广自学创造了极为有益的条件。

今天,世界已经进入了信息时代,以终身教育原则和多媒体技术引发的第四次教育革命正在兴起。"识时务者为俊杰",让我们抓住历史的机遇,把握住前进的方向,为创建 21 世纪崭新的教育体系而努力!


# 呼唤新时代的教育家[1]

中国是一个拥有 13 多亿人口的大国,在校学习的大中小学生约有 2.5 亿人,各级学校的教师也多达 1249 万人,是名副其实的教育大国。但是,教育大国并不等于教育强国,为了实现教育强国之梦,必须采取强有力的措施。其中包括:选拔堪为教育家的人士担任校长,营造自由、民主的育人环境,遵循教育规律办学,励志教育改革与创新,努力提高各类学校的教育质量,进而培养出各类专业领域的杰出人才。为此,必须造就和依靠大批教育家,他们要既是有理论素养的教育家,又是笃行教育改革的实干家。

## 一、什么是教育家?

教育家在中国是一个沉重的话题,不免勾起了一桩难以忘怀的往事。记得在 20 世纪 80 年代末,当时教育部部长到一所大学做报告,他带着批判的口吻说:"有个大学校长自称是教育家,教育家是能够自封的吗? 他是经过哪一级政府批准的,他是哪个阶级的教育家?"我们姑且不去考证那个校长是否自封过教育家,也不必评论他是否符合教育家的标准,倒是应当对那位部长的讲话进行一番分析。根据我的回忆,国家从来没有颁布过评选教育家的条例,也没有授权哪一级政府审批教育家的资格,显然那位部长是借题发挥,是醉翁在意不在酒。同时,经过拨乱反正以后,中

---

1  本文发表于《教师教育论坛》2013 年第 4 期。

央已经明确提出把全国的工作重心从阶级斗争转向"四化"建设上来,今后不得再搞政治运动,也不得再划分左中右。然而,那位部长却公然要划分教育家的阶级性,这不是明显地坚持左倾路线又是什么?

什么是教育家? 其实,教育家只有在汉语词汇中才能表现出特殊的意义,而在西文中是翻译不出来的。在英文中,教育家叫 educationalist,也翻译为教育者或教育工作者,就像科学家(scientist)、数学家(mathematician)、物理学家(physicist)、化学家(chemist)、生物学家(biologist)、地质学家(geologist)、哲学家(philosopher)和作家(writer)一样,"家"与工作者是同义语,只是反映人们所从事的职业而已。然而,由于汉语词汇博大精深,教育家与教育工作者的意义就有天壤之别了,同时反映出中国人对"家"情有独钟的一种心结。

所谓专家,是指对某一门学问有专深研究的人,或擅长某一技术的人。为什么中国人对专家情有独钟呢? 在民国时期,专家的称谓并不流行,对专家推崇备至是从 20 世纪 50 年代初"一边倒向苏联"的口号提出以后开始的。解放初期,我国面临建设新中国的重任,我们没有建设的经验,于是就请求苏联向我国派遣了大批各领域的专家,从文化教育到工业各个部门,分布在全国各地。据不完全统计,自 1949 年到 1960 年,苏联派遣到中国的专家超过 2 万人,仅向教育部门派遣的专家就有 896 人。[1]中国各地为这些专家修建了高级别墅式的公寓,提供特殊的供应,配备专用轿车,他们也备受人们的尊敬。在工作中,他们一言九鼎,享有不可置疑的绝对权威,这是当时苏联"一长制"所赋予的权力。这一切给国人留下了深刻的印象,也使人们对专家顶礼膜拜。与此形成鲜明对比的是,美国人对专家的称谓并不以为然。记得改革开放初期,美国一些学者到我国进行学术交流,我们一些教师以"专家"称呼他们,却惹得他们不高兴,说什么是专家? 修鞋的、刷油漆的、做木工的,他们才是专家。由此看出,不同的文化理念和习俗,对某一称谓理解的差别竟如此之大,结果本来是想恭维对方,却引起了他们的反感。

话又说回来,既然国人对"家"的情结如此之深,再加之科学家、画家、

---

1 李涛. 建国初期苏联教育专家来华的历史考察. 山西大学学报(社会科学版),2006(1).

作家等都已成通例,那么教育界也应该有自己的教育家。对教育家的权威解释当属英国德·朗特里编纂的《西方教育词典》,他的解释是"指教育领域中知名的研究者或理论家,和具有比教师威信更高的人(他们可能不再当教师,或甚至从未当过教师)"[1]。从这个诠释可以看出,作为一位教育家应当具有三个特点:一是知名的研究者;二是知名的理论家;三是比教师享有更高威信的人。很显然,教育家不同于教师或教育管理者,也不同于教育领域的劳动模范或先进人物,他们应当是属于具有特定要求的群体。同时,教育家又是分类别和层次的,如高等教育、中等教育、初级教育、幼儿教育、职业教育和特殊教育等,在这些领域里都应当有相应的教育家。

这么说来,教育家似乎有一点神秘,包括前面提到的教育部那位部长,就抱有迷信思想,不然怎么会提出教育家需要政府批准呢! 试问:我国众多的科学家、作家、画家、歌唱家和企业家,都是由哪一级政府批准的呢? 其实,教育家与这些领域里的行家们一样,他们都是在各自工作或研究领域里自然形成的,当然需要得到同行们的认可,但并不需要经过政府的批准。因此,一个教育工作者,只要他们热爱教育,敢于改革创新,积极开展教育改革实验,在教育研究领域卓有建树,发表了有代表性的教育论著,毕生贡献给教育事业,那么他们就无愧于教育家的称号,即使自称为教育家,又何罪之有呢?

对教育家的迷信,不仅中国人有,外国人在看待中国教育家的问题上,也抱有迷信思想或是偏见。日本有些人评价说:"中国五千多年的历史上只有两个半教育家,一个是孔子,另一个是朱熹,那半个就是陶行知。"[2]北京师范大学一个教授的说法是:"一个是孔子,一个是蔡元培,教育界其他的人加起来算半个教育家。"一个德国著名大学校长也说:"中国在民国时期还有教育家,而当代的中国没有。"显而易见,这些评论是极为苛刻的说法,带有极为狭隘的民族偏见,并没有反映我国教育界的真实情况。

应该说,我国无论是古代或是近现代,都有很多很多教育家。[3] 在古

---

1 朗特里 D. 西方教育词典. 上海译文出版社,1988:81.
2 田慧生. 走出缺乏教育智慧的困局. 中国教育报,2007 - 02 - 08.
3 中国现代教育家传编委会. 中国现代教育家传. 湖南教育出版社,第 1 到 8 卷(1985 年 8 月至 1988 年 9 月).

代除了孔子以外，至少还有孟子、庄子、墨子、荀子、董仲舒、王充、韩愈、李商隐、韩非子、柳宗元、王夫之等等。在我国近现代史上，也有数不清的教育家，除了蔡元培、陶行知以外，至少还有梅贻琦、张伯苓、蒋梦麟、傅斯年、胡适、杨秀峰、徐特立、吴玉章、成仿吾、叶圣陶、竺可桢、陈望道、陈垣、马寅初、蒋南翔、周培源、刘佛年、匡亚明、顾明远、潘懋元、朱九思、林迪生、朱清时、杨东平、朱永新、韦力、于漪、吕型伟、孙敬修、魏书生、斯霞等等。

## 二、我国缺乏具有世界影响力的教育家

一个无可争辩的事实是，虽然我国拥有众多的教育家，但是在国际教育界，有重大影响的教育家却不多。[1] 尤其是以自己独特的教育理论或学说影响世界教育的教育家，我国几乎没有。当我们翻开世界教育史，会发现被称为著名教育家的都是西方人。例如，古希腊的苏格拉底、柏拉图和亚里士多德；捷克的夸美纽斯；英国的洛克、欧文、斯宾塞、怀特海、纽曼、罗素；法国的卢梭、傅里叶、萨特、德里达；德国的赫尔巴特、福禄贝尔、第惠多斯、巴西多、洪堡、费希特；美国的杜威、布鲁纳、艾略特、科南特、桑代克、哈钦斯、克拉克、博克、巴士卡里雅等；苏联的普鲁斯卡娅、马卡连柯、凯洛夫、苏霍姆林斯基、赞科夫等。这些著名的教育家，不仅留下了他们代表性的经典著作，而且大多亲自参与教育改革的实践，从理论和实践两个方面影响和推动着世界教育的发展。

自洋务运动以来，在"中学为体、西学为用"的口号下，我国从欧美引入各式学堂，后来其中一部分逐步演变为高等教育机构。很显然，我国的新式学堂和教会大学，基本上都是模仿西方的办学模式。解放以后，在"一边倒向苏联"的口号指导下，我国高等教育实行了"全盘苏化"的政策。在理论上全面推行凯洛夫的教育学说，在实践上全部采用苏联的教学计划、教学大纲和教材，甚至连考试计分，也由百分制改为苏联的"五分制"。因此，在长达一百多年的时间内，我国高等教育要么是欧美模式，要么学习苏联的一套，基本上没有我国本土的教育特色。20 世纪 70 年代末，经

---

1 顾明远等. 当代教育家离我们有多远. 中国教育报. 2004 - 09 - 12.

过拨乱反正,我国高等教育开始步入改革开放的时代。当时,上海交通大学、中国科技大学、华中工学院和武汉大学先后掀起了教育改革的热潮,在实践中从不同的方面摸索出了一些经验。但是,实事求是地说,那些改革举措,模仿得多而创新得少,也未能把实践经验上升为理论。从总体上说,我国高等教育还是一种混合体,既有欧美的,也有苏联的(如专业设置和专业化的教学),甚至还有中国古代教育的某些影响,如科举制度和孔子的"学而优则仕"等。

我国教育理论落后,没有出现世界级的教育家,这是不争的事实。在尴尬之余,我们不得不追问:究竟是什么原因使我国无法出现世界著名的教育家呢?原因当然是多方面的,但我以为主要的原因有三点:

首先,是大一统的教育领导体制,制约了广大教育工作者从事教育学研究的积极性,破坏了教育家生长的沃土。所谓大一统的教育领导体制,也就是教育集权的领导模式。教育部是我国教育的最高领导与决策机构,它几乎垄断了国家一切教育资源,把持着教育的决策与管理权。在这种体制下,广大教育工作者既不能从事自己感兴趣的教育课题研究,更没有自行开展教育改革实验的空间,所以就不能产生教育家。

教育学既是一门理论学科,又是一门实践学科,既不同于人文学科,也有别于自然科学。教育科学也需要实验,但不同于自然科学的实验,它的实验对象是有生命的受教育者,实验手段是精心设计的教案或教学法,检验实验成功的标准是培育出杰出的人才。依此而论,中国拥有最丰富的教育实验资源,这是任何国家都不可比拟的。按理说,我国应当产生最多的教育家,形成大批教育学派,然而实际上我国却未能出现世界著名教育家,也未能形成一个教育学的学派,这是十分令人痛心的。

与教育家形成鲜明对比的是,全国评选"名师"活动进行得轰轰烈烈。自2003年开始,教育部启动了评选名师活动,其初衷是鼓励教授上讲台。截止到2011年,已经评选了六届全国名师,每届100名,共计评出了600人。从教育界的反应来看,名师评选活动并没有获得教育界普遍的认可。存在的主要问题有:一是没有真正地面向教学第一线,官本位比较严重,不仅评选活动被教育部操纵,而且竟有90%的名师有大学各级官衔的背景,其中20名是"校座";二是没有体现公平竞争的原则,在很大程度上名额还是平均分配的，甚至存在对各地区和不同类型学校进行照顾的因素；三是重视学科课的教学，忽视对教育学、教材和教学技法的研究。作为名师，不仅应当热爱教育，具有深厚的学术功底，精通教学的艺术，也应当是一位成功的教育家。但是很可惜，在先后评选出的600位名师中，既没有看到出版教育论著者，也无人进行教学改革的实验，因而他们都未能成为有影响的教育家。

其次，理论脱离实际，教学与教育学以及教育管理与教育学研究相割裂，堵塞了教育家的成长道路。1951年全国院系调整以后，教育学系全部归入师范学院，而且都是研究基础教育，从而使高等教育学的研究成为空白点。自90年代初高等教育大跃进发展时，全国各大学又一哄而起建立了许多教育科学学院，下纳教育学各分支学科的研究所。可是，我国教育界有一个怪现象，搞教育学研究的，不关心教育改革，更没有亲自抓教育改革试点的。全国各级教育行政部门，虽然拥有很大的权力，但他们也很少把教育管理与教育学研究结合起来，因此这两类人中都没有出现知名的教育家。

苏联教育学家阿·波瓦利阿耶夫曾说过："教育领域是一块伟大的实验场地，发展个性，教育技术需要随之改变。"[1]西方国家与中国教育界的情况完全不同，欧美国家的教育家，为了实践他们的教育理念，往往都亲自创办一所学校，以检验自己教育理论是否正确。例如，古希腊的柏拉图创办了柏拉图学园，以实践他的金字塔的教育模式。学园前后延续了900多年，培养出了许多杰出的人才，如哲学家亚里士多德、天文学家哥白尼、著名数学家欧多克索斯等。进行教育改革实验者还有：捷克教育家夸美纽斯创办了夸美纽斯实验学校，美国杜威创办了杜威实验中学，黑格尔创办了黑格尔中学，洪堡创办了柏林大学，甚至连英国哲学家罗素也创办了比肯山学校，等等。这些人能够成为著名的教育家，正是因为他们以自己的先进理念指导办学实践，再从实践中把经验上升为理论，是理论与实践结合的光辉典范。

中国没有世界闻名的教育家，是因为没有独立自主的办学者，当然也

---

1　未来教育面临的困惑与挑战：90.

就不可能创立新的教育学说。不过有一个人例外,他就是人民教育家陶行知先生。1927 年 3 月,他创办了晓庄乡村师范学校[1],历时 10 年,培养了许多优秀的学生,成为抗日战争中的英雄人物。由于时局和条件的限制,他的雄伟目标终于没有实现。但是,他从办学实践中留下的宝贵的教育文稿,被编辑成 18 卷的《陶行知全集》,他不愧是杰出的人民教育家。

除了陶行知先生以外,几乎没有为实践自己教育理念而独立办学者。自 20 世纪 80 年代初,我国先后出现了几次兴办民办学校(既有中小学也有大专学院)的热潮。但是,由于我国公立教育是独霸的一统天下,留给民办教育的空间十分狭小。它们既受到政府政策的限制,又受到公办学校的歧视和打压,只能为生存而奔波,哪有心思和精力摸索教育改革的经验。

再次,狭窄的专业化教育,削弱了教育家成长所需要的广博学识基础。这种局面是两个原因造成的:一方面是自 1951 年全国院系调整以来,我国高等教育全面学习苏联的一套制度,包括按照专业培养人才的方向,致使大学生学习的知识面越来越窄。我国教育界不少人士质疑专业化培养人才的做法,呼吁实施通才教育,但是争论已经 60 多年了,全盘苏化的影响依然没有肃清,专业化的教育至今仍然在我国高等教育中占主导地位。

另一方面是中学按文理科分班教学,大学按文理科录取学生。这是从 20 世纪 60 年代初开始实行的,目的是为了提升高中的升学率。这样一来,致使文科学生基本上是"科盲",而理科学生的人文素质低下。从人才成长的规律来看,人的才华是相通的,而且各学科的知识是互补的,这有利于科学的发展,而我国功利主义的教育,把文理割裂开来,违背了人的全面发展的原则。

一个最显著的例子是哲学与教育学的关系,二者是犹如孪生姊妹的学科。什么叫哲学? 哲学的英文词汇是 philosophy,它源于希腊文的 philia(爱)和 sophia(智慧),哲学的意思是爱智,即智慧的科学,而教育学是启迪学生的智慧;哲学起源于惊讶,而教育的目的是要发现学生的惊讶

1 华中师范学院教育科学研究所. 陶行知全集: 6.

（或好奇）。因此哲学家必须研究教育学，而教育家必须具有厚实的哲学功底。这一点在西方国家体现得尤为明显，他们的教育家不仅是哲学家，也是数学家和文学家。古希腊的柏拉图、亚里士多德既是哲学家和教育家，也是数学家；英国的怀特海和罗素既是哲学家、教育家，并且师生共同撰写了《数学原理》和《数理逻辑学》；德国洪堡也是哲学家和教育家，还是语言学家等。在西方国家里，集教育家与哲学家二者于一身，这几乎是一个普遍的现象。

可是，在中国有一个十分奇怪的现象，哲学家与教育家是"鸡犬之声相闻，老死不相往来"。我国的哲学家都是从文科班"单科独进"上来的，也基本上是科盲，他们既不研究教育学，更鲜有亲自进行教育改革实验的，当然也就成不了教育家和思想家。反之，我国从事教育学研究的一些学者，哲学素养低下，缺乏研究教育学需要的哲学基础。虽然我国拥有众多的教育学研究机构，也有许多教育学的教授，但他们也未能成为有影响的教育家。看来，我国的教育体制到了必须彻底改革的时候了，应摒弃为了提高升学率而设立的中学文理科班，大学也不能再按文理科录取学生，唯有通才教育方能培养具有综合素质的人才。

### 三、当代中国应该造就自己的教育家

为了提高我国教育在国际上的地位，我们必须造就一批国际知名的教育家，进而创建中国教育学学派。那么，怎样才能造就在国际上知名的教育家呢？热爱教育，认真学习和研究世界教育经典著作，亲身躬耕教育改革的实验田，这些都是重要的前提。

热爱教育这句话谁都会说，但是要真正做到热爱教育并不简单。有一个资深的记者，走访了一百多所重点大学，她发现为数不少的大学校长并不热爱教育，而依然钟情于他们的专业研究。这是一个非常严重的问题，一个不热爱教育的校长，怎么能够全身心投入到教育事业中去，又如何能够办好自己领导的大学呢！我也在接触各地大学生时发现，现在的教师并不怎么热爱教育，他们把教师当作一种职业，是为了生存的需要，并没有树立"蜡炬成灰泪始干"的情怀，否则某大学的副教授怎么会说"我是不会认真教学的，那是照亮了别人而毁灭了自己"。说出这样话的人可

能是极个别的,但对教学敷衍塞责,把研究生当作打工仔的却不乏其人。更有甚者,体罚或变相体罚学生的现象屡禁不绝,而摧残学生身心的事件也屡屡发生,这些人配得上被称为"人类灵魂工程师"吗?

什么叫热爱教育?一个热爱教育的人,他们应当是教育的理想主义者,视学生如爱子,不计工作条件,不顾病痛,不顾风里来雨里去,把全部的爱和心血都倾注到学生的身上。深圳中学语文老师马小平,就是这类教师的杰出代表。他在生前曾说过:"干教育这一行,如果不是十分热爱,干得不愉快,而且痛苦,那就真正要赶紧改行。"[1]马小平实践了自己的诺言,他坚定地推行英国历史学家汤因比(Arnold Joseph Toynberg,1889—1975)"与灾难赛跑"的教育理念,受到了广大学生的欢迎。在与病魔作斗争期间,他从千余册藏书中挑出了130篇杰作,编辑出《人文素质读本》,率先开设选修课,并连续三年被评选为最受欢迎的老师。他以59年的生命和30年教育生涯,谱写出了一个中学老师教育家的梦!

当今,不学习和研究教育经典著作,也是大学校长们的普遍现象,这也是他们不能成为著名教育家的原因之一。根据借鉴与创新的需要我曾经提出了大学校长和管理者必读的12本教育名著。这些经典著作有:柏拉图的《理想国》、卢梭的《爱弥尔》、夸美纽斯的《大教学论》、福禄贝尔的《人的教育》、纽曼的《大学理想》、赫胥黎的《自由教育理论》、怀特海的《教育目的》、杜威的《一个教育学的实验》、洪堡的《关于人的教育理论》、康德的《教育论》、柯南特的《教育与自由》、哈钦斯的《学习型社会》。为什么要阅读教育经典著作?阅读经典著作,就是与经典著作的作者进行心灵对话,从中呼唤出你自己来。虽然经典著作很重要,但我敢断言,我国大学校长和管理者们,可能大多都没有读过这些著作,这不能不说是重大的缺失。

教育者必须躬耕教育改革的实验田,这是产生著名教育家的沃土。教育是一块伟大的实验场地,这是教育家们的英雄用武之地。纵观世界教育的历史,正是一批又一批躬耕于教育改革领域的实验者们,以他们的教育理论在推动教育不断向前发展。然而,中国少有这样的拓荒者和实

---

1 曾鸣.一个中学教师的教育家梦.南方周末,2012-02-10.

验田的躬耕者,这是我国不能产生世界教育名著的主要原因。这也是东西方人思维方法的差别,中国人思维方法的特点是整体性和辩证性,而西方人的思维特点是个体性和逻辑性,因而西方人更愿意通过实验认识事物。一个非常典型的例子是苏联著名教育家 B. A. 苏霍姆林斯基(B. A. Suchomlinsky, 1918—1970),他仅仅是师范学院函授部语文科的毕业生,先担任小学、中学教师,后担任帕夫雷什中学校长 26 年。为了推动教学改革,他曾担任过这所中学除体育课以外的所有课程,以取得第一手的经验。一个语文学科出身的人,要讲授文理各课的课程,这该需要多么顽强的毅力呀!

通过改革实验,苏霍姆林斯基总结出了丰富的经验,出版了 41 部著作,发表了 600 多篇论文、1200 篇童话和故事。这所中学就是他躬耕的实验田,他获得了丰硕的成果,他在教育理论和改革实践方面的成就是惊人的,是一位创造了累累硕果的著名教育家。他的著作被翻译成世界多种文字,广泛流传于世界各地,他是世界教育学的泰斗。

总之,一个教育家既要有"见"又要有"行"。见是远见、创见、真知灼见,这是成为教育家的灵魂。所谓的"行",就是行动,言传身教,要笃行不移,做到"知"和"行"的统一。约瑟夫·熊彼特(J. A. Schumpeter)是奥裔美国经济学家,他于 1912 年年仅 29 岁时创立了创新理论,一时名声鹊起。他于 1950 年 1 月 8 日逝世,在弥留之际留下了遗言:"行动——光有理想和理论是不够的,只有行动起来,努力改变现状,才是真正对理论的拓荒。"[1] 由此可见,付诸于行动的教育改革实践,对一个教育家成长来说是何等地重要啊!

营造自由研究和探索的氛围,开展百家争鸣,鼓励大胆开拓和创新,这是教育家成长不可缺少的环境。自由是人唯一的自然权利,是人类永恒的追求,任何人都无权剥夺。英国《自然》杂志网站曾提问:中国大力驱动创新战略,但反观现实,存在巨大的差距,瓶颈到底在哪里?从根本上说,创新还没有真正形成一种文化。何谓创新文化?它主要表现有三点:一是创新的社会风气浓郁;二是创新实体遍布;三是创新成为人心所

---

1  贝蒂 J. 管理大师德鲁克. 吴勇等,译. 上海交通大学出版社,1999: 153.

向——当创新成为人们心中的一种情愫和价值追求时，这时创新文化就步入高境界了。[1]

真正开创性的科学研究，应当是以个人的好奇和兴趣来驱动，而不是以某个集团的利益去推动，因为任何重大的科学发现和发明，最初都源于个人的新奇思想。因此，尊重个人的好奇和兴趣，保护"异端邪说"，鼓励研究者大胆冒险和实践，为他们不可避免的失败而鼓掌，这是创立教育学新理论和建立新学派的重要保障。如果要真正追求真理，最好做一个永远持异见的学者，因为只有异见才会有创造，只有异见才有光明的未来。[2]

可是，我国并没有这样的氛围，既没有为研究者提供高度自由，也没有真正的百家争鸣。学术领域里的计划经济思维和长官意志依然严重，往往人为设置某些禁区，使人们望而生畏，这样谁还敢闯入研究领域未开垦的"处女地"！特别是教育学，需要大力解放思想，无论是公办学校或是民办学校，都要允许改革实验的探索，唯有如此，才能创立我国教育学的新理论，也才能涌现出世界级的著名教育家！这是时代的需要，是创建中国教育强国的需要！

# 新教育实验的播火者[3]

## 一、新教育实验必须"新"

新教育实验的核心和全部要旨在于新。什么是新？据《新说文解字》注："新，取木也。取木者，新之本意。引申之为凡始基之称。"所谓始即开始，始与新含有相同的意思，泛指第一次出现的行为或事物，如岁之首为新年，始出之月为新月，第一次报道的消息称新闻，第一次出嫁之女为新

---

1 于新东.创新离我们有多远.学习时报,2013-03-14.

2 康慨.永远的异见者.新闻周刊,2003(10).

3 本文节选自作者 2017 年 2 月 11 日(元宵节)为《极目新教育》(人民文学出版社 2018 年 7 月出版)所写的序言。

娘,等等。又据甲骨文释义,新乃薪之本字,左边是木,右边是斧子,用斧子砍伐木材之意。对此,国学大师章炳麟先生解释说:"衣之始裁谓之'初',木之始伐谓之'新'。至此,对"新"字的含义已经十分清楚,凡是第一次发生(或出现)的事物、观点、见解、发现和发明,我们可以称之为新事物、新观点、新见解、新发现和新发明。

在《周易·大畜》中有"刚健笃实,辉光日新"的名句(简称"刚健日新")。著名古文字学家高亨注释为:"天之道刚健,山之道厚实,天光山色相映成辉,日日有新气象。"商汤的《盘铭》说:"苟日新,日日新,又日新。"宋朝理学代表人物之一朱熹,对此言有详细的解释,大约意思是,修身之德也要像洗澡一样,每天都要清洗思想上的污垢之物,这样每天都会有所进步。思想上这样的吐故纳新要时时刻刻坚持不懈。在汉语中,由新字衍生出许多含有新字的成语,如温故知新、破旧立新、新陈代谢、革故鼎新、弃旧图新、日新月异等。这说明求新的思想体现了中华民族文化的精髓,也使我国成为世界四大古文明中唯一香火不断的伟大民族!

一个民族的语言文字,蕴含着这个民族思维的全部奥秘。本来我国文字源于象形文字,这是构成中国人意象思维的基础。从理论上讲,一个长于意象思维的民族,其想象力丰富,更应该富有创造精神。但可惜的是,这种意象思维却走向了仅仅追求表面的形式主义。最明显的例子是我国大学合并、升格、改名等,从而导致大学问题频仍。自进入近现代以来,我国国民的创造精神日益式微,主要原因是长期小农经济、专制制度和经学文化三位一体的束缚,窒息了我国民众的创造精神,以至于我国长期习惯于模仿,如"三来一补"、山寨货、淘宝村等,都是典型的模仿甚至剽窃。模仿思维是创造和创新的大敌,我国必须进行一次思维方式的变革,方可将我国建设成为创新型的国家。

## 二、只有教育实验才能推动教育改革前行

新与旧是相对应的,老子在《道德经》中说"敝则新",意思是唯有除敝才能立新。改革、创新需要进行实验,无论是自然科学或是社会科学概莫例外。遥想过往,我国古代的曲阜杏坛、岳麓书院、古希腊的柏拉图学园和美国的芝加哥实验学校,它们都在进行教育实验的尝试,是最早的新教

育实验的典范。我曾在《光明日报》发表了《教育改革必须以实验来推动》一文,目的在于呼吁教育工作者们走出研究教育时纸上谈兵的窠臼。正如创新之父约瑟夫·熊彼特在弥留之际所说:"行动——光有理想和理论是不够的,只有行动起来,努力改变现状,才是真正对理论的拓荒。"

苏联教育家阿·波瓦利阿耶夫曾说"教育领域是一块伟大的实验场地",唯有教育实验才能推动教育改革前行,这已是被教育史证明了的一条铁的规律。我国是一个人口众多的大国,根据 2014 年的统计数据,在校就读的各类学生约 2.5 亿,其中高校在校学生 3559 万人。照理说,我国拥有无与伦比的教育实验资源,应该产生更多杰出的教育家。但可惜的是,我国并没有产生在世界上有影响的著名教育家,也没有撰写出在世界上有影响的教育经典著作,这与缺乏有远见的教育实验家不无关系。

这也是我非常关注朱永新先生新教育实验的原因。

## 三、新教育实验是非常可喜的教育现象

在中国近代史上,首开教育实验之先河者非陶行知先生莫属,他于 1927 年创办的南京晓庄试验乡村师范学校,致力于大众化教育。可惜学校被国民党军政府查封,他本人遭到通缉,晓庄师范学校被迫停办。虽然这个学校仅存在了三年,但仍然培养出了 200 多名抗日战争的骨干分子,为中国抗日战争的胜利作出了贡献。自 20 世纪 80 年代开始,中国民间出现了民办教育的热潮,但就高等教育而言,他们并没有提出明确的教育改革实验宗旨与目的,而是亦步亦趋地模仿公立大学的模式,并没有为我国高等教育多样化提供任何经验。

但是,自 21 世纪初,由朱永新先生所倡导的新教育实验,却成为一个非常可喜的教育现象,给我国沉闷的教育改革吹入了一股清新之风。在我看来,朱永新先生是中国当代新教育实验的播火者,他要把新教育实验之火种播撒到大江南北,让星星之火燎原神州大地。朱永新先生致力于推动一项被认为是草根性的教育改革,他的这个灵感是怎样产生的呢?他告诉我:"1999 年,我在阅读《管理大师德鲁克》时,其中一段话震撼了我。熊彼特说:'到了我这样的年龄,我知道仅仅凭自己的著作流芳百世是不够的,除非我能够改变和影响人们的生活。'"朱永新猛烈地感到,这

些年自己虽然写了许多著作,但其实并没有走近教育生活,更谈不上影响和改变教师的生活。于是,他决定改变说话的方式,改变行走的方式,真正地走近教师,走近我们的教育生活。一切创造都是源于灵感,而朱永新的这个灵感,不仅改变了他研究教育的方式,而且导致了一场规模浩大的新教育实验运动,真有不可挡之势!

### 四、新教育实验对我国教育改革会形成促进作用

朱永新先生的新教育实验,目前暂时限于小学阶段,他在实践中逐步明确了新教育实验的目的。他们的核心理念包括:"过一种完整幸福的教育生活;给学生一生有用的东西;重视精神状态;倡导成功体验;强调个性的发展;注重特色教育;让师生与人类崇高的精神对话。"目前,新教育实验在全国已经有 67 个实验区、3000 多所学校,320 万名师生参与、分享新教育实验给他们带来的无穷乐趣。这场新教育实验,已然形成新浪潮,它既是对中国应试教育的冲击,也是对现在公立小学教育缺失的弥补。新教育实验尚在如火如荼地进行中,其前景无法完全估量,但是其缨所向,已经形成破旧立新的改革新风,对我国沉闷的教育改革也一定会带来促进作用。

从有关新教育实验的报道得知,朱永新倡导的新教育实验,是目前中国规模最大、参与人数最多、效果最为显著的一次民间教育科研实验。在新教育实验富有成效的成就之中,包括极大程度上解决了教育职业倦怠、理论实践脱节、应试教育与素质教育矛盾等问题,形成了完美教室、卓越课程、理想课堂等一系列扎扎实实的成果。朱永新也因此成了自陶行知以后一位知行统一的著名教育家。

# 2

## 呼唤爱的教育

# 什么是爱的本质

　　爱是一个十分迷人的字眼,也是一个博大的研究主题,她具有与古老人类一样久远的历史渊源。从本质上说,爱起源于欲望,如对异性的爱、亲情的爱、友爱、师爱、爱智慧等。两性之间的爱是本能的,是最基层的爱,直到发展到博爱和爱智慧,这是最高层次的爱。对于爱,古今中外研究者如云,发表和出版的论著不计其数,对爱的定义也是各式各样的。爱的主题涉一切领域,哲学家、心理学家、神学家、科学家、作家和艺术家等,都发表过对爱的论述,如学术专著、小说、影视、诗词、歌曲、画作等等。我们可以这样说,有多少人就有多少种论述,没有比对爱的论述更多的了,但又是理解得更少了。

　　许慎的《说文解字》对"爱"的解释是:"行皃,从攵,㤅声。"[1]意思是行走的样子,以攵为偏旁,以㤅为声旁。对"爱"的解释,从繁体字似乎更好理解。繁体"愛"字是"友"字上面有一个"心"字,意思是"放在心上"的人,用心去对待的人,陪伴在身边的人,这样的人自然是最爱的人了。

　　最早提出爱的概念的应该是老子,他在 2500 多年以前在《道德经》中多处提到"仁"和"爱"。例如,"圣人不仁,以百姓为刍狗。""爱以身为天下。若可托天下。"[2]他后一句的意思是说,以爱的态度为天下,方可把天下交给他治理。孔子继承和发扬了老子关于"仁"的思想,并且成为集仁学之大成者。1987 年在台北曾经召开了国际孔学大会,陈立夫先生在大会致辞中说:"孔子的一生学问,就是发现了'仁'字的真义,'仁'从二从人,其意义就是非一人生存之私,而为二人以上共生共存之人际关系,亦即'公'。所以孔学可称为仁学,其所重视的问题,就是'人道',亦即称为'人理'。"[3]据杨伯峻先生统计,在《论语》中,孔子提到"仁"的地方共有109 处,可见对"仁"的重视,他是以实现"仁"为最高的理想。

　　什么是"仁"? 用孟子的话来说是"仁者爱人"。所以仁就是爱,但不

---

1　许慎. 说文解字. 中国华侨出版社,2014:142.

2　老子. 道德经: 第 13 章. 线装书局,2007:10.

3　陈立夫. 国际孔学会议论文集. 1988.

是一般的爱,而是大爱。但是,孔子出身于贵族,代表的是传统制度,他所主张的爱是有等级的爱,有远近亲疏之分的爱。战国时期的思想家墨子,主张"兼爱",他与儒家的思想是对立的,其中对爱的观点就是分歧之一。墨子出身于农民,他的兼爱代表劳动人民,所以他的兼爱更接近于民本思想。

几乎是在相互隔绝的状态下,从公元前六世纪到公元前四世纪,古代的东西方分别出现了老子、释迦牟尼、孔子、苏格拉底、柏拉图和亚里士多德等哲学家、思想家和神学家。他们不约而同都对"爱"发表了深邃的见解,除老子、孔子的仁爱以外,柏拉图在《会饮篇》中提到好几个层次的爱,最基层的爱就是两性之爱,最高层次的当然是爱智慧(哲学)了。释迦牟尼佛更是一个传奇人物,他本是古印度迦毗罗卫国的王子,有感于人世生、老、病、死之苦,于19岁舍弃了王宫生活,出家修行,直到35岁在菩提树下大彻大悟,遂创立了佛教。他在印度各地传教45年,直至80岁涅槃而终。因此,他的一生是佛缘的一生,是以仁爱之心悯念众生、奉献爱心的一生。

在近代教育史上,亚米契斯的《爱的教育》,是实践与宣传爱的教育影响最大的著作,毫不夸张地说,她是爱的教育的一座里程碑。亚米契斯是一位成功的作家,仅教育题材的著作就有《爱的教育》《一个教师的小说》和《工人的教师》等。《爱的教育》是亚米契斯呕心沥血历时八年写成的,于1886年出版后,一百多年以来一直畅销不衰,已经出版了一百多种文字的译本,发行了几千万册。根据同名小说改编成的动画片、电影、连环画等形式的作品,遍布全世界,是一部最富有爱心的教育经典著作。

这本书的成功问世,也给亚米契斯带来巨大的荣誉,这是名至实归的。1929年,《爱的教育》被评为"对当代美国文化影响最为重大的书籍之一";被法国《读书周刊》评为"有史以来人类最佳读物"第三名;1986年,被联合国教科文组织正式列入"具有代表性的欧洲系列丛书";1994年,被列入世界儿童文学的最高奖——国际安徒生奖的《青少年必读书目》;2001年,被中国教育部指定为中小学语文新课标课外阅读书目之一。

《爱的教育》的意大利文原为《心》(Cuore),最初的书名是《一名意大利小学生的日记》。日本翻译为《爱的教育》,中文版书名也采用了日文版的译法。这本书细腻地观察了从 9 到 13 岁孩子学习与生活的方方面面，以爱心为主轴，培养他们如何为人处世，如何做一个有勇气、充满活力、为人正直和敢于承担责任的人。我不知道亚米契斯是有意还是无意，他把观察与研究的对象定格在 9 到 13 岁，这是非常有眼光的。从教育学上说，13 岁是儿童到少年的转变期，无论是在身体、生理和性格上，都会出现突变的现象。在这个时期，及时地把爱撒入他们的心田，爱就会犹如阳光、空气和雨露一样滋润他们成长，其影响甚至是终身的。

里欧·巴士卡里雅是现代推行爱的教育最知名的教育家。他于 1972 年率先在所在学校开设"爱"的课程。刚开始只有 20 个人选修这门课程，后来扩展到 200 人，而且名单上还有 600 人在等候。他的课连续讲授了 11 年，获得了极大的成功。他的讲稿《爱和生活》出版后，一年内加印了 30 次，连续 10 个月被《纽约时报》列为畅销书目。他自己感慨地说："我们是全国甚至全世界唯一的学校，课目表上有'爱'这样的课程，我大概是唯一的教授，居然大发神经，在课堂上教这样的课。"[1] 巴士卡里雅的课获得了空前的成功，于是他又经常到各大学，甚至到电视台演讲，不仅成了名人，而且挣了不少钱。

那么，巴士卡里雅是怎样萌发想法要开设"爱"这门课程的呢？他自己说是因为看到"现在的人们是那么隔阂、疏远，心中十分不安"，于是想到用爱的手臂也许能够推倒人与人之间的墙，沟通大家的思想。他在课堂上向学生大声疾呼："你要打开头脑的大门，打开心灵的大门，伸开双臂，去迎接新知识。吸收吧，吸收吧，吸收吧……热爱一个人，就会把这爱推及千千万万的人身上，继续成长吧！"把"爱"搬上课堂，的确是一个创举，虽然获得了极大的成功，但遗憾的是并没有在美国和其他国家得以推广。2018 年初，美国耶鲁大学劳丽·桑托斯（Laqrie Santos）教授开设心理学与美好生活课，这是一门与爱心有关的课程，居然有 1182 人选修，占该校四分之一学生的人数，成为耶鲁大学创校 316 年来最受欢迎的课程。这说明学生们希望改变陈旧的课程，希望享受快乐，实际上它为改变校园

---

1 巴士卡里雅 L. 爱和生活：4，5．

文化播下了希望的种子。[1]

在 19 世纪末到 20 世纪 70 年代,苏联曾经有多位教育家致力于推行爱的教育,包括马卡连柯(Anton Makarenko, 1888—1939)和苏霍姆林斯基。马卡连柯曾荣获劳动红旗勋章,代表作是《父母必读》。他曾深情地说:"必须拿出父母全部的爱、全部的智慧和全部的才能,才能培养出伟大的人来。"[2]苏霍姆林斯基是苏联教育科学院通讯院士,曾经获得多枚乌申斯基和马卡连柯教育奖章,被誉为"教育思想泰斗"。《关于爱的思考》是他 40 多部著作中的代表作,其中他说:"爱人吧,对人的爱是你道德的核心! 应当这样生活,让你的道德核心健康、纯洁、强大无比!"

吕克·费里(Luc Ferry)是法国当代最著名的哲学家,法国巴黎第七大学哲学系教授,曾获得法国艺术文学骑士勋章,其作品曾获得法国美第奇随笔奖,他被誉为最能代表新世纪的哲学家。费里于 2012 年出版的《论爱》一书,实际上是他与另外一个哲学家克劳德·卡普里埃的对谈录。法国著名作家司汤达(H. B. Stendhal,1783—1842)于 19 世纪 20 年代曾经出版小说《论爱》,而费里之所以借用了这个书名,是为了表示报恩之心。费里认为:"爱于我永远是最重要的事情,或毋宁说是唯一重要的……爱开创了思想和存在历史上的新篇章。"[3]

这本书最吸引人之处,就是他提出了"爱的革命"这个命题。他在自序中说道:"我所说的爱的革命,即现代家庭的诞生——它源于父母、村庄包办婚姻到年轻人为爱而自己选择的婚姻过渡——改变了我们的生活。这是一次和平、安静的革命。"他又强调指出:"爱的革命是如何颠覆了在我看来很残酷且超越了私人生活框架的精神生活的三个范围:政治、教育和艺术。"也就是说,爱的革命把爱延伸到教育和艺术等领域,将在更广泛的领域发挥爱的伟大力量。

在简述了有关爱的发展历史之后,我们对爱有了感性的认识,也许能够更好地理解关于爱的定义和爱的本质。我不想全面引述各种关于爱的

1 希默 D. 纽约时报中文网. 2018 - 01 - 31.
2 马卡连柯. 父母必读. 人民教育出版社,1979:125.
3 费里 L. 论爱. 杜小真,译. 北京大学出版社,2017:1—43.

定义,但愿意引用爱因斯坦关于爱的论述。他在给女儿莉瑟的信中写道:"爱是光,爱能够启示那些给予并得到它的人。爱是地心引力,因为爱能让人们相互吸引。爱是能量,因为产生我们最好的东西,而且爱允许人类不用去消除看不见的自私。爱能掩盖,爱能揭露。因为爱,我们才活着,因为爱,我们死去,爱是上帝,上帝是爱。"[1]爱因斯坦是20世纪最伟大的物理学家,他创建的理论和无私献身科学的精神,就是他奉献给人类的大爱,我们应当继承和发扬他的这种精神。

最后,我不得不回到本文的主题,即爱的本质是什么。本质是肉眼看不见的,本质不存在于事物外表,而隐藏在事物的深层。本质虽然不能凭肉眼观察到,但能够运用思维分析和推理判断来认识。经过归纳和思考,我认为爱的本质就是一个字——情。情是一种心理活动或是一种精神现象。古人说,景无情不发,情无景不生,无论是男女爱情、朋友之间的友情,还是师生之间的恩情等,都是置身于某种境况下产生的。那么,我们怎么能够证明爱的本质是"情"呢? 我国清朝著名文学家张潮在《幽梦影》中精辟地概括道:"'情'之一字,所以维持世界;'才'之一字,所以粉饰乾坤。"[2]明末清初著名文史学家吴雨若解释道:"世界原从情字生出。有夫妇,然后有父子;有父子,然后有兄弟;有兄弟,然后有朋友;有朋友,然后有君臣。"因此,情与才二者缺一不可,粉饰一词不是贬义,而是指把世界点缀和建设得更美好,这就必须依靠人才。

我们还可以引用马卡连柯的观点,证明爱的本质是"情"。他曾经论述道:"爱是一种伟大的感情,它总是在创造奇迹,创造新人。唯有有爱,教师才会用伯乐的眼光发现学生的闪光点……这种根植于教育的爱,就是'教育爱'。"[3]当我在思考爱的本质的时候,曾经与得意门生杨文雅讨论过这个问题,她的观点对我有极大的启发。她认为,爱的本质是一种积极的"共情"(empathy),是一种情感,更是一种能力。这个见解十分精辟,她比我更前进了一步:爱与被爱、施爱与受爱,都是双方互动的行为,二者缺一都不是成功的爱,也不能显示出爱的伟大力量。

1  见 http://bbs.tiexue.net/post2_9410189_1.html。
2  张潮.幽梦影.中华书局,2008:166.
3  马卡连柯.教育诗.人民文学出版社,1957:224.

我认为,教师和医生是两个典型的爱的职业,虽然不是每一个教师和医生都是极富有爱心的人,但一个成功和优秀的教师和医生,一定是最富有爱心的人,否则他们就不能成为深受人们尊敬的人。

在 20 世纪 80 年代末,以教育为题材,由黄奇石填词、刘诗召谱曲、著名歌唱家韦唯演唱的《爱的奉献》[1],是一首真实的、朴实的歌曲,引起了全国的共鸣,一时唱遍了大江南北。这首歌的最后两句歌词是:"只要人人都献出一点爱,世界将变成美好的人间。"这是一首爱的颂歌,但愿我们在理想的道路上,都能成为奉献爱心的人,让爱充满人间,洒遍全世界!

# 爱在教育中的灵魂作用

爱是什么? 这是一个古老、简单又复杂的问题,不同的人有不同的理解,真是见仁见智,莫衷一是。但是要真正理解她的真谛,却不是一件容易的事。在文献中,关于爱的论述和书籍可以说是汗牛充栋,没有比对这个问题论述得更多的了,但又是被践行得更少的了。这是因为人的爱心既不是与生俱有的,也不是天上掉下来的,她需要人们虔诚地修炼,就像佛教徒那样时时刻刻反省自己,要有菩萨的心肠,乐善好施,普度众生,最终方能够修得爱心。

## 一、爱与教育的关系最为密切

从理论上讲,爱是最纯洁的,爱是尊重,爱是理解,她是教育的灵魂。[2]当父母放开双手让孩子独立自主,这是信任;当老师请学生给自己提意

---

1 北京的一个中学生患了严重的肾病,需要进行换肾手术,可是他的父母都是工薪阶层,无力承担高昂的手术费。事情被他的同班同学知道后,孩子们纷纷把自己的压岁钱都捐了出来。班主任知道后,又把这件事情及时报告给了学校的领导。于是,在学校领导的倡导下在全校范围内展开了捐助。后来孩子父亲单位的同事也知道了这件事情,大家也纷纷捐款。这件事情经《北京晚报》报道后,整个社会都动员起来。刘瑞琴导演希望黄奇石能把这个故事写成歌词。黄奇石看完这个故事后很快就把歌词写了出来。
2 盛玉雷. 爱是教育是灵魂. 人民日报,2018 - 09 - 26.

见,这是尊重;当学生在学习上遇到了困难,老师循循善诱予以解惑,这是帮助;当学生犯了错误,教师启发学生总结经验教训,这是爱抚。所有这些施予的爱,都是无私的,是不求回报的,所以爱就是无前提的给予。如果有谁把爱作为交换,那么爱就成了商品,他就玷污了伟大圣洁的爱。

夏丏尊先生曾在《爱的教育》一书译序中用水来比喻爱,这是十分恰当的,与老子的"上善若水,水善利万物而不争"[1]的观点是完全一致的。爱与水在性质上是一致的,水是无色的,遇红则红,遇黑则黑,遇直则直,遇曲则曲。水是最任性的,也是最无私的。生命起源于水,试想一下,如果没有了水,一切生命都将绝迹,难怪科学家们探索是否存在外星生命,首先从探测月球和火星上是否存在水或冰川入手。

从分类来看,爱有各种分类方法:按照对象来分——如果以人为对象则有父母之爱,有兄弟姐妹之间的亲情之爱,有朋友之间的友爱,有师生之间的尊师爱生;以物为对象,则有爱自然、爱美丽的山川、爱美丽的画作、爱精美的工艺品、爱独具风格的建筑;以兴趣爱好来分,有爱读书、爱唱歌、爱游泳、爱登山、爱旅游、爱打篮球,等等;如果按照爱的性质来划分,在教育和现实生活中,有溺爱、偏爱和真爱等等。可以毫不夸张地说,爱的种类无限,爱充满人间的一切领域,没有爱就没有和谐的社会。

爱与教育的关系最为密切,我曾经说过,教师和医生是属于需要爱心的职业。虽然并不是每一个教师或医生都是富有爱心的人,但一个优秀的教师或一个杰出的医生,一定是最富有爱心的人。在教师或者医疗卫生行业里,都涌现出了许多无私奉献的教师或医生,受业于他们的学生桃李满天下,受患于医生的患者,则永远感恩于那些白衣天使。千百年以来,人们都是以"春蚕"和"蜡炬"来颂扬教师无私奉献的精神,他们也理所当然地成为广大教师们的楷模,有了这样的教师,还愁没有好的教育吗?

溺爱是教育上最常见的畸形心态,特别是在实行"独生子女政策"的年代里。那些只有一个孩子的家庭,往往把孩子当作宝贝看待,百般地娇宠,让他们过着"小皇帝"的生活。媒体曾经报道过一个典型的溺爱事例:一个富有的老板对儿子说,如果你的功课考了 100 分,就给你买一部宝马

---

1 老子.道德经:6.

轿车。这个读小学的孩子,数学真的考了100分,于是这个老板爸爸真的买回了一部宝马轿车。这轿车有什么用呢,小学生没有到开车的年龄,自然是放着当摆设,但助长了小孩子的骄傲思想和功利思想,对他的学习不可能起到促进的作用。所以,溺爱不是爱而是害,为人父母者应该知道这个浅显的道理。

偏爱在教育上是最普遍的一种现象。什么是偏爱? 我所说的偏爱是指爱学习好的学生,不喜欢学习差的学生;爱温顺的学生,不爱调皮捣蛋的学生;爱长相漂亮的学生,不爱丑陋或有残疾的学生。这似乎是一个很普遍的现象,从我读书到现在,一直遇到这种现象,这是极不正常的。照理说,对学习成绩不好的、调皮捣蛋的或身患残疾的学生,更应该施以爱心。爱是巨大的力量,她能够使后进变先进,使顽皮的学生端正操行,使残疾学生的心灵得到抚平,树立学习和生活的信心。我必须指出,受教育者都是平等的,教师对待每一个学生都应当一视同仁。那么,为什么教师会有偏爱的思想呢? 偏爱产生于偏见,是动机不纯的一种表现,也是一种不负责任的行为。持有偏爱的教师,实际上他们没有理解爱的真谛,对真正需要爱的人,他们不愿施爱,他们不能算是富有爱心的人。

教育需要真爱,真爱是没有条件的,践行真爱并不是一件很容易的事。我不谦虚地说,我毕生都在修炼爱心,及至到了耄耋之年,我方顿悟到,一个热爱教育的人,必须做到要像信仰宗教那样信奉教育,像拥抱情人一样拥抱教育,像呵护生命一样呵护教育。我无愧于自己的良心,无论是否身处逆境,无论富有或贫穷,也无论是否身患疾病,我都一如既往地学习、思考、研究教育,也无后顾之忧地鞭挞我国教育领域的腐败,义无反顾地呼吁教育改革。我不无遗憾地说,我国教育之所以问题成堆,就是热爱教育的人太少了,无论是校长或是教授,他们无非是把教育或职务当作一个获取薪酬的岗位,他们并不真正热爱学生。造成这种问题的原因是,我国没有建立教师正规的培训和考核制度,致使很多不符合要求的人混入到教师队伍中。现在看来,是到了要解决这个问题的时候了,要把热爱教育作为聘任和考核校长与教师的必备条件,唯有如此,才能改变我国教育的面貌。

## 二、"爱"是教育的灵魂

过去,有两个对立的口号:一个是没有罚就没有教育,另一个是没有爱就没有教育。到底孰对孰错呢? 这可能是一个争论不休的问题,虽然公开坚持"没有罚就没有教育"的人不多了,但在骨子里抱着这种观点的却大有人在,要不然为什么在家庭和学校造成了那么多的悲剧呢? 我们看问题要看实质,不能被表面现象所蒙蔽。从表面上看,棍棒教育可能起到临时的威慑作用,但棍棒伤的是皮肉,并没有触及灵魂,也不可能起到持久的作用。然而,爱是心灵的润滑剂,她能够起到触及灵魂的作用,像空气、雨露和阳光一样滋润儿童的心灵,使他们身心健康地成长。

那么,怎样看待爱在教育中的灵魂作用呢? 当我们提到灵魂的时候,需要弄清楚,究竟什么是灵魂呢? 在世界上,古希腊的苏格拉底首创了灵魂这个概念,在古希腊语中,灵魂乃幽灵之意,是人的影子或池塘中的倒影。柏拉图对灵魂不朽进行过充分的诠释。不仅古希腊人,而是整个古代人都有灵魂不朽和生死轮回的概念。后来,灵魂一词多用于宗教,它的英文词汇是 soul 或 spirit。在宗教思想中,灵魂是指人类超自然及非物质的组成部分。然而,科学界基本上不承认灵魂的存在。但是,随着科学的进步,也有不少科学家利用现代科学仪器试图证明人的灵魂是存在的。英国医生山姆·帕尼尔(Sam Parnia)是世界上第一个证明灵魂存在的人,美国也有不少科学家在研究证实灵魂的存在。[1] 实践是检验真理的标准,对于灵魂的存在,只有通过反复实验证实,方能够得出最后的结论。

从分类来说,灵魂的定义可以分为狭义和广义,狭义的灵魂就是上面所专指的人的灵魂,而广义的灵魂是泛指在一切事物中起核心或决定性作用的因素。例如,校训是学校的灵魂,诚信是学术的灵魂,企业文化是企业的灵魂;灵魂是纲,纲举目张;灵魂是水,流水刀劈不断;灵感是创造的灵魂;等等。而自由之重要,就如美国杰出的政治家帕特里克·亨利(Parcrick Henry,1736—1799)所说的"不自由,毋宁死"。所以我认为,自由是人生的灵魂。法国启蒙思想家卢梭也说:"人生来是自由的,但无时

---

1 鲁成文.德意志灵魂.海南出版社,2015:序言.

不生活在牢笼中。"正因为如此,爱和自由是教育中永远不能忽视的问题,每一个教育工作者都要百倍地珍惜自由在教育中的灵魂作用。

那么,爱在教育中是怎样发挥其灵魂作用的呢?

首先是滋润心灵的作用。爱是阳光、空气和雨露。教育是一种充满爱心的事业,爱心是教师最重要的素质,也是教师全部活动的主旋律。什么是心灵?她与心理又有什么区别? 心理学是研究感觉、知觉、记忆、情绪、性格、气质等,而心灵学是研究人类生活中发生的超出常规而又暂时不能用科学知识加以解释的精神现象。我们可以这样归纳,心理是心灵的体现,而心灵是心理的主人,二者既有交叉又有重复。但是我个人认为,心灵是人的心脏与大脑的综合体,她具有物质与精神的二重性。这一点人们都有切身的体会,如当一个人感受到极度悲伤时,既会感到心悸又会出现精神紧张,这就是心灵的二重性的证明。

无论是在家庭或是学校中,当孩子受了委屈,爱能够抚平他们的心灵;当学生在学习中受到了挫折,爱可以鼓起他们的勇气,引导他们从挫折中走出来;离异家庭中的学生,他们会因为单亲而孤独,教师能够以亲人般的爱关心他们,从而填补他们心灵中的空白。总之,爱是一把金钥匙,能够打开学生的心灵之门;爱是一份宽容,相信有缺点的学生是会进步的;爱是一种尊重,教学相长,谁爱学生,谁就会被学生爱戴。对此,我有切身的感受,在数十年的教育生涯中,我为学生倾注了全部心血,也获得了无数学生的爱戴。吴志远是我校 1978 级经济学系学生,他在毕业时赠送给我一个 64 开本的笔记本,在上面写下"天下良师皆父母,满园桃李亦儿女"。这句话我记忆了 40 年,后来也不断打听他的下落,心中一直惦记这个学生。2018 年 11 月 24 日上午,吴志远与经济学系教授黄宪突然来到我的家中,他们向我赠送了一份礼物,是一个镶嵌精致的相框,里面是我与他们在毕业时的合影,上面写着"德以世重,寿以人尊",落款是"经济学系 78 级全体同学敬贺刘道玉校长 85 华诞"。目睹这份礼物,我的眼眶润湿了,心想他们就是爱心浇灌出来的才俊,"良师"与"儿女"就是对爱的教育最好的诠释!

其次,爱心造就和谐的人才——既不是知识的储存器,也不是有心理障碍的人。古往今来,关注和讨论教育问题的人多得无以计数,这是完全可以理解的,因为教育关系到每一个人。但是,人们往往忽视了一个现象,那就是一些学术大师对教育的观点——他们对现今学校的教育都是不齿的,其中包括 20 世纪最伟大的科学家爱因斯坦。爱因斯坦晚年对教育有许多论述,集中反映在《论教育》一书中。他深刻地指出:"我更认为应该反对把个人当作无生命的工具一样对待,学校应该永远以人为目标,学生离开学校时是一个和谐的人,而不是一个专家。"进而他对什么是教育给出了更为精辟的定义,他说:"如果一个人忘掉了他在学校学到的每一样东西,那么剩下的就是教育。"

和谐是一个哲学名词,是辩证唯物主义的一个基本观点,它是处理人与人或人与物关系的重要原则。和谐的反义词是矛盾、对抗、紊乱、失调等。从词义上说,和谐是指对立的事物在一定条件下,具体的、动态的、辩证的统一,是不同的人或事物之间相辅相成、相反相成、相互合作、相互补充和共同发展的关系。就教育而言,和谐包括的内容很广泛,如和谐的课堂、和谐的校园、和谐的师生关系、和谐的同学关系等等。可以肯定的是,只有在和谐的环境下,学习才是最有效的,学生方能够成为俊才。

然而,应试教育就不是和谐的教育,所以必须叫停应试教育。看一看那些"超级高考工厂",它们就是极端的应试教育,是"考试机器"的符号。它们剥夺了属于学生的各种权利,完全违背了爱的教育原则。教师与学生的关系是对立的,校园一片恐怖的气氛。这样的学校哪还有一丁点的爱心呢?我们可以断定,从这种"地狱"熬出来的学生,他们将来在心理、智力、人文素质和身体上,都会带有创伤,这是他们充当"考试机器"而付出的代价。

再次,爱心能够启迪智慧、放飞理想。这样的例子在教育上不胜枚举,每一个杰出的俊才,在他们的背后都有母爱、父爱或师爱。理想和智慧是相伴而生的,理想是人生的目标,理想的人能够激发出智慧,智慧则是实现理想必备的最重要的素质。如在莱昂哈德·欧拉(Leonhard Euler)小的时候,父亲希望他将来成为一名牧师,遂送儿子进入教会学校读书,但欧拉一心想当数学家,这时父亲并没有强迫儿子遵照自己的意志,他以爱心保护了欧拉的兴趣,从而成就了一位伟大的数学家。美国爱迪生在小学只读了三个月的书,是母亲南希保护了他的好奇心,并亲自陪同儿子一道学习,一步一步地引导他走上发明创造之路,从而使他成为世界上获得发明专利最多(1093 项)的人。

### 三、失去爱心,就失去了灵魂教育

如果说没有爱,就没有成功的教育,那么教育一旦失去了爱心,就意味着教育失去了灵魂,必将酿成本不该发生的悲剧。纵观我国暴力下的家庭,素养不高的为人父母者,极端应试教育的学校,广大农村留守儿童和高考超级工厂等,都成了促发悲剧频率最高的因素。本来一批天真可爱的少儿,在正确的教育思想指导下,都有可能成为国家的栋梁之才;可是在愚昧教育的压迫下,那些正在绽开的蓓蕾瞬间凋谢了,稚嫩的生命陨灭了,这该是多么大的损失呀!

据报道,一个小学五年级学生,本来学习成绩不错,数学考了 95 分,语文也得了 85 分。但是,这孩子贪玩,一天父亲去学校接他,发现他没有上学,于是信奉"棍棒之下出孝子"的愚父,用尼龙绳将儿子拦腰捆绑三道,横吊在横梁上,并将家门反锁去寻找儿子的书包。半小时后返回,发现儿子的脑袋耷拉下来了,他马上把儿子松绑,但为时已晚,小孩已经死亡。慌了神的愚父,一下子瘫倒在地,呼天唤地叫唤儿子的名字,但无论如何也不能挽回儿子的生命。

从反面来看,由于家庭教育不当,或者丧失了爱的环境,既有儿子拔刀弑母,也有儿子用铁锤弑父。这些悲剧的发生,引起了社会强烈的震撼,这究竟是谁的责任呢?人之初,性本善,孩子生下来本是一张白纸,心灵也很纯净,是什么原因使他们走上了犯罪的道路呢?原因当然是多方面的,既有父母管教失当的,也有孩子逆反心理促发的。但是,无论是哪一种情况,没有和谐的家庭环境,父母与子女之间没有感情交流是主要的原因。

在河南孟津,发生过一起女学生跳渠自杀事件。事发的原因是学生打架,这事本可以以爱心来疏导,可是教师采取了不当的做法,造成不可挽回的悲剧——班主任组织全班同学,以投票的方式,处罚该女生停课一周,导致该女生想不通而跳渠,成了无爱教育的牺牲品。很显然,班主任错误地运用了民主表决的方法,而且学生的任务是学习,怎么能以停课来剥夺学生学习的权利呢？然而,有关部门在处理这件不幸的事件时,却没有问责班主任,这不利于教师总结教训,借以改进教育方法。

更有甚者,学校时常发生教师毒打学生的事件,这种恶劣的做法是师道尊严的权威思想在作祟。十多年以前,在云南省曲靖市金泽县中学初一班,学生都在上晚自习,历史教师聂朝宽像往常一样检查学生的历史课作业。当发现学生张波及另外两个学生没有完成作业时,他将三名学生叫到黑板前罚站。一个多小时后,好动的张波站不住了,便与坐在下面的学生用粉笔头打闹。聂朝宽发现后火冒三丈,认为这是对自己尊严的冒犯,遂冲上去揪住张波连扇了 10 个耳光,把 16 岁的张波打倒在地。张波口吐白沫,昏迷不醒。然而,这个老师仍然不放过张波,认为他是"装死耍赖",又抓住张波的头发再补了两个耳光。过了几分钟不见张波醒来,聂朝宽才慌了神,连忙叫十多个学生把张波送到医院,晚上 9 时张波死亡,原因是呕吐物进入气管窒息死亡。事发后,聂朝宽虽然被法院判处 10 年有期徒刑,但其教训并没有被吸取,此类事件仍偶有发生。

大量事件表明,无爱教育让人们寒心。严峻的教育环境不得不让人们呼吁爱心教育,让悲剧不再重演。有一则报道让人们反思,一个初三学生被无爱教育撵出了校门,但慈爱的父母担负起了教育女儿的责任,引导她成功走上了自学之路。原来这个女孩既喜欢数学又喜欢电子琴,于是父母在征得学校的同意下,让她半天上学学习,半天在家学电子琴。但是,大多数人对他们不理解,予以冷眼和歧视,而父母也经历过无数的内心挣扎。最大的问题出在数学老师,他的繁琐教学方法引起该生的反感,公然说他不是好老师。这一下可不得了了,师道尊严被冒犯了,他遂用习题惩罚这个女生,使她要做的习题多达几千道,她实在忍无可忍,被迫退学了。退学以后,她的妈妈陪着她看了四部影视作品,比如《成长的烦恼》等,以此治疗孩子心灵的创伤。终于通过自学,她被中国科技大学数学系录取,从而实现了数学梦想。[1]

在惩罚教育中,既有体罚又有心罚,而心罚比体罚的伤害更为严重。在传统的教育中,体罚是最常见的惩罚,也是愚昧无知的表现。现在,学

---

[1]  樊未晨. 无爱让人心冷,应试教育逼出孤独自学路. 中国青年报,2010 - 05 - 13.

校中的体罚受到越来越多的指责,同时家长的文化程度越来越高,因此动辄大打出手体罚孩子的事件越来越少了,取而代之是心罚。所谓的心罚就是以语言挖苦、讽刺、奚落学生或者冷眼看待学生,这些做法已经成为家庭和学校伤害幼儿的主要"杀手"。早在 80 多年以前,人民教育家陶行知先生就严厉批评说:"你这糊涂的先生!你的教鞭下有瓦特,你的冷眼里有牛顿,你的讥笑中有爱迪生……"[1]陶行知先生说的教鞭是体罚,他说的冷眼和讥笑是心罚,它们都是无爱教育所使用的手段,也都是应该坚决摒弃的。

作为教育者,无论是学校的教师或是家长,他们都直接或间接肩负着教育学生的职责。作为家长要树立一个观点,接受不完美的孩子,这是作父母的必修课;作为教师,要善待有缺点的学生,这是检验一个教师是否有爱心的试金石。爱心和教育艺术,是教育好学生的两件法宝,但它们都不是天生的,必须要刻苦修炼和钻研教育学,这样方能够称得上为人之师。至于惩罚教育,虽然屡加挞伐,但为什么屡禁不绝呢?归根到底,还是由于应试教育的影响根深蒂固,它以功利性为目的,颠倒了教育理念,误导了人们的教育价值观,扭曲了人们的心态。因此,要从根本上扭转应试教育,必须进行彻底的教育改革,从政策上取消重点(或示范)学校,严格选聘和考核教师。这既有利于实现教育公平,又能够革除应试教育的弊端。这一点应当成为教育界的共识,我们必须为此而进行不懈的努力!

# 没有爱就没有成功的教育

教育是随着智人的出现而诞生的,具有与人类一样久远的历史。教育具体是怎样产生的,在教育理论上,存在着各种学术观点,主要分为生理起源说、心理起源说和劳动起源说。不论哪一种学说,都与家庭有着密切的联系。没有家庭就没有生命,也就没有代际之间以及生活技能的传

---

1  华中师范学院教育科学研究所. 陶行知全集:第 2 卷.

承,而这种传承就是教育的肇始。家庭是孩子的第一所学校,而父母则是他们的第一位教师。

教育中最没有人怀疑的一个教条,就是关于学校的说法,即"教育等于学校"[1]。其实,这是十分片面的,学校虽然承担着教育的任务,但教育远远超出了学校,还包括家庭教育、自我教育和社会教育等。从教育的诞生我们不难看出,教育与爱是紧密联系在一起的,有人说没有爱就没有教育,这种说法也有偏颇之嫌,因为没有爱的教师和学校并不少见,但他们不是照样在工作吗?只是对此人们司空见惯,见怪不怪罢了。所以,准确的说法应该是没有爱就没有成功的教育,也不能培养出杰出的人物来。

自从学校诞生以后,即有了以传授知识为职业的人,这就是教师。学校的出现,使教育走出了家庭(另外还有师傅带徒弟式的手工业教育方式),这自然有着进步的意义,这使得教育规模化和规范化。随着人口急剧增长,以及社会分工的需要,学校教育出现了不同层次,即初级、中级和高级教育。教育的规模越来越大,教师的人数也越来越多,这也就使得教育复杂化、泡沫化,出现了优质教育和劣质教育,教师也产生了优劣之分。我国各省市现在都有一批示范学校,它们究竟是怎样形成的,又起着怎样的示范作用呢?实事求是地说,这些示范学校,都是由教育行政部门树立起来的,是依靠配备的优质教育资源而出名的,并不是平等竞争而产生的,所以它们并没有起到改革示范的作用,而是应试教育的活样板。

从总体上而言,优质学校一定拥有更多的优质教师,能培养出更多优秀的学生。然而,作为一名优秀的教师,除了具有真才实学和精湛的教学艺术以外,尤其重要的还要有爱生如子的深情。这句话说来容易,但要真正做到,却是需要用毕生的精力来修炼的。我国教育的现状是,爱的教育在中小学宣传得较多,拥有爱心的中小学教师和校长也比较多,例如,叶圣陶、孙敬修、韦力、魏书生、李镇西、吕型伟、于漪、斯霞等等;然而,我们却找不出一个为人们称颂的有爱心的大学校长,这难道不值得我们深思吗?在大学中少有提倡爱的教育的,也没有开设爱的教育方面的课程。是否大学与爱的教育无关呢?这是一种错觉。大学教育需要爱,大学生

---

1 联合国教科文组织. 学会生存: 124.

们需要爱,研究生们也需要爱。

爱是什么？爱是一种心理现象,是一种情绪化的表现。正如法国作家司汤达所说:"爱不仅仅是许多情感之中和其他如恐惧、生气、嫉妒或愤怒等情绪相同的一种情绪。它是一种新的意义原则,是良知生活未言及的观念的组织原则。爱开创了思想和存在历史的新篇章。"吕克·费里也认为:"尽管爱无疑与人类一样古老,尽管它总是暧昧不清,伴随着矛盾、仇恨,它是在现代家庭中出现。"[1]总之,爱是一种力量,是人类生活中的第一源泉,它可以给予人们信心、勇气、毅力和智慧,也可以赋予人们潜在的价值,使他们获得事业上的成功,以及满意的幸福生活。

爱是分层次的,有小爱和大爱,有狭隘的爱和博爱,也有偏爱、溺爱等。古希腊有三个单词 eros、phillia、agape 与爱有关,这三个单词代表了三个爱的范畴,由此我们可以认识到爱的开放性的特点。Eros 的含义是"获得"或者"消费"的爱,它总是与战胜和满足(快感)紧密相联。这种爱是人类与生俱有的。一个人有情爱是正常的,如果没有这种情爱,人类就不可能繁衍后代。在亚里士多德看来,phillia 是指友爱,它与 phllos 是同一个词根,有时也指对孩子的爱,是单纯从他人那里获得快乐,它远离了算计,是和 eros 相去甚远的一种爱。Agape 是第三个层次的爱,也是最高层次的,是由基督徒们所赋予的内涵,就是博爱,也就是无私的爱。[2]

爱是一种伟大的感情,它总是在创造奇迹,创造新人,唯独有爱的教师才会用伯乐的眼光发现学生的闪光点,才会把辛苦的工作当作乐趣去完成。一个有爱心的教师,他总是会感受学生的喜悦或是苦恼,这些都在敲打他的心灵,驱使他思考应当怎样去解除学生的烦恼,帮助他们获得进步与欢乐。苏联著名教育家马卡连柯认为:"必须拿出父母全部的爱、全部智慧、全部才能,才会培养出伟大的人来。"[3]可以肯定地说,每一个成功的人,背后要么有慈爱的父母,要么有爱生如子的好老师。

什么是成功？成功与胜利、模范具有相近的含义,它是专指追求某种有价值的重大的事情,通过不懈的努力达到了预期的结果。成功包括精

1　费里 L. 论爱:1.
2　傅佩荣. 哲学与人生. 上海三联书店,2011:2.
3　马卡连柯. 父母必读:125.

神和物质两方面，获得成功既需要有天时地利的条件，又必须经过个人的奋斗。世上没有免费的午餐，也不会有不劳而获的成功。俗话说，三百六十行，行行出状元。这就是说在每一种职业中，都可以做出成功的业绩来。成功，我认为，对于学者来说，是出版更多有价值的学术名著；对于企业家来说，是通过正当的手段，赚取更多的财富；对于教师来说，是培养出更多的高足；对于学生而言，是在学习与研究中获取更多的顿悟（一个顿悟就是一个发明）……

在教育史上，我们不难发现，溺爱不是爱而是害，棍棒教育既不能出人才，也不可能出孝子，酿成悲剧的例子不胜枚举。唯有真正的爱才是根植于教育的爱，它犹如水，"上善若水，水善利万物而不争"。如水滋润万物，爱滋润人的心灵，是教师与学生心灵沟通的润滑剂，是促进学生成才的阳光和雨露，它能够哺育出伟大的人物来。

在19世纪初，德国有一个叫卡尔·威特的孩子，他没有天赋异禀，反而有点木讷甚至反应有点迟钝。他的父亲是一名乡下牧师，凭着直觉感觉自己的儿子并不傻，于是他就用爱心对小卡尔·威特进行了卓有成效的早期教育，从而也使自己成为世界幼儿早期教育的奠基人。

卡尔·威特出生后，老威特就制订了一个早期教育的计划，鼓励孩子尽可能多地阅读和提出问题，同时避免直接代替孩子回答，而是让孩子自己来回答，以训练他的正确思维能力。他鼓励儿子自学，坚持学习上的困难由孩子自己来克服。卡尔9岁时开始学习法语、英语和拉丁语，同时大量阅读外国作家的作品，如荷马、西塞罗等。他10岁时被莱比锡大学录取，开始了一个成人才能获得的学习生涯。在14岁生日的那天，他获得了哲学博士学位，16岁又获得了法学博士学位，并被柏林大学聘为教师，从此走上了少年学者的研究之路。他的下一个不寻常的行动，就是研究但丁的《神曲》。他认真拜读了这本名著以后，发现许多评论家所写的评论，观点大多狭隘、浅薄，有的甚至有明显的错误。他崇拜这位意大利伟大的诗人，于是暗下决心，要掀起一场正确理解但丁的学术运动。经过5年的潜心研究，卡尔写出了著作《对但丁的误解》，从而使他成为世界上研究但丁最权威的学者。

一个并非聪明过人的儿童，怎么成为伟大的学者呢？卡尔·威特父亲的教育是关键。他的教育原则是:"孩子是天才还是庸才,不是由天赋和遗传决定的,而是由出生后的早期教育决定的。对儿童的教育,必须与儿童智力曙光出现的同时开始,尽可能早、尽可能多、尽可能正确地开发孩子的智力,这样的孩子就能成为天才。"美国教育学家阿丁顿·布鲁斯(Addington Bruce)为老威特谈教育孩子的书写了一篇序言,他的最后一句话是:"以教育为开端,以模范为终成。"[1] 换句话说,即以正确的教育为开始,而以成功为结果。对小卡尔·威特的教育是正确的,所以老卡尔·威特获得了巨大的成功。

在教育上,爱的教育导致成功,失爱的教育酿成悲剧,这样的例子是屡见不鲜的。约翰·华生(John Broadus Watson,1878—1958)是美国著名的心理学家,曾经担任美国心理学会主席,是行为主义的创始人。在学术圈内他的名声极高,但他教育儿童的方法却毁掉了一代美国儿童。1928 年,他出版了《婴儿和儿童的心理关怀》一书,其中他倡导了一种行为矫正的儿童教育体系。"哭声免疫方法"就是他的核心理念,意思是孩子哭时不抱,不哭时才抱,这样可以避免孩子养成依赖父母的恶习。[2] 他把孩子当作机器一样训练,没有感情爱抚,从而推翻了爱是永恒主题这一原则。

华生的婴儿和幼儿教育法是失败的,这一点从他自己的三个孩子身上就能得到验证。他的大儿子雷纳患了抑郁症,多次想自杀,30 岁时终于自杀身亡。他的日记在其死后被发现,上面痛苦地写道:"我发现我的成长过程,是冰冷的,机械的,缺少正常人生活的色彩,这或许是我人生痛苦的源头。"华生的女儿也患了抑郁症,酗酒成性,小儿子则精神不正常,一生碌碌无为。这是失爱的悲剧,是华生错误的育儿方法造成的恶果。他的错误育儿法,使得美国一代儿童失去了幸福的童年,后被欧美各国教育界所抛弃,他也被评为美国人最讨厌的人。

教育学是以人为对象,以正确的教育理论为指导,以爱心为驱动力,研究人的成长规律的科学。一个教育理念或是理论是否正确,必须经过实践的检验,只有被证明能使人健康成长的理论才是正确的。我认为,在

1  威特 K. 卡尔·威特的全能教育法. 武汉大学出版社,2010:1.
2  杨汉麟. 以行为主义的儿童教育为中心的探索. 中国教育科学,2017(4).

医学上，开错了药方，就是医疗事故，轻者致人受伤，重者戕害人命；在教育上，如果开错了药方，不管你主观愿望如何，那都是误人子弟，上面正反两个例子不就是最好的证明吗？因此，教育必须回到本源上来，学校是启蒙之地，是传授智知之所，而这些须臾是不可离开爱的呵护的！


# 教育必须要有博爱精神[1]

教育必须要有博爱精神。从本质上说，教师和医生都是需要爱心的职业，虽然不是每个教师和医生都是充满爱心的人，但一个成功的教师和医生，一定是最富有爱心的人。

苏联著名教育家马卡连柯说："没有爱就没有教育""必须拿出父母般全部的爱、全部的智慧和所有的才能，才能培养出伟大的人物来"。几乎毫不例外，每个成功的教育家都十分强调爱心在教育中的巨大作用，并以身作则实践爱的教育。

爱有大小之分：所谓小爱是有条件的，如父母对自己子女的爱，夫妻之间的爱；而大爱是无条件的，是宽广宏大的爱，是施予众人的爱。大爱也就是博爱，如儒家的"仁"和基督徒的博爱，都是大爱。韩愈在《原道》中说："博爱之为仁。"博爱是指爱一切美好和善良的人和事，要爱大自然，爱生命，爱众生，爱祖国，爱人民。为了做到博爱，心中必须不再有憎恨，不再有卑劣的欲望，不再有任何损人利己等丑陋的邪念。这样，才会有仁爱之心，才会有广阔的胸怀，也才能做到"人间有大爱，大爱无疆界"。古罗马基督教思想家圣·奥古斯丁（Saint Augustine）在《忏悔录》中说："哪里有爱，不存痛苦；纵有痛苦，苦变甘露。"

可是，在教育中贯彻博爱精神，无论在中国或是西方国家，至今还只是一种理想。孔子早在2500多年以前就提出了"有教无类"的思想，但教

---

1　本文为我在武汉爱的教育咨询中心成立会议上的发言，华中师范大学前校长章开沅教授、武汉大学哲学学院的朱传棨教授和我都受聘担任该中心的高级顾问。

育中不公平的现象仍无处不在。坦率地说，新中国诞生60多年了，教育中不仅没有博爱，反倒是充斥着偏爱。在中国坚持以阶级斗争为纲的年代里，爱和恨都打上了深刻的"阶级烙印"，只讲阶级出身，在分数面前是不可能做到人人平等的。在"文化大革命"中，充斥着"自来红"和"老子英雄儿好汉"的思想，很多插队农村的青年因为出身不好不能招工进城，不少人虽然考了高分但不能被大学录取，他们上大学的权利被剥夺了，这一切都违背了博爱的精神。

除了阶级的偏爱以外，我通过长期观察，发现偏爱在教育中也十分普遍。这些现象在各级教育中都有表现，但在中小学中显得更为突出，而在大学中则主要表现在选拔干部和免试推荐研究生等方面。偏爱是一种思想动机不纯的表现，漂亮的学生固然可爱，但那是爹妈给予的，而学习成绩好则是自身努力的结果。平心而论，那些成绩不好和身患残疾或丑陋的学生，更需要爱的滋润。爱是一种巨大的转化力量，如果我们更多地对那些学习成绩暂时不好或是身患残疾的学生施予爱心，相信会获得更大的功效，他们都可能会成为俊杰。反之，我们如果不恰当地选择了偏爱，那就会压抑或者埋没一批优秀的人才。

爱的教育和惩罚教育是对立的，我不能不遗憾地说，我们在教育中情和爱应用得实在太少，而呵斥和惩罚的现象却屡禁不止。惩罚教育是一种很糟糕的手段，是不相信教育的力量和教育者无能的表现。无论是学校的管理者或是教师，如果把惩罚视为主要的教育手段，那他们就曲解了教育任务的真正本质。教育的根本目的，是使那些个体性的人真正获得内在的精神自由，进而使得他们的知识、智慧、善良的美德和意志得到解放。为了达到这一目的，必须在博爱精神的指导下，借助于正确的教育理念、教学方法，这样才能造就真正具有独创性的人才。

# 教育者的真功夫是"读懂人"

弗里德里希·福禄贝尔（Friedrich Wilhelm August Fröbel，1782—

1852)是 19 世纪德国著名的教育家,在世界上被称为"幼儿教育之父"。他首创了幼儿园,并使之成为全世界幼儿教育的重要形式,他还创立了独立的教育学科分支——幼儿教育学。1817 年,他按照新的教育思想创办了凯尔豪学校,在办学的若干年内,他不仅写了有关人的教育的文章,还于 1826 年出版了他的代表作《人的教育》一书。而福禄贝尔在办学的实践中,力求实施裴斯塔洛齐(Johann Heinrich Pestalozzi,1746—1827,瑞士著名教育家,也是世界三位伟大的民主教育家之一)关于自然发展的教育原则,目的是培养"自由的、自觉行动的、有思想的人"。

《人的教育》是一部世界教育经典名著,早在 20 世纪 60 年代就有中译本出版。我不止一次地阅读过这本书,它对我认识教育的本质、进行教育改革的实践,都起到过指导作用。我认为,每一个教师和为人父母者,都需要阅读这本书,它是一本教育启蒙书,一方面可以使我们明白教育的真谛,另一方面能够避免许多不应该发生的教育悲剧。

也许,绝大多数在学校工作的人,并不真正知道学校是什么,学校应该是什么。如果读过了福禄贝尔的《人的教育》,我们就会茅塞顿开,从而认识到学校的真正功能。福禄贝尔认为:"要明确阐明这两个问题,必须进一步了解如下真理,即:儿童作为一个人,不仅应教给他学习对象的本身,还应教给他关于学习对象有关的知识,否则,教也好,学也好,都是没有思想的游戏,它们对人的头脑和心灵、精神和感情不会发生任何作用。"他最早提出了教育应当是思想游戏,而不仅仅是知识游戏。从根本上说,教育最重要的功能是训练头脑、滋润心灵、培育感情和激励精神,这些都比单纯的传授知识更为重要,可是中国学校教育在唯分数论的主导下,把这些心灵教育的内容全忽视了。

在讲到高等教育时,福禄贝尔认为:"高等学校的目的之一是让学生很好地进行观察,即打开学生获得外部和内部知识的心灵的眼睛……高等学校将重新成为它们应当成为和想要成为的那样,即成为认识最高精神真理的学校,成为学生自己的生活和行动中体现这种真理的学校,成为智慧的学校。"福禄贝尔的教育理念是非常超前的,他认识到智慧是人类最高的目的,是人最高尚的自决行动,无论是教育自己或是教育他人,都必须以这个目标为最高的理想。

人是教育的中心，教育的一切活动都是围绕着人进行的，他们既是教育的出发点又是教育的归宿。因此，教育工作者必须"读懂人"，这是做好教育工作的真功夫。那么，究竟怎样才能够"读懂人"呢？我们祖先造字时，人字只有两笔，一撇一捺、一高一低、左右支撑，虽然字形非常简单，可是其蕴义却十分复杂，要读懂"人"的全部意义甚是不易。我积60多年教育实践的体会，窃以为至少可以从以下三个方面深刻解读人的深奥秘密，唯有如此才能是成功的教育。

首先，人是万物之灵，是世界最宝贵的财富，只要有了人，什么人间奇迹都可以创造出来。每一个生理发育正常的人，都具有创造潜力，这是"读懂人"的核心。教育的最高目的，就是启迪人的智慧，开发他们的创造力。我研究创造教育30多年，在理论研究与实践的基础上，撰写和出版了《创造教育书系》(5本计140万字)，目的在于推动实施创造教育，开发人人与生俱有的创造力。

其次，人是灵与肉结合的生命体，他们有情有义，有善恶是非的辨别能力，有自信和自尊。无论是孩子的父母还是学校的教师，在实施教育的过程中，都要把受教育者当作"独立的人"看待，他们既不是家长的私有财产，也不是教师铸造器中的原材料，这是育人与造器的本质区别。不得以任何借口伤害他们的自尊心和人格，也不得剥夺他们应该享受的童趣、快乐、民主、自由、选择权等。基于这些思想，我在20世纪80年代主持武汉大学工作时，打破了各种条条框框，顶住了各方面的压力，允许学生自由恋爱，允许自由选择专业，自由转系、转校，提倡自学和允许学生不听课，修满学分可以提前毕业，校外自学成才的青年通过考核可以录取到学校进行插班学习等，从而营造了武大自由之风劲吹的黄金时代。

再次，只有真正"读懂了人"，才能因材施教。孔子是我国古代一位伟大的教育家，他在游学的实践中，总结出了因材施教的教学原则。但是，实施这一原则的前提是要充分地了解受教育者，对他们的个性、爱好、优点、缺点、智商和理想等，都必须了如指掌。实事求是地说，在精英化教育时代，因材施教是可能的；而高等教育大众化以后，大学都是巨无霸型的，教师不仅不了解甚至不认识学生，完全没有可能实施因材施教，所以就培养不出杰出的人才。因此,我认为大众化与精英化的学校应当是并存的,只有采取一对一的精英化教育,才有可能实施因材施教,也才能培育出杰出的人才,拥有培育大师成长的沃土,这是我国跻身于世界先进学术之林的需要!

## 学生顶牛怎么办

一天中午,大多数学生已吃完午餐,只有少数吃得慢的学生还在食堂边吃边谈。平素我吃饭算是比较快的,但这一天我因公事来晚了,所以也成了最后一批吃完的进餐者。当我收拾好餐具准备离开时,忽然看到一个学生在哭泣,他的周围站着四个老师和几个同学。他们似乎在对那个学生做思想工作,但是越做工作那学生哭得越厉害,看来没有人能说服那个哭泣的学生。

我本能地预感到发生了什么事,于是走了过去。待我走到跟前时,我发现那男孩是小学二年级的学生,他既调皮又聪明。我对他很熟悉,他也喜欢给我提各式各样的问题。他见我来了后,反而哭得更厉害了,好像又有委屈又希望得到我的保护似的。

我向前靠近一步,拉着他的手问道:"你为什么哭呀?"他说:"我不想吃饭,老师非要我吃。"他的班主任很温和地插话道:"班上同学都吃完了,就他没有吃,不管怎么劝他,他就是不吃。上午上四节课,不吃饭怎么受得了呢?"多么好的老师啊!她不仅对学生的学习负责,还关心着学生们的生活,真像妈妈一样爱护着学生们。在她身旁的是配合她班级工作的几位导师,也在协助她做那个男生的工作,但都未能奏效。

那个学生为什么不吃饭呢?莫非是他生病了?我带着试探的口气问道:"你是不是不舒服?"他摇摇头道:"没有。"我用手摸摸他的额头,似乎不发烧,排除了生病的可能。莫非是他挑食,嫌饭菜不好?于是,我又询问道:"你是不是嫌菜不好吃,给你下面条好吗?"

他似乎有点受委屈地争辩说："不嘛,我不想吃,我不饿!"我真有点不解了,一个活泼蹦跳的小男孩,上完了四节课不感到饥饿,真奇怪! 我抱着最后一试的想法,又一次和蔼地说："来,让我摸摸你的肚子,看是圆的还是瘪的? 如果是圆的,那说明你不饿;如果是瘪的,那你要吃饭哦!"他破涕为笑:"你摸嘛,我就是不饿!"我虽然摸了,但哪能摸得出饥饱呢! 我无非是想缓和一下他的情绪而已!

顶牛已很久了,是继续顶下去,强迫他吃下去呢还是采取疏导的方法使矛盾缓解呢? 这时,几位老师不约而同地把目光转向我,似乎希望我再拿出什么灵丹妙药。其实,我也没有什么万能的钥匙,但我有理解人意和爱人之心。看来,要说服他吃这顿午饭的可能性几乎没有了。于是,我又对他说道:"好吧! 饭你可以不吃,但你下午能坚持上课吗?"他似乎松了一口气,笑着说:"校长,我不饿,我保证上完下午的课程!"

持续半个多小时的顶牛到此结束了。于是,我拍拍那男孩的肩膀说道:"好了,快回宿舍去睡午觉吧!"话音刚落,那男孩就脱身跑开了,并大声喊道:"校长再见! 老师再见!"这时,在场的几位老师也会心地笑了。我看得出,无论是那位学生或是这几位教师,他们此时的心情,一定是"如释重负"般轻松愉快,或许在这一瞬间他们才体会得到"解放"二字的蕴义呀。


# 呵护童年,开启想象[1]

近日,我收到从广州寄来的一个快件,是《高教探索》杂志编辑部主编刘第红先生的一本儿童文学作品,书名叫《穿裙子的云》。这个书名本身

---

1 本文发表于《师道》2009 年第 10A 版,原文的副标题为"评童话小说《穿裙子的云》"。

就极富想象力，它让我爱不释手几天就读完了。

回忆儿童时代的趣事，无疑是十分有益的，它不仅可以重温儿时天真浪漫的生活，还可以进一步巩固自己的想象力和记忆力。刘第红是我的学生，他无疑是一个非常聪颖的人，不仅具有十分丰富的想象力，而且有惊人的记忆力。这本书的诞生就可以证明这一点。正如他所说："在一个不经意的午后，记忆的闸门突然开启，'童年'没来由地闯入我的生活，占据了我的思路。我感到不吐不快，欲罢不能，几乎一口气写下了一百多篇有关童年的文章。"这是一种能力，是爆发式的创作智慧，是一个高素质的人的创造力量。

想象力是十分重要的，正如爱因斯坦所指出的："想象力比知识重要，因为知识是有限的，而想象力概括着世界上的一切。"想象力是人与生俱有的，特别是少年儿童时代，是想象最丰富的时期，这就是人们常常说的天真浪漫的童年。想象力的特点是无序、非逻辑和不受约束，实际上这些也是创造性灵感产生的条件。它就像是一位傲慢的"绅士"，请之不易，去后却又无影无踪。

第红认为："在中小学阶段，应该注重学生想象力的开发，到大学阶段再着重思维方法的训练，尤其是创造性思维方法的培养。"这个观点是完全正确的，它与欧美国家的教育理念是吻合的，他们认为从少儿到高中阶段的教育，主要的目的在于培养学生的想象力。正是基于这种理念，欧美国家的小学是快乐教育，他们的志趣得到尊重，没有频繁的考试和培优、补习，不排列学生成绩的名次，让幼儿的志趣、个性、心智得到充分的发展，让他们的想象力得到最充分的展示。

为什么幼儿时期是开发想象力的最佳关键期呢？这就需要从幼儿的特点说起。幼儿原来的思想是空白的，他们处于长身体、长知识的发育期，对于万事万物都具有强烈的好奇心，对什么事情都要"打破砂锅问到底"。与此同时，在他们的思想中，许多事情并没有标准的答案。教育学上有一个俗语叫"思维定势"，而幼儿的思维恰恰没有定势，所以他们常常有许多怪异的想法，这正是他们发挥想象力的巨大空间。由此，我想起十多年前媒体上披露过的日本小学的一道考题："雪化成了什么？"答案是各式各样的，有的说雪化成了水，有的说雪化成了泥浆，但有一个学生的回答是:"雪化成了春天。"评分的结果是,教师给前两个答案打了"回答正确",给了满分,而给后面的回答打了×,给了零分。后来,日本一位著名的科学家看到了这份答案,他感叹地说:"'雪化成了春天'是多么有创意的答案呀!教师居然给学生判为零分,这是扼杀少儿的创造性啦!"

其实,何止是日本,在中国这种情况有过之而无不及。为什么中国人缺乏创造性?为什么我国几乎没有原创性的重大发明成果?归根到底,是因为我国的基础教育仍然深深地陷在应试教育的窠臼之中,规范的办学模式、形式主义的检查、标准化的考试、树立示范学校、追求高分、争上重点学校等一套传统的做法,扼杀了青少年们的想象力。在这方面,教育行政部门、为数不少的中小学教师和学生家长,实际上都是应试教育的卫道士。各种功利的思想,使他们都置身于素质教育之外。现在,是我们应该反思和改革的时候了,我们要尊重智力开发的规律,肩负起开发学生想象力的重任。为此,我特推荐中小学的教师、学生和学生的家长们读一读《穿裙子的云》这本书,这对于开发学生的想象力大有裨益!

# 呼唤爱心的处罚

在学校的教育中,奖励和处罚都被视为教育的手段,它们相互补充、相辅相成。然而,在中国的传统教育中,重罚而不重奖则是普遍的现象,而且惩罚的手段是无所不用其极,古代有罚跪、罚站、戒尺击打,甚至施以棍棒教训等。在当代,处罚学生的手段更是多得不胜枚举,如罚站、辱骂、呵斥、拳击、脚踹、罚抄写、留堂、拧耳朵、打嘴巴,甚至要犯错误的学生互扇嘴巴,真是令人不寒而栗。在这些粗暴的惩罚之下,有的学生不堪侮辱,无颜面对同学和父母,以至于酿成了不少悲惨的伤亡事故。

## 一、不要让粗暴惩罚扼杀天才

有人认为,没有惩罚就没有教育,甚至认为"棍棒之下出孝子""严惩之下出英才"。这是对教育宗旨的歪曲,也是为惩办主义找借口。我国古代大教育家孔子是讲仁政、反对暴政的,他曾说"不教而诛谓之虐"[1],应当采取"因材施教,循循善诱"的教育原则。[2] 纵观历史上的一些天才少年,他们往往有一些怪异的性格或者某些缺点,如果教师不能正确地对待他们,而是采取粗暴的做法,就可能会扼杀这些天才。

一般来说,我是反对惩罚或变相惩罚教育的。俗话说,没有教不好的学生,只有不善教育的教师。我甚至怀疑,惩罚学生是违法行为。是谁赋予校长和教师惩罚学生的权力? 家长是未成年学生的监护人,他们并没有授权给学校和教师可以惩罚学生的权力,也没有签订这样的契约。相反地,学校中的少年儿童是受《未成年人保护法》保护的,无故惩罚学生造成严重后果的,还将追究学校和教师的责任,因此身为人民教师应当树立法治观念。

在中国,为什么体罚或变相体罚学生的事件屡禁不绝呢? 这与我国教育体制有关。在民主教育体制下,家长与孩子是平等的,孩子不是属于家长的"私有财产",不可以随意打骂,或强迫孩子做他们不愿意做的事。然而,在权威的教育体制下,在家庭家长就是权威,在学校校长和教师就是权威。千百年以来倡导的师道尊严就是惩罚主义的根源。

从惩罚的类别来看,分为有爱心或叫聪明的惩罚以及暴力或叫粗暴的惩罚,前者是要提倡的,而后者是要杜绝的。什么叫爱心的处罚呢? 所谓的爱心处罚,也称为聪明的惩罚,它是指从关心和爱护学生的思想出发,在尊重学生的人格和尊严的前提下,以和颜悦色的态度,用春风化雨的语言规劝学生,让学生自己认识错误。同时,用智慧设计一些方法,让犯错误的学生去做一些对身体或是开发智慧有益的事情,这样既可以达到改正错误的目的,又有利于开发他们的智力。

在 19 世纪,英国有一个叫约翰·麦克劳德(John Mclord)的小学生,他生性非常好奇,对什么事都想弄个究竟。每当他看到校园中奔跑的狗时,总想看看狗的内脏是什么样的,它们是怎样连接在一起的,又是怎样合作与运行的。强烈的好奇心,驱使他走向了冒险的一步。有一天,他突

---

1 杨伯峻. 论语译注. 中华书局,1980: 210.
2 华中师范学院教育科学研究所. 陶行知全集: 第 2 卷.

然看到一只狗,于是与几个男孩子一起捉住狗并把它杀死,目的是想看看狗的内脏。他们不曾想到,这只狗是学校校长的宠物,这一下他们酿成了大祸。校长对自己心爱的宠物被杀感到非常恼怒,作为一校之长,他完全可以凭借自己的权威,将这些学生开除学籍。但是,他没有这样做,也没有要权威,而是给了麦克劳德一个特别的"惩罚",从而成就了一个流传很久和令人赞美的故事。

这个处罚是要麦克劳德画两幅画,一幅是人体骨骼图,另一幅是人体血液循环图。麦克劳德自知犯了大错,于是他查找资料,动脑筋思考,结合解剖狗的内脏,认真完成了这两幅画。他将绘制的两幅图画交给校长,校长见他认错态度好,而且图也画得认真仔细,便免去了对这几个学生的惩罚,杀死宠物的事也就过去了。更难能可贵的是,后来校长把麦克劳德的画作捐赠给了英国皮亚丹博物馆,使其成为一件具有重要科学价值的历史文物,让成千上万的参观者从中受到教益。

麦克劳德通过对狗的内脏、骨骼和血液循环的观察,对科学产生了极大的兴趣,从此勤奋学习,后来成了著名的解剖学家。由于发现了治疗糖尿病的胰岛素,他于1923年获得诺贝尔生理学或医学奖。这个故事启迪人们,采取什么方法处罚学生,这涉及是保护学生的好奇心还是扼杀其好奇心。如果那个校长采取粗暴的处罚,可能就扼杀了一个天才的科学家,世界将会失去一个诺贝尔生理学或医学奖的获得者,也许人类还没有或者推迟发现胰岛素,而糖尿病患者也将继续遭受折磨。

## 二、用爱心处罚让教育事半功倍

爱心处罚与暴力惩罚的区别在哪里呢?我认为区别就在于两点,一是爱心,二是智慧,而且这两点是互为因果的。也就是说,爱心往往是发明创造的驱动力,而一个富有智慧的人也会是富有爱心的人。某些热衷于对学生施以暴力惩罚的教师,他们既没有爱心,也没有智慧,只能靠惩罚学生达到树立自己威信的目的。但是,他们这样做却适得其反,既触痛了学生的肌肤又伤害了他们的心灵,也不可能获得学生们的尊敬。

一个富有爱心的教师,凭借他们的智慧,不仅可以教育好学生,也能够以爱心改变犯错误的学生。叶圣陶是我国当代著名的作家、教育家,早年从事小学教育,从实践中产生了诸多脍炙人口的教育学生的故事。他极富有爱心,关于他以"三块糖"处罚学生的故事,长期成为教育界的美谈——有一天,他在校园行走,忽然看到一个男孩举起一块大石头准备砸向另一个男生,叶校长立即上前劝住,并要这个男生到他的办公室去一趟。他回到办公室,见那个男生已在办公室了,于是温和地上前递给他一块糖说:"你来得比我准时,奖励你一块糖。"接着又拿出第二块糖奖励他说:"你听从我的劝告,把石头放下,这是你对我的尊重。"最后,叶校长又拿出第三块糖对学生说:"听说你要砸的那个男生欺负女生,这是你见义勇为,说明你有正义感。"这时那个学生已经泪流满面,表示悔改,今后绝不再打同学了。

魏书生是当今知名的教育改革家,他毕生从事基础教育的教学和教育领导工作,由于成绩卓著而获得全国劳动模范的称号。他也是一位极富有爱心的教育家,他对犯错误的学生的处罚是:犯小错误,在课堂上给大家唱个歌,既表示歉意又活跃了课堂;犯大错误,就派学生去做一件好事,以弥补其错误;犯了严重错误,即要学生写一份"说明书",说明犯错误时的心理活动。这样既没有伤害学生,又从思想上找到犯错误的根源,真是一举两得。

其实,爱心或是聪明的处罚是多种多样的,只要我们肯动脑筋,就可以根据学生错误的内容,用智慧找出与其错误有关联的爱心处罚办法。例如,要求犯错误的学生画幅画,写篇杂文,猜个谜语,设计出一个有创意的实验方案,设身处地想出一些创业的点子,等等。总之,教育是为了启迪学生的智慧,而处罚犯错误的学生也要与这个教育的宗旨紧密地结合起来,避免惩罚学生造成的消极作用,这样我们就能够达到倍增的教育效果。

### 三、不要用"补差"刺伤学习有困难的学生

目前,基础教育中,为了提高教学质量,普遍流行一种做法,叫作"培优补差"。所谓培优,就是对少数"尖子"学生施以特殊的教育,如奥数班、竞赛班、提高班、特长班等,目的是使他们超前一步,力争好上加好。如果撇开单纯竞赛的观点,按照"因材施教"的原则,从开发学生智力的角度来

看,这种做法未尝不可。从实践效果看,也的确起到了促进的作用,有利于早出人才、出好人才。

何谓补差呢?所谓补差,是对学习困难的学生,施以补课或个别的辅导,使他们赶上教学进度,争取考出合格或更好的成绩。从主观愿望看,提出这种做法也是无可非议的,何况这种做法几乎所有的学校都采用,且收到一定的效果。但是,从心理学上看,"差"字对学生有没有副作用呢?这是值得研究的。

我校期中考试后,也发现有少数学生的成绩不及格,有一门的,也有两门的,个别的甚至是三门课都不及格。我校实行双周休息制,其中有一周的星期六和星期日是不放假的。怎么安排这两天的活动呢?有人提出安排"培优补差"。说实在的,当我第一次听到"补差"二字时,不仅感到刺耳,而且心里很不是滋味。我心想:假若一个成绩不好的学生被列入"差生"名单时,他心里是怎么想的呢?他的自尊心会受到伤害吗?古人讲"一字值千金"。但是我觉得"差生"的差字似乎比千斤还重,可能会把那些心理素质脆弱的学生压得抬不起头来。如果我们不回避问题,那么由于教育方法不当或者在"差生"和高考落第的舆论压力之下,不是已经酿成了不少的悲剧吗?

也许,有人认为我是吹毛求疵,对这样一个已广泛采用的口号何必去挑剔呢?其实,这不是我咬文嚼字,而是应当设身处地为学生着想。我们提出一个口号,应当认真推敲,要讲究科学性,要瞻前顾后地考虑可能产生的负面效果。

基于上述考虑,我不赞成"补差"这样的口号,更不同意"双差生"的提法。我建议用"培优补习"或"培优提高"的口号代替之,用"困难生"或"暂困生"代替"差生"。本来,在考试成绩的统计上,已有规范的用语,如合格与不合格,这至少没有像"差生"那样对学生产生大的刺伤作用。

从唯物辩证法的观点来看,优与差、快与慢、聪明与愚笨是相对的,也是可以在一定条件下转化的。教育本身的功能就是转化人的,如果我们找到了最佳的转化条件和方法,那么后进可以变先进,"愚笨"的也可以变成聪明的。有人在解释教育含义时说:"教育是把人从黑暗引向光明。"这句话的意义是深刻的。世上既没有天生的天才,也没有天生的"差生",天才与"差生"之间并没有不可逾越的障碍,要超越它,关键靠后天教育的作用。

## 四、怎样处理学习成绩不好的学生

我国亚圣孟轲曾说:"离娄之明,公输子之巧,不以规矩,不能成方圆。"[1]这句话的现代解释是,无论做任何事情,都要有规矩和规范行为的管理制度,使之成为人们共同遵守的准则。世界大学走过了近千年的历史,早期草创时期的大学是学术共同体,甚至学生还可以担任校长,大学既没有任何物质性的设施,也没有管理规章制度,追求真理就是一切,师生行为完全都是自觉的。进入近代以来,随着大学规模的扩大,学生数量的急剧增加,社会对大学的影响越来越大,学生的行为需要规范,于是制订相应的管理制度就是不可缺少的了。

中国大学是洋务运动前后,在"中体西用"实用主义的思想指导下,由西方国家舶来的,无论是大学的模式、系科设置、教授衔职、教学内容或是管理制度,基本上都沿袭了西方大学的做法。1949年是我国高等教育发展史上的一个分水岭,尤其是1951年大学院系调整,教会大学、私立大学被撤销了,完全照搬苏联的一套,再加上中国原有的一些传统做法,致使一种混杂的大学体制形成了。"文化大革命"对教育的破坏是史无前例的,"读书无用""教书倒霉""理论危险""白专道路""成名成家"等错误口号泛滥,极大地破坏了学校的学风。为了正本清源,需要政策上拨乱反正,肃清错误思想的流毒,以端正求实、勤奋和严谨的学风。

1978年12月13日,教育部颁布了《高等学校学籍管理规定》,对学籍管理的各个环节进行了系统地梳理和规范,这是我国第一份系统规范学生管理的文件。1983年1月20日,教育部又颁布了《全日制普通高等学校学籍管理办法》,据称这是我国精英型学籍管理的范式。1990年1月20日,国家教育委员会又以7号令颁布了《普通高等学校学生管理规定》,与以前规定的不同之处在于,这个规定不仅限于学籍,还包括思想、政治

---

1 四书五经. 中国友谊出版公司,1995: 53.

和行为的管理。[1] 在所有这些规定中,对于学生考试舞弊和多门功课考试不及格者,都有一条"勒令"退学的规定。

我看到或听到"勒令"二字,不禁毛骨悚然,并引起我对"文化大革命"的痛苦回忆。在"文化大革命"中,我既是一个小小的"走资本主义道路的当权派",又是"炮打中央文革的黑炮手",属于被打倒之列,常常被"造反派"揪去接受残酷的批斗。每次批斗之前,都是通过高音喇叭广播"勒令"通知,限定到达的时间和地点,如果稍有迟缓,就要遭到皮鞭和棍棒的毒打。我家住在一区(即十八栋),由于没有听到"勒令"的通知,曾几次被打得鼻青眼肿和皮开肉绽。因此,我对"勒令"一词非常敏感,认为这个词是以命令方式强迫人做某事,当事人既没有讨论的余地,也没有申诉的权利,它不符合民主管理的原则。于是,我曾经对教务处负责人说,我校以后不要再使用这个刺伤学生心灵的语词,即使要处罚学生,也以劝其退学代替"勒令"退学。

1985 年秋季,国家教委行文通知各大学,要进行一次教学大检查,为了严肃学籍管理,凡是两门主课不及格且补考仍不及格者,应一律"勒令"退学。按照教委的通知,我们也进行了清查,结果发现全校有 15 人属于国家教委要"勒令"退学的。清查的目的是为了摸清学生学习的情况,但是怎么处理,这是需要认真研究的。如果不问缘由一律"勒令"退学,那是形而上的做法,对于这些学生是不负责任的,也不能让他们吸取教训。

我是一个球迷,喜欢观看各种球类比赛,这是我唯一的业余爱好。在足球比赛中,对于犯规的球员有口头警告、黄牌警告和红牌罚下场等处罚,另黄牌累计两次等同红牌,球员也需被罚下场(不能再参加当场的比赛)。我认为黄牌和红牌的处罚有警示的作用,教育中处罚学生完全可以借鉴这种处罚,符合允许犯错误和允许改正错误的原则,也是关爱学生的体现。

基于这种想法,我与教务处负责人商量,能否采用更符合人性的做法对待这 15 个学生。具体问题具体分析,这是解决问题唯一正确的方法,可以对学习成绩不好的学生起到保护作用。经过我们分析,这 15 个学生

---

1　见 2005 年 3 月 29 日中国新闻网。

分别属于三种情况：第一种已经学完了两年的大学课程,仅第三年有多门课程不及格;第二种是由于不喜欢所学的专业,属于无心认真学习,从而导致多门功课不及格;第三种是学习基础太差,跟不上学习的进度,因而成绩不好。在具体分析的基础上,我们提出了区别对待的处理意见:第一类学生以大专生毕业,颁发专科毕业文凭,并适当分配适当关注(那时还是计划分配毕业生);第二类学生,允许他们转到所喜爱的专业学习,但要跟下一年级的同学学习;第三类学生,以留一级的方法再给他们一次机会,并指定专门教师帮助他们,使其跟上学习的进度。就这样,在那一拨清理和处罚学生中,我们不仅没有使用"勒令"处罚一个学生,而且让不同情况的学生各得其所,使他们也有机会为国家建设服务。

究竟怎么处罚学生,这里有一个出发点的问题,是爱护、关心,还是一味地惩罚而不给出路?学习成绩不好,或是犯有其他错误的学生,本来就处于痛苦之中,如果给以重的处罚,可能进一步把他们推向反面,不利于他们吸取教训和改正错误。我们应当记住,教育者的职责是教育人,放弃教育是不可取的。同时,我们还应当相信,爱是一种力量,爱能够感化人、转变人,我们应当化消极因素为积极因素,为国家培养出更多的建设人才。

时隔近 30 年以后,2017 年 2 月 14 日,教育部公布了再次修订后的《普通高等学校学生管理规定》,其中主要的改变是强调了以学生为本,取消了"勒令"退学、品质恶劣和道德败坏等提法,并且新增加了《学生申诉》一章,保障学生应具有的合法权益。[1] 这次修订是符合时代精神的,是开明的表现,值得肯定。文件虽然颁布了,但是仍然有些大学或者高中坚持传统的观念,自行其是地颁布了"勒令"处罚学生的土政策。例如,有的学校规定"八条禁令"[2]:

1. 严禁打架斗殴或校外参与违规活动,一经发现,勒令退学。
2. 严禁外出上网,一经发现,勒令退学。
3. 严禁偷盗,一经发现,勒令退学。

---

1 见 2017 年 10 月 14 日《中国青年报》。
2 见 http://mini.castday.com/a/170517082630308.html。

4. 严禁在校外举行生日聚会，一经发现，勒令退学。

5. 严禁携带手机，首次发现留校察看，回家反思一周，第二次发现勒令退学。

6. 严禁谈情说爱（在校园男女拉手），首次发现留校察看，回家反思一周，第二次勒令退学。

7. 严禁抽烟喝酒，首次发现留校察看，回家反思一周，第二次勒令退学。

8. 严禁考试作弊，手机作弊直接勒令退学，其他作弊首次留校察看，回家反思一周，第二次勒令退学。

以上所列八条，被认为是历史上最严格的禁令。处罚伤害学生的心灵，但学校的职责是教育人，当你们处罚学生时，是否反思过自己的责任呢？孔子在 2500 多年以前就说过："不教而诛谓之虐。"现在都 21 世纪了，传统僵化的思想应当转变了，在管理和规范学生的行为时，一定要"以学生为主体"，体现人文情怀，多一份爱心，尽可能地少处罚；即使必须处罚时，也要留有余地，给学生改正错误的机会，这才是我们应当坚持的正确管理方向。


# 爱的力量

爱是什么呢？美国西奥多·艾萨克·鲁宾(Theodore Isaac Rubin)曾说："爱，我诚信，乃是人类最基本的情感。爱让我们满怀希望，冲向明天。"当然，这并不是关于爱的唯一的定义，在学术著作和现实生活中，关于爱的诠释是多种多样的。例如，爱是生命、是奉献、是良药、是尊重、是分享、是风雨、是付出、是幸福等等。但是，我认为爱是一种力量，巨大无比的力量，虽然我们看不见、摸不着，然而，她却无时无刻不在伴随着我们。请试想一下，如果没有爱，那么家庭不复存在，人类之间相互残杀，国与国之间彼此争斗，世界还能安宁吗？

爱作为一种力量，主要表现在感化、教育、救世、合作、沟通和医治创伤等方面。特别是爱在教育上的作用，是没有什么其他的东西可以代替的。没有爱心的教育往往是不成功的，所以在这个意义上说，没有爱就没有教育。

学校应当是神圣的殿堂，她不仅要播撒爱心，还应培植爱心。正是基于这种思想，我才把武汉新世纪外国语学校的校训定为"博爱、博学、乐教、乐学、自立、自强、创新、创业"，并且把"博爱"二字放在校训之首。我一贯倾心于爱心教育，以爱治校，以爱育人。过去，在我担任武汉大学校长的十年间，虽然也倡导和实践爱的教育，但那是一所老校，历史的沉积太厚，阻力太大。现在，我创办了武汉新世纪外国语学校，一切从头开始，我真诚地希望她成为充满爱心的"成长之家"。

爱果真有如此大的力量吗？的确是的，爱深如海，爱力无穷。谓予不信，请看发生在我校的一个真实的故事。

9月11日，我校首届新生报到注册，大约只花了两个小时一百多名新生就办完了入学的手续。在众多家长中，我看见我的学生、湖北省作协原副主席熊召政在和一位学生家长攀谈。我走近他们，熊召政介绍说："这是我的朋友，一个公司的老总，我们都是送儿子来上学的。"接着他又补充道，这位老总的儿子可是个调皮大王呀。看来，这位老总并不回避这一点。他有点不好意思地说："正是由于这个原因，我才把儿子阿亮送到你们学校，希望严格管理、严格要求。"我说："请放心吧，我们的责任就是教育好学生，把他们培养成为优秀的人才，我们不会让你们失望的。"

入校后，阿亮编入初一（2）班，他的班主任是语文高级教师杨中贵——一位在教育战线上耕耘了41年的湖北省模范班主任。

在开学之初的日子里，阿亮的表现确实令人失望，上课他不认真听讲，学习成绩差；与同学关系紧张，不时殴打同学；夜晚翻围墙，跑到外面买东西吃。根据表现，他被列入"双差"生之列，即思想表现差、学习成绩差。有差别并不可怕，只有面对现实，承认差别并逐步地消除差别，这才是科学的辩证唯物主义的态度，也是一个诲人不倦的教师的师德。杨中贵老师正是这样的好老师，在阿亮身上就体现了他的爱心，从阿亮的变化可以看到他那春风化雨般的爱心的力量。

对待阿亮，杨老师不是嫌弃而是关心，不是呵斥而是循循善诱地引导,不是迁就而是严格要求。杨老师是教语文的,他不仅利用课余时间做思想工作,还把思想教育贯穿到语文的教学过程中。记日记和写作文,不仅可以提高语文水平,还能够沟通师生之间的思想感情,这正是杨老师做阿亮同学思想转化工作成功的经验之一。

我抽看了阿亮同学的日记,看后令我惊讶不已。在 80 多天里,他共写了 71 篇日记,除了放假以外,他几乎是天天写日记,从未间断过。他的日记书写工整,内容真实,每则日记后还摘抄一句名人名言作为他的座右铭。杨老师对阿亮日记的批改也特别认真,不仅指出日记中语法上的弊病,还附上了情真意切的批语。我看完后得到的最深印象是:阿亮的日记和杨老师的批语是他们师生心灵碰撞的火花,是他们爱心的交响乐。

下面,我想把阿亮的日记和杨老师的批语抄录出来,我们不仅可以找出阿亮转化的答案,还可以获得一次爱心的享受。

阿亮的一则日记是这样写的:"生命是人最宝贵的,人的生命只有一次,人不要为了一件小事而失去了生命,人的一生要高高兴兴地过。"他在日记附言中写道:"杨老师:谢谢您的爱,我会记住您的爱去奋斗,去管好自己,去管好班级。是您改变了我的心,我在我原来的学校,算是一个差的学生。在这里,是您改变了我,给了我信心。现在我又是一个阿亮了,不像以前那样了。在这里,我真心地说一句:'I Love You!'谢谢您,杨老师!"

然而,这位给了学生爱抚的老师,他的心似乎比童心还要激动。他在阿亮日记后面的批语是:"你是活生生的生命,善好的生命,正处在生命中的花骨朵。我相信未来的你将会结出光灿灿的硕果,因此对你像对待我的孩子一样(甚至超过我的孩子,因为生怕伤害了你,总是千方百计地呵护〔保佑〕着你,连梦中都喊着你的名字),必须了解和尊重你的权利和义务:享受快乐的权利,担当责任的义务。子曰:'爱之,能勿劳乎?忠焉,能勿诲乎?'我也谢谢你,我的阿亮。感谢你对我的信任,把我看作可敬可爱可亲的人。阿亮,你也给了我——一个战斗在教育战线上 41 年的老教师支持和力量,我在你身上看到我自己年轻了,没有失去昔日的风华,我还能再为祖国的下一代做点工作,请你也分享我最大的欢乐——我将继续毫无保留地贡献出自己的精力、才能和知识,让你在精神的成长上取得最好的成果!"

阿亮的日记和杨老师的批语,的确令人感动。这不是一般的日记,短短四十几个字,却是对生命的呼唤! 杨老师的批语也非一般的批语,是一篇长达四百字的超长批语,是一篇对爱的奉献!

在爱的光辉的照射下,阿亮确实变了,他的心里明亮了。他变得活泼开朗,变得温和、礼貌,变得关心集体。他成了少先队中队委,在期中考试中获得了各科合格的好成绩。阿亮的身上的确"满怀希望",他正在明天的"人才摇篮"里茁壮成长!


# 播撒爱心的种子[1]

一个冬日的下午,阳光透过玻璃窗撒射到数学教研组的办公室,虽然不像骄阳那样火辣辣的,但也的确增加了室内的暖意。

当我进入室内,只见数学特级教师黄咏秋坐在靠窗户的一张书桌边批改作业,书桌左右两边各站着一个小男孩在做作业。他们是那样聚精会神,似乎完全不为室内发生的一切所惊扰。这是多么感人的场面,宛如一幅《欧孟仪型》[2]的画卷!

事后我了解到,那是黄老师在给她的学生补课,并要求学生当着她的面完成作业。原来,那两个男生上课不专心听讲,做作业时经常不带钢笔。头几次,黄老师要他们向同学借笔,以按时完成课堂作业。这样一来,他们养成了依赖习惯,上课仍然不带笔。为了改变他们的不良习惯,那一天在课堂上黄老师就不让同学们再借笔给他们,而是让他们课后到办公室当着她的面完成作业,于是就出现了本文开头的那个场面。对此,黄老师解释说:"知识是积累的,问题也是积累的,因此对学生的不良习惯一定要抓,决不能让问题过夜。"

---

1 本文写于 1996 年 2 月 10 日,收入本书时有删节。
2 这是清末吴嘉猷的一幅名画,反映了欧阳修之母与孟子之母教子的动人画面。

从这一席谈话,可以看出黄咏秋是一位治学严谨、教学经验丰富的老师。她原是武汉实验学校小学数学高级教师,荣获过湖北省特级教师的称号,是为数不多获此殊荣的小学教师之一。她不仅教学经验丰富,而且科研成果颇丰,有三部学术著作出版。她还担任武汉市教育学会小学数学教学研究会理事、武汉市人民政府特邀教育督导员和武汉市政协常委等多种社会兼职。

的确,黄咏秋老师在武汉市普教界享有很高的声誉,但是她从不居功自傲。为了聘请她到武汉新世纪外国语学校工作,我先后两次登门拜访,她为我"礼贤下士"的精神所感,接受了我校的聘请。我们原本要她担负培养青年教师的工作,但后来根据需要,安排她任教小学一、二年级的数学课,她二话没说就承担了下来。我曾问她:"黄老师,你是名家,却乐于教小学一年级的数学课,你觉得意义在哪里呢?"她说:"数学主要是培养学生的思维能力,尤其是逻辑思维能力。小学一年级是蒙育之始,是打基础阶段,诸如良好的学习习惯、读书能力、思考方法等都是形成于此阶段。这正如建筑打地基,基础正,大厦牢,根基歪,高楼倾。"她接着说:"小学一年级的数学教学,看起来容易,但教好殊实不易,千万不可眼高手低。"

"因材施教"是 2500 多年前孔子提出的教学方法,直至今天,它仍然是一条颠扑不破的真理。但是,千百年以来,无论是基础教育还是高等教育中,除了极少数名师以外,真正能做到"团材施教"的教师实在太少了。然而,黄咏秋却是一个善于"因材施教"的好老师。二年级是一个小班,只有 6 个学生,但 6 个人是 6 个性格:有的娇气,有的怪僻;有的爱静,有的爱动;有的爱学,有的爱玩。黄老师根据他们不同的性格,有针对性地施教,把他们一个个地引上正确的道路。小学一年级有 16 个学生,他们懵懵懂懂又天真可爱,要对他们进行数学启蒙教育,的确不是一件易事。为了引起他们对数学的兴趣,黄老师为每个学生制作了一套学具,使学生们学得进,记得牢。一份辛劳一份果实,由于黄老师的精心培育,在本学期期末考试中,她所教的小学一、二年级学生获得了百分之百的优秀率。这再一次地说明:教育是爱心的事业,教师的劳动是播撒爱心的种子,没有爱的奉献,就不可能获得丰硕的成果。

# 爱心不老[1]

从生理上来说，人总是要一天天衰老下去的，死亡也是不可避免的。到目前为止，人类虽然不能拒绝衰老，但是可以延缓衰老的速度，开辟人生的第二个黄金时代。怎么才能够延缓人的衰老呢？最重要的是保持心理健康，对人充满爱心，对事业不要丧失追求，对生活满怀希望。这样，即便是到了古稀之年甚至耄耋之年，你仍然拥有一颗年轻的心灵，保持着不衰的创造力。

在武汉新世纪外国语学校的 80 多名教职工中，60 岁以上的仅有 6 人，除我本人以外，有两位担任过中学校长，还有一位是湖北省模范班主任、高级语文教师，另两位是电脑和数学教学方面的专家。从比例上看，老年教师占教师总人数的 20％，占教职工的 7％。因此，本校教师队伍仍然是以中青年为主体。但是富有经验的、思想开明的老年教师也是不可缺少的，他们肩负着把关定向和传帮带的作用。我常说，知识的学习是可以速成的，但是理论素养和经验的积累是不能突击的。因此，高水平的、有经验的老年教师的价值也就在这里，这也是我们为什么启用少部分老年教师的原因。

我校的几个老年教师，个个堪为楷模，处处体现着"春蚕到死丝方尽"的奉献精神。其中，戴立民老师就是最突出的一个。他本是北京航空学院的高材生，1957 年被错误地定为右派分子，被视为不可信任，排除在人们认为保密性很强的航空工业与研究的大门以外，并被下放到中学教书。这使他与教育结下了不解之缘。30 多年来，他先后在北京和武汉教书，从普通教师到中学校长，他既付出了无数的艰辛，也尝到了学生们对他的尊师之情。他的学生们在给他赠送纪念品时深情地赞颂道："……你身上永远有一种伟大的光环，你点燃的热情之火，我们都会终生不忘，也或大或小地还在燃炽，你的言行给大家一个不可辩驳的高度：人受过什么罪吃过什么苦并不要紧，要紧的是，活着就得有一个高尚的灵魂。"每当戴老

---

1 本文写于 1996 年 1 月 1 日。

师回味这感人肺腑的话语时,他怎么能不喜爱那些他教诲过的学生呢?怎么能不热爱这净化灵魂的教育事业呢?

是的,正是出自真诚的爱和执着的追求,他才在退休以后,先后应聘到海南和广州任教,重操旧业,乐此不疲。说来也许是缘分,由于志同道合,我们这两颗不老的心连结在一起了。

1995年5月,我创办的武汉新世纪外国语学校开始公开招聘教职工,并在《长江日报》上刊登了一则"招聘启事"。这则启事引起了戴立民老师在汉任教的妻子李晶的注意,她是位有心人,把这份启事寄给了在广州任教的丈夫。于是我和戴立民老师之间就开始了通信,交流我们对教育改革的看法,共商对办好这所刚刚批准筹建的民办学校的设想。

我首先收到了戴立民老师的信,他那种对教育情有独钟并准备加盟慷慨相助的打算,的确令我感动。他在来信中写道:"看了你们'招聘启事'的有关精神,受到鼓舞,看到了一个新的前景:这里有条件、有希望使学生得到健全发展,培养新世纪的人才,有条件、有希望解决一般公立学校所面临的许多矛盾。"

他接着写道:"我从走进教师这个队伍时起,就一直探讨、追求理想的教育,然而由于历史的、社会的种种原因,我壮志难酬。尽管我已年过六旬,然'老当益壮,宁移白首之心''老骥伏枥,志在千里;烈士暮年,壮心不已'仍是我的座右铭。我愿在这所学校发挥余热,在基础教育领域里继续探索。"

我在给他的回信中写道:"首先,十分感谢您对新世纪外国语学校的关注和您愿意为办好这所学校贡献您的才智和经验的崇高的奉献精神。……我看了您写的总结,深为您的事迹而感动。您是一位有才华的人,也是一位遭遇过挫折的人。但是,您没有丧失目标与信心,在重新调整了自己的生活坐标以后,在教育事业上又做出了巨大的成绩。应当说,您是一位强者,是一位成功的人!"

我和戴立民老师差不多是同龄人,我们相见恨晚。就这样,你来我往地通了好几封信,我们获得了完全的共识:决心为办好新世纪外国语学校而共同努力。

为了支持我创办新世纪外国语学校的工作,他辞去了广州蓝天中学的聘任。我委托他在离开广州前,了解一下广东民办(或私立)学校的情况,以便学习和借鉴他们的经验。他愉快地接受了委托的任务,走访了三所私立学校,写出了调查报告,还带回了很多资料,可以说是满载而归。回汉当天,他打电话给我,急于安排时间见面。大约是打电话后的第三天,我们如约见面了。他比相片要显得年轻,且精力十分充沛,不顾三伏的酷暑,也不要求享受合法的暑假休息,迫不及待地投入到招生、备课等开学的准备工作中来。戴老师应聘的是担任教学改革与教学法研究室主任的工作,该室的任务是:第一,组织本校全体教职工学习教育学和教育改革的理论,指导教学实践;第二,研究和设计本校教学改革的方案,总结教学改革的经验;第三,研究国家教育和教育改革的政策,收集和分析国内外教育改革的动向,提出我们应当采取的对策。照说这些任务本来就够重了,但是我校倡导每人要一专多能,于是又给他增加了几项任务:一是数学教研室主任,二是班主任,三是初一(3)班的数学课。算起来,他不是双肩挑,而是身兼四职。这不仅对一个年过花甲的老人,即使对一个中青年教师来说,也算得上是超负荷了。由此我们不难看出,戴老师的身体是多么地硬朗,他的精力是多么地充沛,他的思想境界又是多么地高尚!

我校是一所全寄宿制学校,原则上教师必须与学生的生活同步,以便最充分地利用学生们的时间和智力资源,这正是爱因斯坦成功的经验。他说:"差异在于业余时间。"或许,这就是私立寄宿制学校在培养人才上的优势之一。

按规定,我校教师每周住校时间应不少于二分之一,即应有两个或三个晚上住校。然而,戴老师是以校为家。对于戴老师来说,他完全有条件在家里得到贤妻的照顾,享受和儿孙们在一起的天伦之乐。然而,他放弃了舒适的生活条件,重新过着"自立更生"的单人生活,为此他该要克服多少困难啊!

对待生活有两种态度,一种是躲避困难,一种是知难而进。戴老师正是持后一种态度的人,他以事业为追求,以培养人才为乐趣。虽然他付出了很多,但也获得了无穷的乐趣。他在《浅谈教师素质》的报告中说:"我爱这所学校,我爱这片净土,我爱这些天真活泼的少年。当我遇到一年级小学生时,我往往深情地注视着他们,情不自禁地抚摸着他们的小脑袋,同他们进行对话。此时,一首青少年时代爱唱的歌不禁在我心中激荡:"我为少男少女们歌唱,我歌唱早晨,我歌唱希望,我歌唱那些属于未来的事物,我歌唱正在生长的力量。'"(何其芳作词)当我们听到戴老师这些充满爱心的激情表达时,又有谁能相信他是一位年过花甲的老人呢?他的爱心与精力充沛的青年人又有何异呢?应该说,他没有老,他的爱心没有老,他的事业未有穷期!

**案例2-2**

### 我和学生一起练竞走

课外活动的铃声响了,一群群孩子走出教室,奔向教学楼的大厅和室外操场。尽管寒冬的北风颇有些凉意,但身着轻装的学生们并不觉得寒冷。我站在大厅里,目睹着那些活泼可爱的孩子们,他们唱呀,跳呀,好像把方才在教室里的那种紧张的情绪,一下子抛到了九霄云外去了。这时我仿佛看到了什么是天真,什么是童趣!

正当我遐想之时,一群初一学生向我走来。他们用英语向我问好:" Good afternoon, Principal Liu!"我回答道:" Hello, schoolmates!"接着我问道:"你们冷吗?"他们说:"不冷!"但是,当我摸他们手时却觉得并不太暖和。于是,我建议他们,冬天应加强锻炼,既可暖身又可以强身。他们问道:"冬天开展哪些运动最好?"我回答说:"对于体育运动,我可是个大外行啊。不过任何一种运动,对身体都是有益的。一般来说,长跑、竞走、打篮球等,都是有益的冬季运动,当然你们也可选择自己所喜爱的运动。"他们似乎对竞走有兴趣,其中一个女生问道:"校长,什么叫竞走呀?"我解释道:"它是体育竞赛项目之一。它要求行走时两脚不得同时离地,前脚跟着地时,腿膝必须伸直。竞走步幅大,步速快,要求腰随着步伐而扭动。"另一男生说:"啊,我在电视中看过竞走比赛,走得好吃力哟!"我说:"是的,竞走是一项锻炼耐力的运动,你们试想一下,参加50公里的竞走,如果没有坚韧不拔的毅力,那是不可能获得成功的。"

我见他们对竞走好像有兴趣，于是建议道："如果你们愿意的话，让我们来一次竞走比赛好吗？"他们异口同声地答道："我们愿意！"我心里有点好笑，与其说是比赛，毋宁说是学练竞走。一个年逾花甲的老人与一群十二三岁的孩子比竞走，这也堪为一件新奇的事物啊！

　　我们一行6人站成一排，我发号令道："预备，一、二、三，走！"于是，大家学着竞走的姿势，拼命地向目的地奔去。毫无疑问，第一个到达终点的是一个男同学。我们又从终点向起点的方向重复走了一遍，这一次是一个女生得了头名。这时，一个女生喊道："校长，我建议再来一次！"看来，他们玩得很惬意，身体也发热了，小姑娘们的脸蛋变得红润，犹如一个个小苹果似的。为了满足他们的要求，我说："好，再来一次！"但是，不料就在这一次竞走时，我的大腿肌腱扭伤了，虽感到疼痛，但我还是忍痛走到底了，我不愿因我的腿扭伤而冲淡了他们的兴致呀！果真他们玩得很开心，她们在离开时还对我说："校长，下一次我们还要和你比竞走，希望你超过我们！"多么天真啊，他们哪里知道，一个老人怎能追得上一个充满活力的少年呢！但他们的心绝对是善良的！

　　下班后回到家里，疼痛似乎加重了，甚至睡觉翻身也感到痛苦。夫人打趣地说："真是老顽童啦！哪有老人与小孩子比竞走的，太自不量力了。"我说："是呀！自从我办起了新世纪外国语学校，的确我年轻了。我不是说生命从60岁开始嘛，今年我才两岁呢！"接着，夫人递来一瓶正红花油，要我在伤痛处擦一擦，兴许会好一些。我接过正红花油，用药棉蘸些药水，在患处擦了一遍。但是，我万万没有料到，擦药水的患处产生了剧烈的疼痛，犹如烈火灼烧一般。当时，我真后悔不该擦这种药水的，但又怕有负夫人的一片好心。无可奈何，我只能忍耐着，希望疼痛尽快缓解。不知又过了多久，直到从梦中醒来，才感到疼痛已消除了很多。由于运动后的疲倦和疼痛后的松弛，是夜睡得特别香甜。可想而知，熟睡之后的感觉是何等轻松愉快啊，这也许是竞走所带来的效果吧！

# 3

## 学校是"成长之家"

# 学校是"成长之家"

在 1995 年我校举办的国庆节晚会上,我在致辞中第一次提出要把新世纪外国语学校办成一个"成长之家"。后来,我又多次强调了这个口号,并且要努力实现这个目标。

据说,"成长之家"这个口号源于佛教的教义,它鼓励信教者皈依修行。我没有考究这个口号的深层蕴义,但它要求人们做到"无我"是无疑的,以便达到人生最后的归宿。

佛教源于印度,后来传入我国,进而传播到日本及东南亚各国。佛教一直是日本的主要宗教之一,势力甚为雄厚。日本人信教并不十分专一,他们一般信仰几种宗教,所以若按信教人数计算人口总数,信教者竟是全国人数的 2.7 倍左右。日本人信教不仅仅是一种精神上的依托,还把教义作为企业文化,从而促进了经济的腾飞。例如,日本八佰伴国际集团公司,就是把"成长之家"奉为"尊重人"的信条,当作经营的基本准则,用这种信条开展了成功的教育,从而使它由一个小水果店一跃变成了一个"无国界"的巨型综合企业。[1]

美国哈佛大学教授洛吉专门研究儒家文化对日本、韩国经济的贡献,他认为"世界正迈入以儒教为基础的东亚集体主义的时代"。他还认为,"韩国和中国今后要想发展经济,就必须十分重视家庭农业、家族经营、家族的社会作用"。[2] 我国古代典籍《礼记·大学》中也指出:"欲治其国者,先齐其家。"可见在儒家文化里,十分重视"家",并把齐家与治国紧密联系了起来。

家是神秘的,它经历了漫长的、颇带神秘色彩的发展历史;家又是普通的,因为每一个人都必须置身其中而生活。美国原始社会历史学家摩尔根(Lewis Henry Morgan,1818—1881),是最早系统研究家庭发展史的学者之一。他曾说:"家庭是一个能动的要素,它从来不是静止不动的,而是随着社会从低级阶段向较高级阶段发展,从低级的形式进化到较高级

---

1  篠原勋,小泽清. 竞争·出奇·制胜——"阿信"后代与八佰伴. 企业管理出版社,1993:163.
2  见 1993 年 12 月 11 日《参考消息》。

的形式。"[1]

家庭作为一个能动的因素,的确是很重要的。它的意义集中在两点:一是说明家庭的形态、结构、功能等不是静止的,而是经历了从愚昧到文明的发展;二是家庭本身是一个能动的力量,它不仅是家庭成员赖以生存的单元,而且是激励每个成员前进的动力。正是在这种意义上,我才十分欣赏"成长之家"这个理念,并借用它的凝聚力,把新世纪外国语学校建成一个以新的人际关系相联系和相互依存的和谐集体。

家总是与爱紧密联系在一起的,没有爱,肯定是没有家的。在一个家庭里,有父母、子女等成员,有时甚至是三代同堂乃至四代同堂。他们之间是配偶关系或血缘关系,虽然上一代与下一代之间也有代沟,但他们又能够和睦、亲善地长期生活在一起。这是一种什么力量呢?是爱的力量,包括夫妻情爱、父亲对子女的父爱、母亲对子女的母爱、兄弟姐妹之间的手足之情。虽然夫妻之间、父母子女之间,有时也会有争吵,有误会,但一般来说,他们没有根本的利益冲突,通常能互相原谅和自动缓解彼此的矛盾。

家总是令人向往的。古往今来,不知多少文人墨客写下了脍炙人口的思"家"名句。诗圣杜甫在《春望》中写道:"烽火连三月,家书抵万金。"写出了由于战乱书信中断时极度盼望家书的心情。诗仙李白在《静夜思》中吟道:"举头望明月,低头思故乡。"充分反映了客居他乡的人,凝望明月而思念家人的心境。在旅店行业中,常常用"宾至如归"来形容热忱的服务态度。这里的"归",就是像回到家里一样温馨。可见,家的吸引力,是没有任何东西可以代替的,特别是在家庭观念比较重的中国更是如此。

我崇尚"成长之家"的理念,是因为我对现在某些全民所有制单位里错综复杂的人事关系已感到头痛。在不少单位里,人与人之间的关系淡漠,对待工作挑三拣四,对待提职互相攀比,对待名利你争我抢,对待他人的成绩则是嫉妒和怨恨,等等。凡此种种劣根性,导致人们之间关系紧张,工作效率低下。这正是目前许多单位陷入困境的主要原因。有人挖

---

1  马克思恩格斯选集:第 4 卷. 人民出版社,1972:25.

苦说:"现在的人事关系,就像一筐螃蟹,你夹住我,我又钳住你,结果谁也动弹不得。"

作为民办(或私立)学校,由于没有大锅饭可吃,所以必须把办学的质量和效益放在首位。从管理上,绝不能重复公办学校的某些弊端。可以肯定地说,民办学校如果不坚持走改革的道路,不消除旧体制的弊端,那么迟早是会垮台的。

怎么才能克服这些弊端呢?我想最好的办法,就是把学校办成"成长之家"。它既不同于公有制的大锅饭,又区别于私有制的雇佣关系,而是一种具有主人翁意识、充满家庭氛围和相亲相爱的和谐大集体。

我衷心地希望,在这个"成长之家"里,每个教职工与学生之间恰似没有血缘关系的父母子女,同学之间犹如兄弟姐妹。博爱是我们的校训,也是维系"成长之家"的力量。既然是"成长之家",那么这个"家"的成员之间,应当充满爱心、温柔、理解和关怀,永远没有怨恨、嫉妒,也没有烦恼。在这个"成长之家"里,每个教职工勤奋工作、刻苦钻研、愉快地生活,每个学生努力学习、奋发向上、健康地成长。这个"成长之家",犹如一座燃烧得通红的熔炉,使师生们感到无比地温暖,催人奋进。我们都有这样的经验:当火炉燃烧得很旺的时候,即使丢进去一块湿柴,它也会燃烧起来;反之,当炉火奄奄一息时,哪怕放上去一块干炭,那也是燃烧不起来的。我们这个"成长之家",就是要成为一个燃烧得旺盛的熔炉,既要点燃每个教师和学生心中的烈焰,给他们以巨大的动能,又要烧尽一切暮气、保守、惰性和盘根错节的人事关系网。

我校教职工都来自公立学校,他们不可避免地带进旧习惯,还会受社会不良风气的感染。因此,问题的困难就在于如何把由这些人组成的学校变为"成长之家"。

毫无疑问,任务是艰巨的,办法也是有的,出路就在于改革。改什么呢?要改革不适宜的管理制度,但最重要的是转变观念。那么,需要转变哪些观念呢?我以为最重要的有三点:

第一,要树立"以心为本"的文化观念。心乃爱心,本指根本,也就是说,要以爱心作为人们修养的根本标准,作为人们行为的准则,作为待人接物的处世哲学。古往今来,世界上的战争、暴力、罪恶、贪婪和一切不平,大都是由于爱心泯灭而造成的。这使我想到《爱的奉献》这首歌,它的最后两句是:"只要人人都献出一点爱,世界将变成美好的人间。"对此,我深信不疑,并愿意为这个"成长之家"倾注我全部的爱。

## 家中的小客人

10 月 14 日是星期六,天气晴朗,是日是我校学生放假的时间,教师分初、中级班学习英语,以提高自己的英语水平。

上午 8 时,三部校车分别把学生送到武汉三镇指定的站点,再由家长把他们领回家中。当校车驶离学校后,我看到小学五年级宜昌籍女生朱悦一人站在"明德楼"的门口。看上去她的心情不像她的名字那样愉悦,她一定是在焦急地等待她爸爸的到来!

我走近她抚着她的肩膀问道:"朱悦,爸爸今天来接你吗?"她答道:"爸爸出差到广州去了,他说今天回到武汉来接我。"我说:"那好,我们就耐心地等他吧。"现在,全校只剩下朱悦和家住广水市的初一的两个女生和一个男生在等待家长的到来。他们似乎心神不定,也无事可做。

这时,广水市男生卢佩问我:"刘校长,我们想打个电话,但校长办公室门锁住了。"我说:"你们稍等一下,我去找钥匙。"等我把门打开以后,他拿起电话拨了几次,但拨不通。这时我才想到,这部电话不是自动程控电话。于是,我对他们说:"噢,对不起,这不是程控电话,不能打到广水去。"他们又一次失望了,但看上去他们的心情并不忧愁。

女生苏洁又来问我:"校长,我们想玩羽毛球,但体育室门也锁了。"我说:"好吧,你们再等等,我去找王老师。"门打开后,他们三个人各拿了一只羽毛球拍和羽毛球。这时,我看见朱悦一个人站在大厅里,于是我也给她拿了一只羽毛球拍,并对她说:"你与初一的同学一起玩吧!"正好他们 4 个人分成两对,她玩得也很开心。

时间很快到了 11 点钟。学习英语的教师也下课了,他们准备乘校车回家度周末。我牵着朱悦来到校车旁跟老师们告别,并目送他们走出了校门。这时,校园里显得异常地寂静,除了我和朱悦外,只有几个保安员和炊事员,还有那只负责警卫的狼犬在不时地吠叫。

　　朱悦有些沉不住气地问:"校长,我爸爸为什么还没有来呀?"我说:"或许马上就来,但也许他没有买到车票,或者事情没有办完而推迟了返回的时间。不过没什么关系,我们等到 11 点 45 分,如果他再不来,我就带你到我们家去做客,你会感到像在家里一样愉快的。"

　　大约 11 点 45 分,我们离开"树人学园",驱车驶向我位于珞珈山的家中。叩开门后我对夫人高伟说:"你瞧! 我们家来了一位小客人,她叫朱悦,是五年级的学生,家住宜昌市,爸爸出差到广州,没有赶回来接她。"朱悦很有礼貌地说:"奶奶,您好!"夫人说:"欢迎! 欢迎! 希望你在这里过得愉快。"

　　其时,高伟已用过了午餐,她问我们是否吃了午饭,我告诉她还没有。于是,她马上亲自包水饺,蒸了肉菜包子,我和朱悦吃了一顿可口的午餐,每人又吃了一个香蕉。

　　午饭后,我建议朱悦午睡,但是她说:"我不想睡,想看书。"于是,我把她引到了我的书房,安排她在不高不低的书桌边坐下,又用一个新茶杯给她倒了一杯开水。她打开了自己带的一本《中国少年百科全书》阅读,看来她已有良好的读书习惯。

　　到下午 3 点钟时,我走近朱悦对她说:"你阅读时间很长了,也许你应当放松一下,如果你愿意的话,我们一起去游览武汉大学的校园好吗?"她说:"我愿意。"于是,我们就沿着珞珈山半山腰的环山北路开始了我们的参观。

　　正值金秋时节,珞珈山的桂花阵阵飘香。我们登上了珞珈山麓,由南到北漫步、浏览。我一边走,一边指着山间路旁的樟树、白玉兰、白果树、雪松、马尾松等给她介绍,讲它们的习性和用途。珞珈山的秋景太美了,那千姿百态的青松翠柏、琉璃屋宇引起了她的兴趣,脸上思亲的愁云也一扫而光。

很远我们就看到了大操场上挤满了人群,红旗招展,于是我们信步来到了他们中间。原来这是生命科学院的学生运动会,该院的正副党委书记看见我后便迎了上来,并问道:"她是您的孙女吗?"我说:"不,她不是我的孙女,是新世纪外国语学校的学生,是来我家做客的。"我问朱悦:"你喜欢体育运动吗?"她说:"喜欢。"我说:"是呀!体育运动很重要,不仅可以锻炼身体,承受起艰巨的学习任务,还可以养成勇敢、坚毅和忍耐的素质,培养参与的意识,这也是'奥林匹克精神'。"

离开运动会,我们来到了小操场后面的林荫大道,那里有两个方阵的男女大学生在进行军事训练。那些大学生一律着军装,男生持枪、戴钢盔,女生徒手、戴大盖军帽,看上去煞是威严。朱悦不解地问:"他们为什么要学军啦?"我解释道:"学军是国家规定的,列入了教学计划,目的是增强国防意识,掌握最基本的军事知识,养成良好的作风。"接着我又补充道:"你们现在还小,等你们上了大学,也要参加军事训练。"听后,她会心地笑了。

不知不觉我们已走了一个半小时了,但我和朱悦都不感到累。不过时间已不早了,于是我们又沿着山脚底下的环山路向家里走去。我边走边问朱悦:"你玩得高兴吗?"她说:"很高兴。"我和她一样,也感到十分高兴。据回忆,这恐怕是我近 20 年来未曾有过的长时间散步,我甚至都未曾陪我的家人这样散步。我很乐意这样做,因为我是一个教师,是这个学校的校长,我不愿意看到任何一个孩子的心灵受到创伤。我要用自己炽热的爱,用我的劳动,弥补孩子们在感情上的任何一点损失,使他们获得欢乐!

夫人也很喜欢朱悦,为我们准备了丰盛的晚餐。朱悦最喜欢吃的菜是青椒炒肚丝,她是宜昌人,爱吃辣,看来她很久没有吃过辣椒了。

晚餐后,刘奶奶为朱悦烧了洗澡水,让她洗了澡、换了衣服,还为她拿出新毛巾、新牙刷,让她洗漱完毕。接着她和刘奶奶一起看电视,但不一会儿,她就在沙发椅上睡着了。看来,她疲倦了。我叫醒了她,让她上床睡觉。临睡前,我对她说:"明天一早我要到蒲圻市去,可能很晚才会回来,你明天就在家看书,看累了就看看电视,也可以跟刘奶奶到菜场买菜。明天晚上早点吃晚饭,5点30分有人送你上校车返校,不会影响你的晚自习。"说罢,我们互相道了晚安。

次日早晨,朱悦是6点30分起床的,她自己洗漱,把被子叠得很整齐,看来她有自理的能力,这和大多数独生子女是不同的。我十分喜欢她的性格和自立自强的精神。

其实,我头天晚上打电话到学校,知道朱悦爸爸于下午1时许赶到了学校。当他得知女儿在我家里做客后,动情地对学校保安室值班员说:"你们太好了,校长亲自照料我的女儿,我还有什么不放心的呢!"他表示:因为工作很忙,他就不去校长家看望女儿了,并于当日下午赶回了宜昌。他临走时对保安人员说:"我明天会给校长打电话的。"我在离家去蒲圻之前,把她爸爸到校后又回宜昌的事告诉了朱悦。我说:"你爸爸没有失言,他昨天下午还是赶到了学校接你,但考虑到你已在我家做客,加之他有急事要赶回宜昌,故就不能来看你了,他今天会给你打电话。"看上去,朱悦颇有不悦之情,但她很坚强,控制住了自己的感情。

虽说我在蒲圻公干,但我的心仍然惦记小朱悦,担心她返校时间出现差错。我原本晚上才回到家里,但由于心里有事放不下,我下午4时就回到了家。因为一天没有见面,因此我回来后,朱悦当然很高兴。其时,刘奶奶已在动手准备晚餐了。由于彼此熟悉了,朱悦毫不认生地对刘奶奶说:"刘奶奶,您做菜再多放些辣椒,我不怕。"刘奶奶满足了她的要求,除了增加一个青椒炒肉丝外,还开了一听辣酱牛肉丁罐头。这些菜很适合她的胃口,我对她说:"多吃一点,回校后就吃不到辣椒了。"

由于晚饭吃得太早，我怕她晚上肚子饿，于是给她准备了两个苹果、一个猕猴桃、一个香蕉和一些金响饼干。然后我和高伟牵着朱悦去了武大附中门口，等待校车。预定的时间是5点45分，校车于5点50分到达，车上已有一些老师和学生。车门打开，朱悦上去了，我对司机熊国新师傅和接送学生的姚磊老师嘱咐了几句，之后校车启动了，我和高伟一直目送朱悦和那些可爱的孩子，看着他们驶向"新世纪"！

第二，要树立"以校为家"的集体观念。作为一所寄宿制学校，学生是全日住校的，他们在这里学习、生活和娱乐，这里无疑就是他们临时的"家"，是他们的"成长之家"。我之所以用"成长"二字，就寓义让学生们在这个"家"中长知识、长身体，而成长的教育理念与塑造的教育理念，也是根本对立的。

既然学校是"成长之家"，那么就应当教育学生们热爱这个"家"，要维护这个"家"的团结。对于教师来说，既然学生们全部住校，以校为"家"，那么每个教职工也必须与学生的学习与生活同步。但是，大家过惯了小家庭的生活，自由自在惯了，要一下子适应紧张有序的集体生活，困难是很多的，需要有一个适应过程。然而，为了深化教育改革，探索一种崭新的办学模式，培养跨世纪的优秀人才，我们必须适应这种全日寄宿制学校的工作和生活方式，向这些可爱的学生奉献上自己的一份爱心。

**案例 3-2**

### 一顿应急的午餐[1]

入冬以来，由于江河水位急剧下降，极大地影响了电厂的供

---

1 本文写于 1995 年 11 月 26 日。

电。连续一个多星期了,我校都处于停电状态。幸好,我校备有一台140千瓦的发电机,否则,师生们的学习和生活将受到严重的影响。

11月24日上午10时许,由于发电机连续运行时间太久,磁盘上的电阻被烧了,虽然立即派人去购买,但一时未能买回来。眼看快到中午了,但午餐还没有着落。我校厨房炉具烧柴油,需用电点火,蒸锅也用电,没有电就无法备餐啊。

全校250多人的午餐怎么办呢?无论如何,不能让上了一上午课的学生和老师们饿肚子呀!作为应急的措施,我立即派人进城去购买快餐食品。大约午后快1点钟时,从城内买回了600个面包和400只火腿肠。据说,把堤角一家面包店的面包全部收购了,而附近又没有其他面包店了。吃午饭的时间比往常推迟了一个多小时。学生们已经饿了很久,但他们还是有秩序地去领取食品。他们胃口很好,没有想到,停电使他们吃了一顿西餐——面包、火腿肠和牛奶。学生们吃完了一份又去领第二份,有的甚至吃了三份。眼看面包快发完了,再去买也来不及了。对于这种情况,老师们都看在眼里,他们除了招呼学生外,竟没有一个老师去吃饭,他们心里都在关注着孩子们,一定要让他们吃饱,无论如何不能委屈孩子们啊!

我看到几个青年女老师围在一起,只端着一小碗牛奶在喝,没有进一点干粮。见此情景,我的心酸了,多么好的老师呀!我走近她们,从口袋里拿出几块巧克力,分别给了她们。我说:"高能量的食品,也许一块巧克力可以顶得上一个面包!"她们笑着说:"校长,我们不饿,您自己吃吧!"我说:"不饿是假的,你们就不要客气了。俗话说,30岁以后吃不下,30岁以前吃不够,你们现在都还处在吃不够的年龄呢!"

午餐快吃完了,食品也基本供应完了。据询问,学生们都吃饱了,他们还风趣地说:"校长今天给我们换换口味,我们吃得香!"小学三年级刚转学来的一个男生走向我说:"校长,我吃了8个面包、两根火腿肠,喝了两碗牛奶。"他一边拍着肚子一边说:"您看,我胀得走不动了!"多么天真可爱的孩子哟!他可知道,他们的老师还饿着肚子呢!

在学生进餐时,有些老师眼看面包不够,就去了村里唯一一家小餐馆去吃面条,到后来的人去时连面条也卖完了。怎么办呢?唯一的办法是,用面包车把没有吃饭的教职工送到附近餐馆里吃点东西。我们招呼大家上了车,到了校门口时,有几位教师叫停车,他们说:"我们不能去了,现在离下午第一节课只有1分钟了,我们要去上课。"听到这些,我的眼眶润湿了,这是多么崇高的精神!他们忍受饥饿,却给学生以精神食粮。

在到达乡政府附近餐馆时,已是两点多钟了。大家以最简单的方法吃了顿午饭,也许是太饿了,所以大家感觉特别香。我们离开学校时,还有3个保安负责留在宿舍值班,我们从餐馆给她们带了三份饭菜,把饭送到她们手上时,已是快三点了。她们等得太久了,我忙表示歉意地说:"太对不起了,让你们受委屈了。"她们没有丝毫的怨言,并笑着说:"没有关系,只要学生们吃得好学得好我们就高兴!"

在我们新世纪外国语学校,似乎已经初步形成了一种良好的风气,那就是:我们的一切工作都是为教学服务的,是为学生们服务的。在社会服务行业中,往往把顾客形容为"上帝",形象地比喻了服务中的主客体关系。那么,在学校里,学生是"上帝",教职员也是为"上帝"服务的。不过,这个"上帝"不是"天之骄子",不是贵族,而是自立、自强和具有创造精神的优秀人才。

第三,要树立以创新为乐的价值观念。人生最大的价值是什么呢?我在《创业与人生设计》一书中认定:人生的价值在于追求成功,不断地超越自我。一个人的一生,面临着无数次的选择,而每一个选择,就是一次创业的机会,每一次成功,又是人生价值的增值。我崇尚成功教育,我校规定的教与学的目的是:千教万教教做成功的人,千学万学学做成功的人。西谚说:"地上跑的鸡,孵化不出天上飞的鹰。"这就是说,要培养创造性的学生,教师必须具有创造性的素质;要求学生做成功的人,那么每个教师自己也必须争做成功的人。这就向我们的教职工提出了一项艰巨的任务:我们每个教职工,不论年龄如何,也不管职称高低,都要重新学习,重新设计自我,励志创新,为使自己成为一个成功的人进而为把"新世纪"的学子培养为成功的人而努力!

让我们把"成长之家"变成"成功人之家"。

# 学校教育的灵魂——校训[1]

## 一、从一个科幻故事讲起

有一则科学幻想故事,大意是:一天,某国防工程局王总工程师,在山中看到了两只奇怪的猴子在玩耍。他把这个疑惑告诉了他的老同学、动物学家李教授,为了弄清事实真相,他们带了一个考察组来山里考察。

一天晚上,王、李在山间散步时,又发现了那两只猴子,并听到它们用人类的语言交谈。于是,他们在公安部门的协助下,把这两只猴子捉了起来。公安局张科长审问一只比较小的猴子:"你会讲话吗?"那小猴装着什么都听不懂的样子。张科长很生气,并命令道:"拉出去,把它打死!"小猴见状,立即都招供了。

原来,小猴叫安德烈,在一次交通事故中,肝脾都压碎了,但当他苏醒以后发现自己变成了猴子。后来,他被带到一个神秘小岛上进行训练,并和一个叫伊万的大猴子到我国某国防工程局搜集情报,伊万是他的上司。

真实情况是,这是某超级大国利用现代技术制造的一起间谍案。他

---

1 本文 1995 年 10 月 20 日写于汉口"树人学园"。

们把临近死亡的人的大脑取出移植到灵长类动物猴子的头颅里,后又移植声带,于是猴子就有了思想和语言。为了揭穿这个间谋阴谋,我国科学家又从小猴的头颅里取出原来移植的大脑,再把它移入一个患大脑肿瘤即将死去的病人头颅中,这个死而复生的人就是安德烈。

这个故事说明:无论是由人变为猴子,或者再由猴子变成人,起关键作用的是大脑。何谓大脑?大脑即思想或脑组织细胞,也可把它称作人的"灵魂"。人一旦失去了"灵魂",即会死亡;反之,如果灵长类的猴子获得了人的大脑,那么它就具有了人的思维能力。当然,这仅仅是科学幻想故事,人类的认识能力和技术水平尚不能实现这一目标。

从广义来讲,灵魂经常用来比喻起统帅作用的因素。学校是培养人的机构,虽然它不是生命肌体,但是它也有"灵魂",也即对于办好学校能起统帅作用的因素。什么是学校的"灵魂"呢?依我之见是校训或校风。"灵魂"是看不见的,但它起着统帅作用。校训虽然也是看不见、摸不着的,但是它对于培养人才无时无刻不在起作用。因此,办学校必须要制订校训,充分发挥它的统帅作用。

## 二、一个新的校训的构建

校训是每个学校根据其历史传统、教育目标和办学特色而制订的具体方针。它以简明、深蕴、文雅的词句表达,成为全校师生、员工共同遵守的格言,久而久之,它就成了这个学校独特的办学风格、精神传统与象征。

新世纪外国语学校在筹划之初,就把校训的制订提出来了,这和多数的学校不重视精神文化建设是不同的。根据什么原则制订校训呢?从根本上来说,培养什么样的人是制订校训的依据。培养目标包括道德规模、治学态度、素质的养成和所要达到的规格。据此,在反复思考与酝酿的基础上,形成了武汉新世纪外国语学校的校训:博爱、博学、乐教、乐学、自立、自强、创新、创业。

下面,我想谈谈对这个校训的理解,以便和大家共同探讨,互相勉励。

### 1. 关于博爱、博学
什么叫博爱?顾名思义,博爱是对人类的普遍的爱。据考证,最早提出"自由、平等、博爱"口号的是罗伯斯庇尔(Robespierre,1758—1794)[1],他是法国大革命中最杰出的领导者。1790年10月5日,他在制宪议会演讲时,第一次提出了"自由、平等、博爱"三位一体的口号,并建议把它印在三色旗上。其实,关于博爱的思想最早来自《圣经》,堪为每个教徒的行为准则。在我国,关于博爱的思想早在2000多年以前就已经形成了,集中地反映在孔子的《论语》一书里。有人评论说,一部《论语》就是一部"仁"学,这里所说的"仁"即包括了"博爱"的思想。同样的思想,唐代大文学家、思想家韩愈在《原道》中也说过:"博爱之为仁。"这里的"仁",包括很广的道德范围,意指人与人之间的相亲相爱。

爱本天然,是人与生俱有的本性。这一点十分重要,它是奠定博爱思想的基础。博爱思想是金玉般的品格,它要求爱自己、爱四海兄弟、爱生活、爱大自然。爱的主要特性是给予,而不是获取。一个真正爱人的人,是愿意把自己最美好的东西贡献给他人的,而且从不指望对方给予回报。因此,只有人和人之间相亲相爱、相近相知,从自我的小圈子里跳出来,加入到爱人的行列中,这样才会获得成功、快乐和幸福的人生。

博爱作为校训内容之一,与教育又有什么关系呢?爱与教育的关系太大了,没有爱就没有教育,而没有爱心的教育,多半是毫无成效的。对于教师来说,没有爱心,就不可能具有爱生如子的深情,不可能具有无私奉献自己全部智慧的职业道德,也就不可能培养出"青出于蓝而胜于蓝"的优秀人才。

于学生来说,没有爱心就不能激发出热情,须知,爱心是学习、研究和从事一切工作的巨大动力。爱心是智慧和情感的源泉,由她又可以衍生出许许多多优秀的品格,如爱学习、爱劳动、爱科学、爱祖国、爱人民、爱师长、爱独特性与个性、爱发明创造等等。爱心与创造精神是相辅相成的,爱心激励着创造,而独创进取的精神又常常激发爱的情感。没有爱,一个人的真正潜力是永远得不到发掘的。

博学是指学问丰富,所谓的博学之士,是指知识渊博者。博与约是相对应的,我们之所以提出博学的要求,是因为现在的学生兴趣贫乏,专业

---

1　姚鹏.自由女神的遐想.东方出版社,1988:142.

知识面狭窄。中小学生在应试教育的压力下，仅仅围绕着课本、辅导材料转，无暇广泛阅读与思考，特别是高中实施文理分班教学，造成了学生在知识与智力上的缺陷。而大学实行的是"宝塔式"专业教育，造成了大学毕业生知识面不广、博士生不博的境况，致使他们很难适应信息和产业不断更新的需要。为了克服这些弊端，贯彻博学的教学原则是非常必要的。日本学者扇谷正造说："轻视'博识''博学'的人，绝成不了好的读书家"。[1]

### 2. 关于乐教、乐学

我国古代教育家孔子曾指出："知之者不如好之者，好之者不如乐之者。"

从心理学上讲，乐教常常把学生带入愉快的心境，使教与学得到共鸣，这既符合教育规律又符合身心发展的规律。从教育上来说，乐教可以调动学生的积极性和创造性，端正学习态度，加深理解，增强记忆，并能帮助学生学会应用知识的能力。从心理学上讲，乐教可以激发学生的兴趣，培养个性，陶冶高尚的情操，提高艺术欣赏的能力。实施乐教，对每个教师提出了很高的要求，他们不仅要精通专业知识，还必须掌握乐教所必需的理论和技巧。从理论上，教师应当懂得教育学、心理学、逻辑学、科学方法学等学科的基本知识；从技巧上，必须掌握语言表达能力、表演能力、制作能力和富有幽默感。毫无疑问，一个擅长乐教的教师，也一定是一个心理素质良好、欢乐愉快和人生态度旷达的人。

乐学是对学生而言，是一种愉快的学习方法。自古以来，人们都把学习当作"苦其心志"的事，一些勉励人们苦学的佳话也一直被传颂，如"头悬梁，锥刺股""板凳一坐十年冷""十年寒窗苦读"等。为什么人把读书当成苦差事呢？原因有二：一是读书目的不明确，对学习没有产生内在的或第一需要，而是直接或间接地受着外界的压力；二是读书不得法，囫囵吞枣，不知其味，故觉其苦。

苦与乐是两种完全不同的学习态度，两种不同的苦乐观。由苦学到

---

1　扇谷正造. 自我启发百科. 中国经济出版社, 1988: 257.

乐学,这不仅是学习方法的转变,而且是学习精神的极度升华。古时有一首《四时读书乐》的诗,其中一句是,"读书之乐乐陶陶,起弄明月霜天高",这是形容秋天读书的心境的,虽然读书到深更半夜,明月霜天相映照,但仍感到读书的无穷乐趣。这无疑是一种乐学的心境,是人生自我的超越。

在学校的教育中,如何贯彻乐学的教学原则呢?首先是减轻学生的学习负担,减轻考试的压力,提高教学的效果;其次是革除"填鸭式"的教学方法,实行启发式教学,引导学生学会学习,学会自我设计;第三是大量开展寓教于乐的活动课,把学习与文艺、体育、参观、游戏等活动结合起来,在娱乐活动中培养素质、增长知识、开发智力;第四要创造宽松的学习环境,培养民主的学习风气,尊重学生的志趣,在学校学习与生活中贯彻"尚自然、展个性"的教育原则,让学生的兴趣、个性和才智都得到最充分的发展。

乐教和乐学是相辅相成的,也就是说,教师的乐教不仅直接影响学生的学习效果,而且带动着学生的乐学。反过来,如果学生善于乐学,对教师的教学要求也高了,那么又会促进教师改革教学方法,采取令人愉快的教学方法。但是,从二者关系来看,教师的乐教是主要的,他不仅影响着学生的乐学,而且直接关系着教学的质量。


### 3. 关于自立、自强

孔子在《论语》中说:"吾十有五而志于学。三十而立。"孔子所说的"立"与"礼"有关,如,"立于礼""不学礼,无以立"。其实,"立"的涵义很广,不限于礼,还包括立志、立德、立功、立言等,而后者是古人所崇尚的"三不朽"的精神。

古今中外一切有成就的科学家、艺术家、作家和政治家,无一例外都具有自立、自强的精神。例如,被誉为世界第一发明家的爱迪生,小时候只上了几个月的学,因被他的老师辱骂为"愚钝糊涂"的"低能儿"而被迫退学。他在妈妈的爱抚与教育之下,勤奋读书,并立志"长大了要在世界上做一番事业!"奥地利的作曲家莫扎特,在五岁时就立下了志向:"在实践中千锤百炼,将来当一个出色的音乐家。"正是在这种自立精神的驱动下,爱迪生才成为获得一千多项发明专利的誉满全球的发明大师,而莫扎特也成为伟大的作曲家和维也纳古典乐派的代表人物。

自强的本意是自己努力向上。《周易》曰:"天行健,君子以自强不息。"《宋史·董槐传》也指出:"自强者,人畏我,我不畏人。"自强不息是一种伟大的精神,这是成就大业所不可缺少的。毛泽东曾说过,"人总是要有一点精神的",这种精神是什么呢? 它就是耐心、恒心和坚韧不拔的毅力。法国19世纪画家安格尔曾说:"所有坚韧不拔的努力迟早会取得报酬的。"难道不是吗? 那些伟人、名人所取得的成就,不正是这种坚韧不拔的努力得到回报的证明吗!

把自立、自强作为校训的内容,有着鲜明的针对性。这是因为,我们目前城市基础教育对象几乎全部是独生子女,他们娇生惯养,是"特保儿"。有鉴于此,加强对他们的自立、自强的教育是非常必要的。今天接受基础教育的学生,将是下个世纪二三十年代的建设人才。可以预见,下一个世纪的科技将更加发达,市场竞争将更加激烈,对人才素质的要求也更高。很明显,如果不克服独生子女的依赖思想、贪图享受思想、优越感和娇骄二气,不强化自立自强的精神教育,就不能培养出适应新时代的人才。其严重性在于,到那时我国国民素质将严重下降,势必影响我国在国际上的竞争力,最终将影响我国在国际上的地位。

### 4. 关于创新、创业

创新、创业都是属于创造学的范畴,但它们又是两个不同的概念。"创新"理论是美国著名经济学家约瑟夫·阿洛伊斯·熊彼特提出的,它是以"新"为特征。[1] 创新主要体现在学术研究、科学实验和技术革新活动中,其结果是导致新思想、新理论、新发现、新发明、新工艺、新方法的诞生。创业是从创新中衍生出来的概念,主要是指改造自然和改造社会的实践活动,是以"绩"为特征的,具体反映在成绩、功绩、业绩、战绩等方面。创新、创业是两个不同的概念,但又是互相联系的,创新当然要有业绩,而创业也离不开一个"新"字。

---

1 见1994年6月14日《中华工商时报》。

作为校训的部分内容，如何在学校的教育中贯彻实施呢？基础教育面向 6 至 16 岁青少年，主要任务是为他们日后继续学习和工作准备好坚实的思想、文化基础和科学知识。但是，应当把这种基础教育与创造教育结合起来，要在学校学习、生活的全过程中，弘扬创造精神、传授创新技法、培养创造性能力。具体来说，重点抓好三个方面的教育：一是创造性的素质；二是创造性的思维能力；三是创造性的实践能力。一般来说，这三个能力正是导致创新、创业的最关键因素。

有一种观点认为，学生在校的主要任务是学习，创新、创业是工作以后的事。但是如把读书与思考、学习与应用、动脑与动手对立起来那就不对了。事实上，青少年蕴藏着巨大的创造性，很多科技小发明正是出于他们之手。我们不仅要指导他们创造性地学习，而且要把他们引入广阔的发明创造的天地里，使其既学习知识又出成果，努力把他们培养为创造性的人才！

## 三、实践校训的必备条件

一个富有创意的校训的提出是不容易的，而要实践一个校训，特别是使其一代一代传承下去，形成办学的传统，更是困难的。但是，"世上无难事，只要敢攀登"。美国著名教育家里欧·巴士卡里雅曾说："一切从你开始。要架起你和他人之间的桥梁，首先架起自己的桥梁。这是很重要的一步。"[1]新世纪外国语学校刚刚迈出第一步，她没有包袱，我们应当从一开始就按照校训的要求树立一种良好的校风。

关于实行我校的校训，我认为有三点很重要：

第一，必须更新观念，提高对校训重要性的认识。一个学校为什么要制订校训？应当制订什么样的校训？怎样才能付诸实施？这些都是属于认识问题，涉及思想观念。我记得列宁讲过，"理论是实践的先导"。人的观念也是实践的先导，观念不转变，那么新校训是不可能顺利实施的。我校校训之所以重要，就在于它涉及"修身、治学、素质和价值观"等方面的问题。具体来说，"博爱"是属于"修身"的问题，主要培养高尚的道德品

---

1　巴士卡里雅 L. 爱和生活：170.

质。"博学""乐教""乐学"是属于治学方面的问题,要求教者和学者既要有渊博的知识,又要教得快乐和学得快乐。"自立""自强"是属于个性素质问题,它们是一个成功人必备的优秀品格。"创新""创业"是属于价值观念的问题——人生究竟为何目的呢?应该肯定地说,是实现人生的最大价值。怎样实现人生的最大价值呢?那莫过于"创新""创业"。所以我一直把追求创新视为人生最大的乐趣。很显然,如果我们不是以一种正确的观点来理解校训所包含的内涵,那么我们就不可能自觉地实践校训。

第二,锐意改革,努力走出一条新路。在我校校训中,几乎每个词都是犯忌的。例如,"博爱"一直是受批判的,把它说成是剥削阶级用于欺骗人民的口号。毛泽东也说过,在阶级社会中没有无缘无故的爱,只有阶级之间的爱。"博学"也被视为"万金油",长期是受贬的。"自立""自强"被说成是个人英雄主义、个人主义的口号,是自我奋斗的表现。"创新""创业"也被视为背经叛道,是"好高骛远",是与"打基础"的教学原则相违背的。

到底如何看待这个校训的内容呢?这里有一个出发点的问题。如果站在左倾的立场上,用所谓阶级斗争的观点看问题,那么就会得出否定的结论。如果从改革的观点出发,那么这些校训的内容都是符合时代精神的,是符合教育规律的,是利于创造性人才培养的。因此,我希望大家站在改革的立场上,正确理解和积极贯彻我们的校训。

第三,把"新世纪"办成"成长之家",在这个充满爱的熔炉里,塑造自己,培养跨世纪的人才。苏联教育学家伊·阿·彼切尔尼可娃在《天才的摇篮》一书中说:"家庭是培养感情的第一学校,在这里建立亲密无间的关系,就是要充满真诚、体贴、相互信任和尊重。"[1]对此,我们每个人都有切身的体会:家是一个充满爱心的生活单位,没有怨恨、没有妒忌、没有尔虞我诈等等。我真诚地希望"新世纪"是一个成长之家,我们师生员工犹如父母兄弟姐妹一样。在这个成长之家中,我们每个员工愉快地工作,每个学生高高兴兴地学习。但是,很遗憾地说,我们离这样的"成长之家"还

---

1 彼切尔尼可娃.天才的摇篮.工人出版社,1985:220.

差得很远,旧体制造成的人际关系还不时地侵蚀着我们,同事之间还有隔膜,传小话、弄是非的现象还存在,不文明的举止也时有发生。在学生中,文明礼貌还有待加强,纪律性不强,学习自觉性尚不高,违纪松弛现象也时有发生,离"勤奋学习、力争第一"的要求还差得很远。怎么才能改变这样的局面呢? 贯彻我校校训就是重要措施之一。我们要通过贯彻校训促进"成长之家",同时要在"成长之家"中使我校校训发扬光大!

校训是我校的灵魂,我们要珍惜她、铭记她、实践她! 让她永远伴随着我们,永远激励着我们,时时刻刻回荡在我们的"树人学园"!

**案例 3-3**

## 不能向落后的陋习让步

一个周五的下午,我在校园里碰见了一位从 S 市来探望学生的家长,她向我反映了一个颇为值得重视的问题。

事情是这样的:她的儿子小超是学期中从 S 市转学来插班的,被编入初一(3)班。该生诚实但性格内向,学习勤奋但成绩中等,寡言少语,且普通话讲得不甚好。因此,武汉市的少数学生把他当作乡下人,不时地欺负他。这位家长动情地对我说:"我们家远离武汉,平时业务繁忙,不能经常来探望孩子。但是,对孩子在校又不甚放心,特别是当听到他有时受到个别学生欺负后,我们更是感到不安。现在,我们犹豫不定,是让孩子转学抑或是让他继续在这里读下去? 你是教育行家,希望帮助我们拿个主意。"

听了这位家长的陈述,我完全理解一位母亲的心,也深为我们工作上存在的这些问题而内疚。我认真负责地对她说:"你反映的问题很重要,我们已经注意到了这个问题,并且采取了必要的措施。'博爱'二字被列为我校校训之首,我校校风也规定了'团结友爱'的内容。因此,以强欺弱、在学生中划分城市人和乡下人的做法都是错误的,也是违背我校学生守则的。对这些错误的行为,我们绝不姑息，也绝不对这种封建的陋习让步。当然啰，每位学生和家长都有选择学校的权利，至于转不转学，这要由你们自己决定。我校的态度是：来者欢迎，去者欢送。不过，如果你向我咨询的话，我还是建议你不转为好。这是因为你儿子遇到的问题不光在我校存在，其他学校可能也是会有的，这是千百年来封建思想的影响，是城乡差别造成的。对待这种落后的习惯，我们不能回避它，而应当抵制和改造它。怎样才能抵制呢？最好的办法是增强被欺负学生的自信心，增强他们的自我保护能力，这也是培养学生自立自强精神所需要的。应该说，转学不是上策，是回避矛盾，即使回避了今天，那明天怎么办呢？孩子长大了，终究要走向社会参加工作，参与社会的竞争，应当让他们经风雨、见世面，在复杂的环境中增长才干，增强适应能力。"

接着，我对她讲述了自己求学中的一段经历。我是农民的儿子，祖祖辈辈种田为生，是地地道道的乡巴佬。20 世纪 50 年代初，我由乡下进城读书时，穿的是粗布加补丁的衣服，吃饭是由家里带粮、柴自炊，说话也是乡下音调。在"以衣冠量人"和"以语言量人"的世俗之下，我自然也被视为乡巴佬而受到歧视。但是，我自幼倔强，不甘人后，不忍人欺。于是，我和一些来自乡下的学生，成立学习小组，出黑板报，组织篮球队，专门找城市的学生挑战。几番较量，我们"乡巴佬"都战胜了城市里"骄傲的鹅"。事实说明，城乡差别是封建经济造成的，它不反映城乡学生智力上的差别，那种"城市优越论"的观点完全是错误的，必须坚决予以纠正。

其实，在我校就读的还有来自武汉市以外很多县市的学生，有男有女，有初中生也有小学生，一位来自 X 市的一个小学一年级男生只有 6 岁。一般说来，绝大多数市内外的学生相处得很好。但是，在一开始时，也有个别学生受到歧视的现象，这正如一台新的机器运行需要有一个磨合期一样。例如，来自 H 县的一位小学五年级女生小莹，刚开始时也被气得哭了几次。但是，该生努力学习,成绩提高很快,于是班上的同学们也就对她刮目相看了,不仅没有人再欺负她,而且都把她当作可爱的小妹妹相待了。另一个小学五年级女生小悦,来自较远的 Y 市,她文静、好学,独立生活能力强,学习成绩好,是少先队的大队委,老师和同学们都很喜欢她。期末召开家长大会,她是文艺演出的主持人,普通话讲得纯正,英语也讲得很标准,获得了一致的好评。小悦也是来自武汉市以外的学生,为什么她不受歧视而有的学生却受欺负呢?这里面既有外因,即确有少数爱欺负人的调皮学生;也有内因,即受欺负学生的软弱性,缺乏自我保护的意识和能力。面对这种情况,我们一方面要教育个别调皮的学生,要做到团结友爱,不能再歧视和欺负他人;另一方面要为个别受到欺负的学生撑腰,增强他们的自信心,帮助他们抵制传统的陋习。小超妈妈听了我的一番谈话,频频点头。她很激动地说:"你说的是呀!不能回避矛盾,应当让孩子经风雨、见世面。现在,我的顾虑打消了,也不转学了,把儿子放在你们学校我放心。"

次日是周末,是学生轮休回家的时间,由于 S 市距武汉有 200 多公里,显然小超的妈妈不能接他回去过周末。下午 4 时,送市内学生回家的校车陆续驶离了学校,照例我每次都是目送他们离去。这时,校园里格外宁静,除了值班的有关人员以外,只剩下了来自远离武汉的一些县市的少数学生了。我老远就看见小超的妈妈在对他和也是来自 S 市的女生小磊讲话,似乎向他们嘱咐什么。我信步向他们走去,并询问道:"郭会计,今天你是留校陪伴孩子还是赶回 S 市呢?"她连忙答道:"我就给他们安排一下,马上要赶回家去,工作太忙了。"我说:"好吧,我用车把你送到汽车站,这样可以节省点时间。"

随后,我们来到校门外的小卖部,她给小超、小磊各买了一包食品和饮料,并对他们说:"要听老师的话,好好学习,不要想家。"接着,我也对小超说:"以后要是谁欺负了你,那你就理直气壮地质问他：'你为什么欺负人？'并要他承认错误，否则就报告给班主任，再解决不了，可以直接找我。是非一定要分清，正气一定要把歪气压下去。只有这样，才能形成我校'科学民主、团结友爱、合作竞争、开拓创新'的校风。"说完后，我们目送他二人进入校门内，由保安人员牢牢地锁上了大门，才放心地乘车离去。

# 怎样培植教师的爱心

爱心在教育中的作用，是人们公认的，但能够自觉践行爱心教育的教师并不是多数。这究竟是什么原因呢？19 世纪法国现实主义雕塑家罗丹说过，现代人最大的缺点，是对自己的职业缺乏爱心。现在已是 21 世纪了，在没有宗教信仰的中国，道德沦丧，功利主义膨胀，物欲横流，爱心更是人们心灵中的稀有元素了。因此，为了办好人们所满意的教育，培养出杰出的人才，必须花大力气培植教师的爱心。

爱心到底是先天的还是后天的？这个问题涉及人性善恶，有了善和慷慨，自然就有了爱心。关于人性善恶的问题，在中国辩论了 2500 多年，但至今仍然莫衷一是。孟子主张性本善，而荀子主张性本恶，二人同为先秦儒学大师，为何关于善恶的观点截然相反呢？其实，他们都认为性不是不可以改变，也不是决定一切的，只是二人的逻辑论证不同而已。

南宋学者王应麟所著的《三字经》，在我国家喻户晓，也是私塾蒙育的教材之一。其中第一句话就是："人之初，性本善，性相近，习相远。"我认为，问题就在于对"人之初"的理解上。什么是人之初？我把人分为"自然人"和"社会人"，婴儿诞生直到大脑还没有发育健全之前，当属"自然人"，他们是纯洁的，应该说是性善的。但是，一旦他们有了思维能力，分清"我的"与"你的"，慢慢就有了善与恶之分了。随着年龄增大，这种社会化日益严重，人心就变得越来越贪婪，如果不加以遏制，就会堕落成为罪人。

这种事例难道我们见的还少吗？那些贪官污吏，杀人越货者，学术剽窃造假者，强奸民女者，不就是一个一个活生生的魑魅魍魉吗？

那么，我们究竟怎样才能培植人们的爱心呢？根据我切身的体会以及观察与研究，通过以下途径，都能够修炼出强大的爱心。

## 一、挚爱教育才能获得爱心

喜爱、热爱和挚爱，这些虽然都含有爱的内涵，却是不同层次的爱，它们反映的范畴也各不相同。喜爱一般是指对某个人和某件事有好感，但这种喜欢是随时会变化的。热爱相比喜爱而言，又前进了一步，但一旦自己的兴趣获得满足，或者爱上了另一件东西，那么他的热爱就会降温甚至发生转移。挚爱是一种高境界，指执着地去爱一个人和一种职业，无论情况发生怎样的变化，他仍然不改初衷，一往深情地追求下去。这个时候，他已经把这个职业或是事业融入血液中，成为他生命的一部分。我认为，爱教育就需要有这种挚爱的精神，我们应当培植这种爱心。

2012 年 2 月 9 日，《南方周末》以"一个中学老师的教育家梦"为题，长篇报道了马小平老师挚爱教育的先进事迹。马小平于 1982 年从湖南师范学院毕业，29 岁走上中学教师的岗位，先后在家乡湘潭一中、东莞中学和深圳中学各工作了十年，直到 2012 年 1 月 16 日病逝。他是一个从中学语文教师成为教育家的典型，也是一位挚爱教育的优秀的教师楷模。

那么，马小平是怎样成为教育家的呢？他的教育理念又是什么呢？这要源于他酷爱读书。在大学时，他阅读了苏联教育家苏霍姆林斯基的大量著作，这位教育家成为他的偶像，于是他形成了"和谐发展"和"没有差生"的理念，并把它们奉为圭臬。同时，他极为崇拜英国历史学家汤因比"与灾难赛跑"的教育理念，认可教育是人类自我救赎的唯一途径。

马小平的教育生涯只有 30 年，他付出得太多，因而积劳成疾，于 2012 年 1 月 16 日，带着独特的教育理念和赤诚之心，离开了他挚爱的教育事业，享年 59 岁，是真正的英年早逝。在 30 年中，他跨越了三道坎，实现了三大愿望。1962 年，他刚大学毕业走上教师岗位时，提出了一个问题——"怎样成为一个好老师？"在后来的实践中，他以行动回答了这个问题，他不仅仅是一个好老师，而且是名副其实的教育家。1992 年，他来到改革开放的东莞,又提出一个问题:"一个普通的中学教师究竟能够走多远?"为了获得更加宽松的环境,他又作了一次尝试,来到改革开放特区的深圳中学,利用高一、高二进行课外广泛阅读的机会,提高学生的人文素质。他甚至合上课本,在课堂上看电影、听音乐、朗诵诗歌,以提高学生的人文素质。

在他被检查出患了头部胶质瘤时,他又提出问题:"在应试教育的大框架里,我能够改变什么? 在生命最后的时间里,又将留下什么?"在医院治疗期间,他从不问医生自己的病情,而是争分夺秒地阅读,并从逾千册经典中选出 130 篇文章,分门别类编辑成《人文素质读本》,并且在深圳中学首开了这门选修课。他要为患了"人文素质缺乏症""公民素质缺乏症"的学生,注入一剂强效营养素,让他们健康、和谐、全面地成长。他的学生评价说:"老师,你永远是年轻的,你有一颗燃烧的心。"马小平对学生说:"你也有一颗燃烧的心,但我和你不一样,你是自己燃烧,我燃烧自己还要燃烧学生。"[1]

对于马小平老师的早逝,人们非常惋惜,同事和学生们都无比怀念他。北京大学著名文学家、教育家钱理群先生一直支持他的大胆改革,在马小平逝世后,曾经写了《我们为什么纪念马小平?》[2]。钱先生说:"我从一开始就感觉到这个老师的特别之处在于,他的生命与学生交织在一起,我甚至感受到他们形成了一个生命的共同体。他站得高,具有世界的眼光。"这是一个极高的评价,连接这个生命共同体的就是爱心。

## 二、有信仰才会产生爱心

中国汉语词汇,绝大多数由两个汉字组成,因为每个字都有单独的含义,所以双字组成的词汇也往往含有双重的意思,例如教育、学习、诚信、信仰等等。所谓信仰,包含相信和仰慕两层含义。《汉语大词典》对信仰的解释是:对某事、某人或某个学说极度的尊敬。因此,信仰是多方面的,既有物质的,又有精神的,宗教信仰无疑是精神信仰最集中的表现。

---

1　刘晓梅,邓康延.盗火者:第八集.寻找马小平.深圳越众影视公司出品.
2　钱理群.点灯者.华东师范大学出版社博客(http://blog-5ff831f,2015 - 09 - 02).

世界上的宗教多种多样,但主流的宗教依创立先后分别是佛教、基督教和伊斯兰教。每个宗教都有创始人,佛教创始人是释迦牟尼,基督教创始人是耶稣,而伊斯兰教创始人是穆罕默德。同时,每个宗教都有供教徒诵读和遵循的经文,佛教是《阿弥陀经》等,基督教是《圣经》,伊斯兰教是《古兰经》等。每个宗教的主流宗旨,都倡导爱人如己的爱心,教人从善,救苦救难,普度众生,这些都反映在他们制订的戒律之中。虽然戒律条款多少不等,但都有不杀生、不偷盗、不邪淫、不饮酒、不妄语、不作假证等。

特蕾莎修女(Mother Teresa of Calcutte,1910—1997)是一位"活圣人",她是虔诚的天主教教徒,除了爱她一无所有。她出生于前南斯拉夫境内阿尔巴尼亚族的一户农家,从小就思索人生,12岁感悟到自己的天职是帮助穷人,17岁时发了初愿,到爱尔兰劳莱德修女院学习,后到印度大吉岭受训,27岁发终身愿成为修女。此后,她就在印度最贫穷和最肮脏的加尔各答、孟买等地,开始了"在爱中行走"的慈善活动。[1] 她认为,孤儿、流浪汉、乞丐、瘦骨嶙峋的病人、麻风病人、艾滋病人,都是不能漠视的,而且要尽一切办法去帮助他们。于是,她退出了劳莱德修女院,创办了自己的仁爱修女教会,用募集来的善款,创办了露天学校、麻风病收容所、艾滋病收容所;经过精心治疗,麻风病治愈率达到100%。后来她的仁爱修女会扩展到100多个国家7000多名修女,有资产4亿多美元,她成了那些绝望世人的救星。

特蕾莎是一位真正伟大的修女,鉴于她的杰出贡献,1979年她从56名候选人中胜出,被诺贝尔奖评选委员会授予和平奖。她在致答谢辞时说:"这个奖项,我个人不配领受,今天,我来接受这项奖金,是代表世界上的穷人、病人和一切可怜的人。"她请求取消颁奖晚宴的传统,委员会答应了她的要求,将7000美元的晚宴费,以及她获得的20万美元奖金,一并给了仁爱修女会。这则消息公布后,在世界引起了强烈的反响,企业、社会团体和个人又纷纷捐款,使仁爱修女会的基金暴增。

此外,她还获得了"印度伟大女儿奖"、美国总统自由勋章、美国卡内基奖、史怀泽奖等。世界80多个国家的元首,都向她颁发过各种奖章和

---

1 华姿.德兰修女传:在爱中行走.修订版.重庆出版社,2010.

奖金。但是，在她看来，这些荣誉都是为穷人颁发的，而属于她的就是一年四季三套衣服和没有袜子的凉鞋。但是，她赢得的不仅是穷人的爱戴，在她的葬礼上，不论是什么教派，也不论是官员或是商业大贾，都纷纷走上街头为她举哀。

这是对爱的敬畏，对爱的奖赏，是爱把所有人连接起来了。

英国著名历史学家汤因比曾经说："如果我们不信仰某个宗教，那就不能算是真正的人。因此我们应当选择的不是是否信仰宗教，而是选择好的宗教还是不好的宗教。"[1]信教与有神论或无神论无关，据统计80％的美国人是基督徒，但相信上帝存在的只有7％。他们之所以信教，是以教义来约束自己。当一个人说"我向上帝发誓"时，那么意味着他必须践行自己的誓言，做一个拥有爱心和诚实的人。

我国没有国教，绝大多数人也不信教，这是由多种原因造成的。没有宗教信仰，对于传播爱心自然是一个缺憾。我认为，一个人信或不信宗教，是完全自由的。但是，一个人可以不信教，但不能不信仰真善美，不能没有真诚、怜悯和慷慨之心，这些也能够滋润我们的爱心。尤其是广大教师，不妨认真学习宗教的经典，不仅可以扩充我们的知识面，也能够滋润我们的心灵，培植我们的爱心。

### 三、在传播爱中学会爱

在1981年我就与李绍昆教授相识，他是英国爱丁堡大学哲学系心理学教授、国际著名的心理治疗专家。他写信向我建议，希望召开一次软科学学术讨论会，由武汉大学承担这次会议筹备工作。我校也打算捐赠2万元作为会议经费。这次会议虽然得到了钱学森、于光远等先生的大力支持，但没有获得教育部的批准，原因是李绍昆教授曾经是天主教的神父。

转眼30多年过去了，绍昆先生退休后携夫人到武汉定居，于2012年创立了武汉爱的教育咨询中心。他还特地聘请华中师范大学章开源校长、武汉大学哲学系朱传棨教授以及我为中心的顾问。这个中心的宗旨

---

1 汤因比，池田大作.展望21世纪——汤因比与池田大作对话录.国际文化出版公司,1985：171.

是:"我们要向未婚的男女指导性和爱;我们要帮助已婚的父母改善亲子关系;我们要向学校倡导全人教育,而非填鸭式的,更非单一的知识。我们更要与社会合作,推动爱的社交活动,并且向弱势社区提供爱的服务。"

李绍昆教授著作颇丰,《李氏心理治疗文化基础》就是其代表作,它对三种世界传统文化进行了新的诠释与应用,即老子的天道、墨子的天志和耶稣的博爱。他们希望把这些爱的精神传遍世界,传播给每一个需要爱抚的人,让爱心把不同国籍、不同肤色的人连接在一起。

在多年的爱的教育宣传中,他们组织了各种以爱为主题的讲座,如《精神的成熟——人生四季》《我们的父亲》《一代智者——墨子》《祝福母亲》《献给儿童和成人内心的儿童》《生死与临终关怀》等。每次前来听讲座的人都络绎不绝,总听众达数千人。前来咨询的人更是不计其数,爱的语言和箴言,都会在他们心中播下爱的种子,也一定会开花、结果,把爱播撒到每一个角落,让爱给他们带来成功和幸福!

## 四、学会感恩回报爱

爱产生于感情,施爱发自同情和怜悯,所以感恩与爱心是相互联系的,它们就犹如一枚硬币的正反面。一个人既要有爱心,也必须有感恩之心,它们都是人性之美的表现。

众所周知,感恩节是美国独创的一个饱含爱心的节日,它起源于美国建国前。当时,来自英国本土的清教徒,为避免英国教会的迫害远渡重洋,九死一生来到马萨诸塞州的普利茅斯。1620 年的冬天,当他们到达时,饥寒交迫使他们陷入绝境,102 名移民几乎死了一半。在绝望之时,当地的土著人给他们送来了生活必需品,后来又教会他们狩猎、捕鱼和耕种等技术。于是,他们与当地部落订立了盟约,友好相处。在印第安人的帮助下,他们的农业第二年秋天就获得了丰收。

为了感谢和赞美上帝,他们于 1621 年 11 月下旬的一个星期四,与印第安人的代表欢聚一堂,庆祝历史上第一个感恩节。在这一天美国人会合家欢聚,分享美餐,共叙亲情和友谊。1863 年美国第 16 任总统亚伯拉罕·林肯宣布感恩节为美国全国性节日,1941 年美国国会正式立法确定每年 11 月第四个星期四为感恩节,假期一直延续到星期日。加拿大是美国的邻邦,也基本上是由世界各地移民建国的,因此于1879年也开始庆祝感恩节,时间是每年10月第二个星期一。目前,只有这两个国家有感恩节,这与移民有关,也是信仰和赞美上帝的表现,他们为人们学会感恩作出了表率。

感恩节的意义不仅在于团聚,更重要的是告诉人们人性的美好,而爱和感恩就是美好人性最集中的呈现。人是以群分的,无论他们的地位高低,财富多寡,能力强弱,朋友多少,他们生命中的每一次成长和进步,都不可避免地接受过他人的恩惠。因此,借感恩节之际,向父母、师长、朋友表示感谢,同时向那些需要帮助的人们施予援手,这也是感恩的表现。

感恩节只是一种仪式,世界绝大多数国家没有这个节日,但这并不等于不需要感恩。人类永远需要爱,也永远需要感恩。因此,我们要学会感恩,学会宽容,学会珍惜,学会慷慨。最重要的是学会如何去爱,而且要爱得深切,感恩要真诚。我在回望自己成长的历史时,曾经说过:"树高万丈,落叶归根;才高八斗,蒙育有师。"我已近鲐背之年,虽然不能做到落叶归根,但故土的哺育之恩,我是永远不会忘记的。余亦非八斗之才,但我的每一个成长和进步,都离不开老师们的帮助,对于蒙师们的教诲我是终身铭记的。

## 五、抛弃应试教育回归爱

古希腊把教育当作一种休闲,他们认为劳作和军事训练都是很辛苦的,因而把教育当作休闲时的一种娱乐。因此,无论是正式教育或是家庭教育都是自然的、轻松愉快的,也充满了爱心的滋润。然而,随着学校的出现,功利主义、金钱主义、强制性和惩罚现象不断地渗透到学校教育中,使得教育走向爱的反面,这在我国表现得尤为突出。

应试教育与素质教育是中国教育独有的概念,它们是相对立的两种完全不同的教育制度,前者是要坚决摒弃的,而后者则是应当大力提倡的。应试教育在我国有着久远的历史,它是从科举制演变而来的,是为了考试和高升学率的需要而产生的。20世纪60年代初,高中分文理科班教学,大学按照文理科不同分数线录取,这进一步强化了应试教育。我记得素质教育是80年代初提倡的,是为了遏制应试教育的一种对策。可是,改革应试教育和推行素质教育的口号,已经喊了30多年了,而应试教育固若金汤,素质教育却寸步难行。对此,我已经心灰意冷,似乎预感到素质教育已死,而应试教育则是永远解不开的死结。

夸美纽斯说,"学校是儿童心灵的屠宰场"[1],这是非常恰当的比喻,而我国的中小学教育更是如此。然而,这些完全违背教育规律的学校大行其道。这些学生、教师和家长们却不知道,一只受伤的鸟儿,它能够飞得高、飞得远吗?应试教育对学生心灵的伤害,是深层的、持久的,甚至是终身的。

因此,必须坚决摒弃应试教育,让教育回归到本源上来。教育的本源就是启蒙,开启蒙昧,启迪智慧。教育是解放,解放学生的个性、想象力和创造力。如果把学生比喻为稚嫩的幼苗,那么他们在爱的阳光庇护下,在各个方面发育成长,才能根深叶茂、枝壮果硕,成为国家建设的栋梁之才。

## 六、灾难激发出爱心

人类社会经过几十万年的进化,经历了无以计数的灾难,包括大灾荒、各种瘟疫的大流行、地震、泥石流、蝗虫肆虐、战争破坏等等。每一次灾难既给人类造成了惨重的伤亡和巨大的损失,也激发出了人类的大爱和创造性。这种爱是超越国界的,不分肤色,也不管信仰,正是这种爱和发明创造,一次又一次实现了人类的自我救赎,不断推动人类社会继续前进。

近20年中,世界先后发生了三次冠状病毒的流行——2002年在我国广东爆发了Sars(非典型型肺炎),先后传播到东南亚和世界多个国家。这次疫情在中国持续了一年多,有5327人被感染,死亡人数大约是349人。2012年6月,在中东爆发了Mers(中东综合呼吸征),病毒流行,也传播到了欧亚多国,仅沙特阿拉伯就有1115人感染,死亡人数约480多人。

庚子年初,在中国武汉市发现了一种新型冠状病毒肺炎,这种病毒传

---

1 夸美纽斯. 大教学论:46.

染的严重性一开始没有得到充分认识,再加上行政领导部门存在见事迟、行动慢的官僚主义作风,导致疫情急速传播到省市以外。在武汉之后,疫情在全世界爆发,欧洲和美国成为重灾区。

面对严重的疫情,人们没有思想准备,数以万计的发烧病人,在各医院排成了长龙,等待检查和住院。在紧急情况下,武汉市抗疫指挥部宣布于1月23日封城,限制人员出入流动,希望截断病毒的传染渠道。当地所有医疗部门,迅速投入抗疫前线,地方政府紧急建成了火神山、雷神山医院和多个临时方舱医院,各省市也迅速派出了数百支医疗队支援湖北抗疫。严重的疫情,激发出了人们的爱心。广大的医务工作者、建筑工人、人民警察、军人、物资供应行业从业者等,都成为逆行者,不顾个人安危,明知山有虎,偏向虎山行,为抢救重症病人,为遏制病毒的传染,他们做出了一桩又一桩的壮举,甚至不少人以身殉职,奉献出了他们的大爱。

武汉大学处于疫情中心,自然不能置身度外。武大企业家联谊会从韩国购买了181吨医疗防护用品和医疗设备,租用四架专机运回,捐献给武汉市防疫指挥部。毕业于武大的企业家,有捐建十所医院者,有捐赠亿元者,这些都是他们奉献爱心的表现。在抗疫的生死战斗中,毕业于武大医学院的医生,个个表现出了不怕牺牲的精神,他们之中有最早发出疫情预警的艾芬、李文亮,有第一个确诊新冠状病毒肺炎患者并报告给领导部门的张继先主任。有5位校友以身殉职,他们是李文亮、刘智明、肖俊、黄文军、徐友明。他们虽然没有看到抗疫的胜利,但他们死得其所,重如泰山,他们是英雄、是烈士,人们将永远怀念他们,铭记他们奉献出的大爱!

疫情没有国界,在国外的抗疫战斗中,也谱写出一曲又一曲爱的颂歌。意大利是继中国之后最先爆发疫情的欧洲国家,我国也派出医疗队前往援助,并捐赠防护用品。意大利北部贝加莫省卡斯尼戈市有一个叫贝拉德利的神父,他感染了新冠状病毒,而且病情危重,教区为他准备了一台呼吸机。他72岁了,要把这台呼吸机让给更年轻的患者使用,并自愿结束自己的生命。他的大爱感动了当地的市民,由于处于隔离状态,他们纷纷站在自家的阳台上,以鼓掌的特别方式为这位神父送行。神父以牺牲献出了爱心,他也获得了爱的回报,即万众为他举哀。

美国是当今疫情爆发最严重的国家,迄今被感染的人数已经超过了300万人,死亡5万多人。面对严重的疫情,民众中出现了哄抢物品的现象。我的一位在美国的学生告诉我他目睹的一个真实故事。美国威斯康星州一个镇上有一位大叔,他看到哄抢物品的现象后,对人性之恶感到非常失望。于是,他在住宅门前设置了一个"开放厨房",桌面上摆满了面包、火腿、水果和饮料,并写了一条告示:"免费,需要者自取"。他原以为东西会被抢光,甚至可能连设备也会被破坏。但是,让他始料不及的是,人们取走了自己需要的物品后,也将自己多余的东西捐到这个"开放厨房"来,其中有卫生纸、书籍、电器,甚至还有消毒用品。而且,这个"开放厨房"越来越大,甚至延长到了一条街。这时,大叔感动得热泪盈眶,并说他"又恢复了对人性的信心"。

大叔办"开放厨房"源自爱心,他的爱心感动了众人,"开放厨房"越来越长,这也是爱心。这正如德国著名哲学家叔本华(Arthur Schopenhauer,1788—1860)所说:"爱神(Eros)乃首一者,创造者,万物衍生的本源。"[1] 既然爱神是万物的本源,那么我们就应当把爱的链条不断延伸,把爱传播到一切需要爱的地方和人们,让人类摆脱贫穷、痛苦和绝望。人们应该预想到,即使在今后,灾难仍然是难以避免的,但人是万物之灵,相信人类会实现自我救赎,也会再一次使人类伟大!

## 七、爱心要从小培养

在教育学上,有一个白板理论(theory of tabula rasa),意指儿童大脑尚没有完全发育时,其大脑犹如一块白板,任人在上面书写或是绘画,注入最早的思维元素。这个理论的创始人是英国人洛克。作为著名的唯物主义哲学家、思想家和教育家,洛克认为:"人心中没有天赋的原则,人心如同一块白板,理性与知识都是从经验而来。"[2] 其实,最早提出"白板说"的是古希腊哲学家亚里士多德,在他看来,在感觉之前人们的灵魂犹如一张白纸,上面什么也没有。人的认识是由于受到外物刺激,感官接受了事

---

1  叔本华. 爱与生活苦恼. 华龄出版社,1996:96.
2  洛克. 人类理解论. 辽宁人民出版社,2017.

物可感觉的形式而产生的。

我国古谚也有不少关于早教的箴言,如"三岁看到老""三岁之貌,百岁之才""三岁看八十""三岁看老相,七岁定终身"等。这是因为,1到3岁是幼儿发育非常迅速的时期,抓住了关键时期的教育,对一个人的个性、爱好、爱心、想象力、诚信的养成,都是非常重要的。国外科学家通过大量的观察,也证实了"三岁看到老"是有科学根据的。美国《国家科学院院刊》发表了一项研究成果(它是由美国、英国和新西兰的科学家联合研究的),得出的结论是,3岁孩子如果自控能力差,到了32岁以后,就可能出现智力、健康和财务方面的问题。

儿童是天真无邪的,他们的思想犹如纯洁雪白的丝巾,而环境则是一个大染缸,好的环境,染出来的是五彩斑斓的色彩,坏的环境就是一个酱缸,就会污染洁白的丝巾。无论是"白板理论"或是"三岁看到老",都说明培养人的爱心要从儿童抓起,这是关系到一个人一生品德养成的大事。

对于这一点,我是有亲身体验的。我之所以关爱和保护学生,都是由于我在孩提时受到爱心的教育。我的父母都是农民,父亲识字,会用算盘算账。我母亲虽然识字不多,但她能够背诵《三字经》和《千字文》中的不少名句。她不是佛教徒,但她吃斋,笃信佛教的教义。因此,母亲对我的影响最大,从小她教我不杀生、不偷盗、不扯谎、不抽烟、不饮酒。在走路时,如果遇到蚁群,一定要绕道走,不得踩死蚂蚁,不能爬树捡鸟窝里的鸟蛋,因为一个蛋就是一个生命。她常常告诫我要善待乞丐,因为虽然我们也食不果腹,但我们还没有沦为乞丐。因此,即使我们不吃或少吃,也要把饭送给乞丐。所有这些教诲,都在我幼小的心灵里播下了爱的种子。这些种子,伴随着我的成长,尤其在我担任校长后,都发芽、成长起来。每思及此,我都无比感恩母亲的教诲,可惜父母早在我工作之前就先后去世了,我为没有尽孝父母而感到悔恨,这是我终生最大的遗憾。

以上我讲述了培植教师爱心的七种途径,当然培植爱心的方法远不止这些。但是,如果我们践行了其中任何一种或几种,都能有助于爱心的修炼。一个教师如果有了爱心,不仅能够施爱于学生,助他们成为事业有成的人,自己也能够享受到学生爱心的回报。让爱永不止息!

# 让孩子又爱又怕的老师[1]

冬日的朝阳,冉冉由东方升起,尽管它红颜似火,却让人感受不到温暖。在晨曦中,只见一位青年女教师牵着一群天真可爱的五六岁少儿向着明德楼走来。她,就是小学一年级班主任、语文教师崔颖老师。她身高 1.70 米,衣着素雅,举止端庄,带着一副黑眉边眼镜,梳理着"马尾巴"式的新发型,一看就是一个天生的教师模样。

她原在一所公立学校工作,为了实现自我价值,来到新世纪外国语学校应聘。前来应聘小学语文教师者甚众,经过资格审查、面试或试讲,她被选中了。在由特级语文教师胡明道主持的面试中,她的得分最高,是数十名语文教师应聘者中的佼佼者。

从公立学校到在私立寄宿制学校任教,无论是教育观念、教学管理或是自身的生活习惯,都需要经过一个转变的过程。特别是寄宿制小一班的班主任这种角色的工作,既不同于幼儿园,也区别于公立小学。说这些孩子是幼儿园的学生吧,又要对他们进行正规的教育;说他们是小学生吧,可他们稚气未脱,全无生活自理能力,如洗脸、穿衣服、上厕所等都需要老师的帮助,甚至个别的还要喂饭吃。在开学之初,家长们把自己的孩子送到了学校,可是在他们离去时,学生有的哭着要回家,有的喊着不上学。有几个年纪偏小的女生,眼睛哭肿了,嗓子喊哑了。崔老师面临的任务,就是要教管这样一批既可爱又淘气的孩子,要担负起既当老师又当"妈妈"的两副担子。她全身扑在学校的工作上,可是,自己不到周岁的儿子却放在一百多公里之遥的奶奶处抚养。我曾问她:"小崔,你想念儿子吗?"

---

1 本文写于 1996 年 1 月 24 日,原题为《爱心殷殷》。

她说:"想是想,不过工作一忙也就顾不上了。再说,我身边的这些学生,不都是我的孩子嘛!"

崔老师对工作十分投入。她与孩子们朝夕相处,上课时,她把学生们带入教室;吃饭时,她和学生们同桌吃饭,还不时调解孩子之间的矛盾;晚上,她要料理孩子们的洗漱和睡觉。没过多久,孩子们都爱上了崔老师,爱上了这个"成长之家",他们不再想念妈妈了,也不再吵着要回家了,那几个年纪最小的女孩甚至放假时也不想回家了。来自襄樊市的小京栋,他的爸爸原来只是让他试读一下,如果不适应,准备再把他接回去。可是,仅仅过了两个星期,小京栋就完全适应了,甚至他爸爸想接他回去玩几天,他也不愿走。每当周日下午返校时,孩子们老早就会催促家人给他们整理衣物,把他们送到指定的车站等候校车,以免耽误了返校时间。

少儿们处在活蹦乱跳的年纪,如果不让他们活动,我看十之八九要闹出病来。但是,他们爱动又常常惹事生非,也常常招来麻烦。例如,你推我一下,我踢你一脚;你拿我的铅笔,我甩你的书;你抢我的食品,我霸占你的玩具;等等。每一天,这种事不知要发生多少次,而每发生一次,吃亏的一方都要告到崔老师那里,于是她就成了孩子们的"包青天"了。崔老师虽然年轻,但她非常冷静、沉着,从来没有见她发过一次脾气,她耐心地、公正地处理了一次又一次孩子间的纠纷。

一天晚上,几个调皮的小男孩又闹了起来,生活老师管不了,其他人也制止不住。情况反映到崔老师那里,她立即赶到寝室,结果看见一个男生站在衣柜上,手里拿着一把张开的雨伞,正欲往下跳。见此情景,崔老师和其他学生都愣住了。但是,崔老师没有呵斥那个学生,反而冷静地在床沿上坐了下来。片刻的沉寂之后,她开口道:"你们这是干什么呀?"学生说:"我们学跳伞!"这是多么地天真啊,又是多么地异想天开哟!崔老师没有生气,她耐心地解释说:"跳伞要用专门制造的降落伞,那是借助飞机从高空向下跳,凭借着空气的阻力缓慢地下降。跳伞运动员或是伞兵，不仅要具有广博的跳伞知识，经过严格的训练，还备有安全措施。你们是孩子，既不懂跳伞知识，又没有防护措施，这是非常危险的，摔断了腿怎么办呢？"学生已自知干了傻事，于是从衣柜上爬了下来，并对崔老师说："老师，我错了，今后保证不再跳了。"学生知错就改，老师任何时候都是欢迎的。崔老师和颜悦色地说："好，知错改正就好，以后你们不管做什么，都要想一想：什么事该做，什么事不该做。再不要干危险的事了。"

崔老师喜欢孩子，学生们也十分喜欢她，要是学生们一会儿见不到她，就会到处去找他们的崔老师，我就多次碰到过这样的情景。有一次，有一个学生脱口对她叫了一声妈妈，另几个学生也叫了起来，他们说："我们很想叫崔老师为妈妈。"这是多么神圣的称呼，多么纯真的感情，又是多么来之不易啊！听到这呼唤，崔老师的心也醉了，脸上堆满了微笑。她说："我很愿意做你们心目中的妈妈，我会像你们的妈妈那样爱着你们，教育你们！"接着，她问学生："你们喜欢我吗？"孩子们异口同声地答道："我们喜欢你！"她又问道："难道光喜欢吗？"几个胆大的学生说："我们还害怕你！"看来，崔老师很满意孩子们对她的评价。的确，一个好的老师必须具备两个素质，这就是"爱之勿忘施教，严管不离爱导"。这两者是辩证统一的，如果应用得好，就会收到事半功倍之效。

# 建立以班主任为首的导师制

中国近代教育史上，关于中小学班级管理制度，曾经历了由级任制、导师制向班主任制演变的历史。中华人民共和国成立后，在城乡各中小学里，一律实行班主任制度。据考证，班主任制度源于苏联，20 世纪 50 年代初在我国学习苏联教育经验时,被引进我国的普通学校教育中。

班主任(class sponsor)是学校中全面负责一个班学生思想、学习、健康和娱乐的责任教师。他是班级的组织者、领导者和教育者,也是一个班级全体任课老师教学和教学法研究的协调者。班主任是一个班级的核心,除了本身的教学工作以外,他的主要任务是:

(1)全面贯彻国家的教育方针,促进学生智、技、群、体、美全面发展,培养创造性人才。

(2)组织和领导班集体,把它建设成一个具有明确奋斗目的、良好学风、团结友爱和自觉遵守纪律的先进集体。

(3)要面向全体同学调查研究,摸清每个同学的特点和弱点,做到"因材施教",使优秀的学生更先进,做好后进学生的转化工作,促进他们奋发向上。

以上只是就其主要任务而言的,如论及他们的工作内容,那是很广泛的,几乎是无所不包。

实践证明,在中小学设立班主任是必要的,这对全面组织和管理学生,对督导学生学习成才都起到了积极的作用。我们简直不能设想,在中小学班级里没有班主任将是一种什么样的局面。正是由于千千万万个班主任默默地耕耘,才使得一批又一批学生走上了成才之路,迈上了祖国现代化建设的康庄大道。每一个受过中小学蒙育的人,当他们回忆自己的成长道路时,无不怀着深情感激他们的班主任。一个优秀的班主任,他的高尚的品德、精湛的学识、言传身教的感染,都会极大地影响一批又一批学生,使他们走上成功之路。反之,一个工作不得法或者不称职的班主任,又会伤害学生的心灵,甚至贻误一个人的一生。

总的来说,公立中小学实行班主任制基本上是成功的,无论学生或是他们的家长都适应了它。但是,40多年来,班主任制度几乎没有任何创新,一直是一副老面孔。同时,中国幅员辽阔,学校类别差异很大,单一的管理学生的班主任制度,也未必能适应多元化发展的趋势需要。

据分析,公立学校实行的班主任制,大致有以下几点不足之处:一是班主任绝大多数由语文老师担任,致使学生接触语文老师机会多,而受其他学科教师的影响少。不同的学科或不同的职业,有着不同的思维方法和风格,仅仅限于语文老师当班主任,这对于学生们博采各家之长是不利的。二是教书育人的任务仅仅落实到了语文老师的身上,而对于其他课的老师成了一句空话。三是教师之间忙闲不均,语文老师负担重,而其他课的老师相对轻松多了。四是实行班主任制对于全日寄宿制学校来说困难大——靠班主任一个人绝不可能对学生的学习、生活、娱乐等实行全程管理。五是班主任固定跟班时间太长,导致教师以为对班上学生的情况熟悉了,容易产生疲沓情绪。同时,一个班主任管理班级久了,也有可能对学生产生偏见(包括好的和不好的两方面),这对客观、公正地评价学生是不利的。

在分析了公立学校班主任制利弊的基础上,我们新世纪外国语学校成立之初,就提出了试行以班主任为首的导师制。这是将导师制嫁接到班主任制而形成的一种新的管理制度,它吸收了班主任制和导师制的优点,同时避免了它们的某些不足之处。上面我们已经提到,班主任制源于苏联,是适用于中小学班级集体管理的一种制度。导师制(tutorial system)产生于英国,它主要是大学使用的一种教学方法,特别盛行于著名的牛津大学和剑桥大学。导师制是以导师个别指导(不是讲课)为中心,一般一个导师会单独和一个或几个学生会见,在会见时常常根据学生提出的问题进行面对面地深入教学和讨论。很显然,我们倡导实行以班主任为首的导师制,意在将大学的指导方法向中小学教学领域里渗透,实行个别与集体管理互补,做到教与管相结合。

对于民办寄宿制学校来说,实行以班主任为首的导师制是特别适宜的。它的具体做法是:以不超30人为一个班,每个班配备一名符合条件的班主任,有的是语文老师,有的是英语老师,也有的是数学老师。然后,根据每个班的实际人数,再配备2至3名导师,协助班主任管理和指导班级的集体活动,及联络、协调与其他导师的工作。初步实践表明,以班主任为首的导师制,有利于将教书育人制度化、全员化和全程化。所谓制度化,意指教书育人是每个教师的天职,应当把它作为制度确定下来,并以此对教师进行考评。全员化是指全体教师,包括符合做导师工作的行政管理人员,都应当落实到每个班级,履行具体个别指导学生的任务。全程化是指学生的课堂学习、活动课、生活、娱乐、健康和特长学习等全过程由班主任和导师负责管理,实行全程跟踪,对每个学生进行系统的调查,建立学生个人成长的信息库。

实行以班主任为首的导师制,最重要的是制订遴选班主任和导师的条件,明确他们各自的职责。从遴选条件来说,班主任和导师应当具备以下的条件:

（1）具有为人师表的高尚道德,对学生既要善于言传又要躬行身教。

（2）具有爱生如子的深厚爱心,对学生既要慈爱又要严管。

（3）具有精湛的专业知识,对学生既要授业又要教给学习方法。

（4）具有较强的组织能力,既要组织和领导班级的活动,又要协调导师和任课老师的工作。

（5）具有高度的责任心,既要对学生和家长负责,又要对国家负责。

（6）基本上要能住校,既要与学生的学习同步,又要与学生的生活同步。

担任班主任的条件与对导师的要求是一致的,只是对班主任的要求更高,他们所担负的责任也更大。当然,这并不是说可以降低对导师的要求,只是由于他们所处的地位和职责的不同,对他们的要求有所区别罢了。一般来说,班主任为主,导师为辅,两者可以互补互助。对于一些担任导师的青年教师来说,他们有一个从没有经验到积累经验的过程,应当虚心地向有经验的资深班主任们学习。实际上,导师既是班主任的助手,又是未来班主任的预备队。

从职责分工来说,班主任的职责是明确的,因为公立学校已积累了丰富的经验和规范化的做法,可供我们借鉴。问题在于,导师的具体职责是什么,他们又如何与班主任相互配合？根据我校办学的方针和培养目标,我们规定导师的职责是:

（1）协助班主任管理班级的工作,轮流担任班级的值日工作。

（2）从自己的专业课出发,根据学生自愿的原则,组建班上的兴趣学习小组,对他们开展特长教育。

（3）从班上学生的实际情况出发,与任课老师相配合,选择个别优秀学生,采取有力的措施,开展培优教育,以便早出人才、出优秀的人才。

（4）对班上学习困难和思想表现欠佳的学生,导师要分工负责,对他们进行个案研究,制订有力措施,下大力气做好由后进向先进的转化工作。

(5) 应当担负起除了学科课以外的全面素质教育工作,有的放矢地优化每个学生的素质,以达到塑造国民优根性的目的。

从功能来看,以班主任为首的导师制较之过去的级主任制、导师制和班主任制,无疑是一个新的发展方向,是针对寄宿制学校管理的需要而推出的一项改革措施。但是一个好的制度能否达到预期良好的效果,关键在于实践。从我们初步实行的情况来看,实行以班主任为首的导师制,必须正确处理好以下的关系,采取有力的措施。这些关系是:

(1) 要正确处理好主与辅的关系。所谓主,就是班主任,对于一个班级来说,必须树立班主任主导的地位,否则就是"群龙无首"或"多中心"。所谓辅,指的是班级里的导师,是相对于班主任来说的,导师处于辅助的地位。"主"与"辅"是客观存在的,既然有主次之分,那么就有一个正确处理他们之间关系的问题。通常出的问题是:班主任以为有了导师,似乎自己的担子可以减轻了,就有意或无意地放松了自己的责任心。导师则以为自己是处于从属地位,反正有班主任,做多做少无所谓。这两种倾向都是不对的,是责任心不强的表现,必须予以纠正。正确的态度应当是:班主任和导师是一个班级里负责教书育人的整体,分工不分家,应当各司其职、互相通气与支持,共同完成班级的教育与管理任务。

(2) 正确处理好管与教的关系。无论是班主任或是导师,都不是专职的管理干部,任课才是他们的本职工作,管理学生只是他们的职责之一,因此对他们来说就有一个管与教的关系问题。从现在的情况看,在教和管两方面都有些问题。从教学来说,他们仅仅停留在课堂教学上,对学生的创作、培优和特长教育开展得不够;从管理上来看,仅仅停留在一般的照管上,如督导学生起居、早晚自习等,而未能深入到学生的素质养成和转化后进生等实质性的管理工作上。

(3) 正确处理好教与研的关系。我始终认为,办学校不仅要把学生当作教育的对象,还要把他们当作研究的对象,因为研究是教育的前提。长期以来,学校的教育不尽人意,主要原因是对教育的对象缺乏透彻的研究,未能做到"因材施教"。对于寄宿制学校来说,因为班级小、导师强、全住校,拥有对学生进行全程跟踪研究的良好条件,因此无论是班主任或导师,都要开展教研活动——把每个学生都当成研究的对象,以教学带研究,以研究促教学,实现"追求卓越"的办学目标。

(4)正确处理责与权的关系。一个班主任应当拥有领导和管理一个班级的全面的权力,那么导师拥有哪些权力呢? 从原则上说,导师应当拥有与班主任相同的权力。因此,我们既要树立班主任的权威,又要树立导师的威信。这种权威,对于做好学生管理工作是十分必要的。作为班主任,既要积极、主动地工作,又要善于发挥导师们的作用,无论是制订班级的活动计划,还是给学生操行作鉴定,都要尊重和取听导师们的意见。

(5)正确处理奖与罚的关系。从管理学上来说,一定要充分运用竞争机制,这是提高工作效率的重要措施。虽然在形式上奖与罚是对立的,但在实质上,它们都是推行竞争机制的手段。因此,对于工作优秀的班主任和导师予以奖励,这是必要的,是贯彻"按劳付酬"的体现。但是,光奖励是不够的,还应当制订罚则。今后,对于未尽导师之责的导师,特别是对于班级里出了问题的导师,要给予处罚。只有这样,才能使奖与罚相互制约,相得益彰,使以班主任为首的导师制朝着健康、实效的方向发展。


# 引导学生自己教育自己[1]

在人类的实践活动中,教育领域无疑是一块最为伟大的实验场地,它既包括了家庭、学校的教育,也涵盖了社会教育以及自我教育。然而,关于教育,无论中国或西方国家,都把它解释为一种单向的被动的活动。例如,《辞海》中对"教育"的诠释是:"按照一定的目的要求,对受教育者的德育、智育、体育诸方面施以影响的一种有计划的活动。"[2]英国德·朗特里编纂的《西方教育词典》中"教育"的定义是:"成功地学习(learning,不一

---

1　本文写于 1996 年 2 月 19 日。
2　辞海.上海辞书出版社,1979:1489.

定但通常是在教师的指导下）知识（knowledge）、技能（skill）和态度（attitude）的传递过程。"[1] 尽管西方人对"教育"（education，源于拉丁文educare，含有引申和发展之意）的理解比中国人开明一些，但仍然摆脱不了教师的讲授功能，强调的仍然是外力的作用。

其实，在汉语词汇中，"教育"二字的组合是很科学的，深蕴着辩证法的道理。[2] 教育包括施教者与受教者双方活动的过程，"教"是由外而内，"育"是由内而外，这是力行教育原则的两个不可分割的方面。根据毛泽东的观点："唯物辩证法认为外因是变化的条件，内因是变化的依据，外因通过内因而起作用。"[3] 教育活动也是一样的，施教者通过受教者起作用，"教"通过"育"产生效果。但是，长期以来，无论是在学科教育或是在思想教育中，只重视施教者的作用，而忽视受教育者的能动性，只讲"教"而不讲"育"，从而使教育变成机械的灌输过程，严重地影响了教育的效果。

从功能上讲，正像孙中山先生所说的，思想品德教育是"人的建设"，是比学科教育更重要、更复杂的大事，更应当强调受教者内因的作用。如果我们不回避问题的话，应当承认，无论是大学还是中小学，政治和思想教育工作并不是很成功的。其原因主要在于：缺乏理解与疏导，一味地强调说教式的灌输；不善于抓受教者的积极因素，习惯于找毛病，揪住缺点不放；施教者认为自己与受教者不是平等的关系，认为自己一贯正确，不相信受教者的变化，动辄采用惩罚主义的一套做法。实践证明，这些僵化保守的做法已严重地不适应新时期思想教育的要求，因此必须从指导思想到具体做法上进行改革。我历来认为，思想教育工作改革的重点是，从根本上发现受教者的积极因素，要相信人是会变化的，要引导他们自己教育自己。这正如美国教育家巴士卡里雅所说："人是变化的。如果你不相信这一点，你就不应当做教师。你每天都应该用一种崭新的眼光来看待世界。"[4]

也许有人会说，自己教育自己的教育原则对成年人是合适的，对于少

---

1　朗特里 D. 西方教育词典. 上海译文出版社，1988：80.

2　黄国昌等. 现代教育功能. 台湾幼狮书店，1979：3.

3　毛泽东著作选读（上册）. 人民出版社，1986：140.

4　巴士卡里雅 L. 爱和生活：73.

年儿童能行吗？心理学家对此早有定论,学会尊重儿童,这是教育儿童的必要前提。尽管孩子们很小,但他们最大的愿望是被作为一个成年人看待。只有当孩子们有兴趣时,他们的学习才会有收获;同时,当他做了错事,只有他们自己认识到了错误并切实改正时,他们才会真正吸取教训。

我校是一所寄宿制民办学校,运行机制灵活,常年招收插班生,为一些有特殊原因的学生就学创造了条件,因而受到了部分学生家长的欢迎。1995 年秋季学期中间,小学六年级转入了一名女生(我隐去了她的真名,就叫她阿文吧),她文静、寡言、爱学习,因而赢得了老师和同学们的喜欢。

某一天早晨,第一节课是语文,该班语文老师兼班主任高老师按时进入教室,师生互致问候。正当她准备讲课时,忽然发现阿文在座位上哭泣。高老师不解地问道:"你为什么哭呀?"高老师这么一问,阿文哭得更厉害了。这时,课堂上一片寂静,学生们面面相觑。高老师是一位有着 20 多年教龄的高级教师,她来我校应聘时,一不问工作量多少,二不问工资高低,提的唯一要求就是希望担任班主任。高老师凭借她的丰富经验,断定阿文一定是受到了同学的欺负,但她没有把问题提出来。这时,突然有个男生(我管他叫小刚)站起来很不自然地说道:"你们谁欺负了她,快说出来,怎么能随便欺负人哪!"作为班主任,高老师对自己的学生是了如指掌的,虽然没有人出来承担责任,但是她心里已大概猜到是谁欺负阿文了。

课堂上的气氛是严肃而紧张的,除了阿文的抽泣声以外,没有一丝一毫的动静,每个学生都端正地坐在座位上,高老师也陷入了沉思。她心想:本来欺负同学就是不对的,如果一个学生做了错事,且不仅不认错,反而采取"贼喊捉贼"的做法文过饰非,那更是错上加错。于是,她决心利用课堂上发生的事件,引导犯错误的学生自己教育自己,并对全体学生进行一次团结友爱的教育。

一段安静之后,高老师终于开口了,她颇带感情地说:"同学们,你们来自四面八方,有机会在一块儿学习,这是多么难得的机会,你们应该珍惜它,要团结友爱,自觉地养成高尚的道德品质,成为祖国未来的栋梁之材。要做到这一点,就必须同自己的不良习惯作斗争,勇于克服自己的缺点。一个人有缺点并不可怕,可怕的是做了错事以后不认错甚至是文过饰非或嫁祸于人,这样发展下去是非常危险的。今天课前发生的事,我不愿点出这位同学的名字，但我希望他勇敢地站起来，公开承认错误，有错改了就好。"她说到这里，坐在教室右前排的一个男生已坐不住了，他霍地站了起来，带着自责语气说道："高老师，是我骂了阿文，把她气哭了。上课后，你问她为什么哭，我怕她说出了我的名字，所以我以攻为守，希望转移对我的注意。听了您的讲话，我知道自己错了，一不该欺负阿文，二不该在犯了错误以后撒谎。现在，我向你承认错误，向阿文同学道歉，以后再不欺负同学了，做一个诚实的好学生。"说这番话的不是别人，正是前面的那个小刚。见此情景，高老师转愁为喜，她为自己引导有效而自喜，为自己的学生进步而高兴。这时，高老师走到阿文的面前对她说："阿文，小刚欺负你是不对的，你受委屈了。现在他认识到了自己的错误，向你道了歉，希望你们以后仍然是好朋友。"接着，高老师转身面向全班同学说："同学们，小刚自己勇敢地承认了错误，向阿文赔了不是，这是小刚的进步，我建议大家为他的进步和他与阿文的和好而鼓掌。"顿时，全班响起了一片热烈的掌声，阿文也破涕为笑了。我十分欣赏高老师的做法，可以肯定地说，引导学生自己教育自己要比呵斥或批评的效果好。我深信，由这件事引出的教益，不仅在阿文和小刚的心灵里，而且在全班同学的思想上都会留下深刻的印象。

自己教育自己是一个普遍的教育原则。在学科课上，主要是表现为自学和独立钻研；在思想道德教育上，主要是表现为自我修养、自我实现和自我管理。当然，这并不意味着降低了教师的作用，反而对教师的要求更高了。教师的主导作用体现在引导上面，他们既要用自己的言传身教来引导，又要从学生身上发现优点和缺点，采用现身说法的方式加以引导。

对于一个细心的教师来说，学生们身边发生的许多事情，都可以成为引导他们进行自我教育的活教材。例如，有的学生不把家长联系手册带回去给父母看，自己冒充家长签名；有的学生损坏了公物不认账；有的学生偷他人糖果吃；有的学生随意倒掉饭菜；有的学生用肮脏的球鞋在洁白的墙壁上踏上许多脚印子；等等。对这些不良现象，如果熟视无睹，任其发展，那么习惯就会成自然，最终导致劣根性。管理必须是严格的，一旦发现了学生的不良习惯，必须立即做工作，绝不能听之任之。就拿那几个踏脏墙面的学生来说,班主任在弄清了情况之后,把他们找来,给他们讲清道理,然后要他们提着水桶小心地擦掉了脚印的痕迹。事后,那几位学生深有感触地说:"仿瓷涂料的白墙壁,本来是很漂亮的,我们不自觉地踏上了脚印,污染了美丽的环境,做了错事。通过劳动,我们尝到了劳动的艰辛,今后一定要自觉地保护文明的环境,爱护我们美丽的校园。"通过这些事例,我们看到了自己教育自己这个教育原则的伟大威力,每个教育工作者都应当自觉地运用它,充分发挥其在塑造国民优根性和培养跨世纪人才方面的重要作用。

**案例 3-5**

## "手拉手" 活动

1995 年 11 月 18 日是星期六,是日风和日丽。根据教学计划安排,这一天我校要和武汉市新洲县阳逻镇第二小学开展"手拉手"活动。所谓"手拉手"活动,是指在少年儿童中开展学校、年级、班级和个人之间的精神文明建设,包括文艺、体育比赛,学习交流等活动,以达到两校互相促进、共同提高的目的。

阳逻位于新洲县城和武汉市之间,距武汉市区 36 公里。为了锻炼身体,培养学生们吃苦耐劳的精神,学校决定让学生们背着书包和饮料,以"拉练"的形式,步行 10 里的路程去进行校与校的交流活动。

早晨 8 时整,全校师生集合整队,教导主任钱忠秀老师宣布了开展"手拉手"活动的意义和拉练的注意事项之后,全校师生浩浩荡荡地向着目的地出发了。走在最前面的是两名着装整齐的校警,接着是手执校旗和少先队队旗的旗手,而后依序是小学各班、初一各班、教师、校车。

拉练分两个阶段,第一阶段步行 30 分钟,大约走了 5 里路。鉴于小学一年级多是 6、7 岁的少儿,个别学生甚至只有 5 岁半,学校决定在走完第一段后,让他们坐校车休息一下。但是,当招呼他们上车时,那些天真活泼的小学生却大声地叫喊道:"我们反对上车!

我们不累!"当我听到这些童稚的声音,心里有一种说不出的欣慰,因为在他们心灵中已播下了自强不息的种子!

尽管他们不愿上车,但他们毕竟没有下过乡,没有接受过劳动锻炼,也没有走过远路,于是还是动员他们上了校车。汽车大约行驶了20分钟后,开上了一条宽广的大道,两旁是绿草陪伴的人行道,很适宜拉练行走。于是,汽车又停了下来,师生们下车开始了第二阶段的拉练。秋日的农村,一片丰收的景象,已收割的晚稻堆在谷场上,棉田里朵朵"银花"迎着朝阳怒放,一排排白色的蔬菜塑料棚里结满了瓜果……这一派田园风光,极大地吸引着孩子们,他们雀跃、歌唱,谈论着新奇的感想,欢声笑语此起彼落。

大约行走了45分钟,拉练队伍行至一座公路桥旁。秋日骄阳融融,再加上步行了8里的路程,不少学生开始解脱毛衣,有的出了汗,有的感到舌焦口干,有的腿脚酸痛。于是,拉练的总指挥命令停止行进,就地休息。学生们解开了背包,有的拿出矿泉水饮用,有的吃着香蕉苹果。我发现初一的一个男生没有带书包,没有饮料,于是我把自己的一瓶矿泉水递给他,说道:"你一定口干了吧,请拿去喝吧! 下次拉练,一定要带上饮用水。"他有些不好意思地说:"校长,您自己喝吧!"我说:"不,你比我更需要,不必推辞了。"

时间已经不早了,离我们与阳逻二小约定的时间所剩无几。于是,拉练告一段落,全体师生乘车直奔目的地。大约10点30分,我们抵达了阳逻二小。此时,该校的领导、师生们列队在校门口欢迎,我们上前致谢,师生们列队进入了校内。

这是一所普通小学,但以培育了武汉市十佳少年张圆而闻名。我校师生被带到一栋教学楼三楼的一个大教室内,宾主依序入座,并相互作了介绍。"手拉手"活动以阳逻二小陶校长致词揭开了序幕。她介绍了该校四年级学生、十佳少年张圆的事迹。这时,我校师生们有点沉不住气了,焦急地翘首盼望着看到张圆。接着,陶校长宣布:"下面,请张圆同学讲话。"话音刚落,全场报以经久不息的热烈掌声！

张圆面对着大家站在主席台前面。他是一个白皙漂亮的男孩，身着一身浅灰格子的儿童西装，脚穿一双带橡皮松紧口的黑皮鞋。十分可惜的是，他在四岁时因玩耍不小心触电而失去了双臂，从此步入了艰难和不幸的人生。

但是，张圆是个顽强的孩子，他身残志坚，"用笑脸来应付一切的不幸"。到了入学的年龄，看到其他小朋友都去上学了，他笑着对父母说："爸爸、妈妈，我也要上学读书呀！"他妈妈说："孩子，你没有手，怎么写字呀？"张圆笑着说："我要读书，我能吃苦，我一定好好学习，读好书。"就这样，张圆进入阳逻二小学习，开始了一个十佳少年艰苦的成长道路。

张圆同学介绍说："入学四年来，我是积极要求进步的，第一学期就加入了少先队，并当上班长，我与正常学生一样参加公益劳动。大扫除时，我用大腿帮忙摆桌凳。我自觉遵守校纪，按时到校上课，从未迟到过。在学习上我积极进取，奋力拼搏，我把郑板桥的名言'流自己的汗，吃自己的饭，自己的事自己干，靠天靠地靠祖宗，不算是英雄汉'背下来，作为自己积极进取、克服困难、战胜残疾的座右铭，因此每次考试，我在班上总是前五名。"我校师生们十分认真地听取了张圆同学的介绍，并为他的事迹所感动。

接着，张圆同学当场表演用脚趾写字。桌子上放了一张大宣纸、一瓶墨水和一只带笔套的毛笔。他在班主任张老师的帮助下坐到桌子上，从容不迫地用双脚趾抽下毛笔套，旋开墨水瓶盖。稍镇静一下后，他用右脚趾夹起了毛笔，蘸饱了墨汁，一笔一画地在宣纸上表演书法。大约只花了一分钟，他就写完了十一个大字："祝大家身体健康、学习进步"，落款是用小楷写的"阳逻二小张圆"。当张圆写完最后一笔时，师生们对他的毅力和书法的功力报以了热烈的掌声！

书写是学习的一项基本功。写字对一个没有双臂的残疾儿童来说，该是多么大的困难哪！但是，这座"大山"被他攻克了，他是从练习用脚趾夹自己的头发开始的，这该需要何等的耐心和毅力呀！真是"功夫不负有心人"。现在，他用脚趾写字已是非常自如了。

书法表演后，我校学生向阳逻二小和张圆同学分别赠送了图书和小礼物。我校四年级女生刘靓代表大家发了言，她以十分标准的普通话表示了向张圆同学学习的决心，她的精彩发言，也博得了热烈的掌声。最后，两校学生分别表演了文艺节目，特别是张圆同学演唱的歌曲《读书郎》，使大家获得了爱与美的享受。

12时30分，"手拉手"活动在一片热烈的掌声中结束了。两校师生在阳逻二小教学楼前合影留念，然后一一告别。在返回校园的汽车上，师生们纷纷谈论着这次活动的收获。他们说："这次活动很有意义，通过张圆同学的事迹，我们受到了一次爱心与自强不息精神的教育。"有些爱哭的女同学们说："我们以后不哭了，要像张圆哥哥那样坚强。"有个调皮的小男孩说："我以后不调皮了，要好好读书，做一个优秀的少年。"有些学习成绩稍差的同学说："我们的困难比张圆同学要小得多，我们要以张圆为榜样，不怕困难，努力学习，争取期末考得好成绩。"一些老师也说："张圆同学的事迹，不仅是张圆同学奋斗的结果，而且渗进了他的两任班主任张老师和梅老师的爱心和辛勤劳动。我们也要像他们那样，把爱心献给我们的学生，用汗水来浇灌祖国未来的花朵！"

# 让学生放飞理想[1]

我记得，1978年12月18号到22号，中央召开了十一届三中全会。

---

1 本文写于 2018 年 10 月 20 日，为《学校文化》论坛十周年寄语。

也就是在这次会议上,中国"改革开放的新时代"开启了。今年是实行"改革开放"40周年,我估计全国各条战线都会开展一些相应的纪念活动和学术讨论。湖北新民教育研究院在2008年创办了一个"湖北文化论坛",也创办了一份《学校文化》杂志,这两件事情都是很有远见的。据我所知,全国的教育刊物很多,各种教育论坛和讨论会也很多,但是以学校文化为主的刊物好像还没有第二家。《学校文化》杂志恐怕是全国唯一一家研究、宣传和弘扬学校文化的刊物。这个论坛已经创办十年了,每年一届,已办了十届了;杂志也办了十年,今年大概正好要出版第100期。

什么是文化?文化是一个非常广泛的概念,也是一个十分重要的概念。广义上来说,人类一切物质生产和精神活动的总概括就是文化。狭义来说,人类精神活动的产品就是文化。比如说,精神、思想、观念、理念、学风、治学态度等等,都属于文化范畴。但是在我们国家,由于种种历史原因,多重视"硬件"而忽视"软件"。我始终认为,办好一所学校,既要抓"硬件"又要抓"软件"。什么是"硬件"?学校的师资、学校的仪器设备、学校的图书资料、学校的房产,包括现代化的智能设备等等,这些都属于"硬件"。什么是"软件"?就是文化,文化就是软件。

那么,要论"硬件",我们国家大、中、小学的"硬件"可以说已达到世界领先水平。可以不夸张地说,我们今日大学的建筑、设备、办公用品都超过了世界最好的哈佛大学、牛津大学。为什么?我们国家有一个攀比思想,喜欢高、大、全、新,都追求新房屋,本来有很多旧房,他们不用。我在国外看到很多大学,人家的校舍都是两三百年以前的建筑,现在依然没有改变。外国人很实际,不"厌旧";中国人有一个"厌旧"的劣根性,所以现在高楼大厦一栋栋地立,每栋大楼都有停车场,都有桑拿浴、空调,不得了。我看过美国的一些中小学,他们的一个中学、一个小学就是一栋楼,都是很旧的楼房。我们现在不仅大学,连小学、中学都豪华得不得了。但是我们的软件呢?实事求是地说,中国是一个"教育大国",但不是一个"教育强国";一个"教育强国"必须既要有优越的"硬件",又要有先进的"软件",只有这两者结合起来才能建设出最好的学校。

为什么中国人重"硬件"而不重"软件"呢?这是只见树木不见森林。这是中国人的思维,一个传统的习惯。你说树木是什么,他能看得见:樟树、松树是具体的。森林是什么？他不知道。只见树木不见森林，这就导致我们教育的落后。现在大学的排名，我是不认可的。大学排名是商业化的结果，也是一种商业化的做法。尽管现在我们国家许多大学都在宣传中国有多少大学进入世界前 200 名、进入世界前 100 名，但是我都不认可。我认为中国能进入世界前 100 名的大学一所都没有，包括北大、清华。那都是吹牛，绝对是吹牛。为什么？因为这个排名完全是数量加起来的，你有多少房产、有多少校舍、有多少学生、有多少教师、有多少博士点、有多少硕士点、发表多少论文。恰恰中国就喜欢追求数字，追求数量。英国和美国的大学排名，最早是 20 世纪 90 年代开始的。在 90 年代以前世界并没有大学排名，这是商业化的结果。哈佛、牛津、剑桥、斯坦福等大学，过去都存在，没有排名并没有影响它们的地位。所以现在中国大学的排名都是吹嘘。如果一个大学，没有一个原创性的世界科学学派，没有一个世界公认的学术大师，没有一大批诺贝尔奖获得者，没有世界公认的学术领袖人物，那么这个大学不能称为有"一流"学术水平的大学。

到现在中国在科学领域里仅仅获得了一项诺贝尔奖，即屠呦呦获得的生理学或医学奖。但这个奖的含金量是很低的，它不是科学，只是技术，在世界上排不上名次。屠呦呦是很幸运的，不客气地说，带有极大的偶然性。30 多年前的一个成果都快被人们遗忘了，只是有些应用价值而已。但这是技术不是科学，而诺贝尔奖奖励的是原创性科学成果。美国哈佛大学、麻省理工学院、斯坦福大学、哥伦比亚大学、普林斯顿大学，每一个大学都至少有 50 个以上的诺贝尔奖获得者。世界有将近 700 名诺贝尔科学奖的获得者，大概 70% 在美国，都在美国顶尖的大学里面。中国现在有 2800 所大学，过去 100 年所有大学加起来的获奖者都达不到美国一所大学诺贝尔奖获得者的人数。原因何在？就在于我们的教育体制有问题，它制约了科学家积极性的发挥。我国是集权式教育体制，它束缚了科学研究人员的自由，没有民主的学风，没有自由的研究环境，就不可能诞生原创性的科学研究成果。我们都知道，2017 年，从美国回归了一位叫颜宁的女生物学家，她本来是美国普林斯顿大学的终身教授，被清华大学特聘回国，但回来后又离去。什么原因呢？中国没有学术自由。她申请了国家科学资金，但连续两年没有被批准，为什么？我们国家的科学基金八成是被那些倚老卖老的、思想保守的所谓的"权威"把持了，但凡有些创新的科学研究都没有得到批准。颜宁两年都没有等到批准，她不能再在中国浪费青春了，于是回到了普林斯顿大学，而普林斯顿大学把她的规格又提高了——她原来在普林斯顿大学是终身教授，现在被聘为普林斯顿大学蒂尔曼终身讲席教授。蒂尔曼是什么人呢？就是普林斯顿大学现任的校长，也是一名女生物学家。颜宁事件说明我们国家科学研究的环境并不宽松。而美国没有这些限制，美国专门支持一些"异想天开""离经叛道"的研究课题，专门支持一些从大学辍学休学的创业人员。这就是两种不同的科研体制。

所以，在改革开放 40 周年之际，我们应该更重视学校文化的建设。我也希望湖北学校文化论坛和《学校文化》杂志能够适应新形势发展的需要，研究怎样宣传和弘扬"精神文化"，在我们各级学校营造民主、自由的空间，让我们的学生放飞他们的理想，让我们的学生个性得到彻底的解放，让他们的智慧最充分地发挥出来。只有这样，我们国家才有原创的科学成果，因为它们是技术发明的基础，唯有如此，我国才能屹立于世界先进科学之林。


# 怎样办好"少年班"[1]

李政道先生是美籍华裔著名物理学家、诺贝尔物理学奖获得者，他是中国"少年班"（Special Class for the Gifted Young）最早的倡导人，这应当是确凿无疑的。这要源于他于 1974 年的一次归国访问。那年 5 月中旬，他携夫人第二次归国访问，首先参观了上海芭蕾舞学校，受到该校从少年中选拔苗子进行培养的启发。随后参观了复旦大学，并写了《参观复旦大学感想》，建议从 13、14 岁少年中选拔人才进行培养，这样到 19 岁就能够达到独立进行科研工作的水平。继而，他又到北京就此建议征求了科学

---

1　本文发表于 2018 年 5 月 17 日《南方周末》。

界一些朋友的意见,并获得支持。最后,他把这份建议呈递周恩来总理并请他转呈毛泽东主席,尽管遭到江青的反对,但周总理和毛主席都表示同意实验,不过并没有实施。直到四年以后的 1978 年 3 月,中国第一个"少年班"才在中国科技大学诞生。

## 一、"少年班"是改革的产物

1978 年 3 月 8 日,中国科技大学在合肥举行了"少年班"第一期开学典礼,这一期总共招收了宁铂等 21 个少年大学生。消息一传出,引起海内外的广泛关注。那时十年浩劫刚刚结束,对于曾经一度被"读书无用"误导而急盼快出人才和多出人才的国人来说,破格将一批少年招进大学培养,无疑是破天荒的大事。

为什么是中国科技大学举办"少年班"? 这无疑带有一点偶然性,事情得从宁铂的被发现说起。1977 年 10 月末,江西冶金学院教师倪霖给国务院副总理兼科学院院长方毅写了一封长达 10 页的信,推荐他的朋友宁恩渐的儿子宁铂,反映他在语文、数学、围棋等方面智慧超人。11 月 3 日,方毅副总理批示:"如果属实,应破格收入大学学习。"这个批示转到了中国科技大学。大约十多天后,中国科技大学的两名老师到达宁铂所在的赣州八中对宁铂和另外两名少年进行了数学考试和面试,宁铂考得了 67 分,另外两人一人考得 80 分,一人得了 64 分。经过考试和面试,他们准备录取宁铂等人。紧接着,中国科技大学又发现和录取了全国多名智力超前的少年,组建了第一个"少年班",该班总共 21 人,当时宁铂 14 岁,年龄最小的谢彦波只有 11 岁。

教育是"文化大革命"破坏的重灾区,十年停止招生,人才青黄不接,各条战线盼才若渴。"少年班"就诞生于那个特殊年代,因此它一旦横空出世,就犹如一颗耀眼明星般格外引人关注。自中科大第一个"少年班"诞生后,其他各校纷纷效仿,全国一下又创办了 12 个"少年班",如北京大学、清华大学、复旦大学、南京大学、武汉大学、吉林大学、中山大学、西安交通大学、华中科技大学的少年班等。与此同时,教育部还指定了一批重点中学与"少年班"相配套,积极为"少年班"物色和推荐优秀的少年,如北京八中、人民大学附中、天津耀华中学、沈阳育才中学、无锡天一中学、湖北黄冈中学等。后来,选拔的触角延伸到某些小学,一个物色、推荐"神童"的体系似乎已经形成了。

但是,好景不长,大概到了80年代中后期,不少大学的少年班纷纷停办。个中原因不言自明,一是现实中并没有那么多"神童",二是对"少年班"的质疑声音从来就没有停止过,什么"揠苗助长""违背教育规律""变相地放卫星"等等。由于这些原因,到了80年代后期,大多数大学中的"少年班"都停止招生了,最后只剩下中国科技大学和西安交通大学两所大学的"少年班"还在继续。今年是"少年班"诞生40周年,应当说这两所大学坚持不懈的精神是值得赞扬的,教育改革需要实验,而它们的可贵之处就在于体现了这种实验的精神。

为什么"少年班"诞生于1978年?这是与那个特殊的时代密切联系的。可以肯定地说,没有经过拨乱反正,不清除极左思潮,离开了思想解放的大前提,就不可能创办"少年班"。人们记忆犹新,在极左年代,神童、权威、博士、教授、专家都是禁忌,不仅不能提倡,而且都是要受到批判的。

1976年10月6日,祸国殃民的"四人帮"一举被粉碎,十一届三中全会作出了历史性的决议,从以阶级斗争为纲转移到"四个现代化"上来。在这一思想指导下,提出了"快出人才、多出人才和出好人才"的口号,各条战线都十分重视延揽人才。1977年7月19日,邓小平同志复出,恢复了他在党政军的各个领导职务,而他自告奋勇提出要亲自抓教育和科学两个重灾区。这一年8月4日到6日,他亲自主持召开了科学教育座谈会,就是在这次会议上提出了推翻"四人帮"炮制的"十六字"招生方针,恢复全国统一高考。1978年5月11日,《光明日报》发表了《实践是检验真理的唯一标准》的评论员文章,从而掀起了解放思想的全国大讨论。这一切都为"少年班"的创办扫清了障碍,所以说"少年班"是改革的产物是恰如其分的。

## 二、"少年班"的成绩有目共睹

中国科技大学"少年班"迄今已经走过了40年的风雨征程,今年没有举行大规模的庆祝活动,而是以《恰同学少年》为题举行征文活动,准备集结出版。我很欣赏这种务实做法,其意义远比庆祝活动更为深远。

2008 年 3 月 8 日是"少年班"三十而立的生日,中国科技大学于 3 月
20 日至 22 日,曾举行庆祝"少年班"30 周年的庆典,同时举办"高等教育
改革与少年班实践"研讨会,邀请了国际和国内教育专家就"少年班"实践
与创新人才培养举行研讨。为了集思广益,科大领导还专门邀请激烈反
对"少年班"的人士与会。其中,最激烈的反对者是全国政协委员、中南大
学博士生导师蔡自兴,他通过"两会"四次提出提案,要求封杀和废止"少
年班"。中国科大领导对此则表示,自 90 年代以来,不接受媒体的采访,
对于反对意见保持沉默。这无疑是十分开明的做法,兼听则明,有利于
"少年班"日臻完善。[1]

李政道先生曾兴致勃勃为"少年班"30 周年庆典题词以表示祝贺,他
写道:

人才代出
创作当少年
桃李天下
教育数科大

与此同时,李政道先生还为《少年班三十年》一书作序和题写书名。他
在序言中写道:"借此机会,很想表达我对少年班的衷心祝愿,希望少年班
在未来的年月里获得新的成功,希望少年班的同学们能和其他同学互相学
习、互相促进,出色地完成自己的学业,成长为建设祖国有用的栋梁之材。"[2]

在汉语中,30 年为"一世",世的异体字"卋"是由三个"十"字组成的,
所以世与代是相同的意思,一代人平均的黄金年龄也是 30 年。纵观人类
发展的历史,无论对于国家或是个人,30 年都是成就事业的黄金年轮。
例如,从洋务运动到甲午战争是 30 年,从甲午战争到卢沟桥事变是 30
年,从五四运动到新中国成立是 30 年,大多数新兴国家从建立到获得第
一个诺贝尔奖是 30 年,从分离出基因到解析出基因图谱是 31 年,等等。

---

1　屈风雨. 合肥晚报,2008 - 03 - 21.
2　辛厚文. 少年班三十年. 中国科学技术大学出版社,2008.

同样地,中国科大"少年班"创办的 30 年中,由于科大和"少年班"同学们的共同努力,也取得了令人瞩目的成就,具体表现在三个方面:一是人才,二是经验,三是社会效应。

首先是人才,这是"少年班"创办的最主要的目的。据统计,30 年以来,"少年班"共招收 31 届共 1220 人,已毕业 1027 人,其中 935 人考取博士研究生,占 91%。又据统计,前 16 届毕业生共 590 人,64% 获得博士学位,26.9% 获得硕士学位。他们之中的 20% 选择学术作为自己的终身职业方向,大多数人都获得了教授、副教授和国外终身教授的职务。

在这些杰出毕业生的名单中,诸如张亚勤、高峰、郭元林、骆利群、庄小威、尹希……无疑都是"少年班"的佼佼者,也是中科大的骄傲。例如,张亚勤是首届"少年班"的学生,23 岁时以满分获得了美国乔治·华盛顿大学的博士学位,31 岁获得了美国电气和电子工程协会的会士,是该会百年历史上最年轻的会士。他 1999 年担任微软中国研究院首席科学家,2014 年担任中国百度总裁。庄小威是"少年班"87 级的学生,1997 年获得加州大学伯克莱分校的博士学位,2001 年 30 岁时被哈佛大学聘为助理教授,2005 年被哈佛大学聘为物理和化学双科教授,并且建立了以自己名字命名的单分子生物物理实验室,从事跨学科领域的尖端研究。她于2012 年当选美国科学院院士,是华裔美国科学家中第一个女院士。尹希是 96 级"少年班"的学生,2006 年获得哈佛大学博士学位,2015 年晋升为哈佛大学最年轻的正教授。他研究弦理论,由于取得了重大成果,从而获得了 2017 年科学突破奖与物理学新视野奖,是被世界物理学界寄予厚望的青年物理学家之一。

在这一连串的杰出人物名单中,并没有当时被称为中国当代"第一神童"的宁铂。他既没有出国留学,也没有获得研究生的学位,这究竟是什么原因呢?首先是媒体的责任。40 年以来,"宁铂"二字是被媒体报道频率最高的,过度的报道给一个少年造成了巨大的心理压力,使他承受着烦恼与痛苦。正如他自己所说的:"自己为名声所累,为什么不能做一个普通的人?"其次,科大是一所理科大学,受到学科的限制。也正如宁铂自己所说:"科大的系没有我喜欢的。"班主任本建议调他去南京大学学天文学系,但学校回复说:"既来之,则安之。"于是,他被迫学他不喜欢的理论物理,以至于对学业彻底失去了兴趣,并导致他于 2002 年前往五台山出家。

教育是科学,除了纯科学以外,凡科学都需要实验。英国《自然》某期封面文章《大学实验》认为,"大学要生存下去,与科学研究一样,必须通过实验,才能最终知道究竟哪一种方式适合自己的学校"。[1] 依此而论,"少年班"也是一种实验,既然是实验就应当允许失败。现在,我们对宁铂下结论为时尚早,还有待对他进一步地观察。即使宁铂不成功,也并不能证明"少年班"的失败,瑕不掩瑜,"少年班"的成就有目共睹,绝不能因为个别人的问题而否定"少年班"的方向。

其次是经验,"少年班"做了许多教育改革的尝试,其经验是有价值的。中科大"少年班"从一开始就实行独立自主招生,到 1986 年基本形成了高考初试、复试录取的模式,这对普遍推行自主招生改革是有参考价值的。在培养模式上,"少年班"贯彻"以人为本""以学生为主体"的指导思想,贯穿于大学的全过程,将课程学习与科技创新活动有机结合起来,坚持自主化学习与研究并重的培养原则。少数专业意愿十分明确的学生,从入学起就进入主修专业,按照相关专业培养计划学习。对于大部分学生,实行两段式(2 + 2)模式,即前两年完成基础课学习,后两年在导师指导下进行个性化的专业学习。

与此同时,科大仿效"少年班"还创办了教学改革试点班(简称试点班或称为零零班),这两个实验班互相借鉴,相互促进,有力地推动了全校的教学改革。根据学生的兴趣,实验班还与有关学院创办了"华罗庚班""严济慈班",从尊重学生志趣的角度出发,对学生的能力进行强化培养。

再次是社会效应,"少年班"的诞生对学校和社会风气有积极的引导作用。在中国教育界,"少年班"可能是最响亮的大学品牌,广大家长的关注率特别高,因为他们都有"望子成龙"的心结,希望自己的孩子成为杰出人才。对于幼儿和小学生,也会起到激励他们努力学习的作用,使他们爱学习、爱科学,使得当科学家重新成为他们的人生理想。总之,"少年班"的影响是正能量的,我们应当充分借助它的影响力,树立良好的社会风尚。

---

[1] 胡钰维. 教育也需要实验. 光明日报,2014 - 11 - 30.

172

### 三、"少年班"的问题与改革方向

我是"少年班"的坚定支持者,在我任武汉大学校长时,曾经效仿科大创办了"少年班",并且成立了教学改革实验科,专门抓好"少年班"和插班生这两个新生事物。在试招了三届以后,由于我被免职而停办,实属非常可惜。

在我看来,"少年班"存在的问题是前进中的问题,是锦上添花的问题。我希望擦亮这个品牌,在更高层次上办好"少年班"。那么,存在的问题是什么呢? 我认为主要是以下三个问题:

首先是不规范,应当按照学术规范提高"少年班"的水准。我在本文中凡提到"少年班"都是打引号的,说明我并不赞成这个名称。本来"少年班"就是一个口头语或习惯用语,既不是教育专业术语,也不是学科名称。所谓"少年班"就是指同一届大学生中,年龄比较小的一批学生,或叫小大学生,其指导思想就是让一些少年提前上大学和提前毕业。由于这个名称定格了,所以 40 年以来,"少年班"一直停留在培养小大学生的层面上,未能实现跨越。大约在 21 世纪初,全国各个大学的系都升格为学院,这在国外是从来没有过的。遗憾的是,中科大也未能免俗,借"少年班"30周年庆典时,将系级"少年班"升格为"少年班"学院,这不伦不类的名称让学术界感到十分费解。

那么,应当如何规范呢? 从教育规范来说,"少年班"中的一部分属于智力超前的少儿。教育心理学认定,在少年儿童中确实存在智力超前的少儿,大约占这个人群的 3%。因此,我建议将"少年班"学院改名为智力超前教育学院,或精英教育学院,甚至可以使用特殊教育学院,但绝不能叫"少年班"学院,否则以行政机构作为学院的名称,贻笑大方。

其次是目标定得太低,应当按照精英人才的定位来培养智力超前的儿童。坦率说,现在"少年班"取得的成就,仅仅停留在培养了多少博士、教授、院士以及 IT 和金融行业的 CEO 上。但是,这些并不足以显示"少年班"的成就,因为这些成就其他大学也能够达到。就以院士来说,"少年班"也就出现了两三个院士,而北京大学等校培养的院士比"少年班"还要多。

因此,科大"少年班"必须实现跨越,以实施精英教育为己任。我们应当坦承,中国现在还没有精英教育。如果中科大愿意这样做,将填补我国精英教育的空白点,把从少儿到大学的精英教育衔接起来,其意义非常深远。精英理论认为,在人类任何历史阶段,都存在极少数的精英人才,他们在性格、智力、能力、创造力等方面,都要超过其他大多数的人,他们往往引领社会、经济、科学、文化和艺术的发展。精英教育必须按照"少而精"的原则进行培养,宁缺毋滥;必须实行个性化的教学,因材施教,让每一个智力超常的幼儿的智慧最充分地发挥出来,再现牛顿、笛卡尔、达·芬奇、高斯这样的全才式科学家。

中国科技大学是一所以自然科学为主的理科大学,既无人文社会学科,也没有工程技术学科,这是该校实施精英教育的先天缺陷。当然,科大也没有必要再追求"大而全"的办学模式,可通过校际之间的合作弥补自己的不足。

再次是理论落后于实践。毛泽东主席曾经指出:"理性认识依赖于感性认识,而感性认识有待于发展到理性认识,这就是辩证唯物论的认识论。"[1]40 年以来,科大"少年班"的办学经验是丰富的,但我觉得既缺少教育理论的指导,又没有将实践经验上升到理论的高度,而是仅仅停留在行政管理的层面上。这一点,"少年班"的不规范叫法就是证明。因此,我建议中国科技大学应当成立精英教育研究室或所,隶属精英教育学院,聘请若干教育学专职研究人员从事精英教育学研究,做到以任务带动研究,以研究促进教育改革,希望在精英人才培养和精英教育理论和实践方面都取得丰硕的成果,是为至盼。

# 保持大学的独特个性[2]

2011 年 7 月,在湖北省蕲春县青石镇诞生了一所草根性的大学——

---

1　毛泽东著作选读:上卷:130.
2　本文为对立人大学的寄语,曾收入 2013 年出版的《大学在人间》一书,有修改。

立人大学,它是由李英强先生在自己的家乡创办的。这是一所四无大学,即无校舍、无校长、无资金和无教师。消息披露出去以后,引起了广泛的关注,有好奇者,有热心赞助者,有观潮者,有离经叛道的求学者,也有抓辫子和打棍子者。这是毫不为奇的,人本来就是以群划分的,由价值观决定他们的爱憎。

作为一个致力于教育改革的老者,我自然对于这个新生的事物持支持态度,虽然我也为这所大学的前路担忧,但我还是把她作为理想的追求,对她寄予美好的愿望。立人大学创办两年了,创办者和志愿者们一直在创业的道路上踽踽前行。今年春节后,立人大学筹备组成员欧阳艳琴来汉访问我,我们就立人大学的筹备和未来大学的变革问题,畅所欲言地交换了意见,权作为我对这所仍处于襁褓之中的大学的希望。

## 一、未来大学模式将更加开放

人类已经进入了 21 世纪的头十年,这是一个以创造性为特征的世纪,一切都处于急剧的变化之中。大学将变得越来越多元化,越来越开放。用比尔·盖茨的话来说,将来大学将变得面目全非。我们应当认识到这种变化的趋势,跟上时代的步伐,应对这些变化。

第一个趋势是仓储式教育。我设计了一个叫作超级仓储式的大学模式,它的英文名称是 Stockroom-style Supermarket of Education,简称为 SSSE 模式。一所大学就是一个大型仓储式超级市场,顾客就是学生,没有考试,没有录取分数线,学生就像顾客一样,进入教育超级市场选择自己所需要的课程,完全由自己的兴趣和需要而决定。在这个教育仓储超市中,开设各式各样的课程,举办多种多样的讲座,成立各种学术社团,自由演讲不受形式限制,图书馆和实验室全天候开放。在教师的指导下,成立各种科学研究小组,自由探讨各种学术问题,积极开展学术争鸣。校长就是这个仓储超市的总经理,负责培训教师,组织充足的商品(教育资源),对教育仓储超市进行有效的管理。教师就是超市的导购和指导者,负责解答顾客(学生)各种疑问,让他们获得自己满意的物品(即学习的收获)。这种仓储超市体现了开放、自由的原则,来者不拒,去者任意。这个设想应当有实验的价值,但问题是要有敢于率先吃螃蟹者,把设想变为现

175

实,这需要有无私无畏的勇气。

立人大学是否可以尝试这个模式呢？应该是可以的，因为你们没有包袱，没有老框框。但是，困难也是很多的，资金从哪里来，私人愿意捐赠吗？指导教师从哪里来，现有大学的教授们认同你们的理念吗？我们不乏好的创意，但缺乏实现创意和敢于探索的教育改革者。

第二个趋势是要重新认识和定位马丁·特罗（Martin Trow）的"教育三阶段论"。20 世纪 70 年代中期，美国教育社会学家马丁提出了教育三阶段理论，即高等教育的发展要经过精英（大学毛入学率 15％以下）、大众（15％～50％）和普及（超过 50％）这三个过程。这个理论已经被世界各国所普遍接受，但在理解上不尽相同。我认为，这三个阶段是同时存在的，彼此不能代替。即使高等教育普及化了，也仍然需要精英型的小而精的大学，它培养的是精英型的领导人才。绝非所有大学都应追求万人大学的规模，精英与普及这是两类不同大学的模式。

第三种模式是网络大学，这是现在非常流行且有巨大发展空间的教育模式。2011 年美国斯坦福大学计算机系终身教授瑟巴蒂安·斯隆（Sebastian Thrun）宣布辞职，在教育界引起了不小的震撼。他将人工智能课改在网上上课，结果选修这门课的学生竟有 16 万人之多，其中 248人获得优异的成绩，却没有一个是斯坦福大学的学生。在网上授课获得成功的基础上，他创办了网络大学（Udacity），网上授课一律免费，而且还为考试合格者颁发计算机学位证书。除了 Udacity 以外，2012 年又出现了慕课（massive open online courses，简称 MOOC）和 edX 等网络教育机构。这三大网络教育平台的诞生，掀起了网络教育热潮，它们将打破传统大学的模式，或将改变未来教育的架构，使大学教育国际化成为现实。

## 二、创造性教育要有自由空间

我研究创造性教育 30 多年了，出版了一套《创造教育书系》。中国人善于模仿而缺乏创造精神是人所共知的，这有更深层的原因。国家提出要从制造大国转向创造大国，如果不改革大学教育模式，这近乎痴人说梦。为什么呢？因为我国教育体制束缚了人们的思想自由，进而扼杀了人们的创造性。没有创造性的人才，怎么能够实现创造大国呢？

现在媒体上频繁出现大学去行政化的呼吁,但这只是浅层次的问题,深层的问题是要去意识形态化、工具化、官僚主义化和形式主义化。教育是公共资源,必须遵循世界普遍的规律,也就是普世价值,为全人类的福祉服务。创造绝非只是一个口号,创造需要有个性,需要自由空间。自由是教育的核心理念,是教育的灵魂,可以说没有自由就没有教育。英国约翰·纽曼(John Newman)是都柏林大学首任校长,是第一个撰写《大学理念》的教育家。他明确地指出,大学教育是为自由而设的,没有自由就没有大师。这是确定无疑的,因为创造性的果实只生长在自由的园地里。

前段时间,我国建筑师王澍荣获了普利兹克大奖,它相当于建筑领域里的诺贝尔奖。在谈到创造性成果时,王澍先生感叹道:"除了土特产,还有什么是中国的?"除了"四大发明"以外,我国再也没有什么称得上是世界发明了。在世界发明的领域里,只要是涉及电子仪器、机械设备、测试技术、医疗设备、通讯设备等,都是西方人发明的。例如,洗衣机、电视机、空调、冰箱、飞机、火车、汽车、自行车、摩托车、火箭、雷达等,都不是中国原创发明的。在先进技术方面,如宇宙飞船、基因图谱、超导、纳米技术、卫星、石墨烯、人脑绘图等,我们也是亦步亦趋地跟着西方人的研究走。虽然我们的科研项目可以做得很大、很强,但都不是我国最先发明的。当然,除了王澍说的土特产外,我还要补充一点,那就是锅碗瓢盆嘛,还有什么其他值得吹嘘的呢?我们应该深刻地反省了,应痛下决心改变集权式教育体制,从青少年开始实施创造教育,放飞他们的理想,开启他们的智慧。

### 三、坚定地走创新办学之路

立人大学从创办的那一天起,就显示出与众不同的个性,这使我想起了17世纪法国启蒙思想家卢梭的一句话。他说:"我生下来便和我见到的任何人都不同,甚至我敢自信全世界也找不到一个生来像我这样的人。虽然我不比别人好,至少和他们不一样。大自然塑造了我,然后把模子打碎了……"

在我的眼里,立人大学就是一所与众不同的大学。两年以来,已经实行了不少的创新举措,如游学班、研修班、教学相长等,都是值得推广的。我撰写的《理想大学》一书中,就设计了游学制。在中国大学里,最坏的制度就是学生在一个学校学到底,从本科、硕士到博士;教师在一个大学教一辈子直到退休,以至于造成三代或四代同堂的局面,形成了倚老卖老的所谓权威。然而,西方大学即使是诺贝尔奖获得者,也是不断流动的,他们不断挑战自我和超越自我,这样才能不断地创新。

立人大学一定要走自己的路,绝不能模仿现在一些大学的做法,要营造民主、自由的学术环境。来到立人大学学习的人,不能以取得文凭和学位为目标,而是为了获得真知,以追求真理为己任。什么叫学习和读书?我记得民国时期杨玉清先生在《论读书》中说过:"以读书混文凭的人,不是读书人;以读书混官做的人,不是读书人;以读书为时髦、为装饰品的人,更不是读书人。"什么是真正的读书人呢?林语堂先生说:"有价值的学者,不知道什么叫磨练,也不知道什么叫苦学,他们只知道爱书,情不自禁地一直读下去……"

因此,立人大学应该拒绝招收混文凭的人,为混官做的人,为装饰脸面的人。立人大学是草根大学,没有颁发文凭的权力,也不能发学位证书。草根有什么不好?唐朝大诗人白居易曰:"野火烧不尽,春风吹又生。"立人大学扎根在群众之中,根植于神州大地,一定会星火燎原的!

那么,怎么保持立人大学的独特个性呢?为此,绝不能模仿其他大学,也绝不能与它们攀比,要走自己的路,要做别人不愿做、不敢做或者被他们瞧不起的事。凡是来到立人大学的人,都要有理想,有终极关怀的情结,并以此为终身的志业。我觉得素质比文凭重要,思维能力比分数重要,来立人大学就是为了获得真知,提高人文素质,训练创造性的思维方法。追求真理是无止境的,真理也是多种多样的,应当打破对真理的迷信。


# 我心目中的理想大学——书院

中国书院教育模式有着悠久的历史,它始于唐朝开元六年(718 年)在洛阳创办的丽正书院,兴盛于宋、元两个朝代。在北宋庆历新政之后,书院盛极一时,出现了宋代的四大书院,它们是位于湖南长沙的岳麓书院,位于江西庐山的白鹿洞书院,位于河南登封的嵩阳书院,位于河南商丘的应天书院。自明朝以后,书院逐渐受到限制,直到光绪27年(1901年)清政府颁布《兴学诏书》,废书院建新学堂,至此书院完全瓦解。[1] 在我国悠久的历史中,曾经有过许多教育组织的形式,如太学、官学堂、私塾、科举制、国子监、新式学堂等。经过审慎反思,我国古代的书院不仅不是没有存在的价值,更是我国古代教育的精髓,因此非常有必要开展一次书院的复兴运动,这是否定之否定规律辩证发展的必然过程。

那么,在书院传承的长达1183年的历史中,前后共有多少书院,史书上并没有精确的统计。根据推算,估计前后有数千个以上,因为仅福建就有750个,四川有394个,湖北也有243个,当然这些书院的规模与水平相差也是很悬殊的。北宋全国共有书院89所,南宋拥有500余所,而江西书院数量高居全国之首。两宋时代,是我国书院的巅峰时期,不仅数量多,还创建了中国历史上四大著名书院。为什么两宋时代书院兴旺发达呢? 因为宋朝是我国历史上经济最繁荣、科技最发达、文化最昌盛和人民生活水平最富裕的时代。经济是发展教育的基础,因而两宋书院繁荣昌盛就不是偶然的了。

那么,中国千年书院究竟作出了哪些贡献呢? 书院是我国古代教育的一朵绚丽的奇葩。一批赫赫有名的书院,实际上就是当时的高等教育机构,它们肩负着培养人才、从事高深学问研究和孕育学派的三大功能。

首先是培养人才。湖南岳麓山书院号称千年书院,就其规模而论,它堪称中国第一书院。书院大门横匾"岳麓书院"四个大字,是由宋真宗颁书赐额,两边对联上书"惟楚有才,于斯为盛",讲堂正中是清朝乾隆皇帝御书"道南正脉"。千年古刹,浓厚的文化氛围,学术大师云集,令人们肃然起敬和神往。从这个书院著名的山长和培养出来的杰出人才不仅可以看出岳麓书院闻名天下的原因,也可看出复兴书院的意义所在。据可靠的史料,前后主持过这个书院的山长共有55位,他们大多是学派首领、著名的学者和教育家,如第一任山长周式,以及继任者张栻等。这个书院总

1  陈元晖.中国古代的书院制度.上海教育出版社,1981.

共培养出了 17000 人，其中杰出人才不胜枚举，如彭龟年、游九言、游九功、王夫之、魏源、曾国藩、左宗棠、郭嵩焘、蔡锷、唐才常、范源廉、蔡和森、邓仲夏、杨树达、谢觉哉、陈潜等，都被称为"岳麓巨子"。[1] 他们的成功，再次说明书院是育人最佳的摇篮。

应天书院创建于公元 1009 年。曾经有一篇报道名为《一个人和一座千年书院》[2]，这个人就是中国历史上的大儒范仲淹。如果论对书院的贡献，他是当之无愧的第一人。范仲淹幼年丧父，于 1011 年入读应天书院，经过五年寒窗苦读，中进士后被任命为广德军习理参军，后来官至参知政事、枢密副使。1026 年其母亲病故，他为母丁忧又回到了商丘，应知府晏殊之邀，做了应天书院的主持人（相当于校长）。他明确匡扶"道统"的书院教育宗旨，确立了以培养"以天下为己任"的人才为目标，明确了学术大师在书院的地位，从而使书院名声大振，走出了大批精英人才。如张载就是地地道道应天书院的学子，他后来成为北宋的思想家、文学家、教育家，是理学的创始人之一，与周敦颐、邵雍、程颢、程颐并称"北宋五子"。富弼也是范仲淹的学生，范仲淹极为欣赏富弼的才华，富弼 17 岁时范仲淹就评价他是"辅佐帝王之才"，后来他果然辅佐了三位皇帝和三封国公，成为宋代名相。名儒景冬则就读于嵩阳书院，其中进士以后，曾九任御史。

其次是致力于高深学问的研究，撰写出许多传世经典名著。嵩阳书院位于嵩山之阳、河南登封的峻极峰下，在历史上以理学而著称。四方生徒摩肩接踵来此求学，使之成为北宋影响最大的书院之一。古代儒生们都喜欢在山村幽静之地聚众讲学，到嵩阳书院讲学的就有范仲淹、朱熹、程颢、程颐、司马光、范纯仁、杨时、李纲等 24 人，而二程在此讲学长达十年。在那个时代，交通极为不便，但学术交流如此之频繁，可见那时候学风多么浓厚。司马光的《资治通鉴》第九至二十一卷，就是在嵩阳书院完成的，这也是传承千年的经典名著。

在书院的历史上，朱熹是继范仲淹之后，对书院贡献最大的一位大儒。朱熹祖籍是江西婺源，但出生于福建龙溪县。他 14 岁到武夷山落

1 岳麓书院名人名师. 凤凰网文化频道. 2014 - 07 - 12.
2 一个人和一座千年书院. 河南日报. 2016 - 09 - 02.

户,享年 71 岁,除了七年在外做官以外,50 多年都是在闽北的书院中度过的。他以教育为己任,竭力推行书院教育,全国 70 多所书院都与他有联系。他亲自创办了四所书院,即云谷书院(寒泉精舍)、武夷书院(武夷精舍)、紫阳书院、考亭书院(竹林精舍)。他的许多名著都是在这几所书院完成的,例如《太极图说解》《大学章句》《论语精义》《易学启蒙》《孟子要略》《周易参同契考异》等,都是传世经典名著。复旦大学历史学教授、上海社会科学大师蔡尚思对朱熹有极高的评价。他说:"东周出孔丘,南宋有朱熹。中国古文化,泰山与武夷。"[1] 朱熹与孔孟、明朝的王阳明并称为儒学四位大师,这四位也是世界公认的四大文化圣人。

北宋庆历年间,范仲淹被谪至邓州,受邀创办花洲书院(以百花洲而得名),其间受文韬武略的滕子京邀请,为重建的岳阳楼撰写了《岳阳楼记》。该文全文仅 369 字,但可谓字字珠玑。范仲淹一生并没有到过岳阳,他不写景,直抒胸臆,留下了"先天下之忧而忧,后天下之乐而乐"的千古绝唱,也成为中国传统和现代知识分子立身的榜样。与此同时,在书院留下名联和金句的还有张载的"四为",即"为天地立心,为生民立命,为往圣继绝学,为万世开太平",以此作为选致太平世界的公理。明朝东林书院的顾宪成也撰写了"风声雨声读书声,声声入耳;家事国事天下事,事事关心",它也成了读书人经国济世的座右铭。书院已经远去百年了,可是我国再也没有出现这样的千古绝唱了,这是非常值得反思的。

再次,在书院诞生了众多学派,使之成为学派的温床。什么是学派?纵览科学发展史,在一个天才人物的周围,往往会诞生一个学派,这个天才人物就是学派的首领,围绕着他倡导的学说,聚集着众多拥戴者。对照这些标准,我国古代书院就是诞生学派的温床。我们可以斩钉截铁地说,继春秋诸子百家蜂起之后,宋明年代是学派最兴盛的时期。其中宋代的程朱理学是影响最大的。在理学的统帅之下,衍生出了洛学学派(二程是洛阳人),朱熹创立的考亭学派(熹父朱松居住地),张载创立的关中学派(以张载在关中地区讲学而得名),周敦颐创立的濂学学派(以家乡水名濂溪得名),等等。周敦颐一向被认为是程朱理学的"开山祖师"。清代黄百

1　吴翠云.揭秘朱熹与泉州的不解之缘.泉州晚报,2016 - 09 - 25.

家在《宋元学案》中说:"孔孟之后,汉儒止有传经之学,性道微言之绝久矣。元公(周敦颐)崛起,二程嗣之,又复横梁(张载)诸大儒辈出,圣学大昌。"[1]

在明朝时代,书院的发展受到极大的限制,主要原因是书院官学化,逐渐成了科举制的附庸。但是王阳明是一个例外,他因反对宦官刘瑾被贬谪到贵州荒蛮之地龙岗驿。他在被遣送至贵州的途中,路经长沙时专门游访了岳麓书院,赋长诗《游岳麓书院事》,表达了对朱熹、张栻两位学术大师的敬佩。经过千辛万苦,到达贵州龙岗之后,他立即创办了龙岗书院,这不仅是他第一次从事书院教学实践之地,也是他悟道创立心学之所。王阳明的一生,是心学产生、传播和学派发展的一生。他先后到敷文书院等地讲学。王阳明的心学学派分布很广,有名有姓的弟子就有410多人,恐唯有朱子学派才能与之媲美。[2] 但在明朝中叶以后,随着程朱理学日益失去控制人心的作用,王阳明的学术思想才逐步左右思想界。在教育领域,程朱理学派窒息了思想自由,而阳明学派的出现要求人们摆脱程朱学派章句语录的桎梏,"反求诸心",追求自己的智慧,这在当时的学术界起到了解放思想的作用。

纵观学史发现,学派是在创立元学说和发扬元学说的思想家感召下,自觉传承先师学术旨趣的学者群体。任何学派的诞生,都是以特定的学术传播为前提的,而学说的传播需要借助一定的传播途径。以书院为中心的讲学就成了王阳明心学传播的主要形式,王门弟子纷纷创办书院,仅江西省就多达80余所,占该省书院总数的三分之一。这一盛况说明,在明朝正德和嘉靖年间,中国历史上开启了自南宋以来第二个书院和学术的巅峰时代,这与南宋书院和程朱理学发展的情况是一致的,书院的包容文化具有强大的创造生命力。

在我国历史上,书院之所以长盛不衰,沿袭了一千多年,是因为这种教育模式具有不可替代的优势。概括起来,我认为古代书院有五大特点:

首先是名家办学,独立自主。历来出任书院山长的人都是学坛巨子,

---

1  陈金生.《宋元学案》——四百年儒学沉浮史. 文史知识,2017(11).
2  徐永文. 王阳明与书院关系考论. 教育史研究,2006(3).

学有专长,不少人自成学派。在元代以前,书院都是私立的,管理机构精干,基本上没有脱离教学的冗杂人员,官府干预比较少,保证了书院独立自主的特点。

第二,实施精英教育,以培养学术巨子为己任。本来,书院源于"精舍""精庐"和"学馆",不管从规模上或是培养的目标来看,都是地地道道的精英教育。这些大师级的学者,常年在书院深居浅出,把他们所思所想和精辟见解传授给学生,这绝非是照本宣科所能比拟的。

第三,实施教学与学术研究相结合的原则,也就是当代流行的美国研究型大学的模式。然而,我国书院的这一教育理念,较德国威廉·洪堡(Wilhelm von Humboldt,1767—1835)创办的以教学与科研相结合为特点的柏林大学却早了几百年。当今美国拥有最多的研究型大学,它们大多形成于19世纪末,我国书院比它们也早了很多年。

第四,开放式的办学。书院讲学不限于本院的学者,不同学派的人可以同时出现在一个讲坛上。学生听讲不受书院或地域的限制,也可以中途易师,这种开明的办学宗旨,仍然是我国当代大学无法企及的。

第五,教学方法不拘一格,实行自学、讲座、辩说、问难辩论、相互切磋等多种形式。[1] 其中,讲座十分频繁,大大活跃了学术思想。例如,公元1181年,白鹿洞书院邀请陆九渊作讲座,讲题是《论语》中的"君子喻于义,小人喻于利"。演讲非常成功,竟然让听众泪崩。一位听讲者说:"一听之下竟然七日难眠。"陆九渊自己也回忆说当时他讲得酣畅淋漓。[2]

当然,中国古代书院也有着先天的缺陷,那就是仅仅限于儒学、理学、心学这些传统的学科,对于其他人文和社会学科,尤其是自然科学丝毫没有涉及。其实,在宋代,我国科学技术也已经高度发达了,但并没有诞生传授自然科学理论和知识的书院,这是非常可惜的。英国科学史学家李约瑟(Joseph Needham,1900—1995)对此曾经有一个诘问:为什么中国古代有众多的发明,而近代科学却没有诞生在中国? 但是,瑕不掩瑜,这些缺失丝毫不影响我们对古代书院模式的借鉴。

---

1 杨忠.中国古代书院流风余韵.中华读书报,2018-11-11.
2 胡发贵.陆九渊如何开讲座.光明日报,2019-04-13.

古代书院已经远离我们一百多年了,但是学者和民间呼吁继承和发扬光大书院的声音从来没有中断过。人类的历史发展是螺旋式上升的,有时一种好的制度、模式或是学术观点被否定,然而在另一个时期,又将会以复兴的形式出现。胡适先生是我国近代著名的哲学家、思想家和教育家,他在 20 世纪 20 年代就指出:"一千年以来,书院实在占教育上一个重要位置……所可惜的,就是光绪变政,把一千年来书院制完全推翻,而以形式一律的学堂代替教育。要知我国书院的程度,足可以比外国的大学研究院……书院之废,实在是吾中国一大不幸事,一千年以来学者自动的研究精神,将不复现于今日了。"[1]

目睹我国书院的现况,着实让人忧心忡忡,绝大多数书院经过重修成为旅游景点,以吸引观光者而敛财。在民间,虽然也有一些民办教育机构开办了所谓的书院,但他们也是为了招揽学生,以营利为目的。在教育界,虽然有一些大学恢复了古代书院的名称,如湖南大学于 20 世纪 70 年代末正式接管了岳麓书院,并于 2005 年设立了隶属湖南大学的岳麓书院,2009 年正式招收本科生、硕士生和博士研究生。从规模看,其虽然设立了中国哲学研究所、历史研究所、中国思想文化研究所、中国书院研究中心、中国软实力文化研究中心等;但是,此书院非彼书院也,古代书院的精髓被舍弃,在大一统教育体制的领导下,按照计划经济思维办学是难再现昔日书院的辉煌的。白鹿洞书院与地方所属的九江学院合作,虽然召开了"白鹿洞文化论坛",但看来也是有些不伦不类。在其他大学,如复旦大学和苏州大学,也设立了许多书院,要么是为了纪念名人而设,要么是作为一种管理机构而设,虽然宣传着墨很浓,但只图形式而不重视学术,也难于达到培育出巨子和形成学派的目的。

在我国教育史上,书院与科举基本上是同时兴起和同时被废除的两大教育制度,但它们恰好是一正一反的典型。书院被彻底废除,而科举制的思想影响至深,其流毒渗透到当今的应试教育,成为我国教育解不开的死结,这确实使人感到费解。我们现行的各级教育制度,基本上都是西方教育的翻版,少有创新的特点。然而,书院是真正属于我国教育的国粹,

---

1 胡适. 书院的教育. 胡适全集:第 30 卷. 安徽教育出版社,2003.

她的整套办学理念超前世界研究型大学至少几百年。我们必须把这块丢弃的瑰宝重新拾起来，把她擦洗得锃亮，让她在新时代再现耀眼光辉！

那么，我倡导复兴书院模式的目的又是什么呢？坦率地说，书院就是我心目中的理想大学，我倡导复兴书院的目的就是弥补我国高等精英教育的空白，致力于精英人才的培养，从事传承千百年高深学问的研究，再造我国新时代科学的学派。

那么，我国复兴书院的方向是什么呢？

首先是实施精英教育。什么是精英教育？精英教育就是培养社会精英的教育，它们应当是小而精和小而特的一对一的教育，绝不能追求高大全，这是与我国现行的公立大学相区别的。社会精英只能是极少数，他们应当是最富有理想的人，树立以学术为终身志业的目标。他们应当具有"你生之前悠悠千载已逝，未来还会有千年沉寂的期待"的情怀，没有这种迷狂，这种人便不适合做学术，也不应当再做下去了。[1]

根据我国现行高等教育的布局，新型的书院只限于人文社会科学和纯数理学科，重点是文学、史学、哲学、神学、社会学、心理学、教育学、数学、理论与天体物理学等。这些学科是我国当今大学中的薄弱环节，更适合在象牙塔内安贫乐道地求索。毫无疑问，自然和工程技术学科是非常重要的，但现行公立大学已经很强大了，而且要耗费巨额资金，所以新型书院要扬长避短，做现行功利性大学不愿或做不了的学问，这样才能获得巨大的突破。复兴书院要因地制宜，每个书院各有侧重，既不相互攀比，也绝不雷同，以小规模为宜。

其次必须定格为私立性质，保持书院的独立性。什么是独立？法国著名哲学家雅克·德里达（Jacques Derrida，1930—2004）说："大学的独立自由到什么程度？大学不仅相对于国家是独立的，而且对于市场、公民社会、国家的或国际的市场也是独立的。"因此，大学的独立是无条件的，任何剥夺大学独立权的借口，都是对书院精神的否定，都不是真心实意地复兴书院模式。

再次是教学与研究相结合，育人与著述并行不悖。书院的教学绝非

---

1 韦伯 M. 学术与政治. 读书·生活·新知三联书店, 2007: 24.

是灌输知识,而是提倡自学和独立钻研,因材施教。书院的研究,也绝非是模仿或尾随外国人的研究,而是研究纯科学,也就是看似无用的基础科学。然而,看似无用的纯科学却是科学之母,它是穷究万事万物的本质,一旦基础科学获得巨大的突破,那将会导致科学技术领域里的哥白尼式革命。早在 1883 年,美国著名物理学家、美国物理学会第一任会长亨利·奥古斯特·罗兰(Henry August Rowland,1848—1901)就发出了《为纯科学呼吁》的演讲[1],对美国科学技术的发展曾起到了巨大的推动作用。我国当今与那时候美国的情况极为相似:研究中的急功近利、浮躁、造假等行为极其盛行。因此,新型书院必须肩负起纯科学的研究重任,为创立科学学派、营造滋生学术大师的沃土和出版传世经典名著作出贡献。

我国书院的复兴任重而道远,既需要有远见卓识的决策者,又需要有慷慨捐赠的企业家。我国现有各种球类俱乐部数十家,每年耗资上千亿元,难道就不值得捐资办几十所新型的书院吗?在这两个先决条件的前提下,还需要有献身于复兴书院模式的一批教育家以及众多有理想的孜孜以求的青年学子。这是一项能使中华民族立于世界科学先进之林的千秋大业,唯有各方面人士携手共进,方可达到复兴书院模式的目的。这正是路漫漫其修远兮,吾将上下而求索!

---

1 罗兰. 为纯科学呼吁. 王丹红,译. 科学新闻,2005(5).

# 4

## 做热爱学生的校长

# 校长要有博爱的胸怀

在中国，中小学校长的称谓源于 1912 年。在中华民国教育部颁布的《普通教育暂行办法》中，规定以"校长"替代从前的"堂长""监督"等。"校长"不只是一个职务名称，还要肩负起领导一所学校的使命，负责学校的管理和制度设计。改革开放以来，我国对中小学校长的要求也与时俱进，专业化、年轻化和职业化成了对校长的必然要求。

大学诞生于何时？国际高等教育界公认，于 1088 年创建的意大利博洛尼亚大学是大学之母。自大学诞生，就伴随着大学管理者或叫作首席执行官的出现，其称呼也各不相同，如 consul、rector、chancellor、president 等。最初，大学校长任职的条件是成年人、神职人员、大学毕业生、富有、操行无可指责等。中世纪大学校长的主要职责是：维持学校的纪律，主持大学法庭，审判和惩罚犯罪的人员。[1]

近现代意义上的大学校长于 1245 年出现于法国巴黎大学。大学校长起初只能由艺术学院的教授担任，要求候选人具有七年以上教授文法或修辞学的经验，并由选举产生，任期长短不一。校长就职仪式非常隆重，除了全校师生员工参加以外，还有社会名流和王室成员参加。如果校长在职期间逝世，可以享受王室成员的待遇。英国牛津大学的校长都是由王室成员担任，由副校长履行校长的职责，这个传统一直延续至今。

大学校长应当是一所大学的灵魂，对于办好大学和建立自己学校的特色，具有不可替代的作用。要达到这样的目的，大学校长必须具有较高的素质，对此仁者见仁智者见智，谁都可以列出十条八条。但是，我认为最主要的是：第一，要懂得教育学，按照教育规律办学，特别是要形成自己独特的办学理念。第二，必须具有深厚的人文素质，以人文主义精神引领学校。第三，必须具有专业学养，虽然他不再从事专业教学和研究，但知道怎样选拔优秀的教师。第四，要有较强的领导、决策和管理能力，密切联系群众。第五，要有博爱的胸怀，热爱教育事业，挚爱教师、学生、员工，把学校营造成充满自由、民主和爱心的智慧园。

---

1  宋文红.欧洲中世纪大学的演进.商务印书馆，2010：188—191.

什么是博爱胸怀？我亲身遇到过一个真实的故事。2005 年 3 月，我的一个学生从北京给我带来一件"贵重"的礼物（据说耗资千余元），是一座弥勒佛，在佛的右边有一个元宝盆，里面种植了一棵"天然灵芝"，栩栩如生，既吉祥又十分可爱。这件礼物还附有一份印制精美的说明书，提示每周要用溶解有糖分的白醋擦洗灵芝，既可防止虫蛀，又是滋润灵芝的营养。我轻信了，连续擦拭了十年，精心呵护。2015 年，家中的保姆做清洁时不慎撞断了这株"天然灵芝"，它才露出了原形——原来它是用纸浆染色制造而成，底部由一根木桩连接着插入盆土中。这时，我才恍然大悟，它验证了"无商不奸"这句老话。假灵芝自然是被丢弃了，但那尊弥勒佛我仍然保存着，因为我喜欢弥勒佛和那副对联——"大肚能容，容下天下难容之事；开口便笑，笑尽世间可笑之人"。

在大乘佛教经典中，弥勒佛是真人真事，他是贤劫千佛中的第五尊佛，也是世尊释迦牟尼佛的继任者。在汉传佛教的寺庙里，常见到的一尊袒胸露肚、笑容可掬的布袋和尚，就是以弥勒佛为原型塑造的。在佛教中，作为表法教育，弥勒佛表示"量大福大"，提示世人学会包容。什么是包容？包容是一种胸怀，是人的精神境界，它考量人们善良和慷慨的程度，也是博爱精神的体现。包容到什么程度？正如弥勒佛所言，能容天下难容之事，包括反对你或有错误的人，或者是你不能接受的观点。

对于这一点，我是心领神会的。一个大学校长应当营造宽松的治学环境，对待师生要有宽厚的心态，对待犯错误的人要有宽容的政策。也许有人质疑，宽容犯错误的人就是怂恿错误的行为。这是狭隘的观点。错误固然不能姑息，但犯错误的人是有生命的人，是值得关爱的生命。应该给犯错误的人以出路，向他们施予爱心，这样可以促进他们更好地改正错误。下面记载的几个故事的主人，都是有错误的，有的还犯罪坐了牢，但他们在爱的引导下，重新开始了自己新的人生，分别达到了相应的成就，这些都是博爱精神感染的结果。

## 一、保护失恋的学生

大学生正处于青春发育时期，男女之间的爱慕之情是自然生理现象，是不能用校规或是行政手段禁止的。即使强行禁止，也必然是禁而不止的。武汉大学 20 世纪 80 年代的开明政策,就表现在不仅不禁止谈恋爱,还保护失恋的学生,校长还请恋人到家中喝咖啡,为他们出国送行。

1980 年中美之间开启了物理研究所联合考试,从中选拔优胜者赴美国大学攻读博士学位。1981 年我校从物理系和空间物理系共选拔了 20 人参加考试,结果有 13 人被美国各知名大学录取。然后,他们被集中起来,请美国英语教师给他们补习英语,尤其是口语,为他们赴美后的学习奠定基础。就在这期间,这些已被录取的留美预备生,想趁出国前解决个人问题,以免到了美国后使学习分心。

一个被录取准备赴美的学生,相中了比他低三届的一个漂亮女生,她是校学生会文艺部部长,能歌善舞。让他始料不及的是,当他向这个女生敞开心扉时,却遭到她有礼貌的拒绝。这一下他似乎觉得无地自容,于是写了一张字条留在宿舍的桌子上,内容是"我寻长江而去,请不要去找我",引起了许多猜测——从字面上理解,他有可能轻生。空间物理系的领导从档案中查出该生家庭和亲属的地址,派多人去这些地方寻找。功夫不负有心人,终在大连他姑妈家找到他,并劝说他一起回到了学校,待他情绪安定后,重新开始了正常的学习与生活。

到底怎样处置这个事件呢?校系都有不同的意见,有的主张批评教育,也有的提出取消他出国的资格。意见反映到我这里后,经过冷静思考我觉得,这事最好大事化小小事化了。于是,我决定:第一,不能在学生中传播此事,也不能对该生进行公开批评;第二,此事不能上报给教育部,以息事宁人为好;第三,不影响他出国,请他继续参加英语培训班,按计划做出国的各种准备工作。

这个学生于 1982 年 8 月赴美国纽约大学物理系学习,1984 年转到哈佛大学改学生物学。他对生物技术有着痴迷的爱好,为美国公司做过大大小小 200 多个项目,业绩出众。他在哈佛学习时,深受该校校风学风的影响,就是"不出版即死亡(publish or perish)""不领头即平庸(leader or mediocrity)"。因此,该生总是思考最前卫的学术问题。现在他成为"海归",受聘担任杭州世平信息公司首席科学家,从事新的生物技术信息安全项目研究,取得了重大的突破。

1986 年,我率代表团访问美国和加拿大十多所大学。9 月 16 日,他邀请我们一行到他家中做客,在波士顿的武大所有留学生都参加了。他与妻子准备了丰富的晚餐,我们也一饱口福。那天晚上,师生在异国他乡见面,自然都非常高兴,欢声笑语此起彼落,我们一直谈话到凌晨4点多钟。

第二天,我们代表团要赶往位于康涅狄格的纽黑文,参加耶鲁大学第20任校长班诺·斯密特(Benno Schmidt Jr)的就职典礼。这个学生与他的同学徐传毅亲自开车,沿着高速公路行驶193公里,耗时三个半小时,送我们顺利到达耶鲁大学所在地。美国大学校长就职典礼十分隆重,我们也领略了典礼的庄严、壮观。典礼之后,我们受到斯密特校长的接见,相互赠送了礼品,还签订了校际交流与合作协议。

光阴荏苒,转眼33年过去了。2019年7月8日晚上,他与同班同学查乐平来我家探望。见面时,我几乎不认识这位高材生了,他略微胖了一些,人也更加成熟了,口才更加出色。他滔滔不绝地讲了一个多小时。从初恋到失恋,从物理到生物再到信息学。他最后说道:"校长,如果不是您当年的开明态度,我真不知道今天会是什么样子。回首往事,我非常感谢校长的保护。"

我说:"校长爱学生,保护学生,是应尽之责,看到你今天的成就,我真的非常高兴。百尺竿头,希望你更进一步!"

## 二、宽容偷书的学生

在我国,自古读书人都有爱书、爱购书和爱藏书的习惯,这大概就是造就学富五车和才高八斗的大学问家必备的条件。我也是一个爱逛书店和买书、藏书的人,但我并不是大学问家,只是爱书而已。

有谁能够相信,现在在武汉大学偌大的校园内,居然没有一个书店,而且周边的大学书店、新华书店和外文书店纷纷倒闭了。这从一个侧面反映出,当代读书的风气已经衰败了,中国人平均读书量是世界上最少的,也说明我国潜伏着严重的文化危机。

可是,在20世纪80年代,武大校园内有多家书店,还有不少个体书摊,教师和学生们可以很方便地买到自己所需的各种书籍。学生宿舍本来很狭窄,但每个学生的床头都备有一个小书架,存放必读之书。因此,大学生们经常逛书店和购书。中文系学生的爱书和读书,可能是全校最为突出的,这兴许是他们的专业习惯以及学习和创作的需要吧。

据中文系反映,有一个贫困生也是书店的常客,但他又没有钱购书,于是心生邪念。那时,既没有条形码,也没有扫描仪,鉴别购书与否的标志,就是在新书的扉页或是尾页盖上刻有"查讫"字样的紫色椭圆形的印章,表明是经过检查或是收银的意思。这个学生就用肥皂模仿制作了这样的印章,并自带印泥,将书店喜欢的书盖上伪造的印章带回。就这样,他宿舍的书越来越多,从而引起大家的怀疑,而后他偷书的秘诀就被揭穿了。

事情败露以后,中文系领导和辅导员,准备取消这个学生的学籍,他们将处分的报告呈送学校批准。这份报告转到我的手上,我犹豫了,如果给予处分,那就意味着他的学业将终止,而且他的前程最终也将毁掉。这时,我想到了鲁迅先生在《孔乙己》这篇小说中借孔乙己之口说的"读书人窃书不能算偷"。于是,我对该系领导说:"该生的行为肯定是不当的,应当进行批评教育,让他吸取教训,永不再犯这样的错误。但是,开除学籍或给予处分就不必了,也不要在学生中张扬这件事。"我之所以采取宽容的态度,是基于我的教育理念:罚而不教不足取,同时相信人是会变化的,犯错误的人一旦认识到错误,吸取了教训,可能比没有犯错误的人,更会珍惜自己的人生,也会创造出更大的成就。

当年夏天,该生毕业了,他被分配到北京国家机关工作。据后来的反映,他真的吸取了教训,依然勤奋好学,工作任劳任怨,生活勤俭节约,与同事友好相处,深受领导与群众的赞誉。鉴于他突出的工作能力,后来他成为该部门的一名司局级领导干部。现在回想起来,两种不同的处理方法,其结果也是迥异的,孰好孰坏不是明摆着的吗?

## 三、探望服刑的学生

张二江是武汉大学历史系 78 级的学生,曾担任校第 20 届学生会主席。在校期间,他热心社会工作,积极开展社团活动,曾经倡导成立了快乐学院,支持艾路明漂流万里长江。他领导的那一届学生会是最活跃的,对于创建自由、民主和创新的校园文化,协助学校进行教学改革,都曾经起到过很大的作用。

他毕业后被分配到湖北省纺织工业局工作,后来被任命为湖北省丹江口市市长。1993 年 5 月在历史系著名教授吴于廑先生的追悼会上,我们曾经见过一次面。后来,他又被任命为湖北省天门市市委书记。大约1997 年他从天门给我打过一次电话,向我问好。虽然我们师生很少见面,但我对他的工作始终是关注的,希望他洁身自好,保持清正廉明,为民办实事。

大约是 2002 年初夏,我从报纸上看到他因为经济等问题被起诉,后被判处有期徒刑 18 年。对于他的错误,我感到十分意外,也非常痛心。一个人如果不洁身自爱,不严格要求自己,在物欲横流的环境中,随时都会栽跟斗,他的错误具有很重要的警示作用。

从他入狱以后,我就想去探视他,可是我的学生们都建议我不要去,而是由他们代我向他表示问候。也有的学生认为,去探视一个被判处有罪的学生是不必要的,也有失校长的身份。但是,我认为,师生关系犹如父母子女,如果自己的孩子犯罪坐牢,难道父母不应当去探视吗?因此,这些年以来,我始终没有放弃想去探视他的念头,也许作为他昔日的校长、师长,这种探视会给他改正错误增加一份力量。

2008 年初,我请学生皮勇建和刘家清帮助安排我去看望张二江。开始他们说初春天寒不便,后来又说奥运会筹备和举行期间不宜安排。本打算国庆节期间去探视,但监狱管理方面说,出于安全考虑,拟安排在国庆节以后。平心而论,监狱管理方面并不是要为难我们,而是想安排一个合适的机会。最后商定于 10 月 8 日去探视,我原本以为是到监狱去看望,但监狱管理方面认为我不宜去那种场合,他们特意安排在汉阳琴断口的“三五大酒店”见面,营造一种和谐、宽松的气氛。

我的右耳听力衰退,监狱的曹所长特意安排张二江坐在我的左边,说是为了让二江能够与我交流。我拉着二江一起入席,说:“二江,我们 15 年没有见面了,你比那时老了一些,不过气色还不错,比我想象的要好多了。”他说:“校长,我都 54 岁了,很快将到花甲之年,怎么不老呢?”我说:“不算老,我 60 岁时写了一篇长文,题目叫作《生命 60 始》,发表在《传记文学》上。我今年已经 75 岁了,还准备至少再活 20 年。”二江说:“校长,看到您身体健康,学生感到非常高兴。您这么大年纪,还惦记着来探视我,令学生十分不安。学生这次所犯的错误是不可饶恕的,一定吸取教训,将重新做人。"我说:"认识到错误,吸取了教训,今后的路会走得更稳当,但永远不要丧失对生活的信心。"

这时,曹所长接过二江的话介绍说:"二江的表现不错,鉴于他年纪偏大,而且是一个知识分子,所以我们没有安排他干重活,而是给他配了一台电脑,他可以利用电脑写书,但不能上网。这些年他已写了5本书稿。"

对管教所对二江的教育、帮助,我向曹所长表示了感谢。曹所长说:"刘校长,您这么大的年纪来看望和关心二江,这是对我们工作的最大支持。本来今天我们的吴局长也要来会见您,但他陪同中央法制工作委员会的领导参观,特地要我们向您表示敬意。"

当日的午宴十分丰盛,不仅鸡鸭鱼肉样样俱全,还有甲鱼、鲍鱼汤、五粮液、干红、啤酒、饮料各人自选。很快,两个小时过去了。皮勇建叫来了服务小姐,准备付款结账,可是曹所长坚决不肯,说今天刘校长是我们的客人,必须由我们买单,他是大家仰慕已久的教育家,让我们表示一点心意。话既然这样说,皮勇建没有再坚持,而是代表我们一行向曹所长表示感谢!

在酒店一楼大厅,我准备去洗手间,二江见机跟我去了洗手间。我对二江说:"看来,你这辈子从政是无望了,经商恐怕也为时已晚,但你可以发挥自己专业知识方面的长处,不妨在做学问上下点功夫,干出一番成绩。"二江说:"校长,我也是这么想的,我会记住您的教导,一定会努力的,我绝不会虚度时光的。"

到了大厅,我们相互告别,曹所长执意让我们先上车离去。当我们的汽车离开酒店很远时,他们还在酒店门前向我们挥手致意。这次探望的时间不长,但无论我或是二江,都不会忘记这次特殊的会面!

野夫本名叫郑世平,是我国著名的诗人、作家、电影编剧和制片人。他因为一起冤案被判处10年监禁。我得知后,携同李为、王卫东等人到武昌起义街的监狱探视。我们去的时候,不巧不是探视时间,李为博士请岗哨去通报一下,说武汉大学刘道玉校长来探视他的学生。监狱所长听说后,破例请我们进来,并把他的办公室腾出来,让我们师生在里面自由谈话和拍照。由于得到所长的特许,我们在所长办公室谈话两个小时,还参观了整个监狱的劳动场所。我们探视后不久,野夫被提前释放,现在是自由作家、电影编导和制片人,出版了多部有影响的作品,他的许多著作还获得了大陆、香港和台湾诸多奖励与荣誉。他现在刚过天命之年,正值创作的黄金年龄,相信他会创作出更多和更有价值的作品来。

# 做热爱学生的校长

校长热爱学生,似乎不应该是一个问题,却是我国教育工作中的大问题。国家某报一位专司教育的资深记者,先后到过数百所大学,采访过几乎每一位大学校长。令她吃惊的是,她发现许多大学校长都不爱学生,对学生的情况也不甚了了。她怀疑地说道:"不热爱学生的校长,怎么能够教育好学生,又怎么能够办好学校?"

## 一、校长怎样爱学生[1]

苏联著名教育家马卡连柯说:"没有爱就没有教育""必须拿出父母全部的爱、全部的智慧和所有的才能,才能培养出伟大的人物来"。[2] 几乎毫无例外,每一个成功的教育家,都十分强调爱心在教育中的作用,并以身作则地实践爱的教育。

亚米契斯在《爱的教育》中专门记叙了一位校长,他从不发火训斥学生,总是耐心地给学生们讲道理,告诉他们该做什么不该做什么,要他们知错必改。他每天第一个到校,耐心听取家长们的意见。放学后,学生和老师们都回家了,而校长还在学校巡视。这就是热爱学生的好校长,他也赢得了学生无限的爱戴和尊敬。[3]

英国著名哲学家罗素(Betrand Russell,1872—1970)是一位百科全

---

1　本小节文字曾发表于《校长》杂志 2010 年 8、9 月合刊,收录本书时有修改。
2　马卡连柯. 父母必读:125.
3　亚米契斯 E. 爱的教育:38.

书式的天才,他通晓数学、哲学、逻辑学、伦理学、教育学等多门学科,被称为 20 世纪欧洲的亚里士多德。罗素的教育思想十分先进,他也十分强调爱在教育中的作用。教育中的爱,是博爱,爱一切人,是给予而不是索取。正如罗素所说:"一般地说,能博得别人的爱,是能够给予爱的人。不过,给予爱不是为了别人爱的回报,像借钱算利息一样斤斤计较,是毫无益处的。"[1]他对于传统的教育十分不满,为了以自己满意的方式教育自己的两个孩子,他与妻子创办了比肯山学校,一直坚持了 7 年之久,由于与妻子离异才被迫终止。

从我国教育界的情况看,中小学校长比大学校长更热爱学生,因为他们更接近学生。就大学而言,1980 年代以前的校长比现在的大学校长更关心和爱护学生。那么,是什么原因使得现在的大学校长都不热爱学生呢?我认为主要有以下几个原因:

首先,学者型双肩挑的校长体制,使得校长们在领导职务与个人的学术研究之间疲于奔命,不能专心致志做好校长的工作,也基本上无暇广泛地接触学生。同时,现在大学校长的任命是按照政府官员选任制的办法,这使得他们就像走马灯一样频繁地被换下。这样的体制既不能产生教育家,也不利于他们内心产生终生献身教育事业的抱负。他们都给自己留了后路,依然把精力放在学术研究上,以便任期届满后重操旧业。

其次,越演越烈的官本位主义,使得不少大学校长高高在上,严重脱离了广大群众。他们颠倒了学校主客体的关系,忽视了包括校长在内学校的一切工作都是为学生、为学生成才服务的。每一个大学校长都要关爱、了解和接待学生,参加他们的各种活动,绝不能以工作忙而拒绝学生们的求见。接待来访的学生,听取他们的批评与建议,是校长不可推卸的责任。

再次,大学的规模越来越大——几乎每所大学都是万人大学了,有的是近十万之众的大学了,分散在七八个校区。这些大学的校长都停留在会议上,满足于上传下达的领导方式,完全舍弃了"从群众中来到群众中去"这样行之有效的决策和领导方法。现在不用说学生见不到校长,即使

---

1 罗素 B. 快乐哲学. 中国旅游出版社,1993:157.

是教师、院长、系主任们，也难得直接向校长汇报工作。这是与1980年代最大的区别，应当引起我们的深思，坚决纠正官本位主义的作风。

怎样才是真正热爱学生的校长呢？我认为，一定要做到以下三点：

第一，要爱一切学生，也就是树立博爱的思想。苏联教育学家赞可夫说："漂亮的孩子人人爱，只有爱丑陋的孩子才是真正的爱。"在教育工作中普遍存在一种倾向，即爱漂亮的学生，不爱丑陋的学生；爱成绩优秀的学生，不爱成绩差的学生；爱循规蹈矩的乖孩子，不爱调皮捣蛋的学生。这不是真正的爱，它夹杂着不纯的思想动机。从教育的效果来看，丑陋的、学习成绩差的和调皮捣蛋的学生更需要爱。爱是一种巨大的力量，如果我们真正地给予了他们爱护，相信对他们的成长会起到奇妙的作用。

第二，爱学生就要理解和相信学生，相信学生能够自己教育自己，相信学生是会变化的。如果我们不相信这一点，那就是不相信教育的力量，也不相信我们自己的工作成效。1986年7月，在北京召开的高等学校思想政治工作会议上，参加会议的许多党委书记、副书记、校长，无论是在会上还是会下，也无论是在餐桌上还是房间里，都发出一片责骂学生的声音，什么"没有希望的一代""垮掉了的一代""贪图享受的一代"……不一而足。听到这些责骂，我感到十分难过，在会上公然表示不同意这些指责——尽管学生中存在这样或那样的问题，有的甚至是严重的，但他们是可以教育的。如果我们不相信广大青年，那我们国家未来依靠谁呢？面对学生的某些问题，我们校长的责任是什么？我们究竟做了哪些教育工作？如果我们有爱心，就应该对他们思想上的某些错误或是违反校纪、校规的行为，采取循循善诱的教育工作，给予他们改正错误的机会。

第三，教育的最高原则是教，而不是惩罚，动辄"勒令退学"的做法是不可取的。记得当年教育部统一部署各大学整顿学风，清查和处理多门功课不及格的学生。按照传统的学籍管理规定，武大有25名学生必须被"勒令退学"。我们经过认真研究，认为一刀切的做法是不可取的，应当具体问题具体分析，并采取区别对待的办法，没有让一个学生退学，更没有采取伤害学生心灵的所谓"勒令退学"的做法。我们这种做法，受到了学生们的欢迎，收到了意想不到的效果。

校长必须爱学生，这不但是人文主义思想的体现，也是对学生们的未来负责任的态度。正是爱的力量把世界不同民族、不同语言和不同信仰的人们联系在一起。也正如夏丏尊先生所说的,"教育没有了情爱,就成了无水的池"。因此,我们一定要使教育这个水池充满爱心的水,这样它才能发出电、热和光来!

## 二、与学生平等对话

国际上大学的研究生教育,是于 1825 年由哈佛大学乔治·提克诺(George Ticknor)首倡的,他率先试行"一带一或一带多"模式的研究生教育,以培养高级的专业人才。我国的高等教育源于 19 世纪末,基本上是由欧美国家舶来的,研究生教育也是因袭欧美国家的培养模式。我国研究生教育起步比较晚,不仅招生数量少,而且师资水平和研究条件落后,所以我国研究生教育水平与欧美国家相比,有着巨大的差距。据统计,从 1935 年到 1949 年,我国先后共举行了 9 届学位考试,被授予硕士学位的仅有 232 人。自 1949 年到 1965 年的 17 年间,总共招收研究生 24 万人,但没有授予学位,因为那时认为学位是属于资产阶级的,被列入取消之列。

1977 年随着全国统一高考的恢复,我在担任教育部高教司司长时,制订了《关于招收研究生具体办法的通知》,从而恢复了中断 12 年的研究生教育,同时恢复了学位制度。但是,由于"文化大革命"的十年浩劫,大学中的高级知识分子遭受到残酷的迫害,致使大学中的人才青黄不接,符合招收研究生资质的教授数量很少,每个大学的研究生规模都很小。1978 年全国仅招收了一万名研究生,在现在看来,是一个很小的数目。[1] 以武大为例,1978 年仅招收硕士生 168 人,1980 年仅招收了 24 人,1981 年才招收博士生 6 人。从 1984 年开始,招收研究生的数量成倍增长,住房就开始紧张起来了,必须新建研究生宿舍,以适应研究生大发展的需要。从此,研究生扩招就是不可避免的趋势了。

自 1980 年开始,各校逐步扩招研究生,武汉大学也顺应了这种形势,这既是国家现代化建设的需要,也是大学本科生们继续学习的渴望。但

---

[1] 吴本厦. 新中国研究生教育和学位制度方法的历程. 中国高等教育,1999(20).

是,由于教育经费短缺,学生宿舍建筑跟不上需要,就产生了扩招与宿舍之间的供需矛盾。为了适应研究生扩招的需要,我校在经费紧张的情况下,优先建设研究生宿舍。为此,我们开辟了一个专门供研究生居住的新园区,命名为"枫园",与原有的樱园、梅园、桂园相呼应。从1983年开始,我校在学校八区建筑了4栋研究生宿舍,计划1985年新学年开始全校研究生都迁往枫园。为了适应研究生学习与生活的需要,在园区内新建了餐厅、锅炉、开水房、澡堂、文化俱乐部等设施,在通向园区的大道两旁种植了红枫树。每逢深秋,一片橘红的枫叶点缀着绿色的琉璃瓦宇,使珞珈山更加美丽。

可是,研究生们并不领情。1985年6月,他们在桂园食堂的布告栏和墙壁上贴满了大字报,纷纷表示拒绝迁往新建的枫园。原来,研究生数量很少的时候,他们居住在桂园,上课的教室和实验室也大多分布在附近,上课或做实验都很方便。我校开辟研究生园区的目的,既是扩招的需要,也是为了改善研究生的住宿条件。我们计划硕士生每间住3人,博士生一间住2人。为了说服他们搬迁,学校派总务长夏都锟与他们沟通,但没有谈拢,不欢而散,形势一下子变得紧张起来了。

据说,这次拒绝搬迁的带头人是化学系博士生邱峰,他是校研究生会的副主席。但他并没有出面,可能是顾及我们师生的情面。大概是5月底,图书情报学院研究生党支部书记叶千军来到我家,反映研究生们不愿搬迁的理由。当时我刚从法国访问回校,虽然时差还没有倒过来,但还是热情地接待了他,夫人给他冲了咖啡,并拿出香烟招待他。这是我第一次与叶千军面对面地沟通。我对他说:"今晚我不以校长的身份与学生来谈话,而是党员之间来谈话,希望你们站在学校的角度,帮助学校想想办法,怎么解决发展中供需的矛盾。我理解你们拒迁的理由,虽然枫园条件比你们现在居住的条件好,但远离教学区和实验室,的确给你们增添了不少困难。但是,如果你们不搬迁,学校的困难是无法解决的,而你们的困难是可以克服的。因此,希望你们顾全大局,为学校分忧解难,也使得学校跟上全国研究生扩招的步伐。"

叶千军是研究生党支部书记,他是做思想工作的,是通情达理的。本来,千军是怀着忐忑不安的心情来找我的,他以为事情闹大了,原打算挨批评的,不料我却心平气和,不仅没有批评研究生贴大字报,而且以平等的态度对待学生,耐心地讲清了发展中的供需矛盾。我们谈话谈了一个多小时,他听了我的解释后说:"校长您说服了我,建议您亲自到研究生中与大家再作一次沟通。"我同意了。当晚,千军把跟我谈话的内容向各系研究生负责人做了通报,很多研究生不大相信。第二天晚上,我如约出现在研究生宿舍,大家立即围拢过来,我把对叶千军说的道理又给大家讲了一遍,听后有些同学担心新建的枫园设施不配套,怕迁入后生活没有保障,如道路、洗澡等问题。我向他们表示,一定抓紧落实配套措施,保障新学年开学后全部落实。于是,同学们一致表示:让校长操心了,我们保证按时搬迁。一个因搬迁引起的矛盾终于化解了。

我趁热打铁,动员机关干部100多人在8月31日那一天携带做大扫除的工具,到枫园进行义务劳动。有的铲除杂草、清理路边的乱石块,有的打扫树叶,有的洗擦厨房的玻璃窗,用水把水磨石地面冲洗得干干净净,以迎接9月1日新学年的开学。研究生们见状纷纷称赞干部们带头搞义务劳动,这是落实校长对研究生的承诺,我们完全放心了,决心好好学习,以丰硕的研究成果回报学校的关心。20多年以后,叶千军在回忆往事时写了"有些好的传统应当发扬"的感想,他与我也成了忘年交。

从这次冲突中,我也受到了极大的教益。作为一个领导者,任何时候都不能怕群众,以平等的态度开展对话和沟通是解决矛盾的唯一正确方法。我还体会到,如果自己不能说服群众,说明自己没有道理,或者不能把道理说清楚。只要把道理讲清楚了,群众是通情达理的,问题也是可以解决的。可是,我们有些领导人常常高高在上,听不进学生们的意见,一旦看到大字报就错误地认为学生要闹事,动辄上纲上线,以强硬的态度企图把学生的意见压制下去,其结果往往是适得其反,既不能解决问题,又破坏了领导与群众的关系。

那么,在工作中怕群众和接近群众的区别在哪里呢?我认为其区别就在于心中是否有爱,如果心中没有对学生的挚爱,他们就会把学生们的要求当作耳边风;如果心中有爱,他们就会接近学生,倾听他们的要求,解决他们的实际困难,促进他们成才。此外,学生也是教育改革的动力,我们80年代的教育改革,有不少措施都来自学生。每当我回忆往事时,我总是感谢那些为武汉大学教育改革作出贡献的教师和学生们。可是如今大学行政化越来越严重,不仅学生见不到校长,甚至连院长一年之中也难得见到校长,这可能就是当前教育改革裹足不前的原因之一。

## 三、甘为学生出国学习做嫁衣

中国近代派遣留学生出国学习始于1847年,19岁的容闳成为第一个赴美国耶鲁大学学习的留学生。此后一百多年以来,我国向欧美各国派遣留学生一直是一浪高过一浪,先后经历了十代留学生接力浪潮,为我国各个时代和各学科领域培养了许多杰出的人才,尤其是第四代即庚子赔款的留学生,可谓个个都是大师级的俊杰。[1] 之所以我国要派留学生到欧美国家学习,主要是因为我国科学技术落后。从英国著名生物化学和科学技术史学者李约瑟提出的著名问题即可见一斑。

可是,1949年以后,中国与西方国家没有外交关系,只能派留学生到苏联和东欧国家学习,自1950年到1963年,先后向这些国家派出了9594人,对我国的经济建设起到了一定的作用。可是,1961年中苏大论战以后,两国关系处于十分紧张的状态,与这些国家之间的教育和科技交流也完全终止了,那时我国完全处于"闭关自守"的状态。科学领域与大学里的知识分子,不仅不能与国外交流,甚至连国外的书刊也不能订购,对国外兴起的新技术革命全然不知,致使我国与世界科学技术水平的差距越来越大。

1978年国家实行改革开放的方针,终于摆脱了"闭关自守"的状态。1978年7月,美国卡特总统的科技顾问弗兰克·普雷斯(Frank Press)向方毅副总理发出邀请信,请中国政府派代表团赴美商谈留学生计划。中国与美国签署协议后,于1978年12月首次派出50名公费留学生进入美国各大学学习。在李政道先生的斡旋下,中美两国共同招收物理学的留学生,简称 CUSPEA(China-United States Physics Examination Application Program),此举在中美两国都产生了广泛的影响。随后,由康奈尔大学吴瑞教授倡导了生物化学联合考试,简称 CUSBEA(China-United

---

1 宋健.十代留学生百年接力留学潮.光明日报,2003-04-15.

States Biochemistry Examination and Application)，由哈佛大学化学系主任威廉·多林（William von Eggers Doering）倡导了化学联合考试，简称CGP（Chemistry Graduate Program），加上美国为海外设立的各种奖学金计划，为我国对出国留学梦寐以求的学生提供了更多的机会。

长期闭关自守的国门一打开，可想而知，那些一心想到国外学习的年轻人该是多么欢欣鼓舞呀。可是，出国的名额极少，国家外汇紧缺，单位和个人完全不允许持有外汇，所以自费留学是根本不可能的。因此，能够获得出国学习机会的人要经过非常激烈的竞争，用万里挑一来形容也绝不为过。每所大学都十分重视派青年教师出国学习，这既被看作办好各自大学的重要措施，也被视为一个大学的荣誉。但是在出国问题上，各单位又存在矛盾的心情，既想派出又怕出去了不回来。

我记得在 1985 年前后，教育部从各国大使馆获得信息，在国外学习的留学生学成以后绝大多数不准备回国。这一下吓坏了教育部的领导人，他们组织了几个做政治思想工作的说教者到美国、欧洲去演说，动员留学生学成按期回国，甚至采取不换护照、不批准配偶陪读或探亲的方式，并要求各大学负责动员自己派出的留学生必须回国。这既是不相信留学生的表现，也是在派留学生的政策上的短视症。对留学生的政策反映了真开放和假开放的问题。

1986 年 10 月，我曾经接受新华社内参部主任俞权域的专访，认为国家对留学生政策不应收，而应当继续开放。我说，农民都知道，要想多收获就得多播种，利用美国的师资、经费和设备，为我国培养高级人才何乐而不为呢？至于回与不回，应当看远一点，如果当年李政道和杨振宁回国了，不就少了两个华裔诺贝尔物理学奖获得者了吗？再说，美国的人才市场是有控制的，一旦饱和了，一些学成的留学生还是会回来的，这是迟早的事。今天大量的海归派不就印证了我的判断吗？俞主任完全同意我的观点，他写了一篇内参，向国家高层反映了我对留学生政策的看法。

基于对留学生政策的认识，我尽可能多地派人出国，相信他们终有报国的机会。因此，凡是受到管卡压不能出国者，我在力所能及的情况下，尽可能地予以成全。朱景仰是我校化学系 77 级的毕业生，他于 1982 年考取了中国科学院上海有机化学研究所的博士研究生，获得博士学位后被留在研究所工作。但是，他希望到美国大学作博士后研究，虽然他得到了美国有关大学的邀请，但该所就是不批准他出国，原因是怕他出去以后不回来。我是上海有机化学研究所金属有机重点实验室学生委员会成员，1991年我去参加学生委员会会议，朱景仰找到我诉说了他的苦衷。对他的想法我表示支持，看来只能走曲线出国的路子了。本来他与妻子龚晓萍都在上海工作，我把他们夫妇调到武汉大学化学系，景仰来武大后一天班也没有上就批准他出国了。他的妻子龚晓萍安排在我的实验室工作，一年后也放她去了美国。我心想，应当多一点爱心，少一点担心，成人之美是人性之中的大爱。

张翰涛是我校计算机系79级学生，他利用学分制的优越性，以两年半的时间获得了四年的总学分，提前一年半获得了毕业文凭和学士证书，因而成了实行学分制的第一个受益者。1981年寒假，他参加了公费留学生的考试，以全系第一名的成绩被录取赴法国留学。1982年初，他被选上参加全国三好学生代表大会，会上认识了上海华东化工学院的饶凌，她也是参加三好学生代表大会的，他们都是湖北人，会后两个年轻人相爱了。张翰涛于1982年夏赴法国南锡大学学习，获得第三阶段博士学位后又转到美国纽约理工学院学习，于1988年获得博士学位。

张翰涛到美国后，常与我有通信联系。他在一次来信中吐露了自己的苦恼，原来他的女朋友饶凌毕业后被分配到武汉化工学院工作，她欲申请赴美国陪读，但是该院以稳定教师队伍为由坚决不予批准。当我得知他的苦恼以后，出于爱心的缘故，找到武汉化工学院教务长涂永仁（他是我的师兄），请求他予以帮助。我也是走曲线出国的路子，先把饶凌调入武大计算机系，旋即批准她出国，成全了他们的恋爱。张翰涛的学术研究非常出色，曾经从事机器推理证明，还获得了美国科学基金会青年研究者总统奖，现在是美国爱荷华大学计算机专业终身教授。同样地，我校物理学毕业生周斌在美国匹兹堡大学攻读博士学位，他的女朋友在上海光机工作，单位不批准她去美国探亲，我也是先把她调入武汉大学，然后批准她去美国探亲。

在解决这类出国遇阻的困难中，最麻烦的是化学系79级学生胡洁的出国问题。她本科毕业后考取了军事医学科学院的硕士研究生，毕业后被分配到广州军区药检所工作。按照当时的规定,在部队工作是不能出国陪读的,即使要出国也必须在部队服务 5 年后方可以转业,然后才能够申请出国。她的男朋友熊豫生是武大 77 级高分子专业毕业生,1982 年参加首届 CGP 考试即以优异的成绩被录取进美国加州大学洛杉矶分校(UCLA),于 1987 年获得博士学位,继而在芝加哥大学作博士后研究。后来,他受聘于美国著名的默克公司从事了两年多研究工作,2016 年辞职创办了 Quixgen 公司,研发代谢疾病的新药,具有非常好的发展前景。

熊豫生到美国留学后,因与胡洁已相恋多年,彼此思念不已,双方都渴望早日团聚。为办理出国事宜,熊豫生给我写信,胡洁又是写信又是找我。我理解他们的心情,想方设法解决他们的要求。为此,我写信和打电话给广州空军司令员武继元将军,请求他予以帮助。在武司令员的斡旋下,胡洁顺利地从广州军区药检所复员到武汉大学,她在武汉大学一天班也没有上,就于 1988 年底赴美国芝加哥与熊豫生团聚。胡洁到美国后,又攻读了计算机硕士学位,然后一直在施贵宝公司做研究工作。

我始终认为,在解决留学生出国或者配偶出国的问题上,到底是成人之美还是搞管卡压,是衡量一个领导者是否有爱心的标志。爱心是人的高尚品德,如果有了爱心,就应当解决他们两地分居的苦恼,使他们安心从事学术研究,实现他们人生的最大价值,这既是人性的表现也是一个爱才者应尽之责。

## 四、支持大学生的恋爱自由

人类的延续始于情,有了情才会有爱,才会有夫妻,有子女,有兄弟姐妹。人与人的交往,又出现了政府、商业,彼此构成了相互依赖的关系,同时出现了朋友、同事,继而构成人群和人类社会。因此,男女青年到了一定年龄,就会对异性产生冲动,这是生理的自然现象,人们必须承认和顺应这种现象,任何行政干预和强制都是不可取的。大学生已进入成人阶段,生理发育已趋于成熟,谈婚论嫁是不可避免的。

可是,80 年代初各大学的《学生守则》中都有明确的规定:大学生在学习期间不允许谈恋爱。规定当然来自教育部的政策。然而,对这个规定一直争议不断,它也从来没有被认真地执行过。那么,教育部为什么要作出这样的规定呢？据分析主要是两点理由：一是怕恋爱影响学习，大学生要珍惜大学的学习，不能分心旁顾，尤其是谈恋爱；二是怕相爱的男女越轨出问题，造成不良的影响，败坏校风，禁止谈恋爱就是防患于未然。

那么，这条规定是否合法呢？我国《婚姻法》是国家大法，而《学生手册》并不是法律条文，显然是与国家《婚姻法》相悖的。《婚姻法》规定：男25岁、女22岁，可以合法结婚，更遑论是谈恋爱了。在我20世纪50年代初上大学那会儿，学生不仅可以谈恋爱，而且可以结婚，女学生怀孕可以休学，产假休完复学继续学习，跟班学习如期毕业可获得合格毕业文凭。即使在80年代，开明的大学领导人也会不顾《学生手册》的限令，公然允许大学生谈恋爱，尊重大学生的合法权益。实践证明，大多数谈恋爱的学生，并没有影响学习，恋爱反而大大地促进了他们成才。

我校数学系77级学生汤敏与左小蕾就是一对恋人，汤敏是数学系团总支书记，左小蕾是系学生会主席。他们成双成对地在一起学习和从事社会工作。他们率先在全校开展学术讲座和学习竞赛，极大地带动了全系的学习风气，致使数学系的学生成为全校最用功的学生。此外，他们开展了许多为学生服务的活动，如购买一台洗衣机，每洗一桶衣服只收两分钱。针对当时图书馆畅销期刊份数太少的问题，他们自筹资金订购了许多颇受欢迎的刊物，如《人民文学》《传记文学》《大众电影》《人民画报》《知识就是力量》等。借一份杂志，每阅读一天，只收一分钱，受到广大同学的欢迎。

他们俩学习都是优秀，社会工作积极，成绩显著，毕业时双双被留校到经济管理系当教师(这是为了加强数学向经济渗透的需要)。后来，左小蕾获得中法交流的名额被派往法国南锡大学留学，由于受到年限的限制，学校又向教育部申请延长她的学习时间，保证她获得博士学位。汤敏被公费派到美国伊利诺伊大学香槟分校，也获得了经济管理博士学位。汤敏毕业后，被聘为亚洲银行(马尼拉)首席经济学家，后被任命为该行中国办事处主任。左小蕾是中国银河证券公司首席经济学家，在学术与实际工作中，他们都获得了巨大的成就。

实行改革开放政策以后，在李政道先生的斡旋下，1980年开启了中美共同招收物理学研究生(简称CUSPEA)的项目。全国只有36所大学有资格推荐考生,武汉大学是其中之一。可是1980年我校只被录取了一名,学校感觉脸上无光,于是我亲自召开会议,协同物理学系抓好选拔和备考工作。功夫不负有心人,1981年的考试中,我校有13名学生被录取,位居全国大学的前列,总算是扬眉吐气了。于刚是空间物理学系77级学生,在被录取的123个学生中他排名第26名,后被康奈尔大学物理学专业录取。

在当时,出国留学是非常少见的,那些被录取的准留学生令全校刮目相看。于刚想在出国前解决女朋友的问题,便于出国后安心学习,这是完全可以理解且应得到支持的。他心仪的女孩是物理学80级的宋小妹,因为他们都是校学生会的干部,彼此也心心相印。于刚出国前带着宋小妹专门来我家辞行,我用咖啡招待他们,并衷心祝他们相爱,希望小妹好好学习,争取也去美国留学。于刚获得物理学硕士后,转到宾夕法尼亚大学沃顿商学院,并获得了运营与管理学博士学位,毕业后受聘于德州大学奥斯汀分校管理学院,从助理教授做到终身教授,著作颇丰。2004年他辞去了教授职位,先后担任亚马逊和戴尔公司的副总裁。但是,创业的冲动一直在激励他,于2007年他创建了1号店,2015年被沃尔玛并购。接着,他又创建了1药网,致力于解决看病难和买药贵的问题,这是关系到民生的大问题,相信他会在创业的道路上获得新的成就。

我校生物学生化专业的王小凡和董欣年也是一对恋人。王小凡只有小学五年级的文化程度,他完全没有学过英文,高考的英文成绩只有5分,还是凭画勾猜题而获得的。入校后,他担任了校学生会常务副主席兼秘书长,可谓工作十分繁忙。但是,他于1981年参加中美生物化学联合考试(CUSBEA)时,考卷和答卷全用英语,他却获得全国第一名的好成绩,堪为奇迹。他于1982年8月到美国加州大学洛杉矶分校攻读博士研究生,现在是美国杜克大学终身教授、中国科学院外籍院士。董欣年也于1982年9月赴美国留学,获得美国西北大学生物化学博士学位,现在也是杜克大学终身教授,由于她的学术成就突出,于2015年被选为美国科学院院士。

杨志是我校病毒系77级的毕业生,他毕业后考取了哈佛大学生物系的研究生,这是很多学生梦寐以求的理想求学之地。他准备出国前与77

级外文系日语专业的毕业生冯惠敏结婚,以完成终身大事。可是,他们向该系党委书记提出结婚申请时,却被泼了一瓢冷水。党委书记对他们说:"你们要是想出国的话,就不能结婚;如果要结婚,就不能出国。"这位书记的话完全是形而上学的,怎么能够把出国与结婚对立起来呢?杨志与冯惠敏非常伤心,怀着忐忑不安的心情来找我,提出他们准备在出国前结婚的打算。听后,我说这是好事嘛,我恭喜你们。在他们的申请报告上,我签下了"同意"二字。杨志先后获得哈佛大学微生物学硕士和分子生物学博士学位,他在这些学术领域耕耘了20年,学术成果丰硕,可是他决定下海,回到上海创办了百奥维达中国基金,专门投资医药与医疗行业,被称为中国医药投资教父。40年以后,他回校参加我校77级入校暨恢复高考40周年庆典时对我说:"校长您当年批准我们结婚令我们终身难忘,非常感谢您的开明办学思想,您成就了一大批杰出的人才,人们不会忘记您的功德!"

以上四对恋人都是我所熟悉的学生,与他们也有过密切的交往。事实证明在学习期间谈恋爱,并没有影响他们的学习,反而促进了他们成为杰出的人才。当然,任何事物都有两面性,因为谈恋爱影响学习的也大有人在,因为三角恋爱而发生悲惨事件的也偶有发生。但是,这些都是个别事例,属于教育和引导的问题,我们绝不能因负面的事件作出限制学生谈恋爱的校规。其实,无论做什么事情,都有发生问题的可能,如体育锻炼可能发生意外,盛夏也有因中暑发生意外的,走路有摔伤的,吃饭也有中毒的,出行也会遇到飞机坠毁或汽车的交通事故,等等。因此,我们绝不能因噎废食,"一朝被蛇咬,十年怕井绳"呀!我认为,既然青年人的爱慕是不可避免的,那么公开比地下活动要好,其实最危险的是地下"活动",既不易发现,也不能预防。

在全国数千所大学中,武汉大学以美丽的校园而著称,是众多学子向往的学习圣地。青松翠竹的珞珈山,碧波荡漾的东湖,琉璃瓦宇的仿古建筑,曲径通幽的林间小道,飞红点点的樱花大道,还有那绿草茵茵的情人坡,一年四季鲜花交替开放,这些无疑为人们倾诉情感提供了天然的条件。古人说,景无情不发,情无景不生。因此,位于珞珈山的武大校园,自然也就滋生了一对一对的恋人。有不少学生感叹,在这样优美的环境中,如果不谈恋爱,实在是遗憾终身！我们老一代的武大人,在这里曾经品尝过甜蜜的爱情滋味,那为什么不允许现在的年轻人谈恋爱呢？我们不能剥夺属于他们自己的权利,应尊重恋爱自由。

现在回想起来,我为什么对大学生恋爱持开明的态度呢？我认为,自由应该是大学的核心理念。允许学生转专业,允许学生选择自学而不上课,允许自由组织社团,允许学生谈恋爱,因为这些都是每一个大学生享有和不可剥夺的权利。可是,我们许多办学者,对自由怕得要命,视如洪水猛兽,千方百计地限制学生的自由。他们不知道,创造性的果实只生长在自由的园地,你可以不给学生自由,但也休想收获具有创造性的人才。


# 重要的是学会学习

## 一、学会学习是成才的关键

学习是一个老生常谈的问题,只要不是十足的文盲,都有过学习的经历。可是绝大多数的人,包括各级学校的教师们,对学习的真谛可能不甚了了,这在极大的程度上影响了学习的效果,也是不能让杰出人才冒出的原因之一。

什么叫学习？在汉语中,"学习"是由"学"与"习"二字组成的,它们分别代表两层意思。孔子在《论语》开篇首句就说:"学而时习之,不亦说乎。"显然,他也是把学与习分开使用的,意思是说,学了且经常复习,是很快乐的事。把学习作为一个词使用,最早出现在西汉《礼记·月令》,其中说"鹰乃学习",意思是说,雏鹰模仿老鹰飞行,反反复复试飞,最终学会了飞行。这就是"学习"一词最早的含义,后来被广泛应用到教育中,包括自学、学校中的学习和社会中的学习。

学习的本质是什么呢？对于这个问题,虽然不少研究者有所论及,但我认为都没有触及本质。我认为,学习的本质就是感知、重复和记忆,仅此六个字就足够了,多了没有必要,少了又不能概括全部意义。我没有使用"认知"，虽然它是认知学派的主要观点，但感知更能够反映人的五官在认识客观事物中的作用。无论是直接知识（指亲自实践获得）还是间接知识（书本知识），人们无不是通过五官而获得的。感知是学习的基础，重复是学习的过程，而记忆是学习的目的，这三者是互为因果关系的，而且是步步深入的。

真正的学习必须经过三个阶段，即感性、理性和悟性，它们是逐步深入的。在感性阶段，人们只知其然，而不知其所以然，人的认识有待继续深化；进入理性阶段，这时不仅知其然，而且知其所以然，人的认识仍然没有完成，有待再深化；而进入悟性阶段，这时不仅知其所以然，而且达到知其超然，即超然自得，超然于物外。如果用一个字来概括学习的最高境界，那就是"悟"。人们学习优劣的差异，主要表现在悟性之有无。纵观人们的学习，只有极少数的人能够"悟"，也就是说，只有"悟"才能获得智慧。

学习都是有目的的，无目的的学习当然是徒劳无益的。什么是学习的目的呢？依我之见，学习的目的也有高低之分，这就是"知""懂"和"通"。在感性阶段获得的只是"知"，也就是知道，而知道并不一定是正确的；在理性阶段，经过了去伪成真的加工，获得的是系统知道，所以获得的是真，也就是真知灼见、正确的知识或是真理。学习最高的目的是"通"，这时人的认识已经超出狭隘的专业范畴，达到触类旁通、融会贯通、博古通今，所以"通"是学习的最高目的，这就是为什么说一通百通和心有灵犀一点通的道理了。古往今来，绝大多数的学习者只是停留在知的阶段，少部分达到懂的阶段，只有极个别的人——就是那些大师级的人物——达到了通的阶段。我们明白了学习的本质、境界和目的，就应当自觉地修炼，使自己的学习更有效，最终加入博古通今的杰出人才行列。

我们谈论学习，绝不能离开学习方法，它们是达到知识彼岸的桥梁。古往今来，人类积累了许多有效的学习方法。但是，别人的方法再好，那也是他们创造的，适合于自己的学习方法，必须由自己摸索和创造，只有适合自己的学习方法才是最好的方法。不过，有一个学习方法却是共同的，那就是自学。联合国教科文组织在《学会生存》一书中指出："自学，尤其是在帮助下的自学，在任何教育体系中，都具有无可替代的价值。"人类学习的历史就是始自自学，而后当学校出现以后，才演变成以讲授为主的教学。但是,随着信息化的普及,线上学习越来越便捷,人们必将又回到以自学为主的时代。因此,我认为自学是人类的第一大法,人人都必须掌握,它应该是立学之本。

在 20 世纪 80 年代我担任武汉大学校长时,如果学生通过自学达到教学大纲的要求,可以获许不上课。可是,这毕竟是个别大学,绝大多数学校是不允许学生缺课的,而且教师用点名或扣分的方法,把学生束缚在课堂上。但这些管理制度并不能限制自学。自学是最有效的学习方法,是随时随地都可以采用的方法,早晚自习、双休日、寒暑假,都可以自学。即使在课堂上,也可以思考自己感兴趣的问题,老师又怎样能限制呢? 学习是学生自主的行为,学会学习是成才的关键。

## 二、学校要教学生学会学习

在学校的教学中,教授不得法的问题一直是学生们深感头痛的事,这似乎已成了世界各国教育中的一个普遍现象。美国著名教育家里欧·巴士卡里雅一针见血地指出:"我们的学校教育不成功是因为我们从来不帮助老师们撕下教师的面具,使他们平平易易地做人,从来不使他们认识到老师的作用只在于引导。"[1] 他又说:"没有一个老师真正教给学生什么东西的。人都靠自己学习。我们只要看一看 educator(教育家)这个词是怎么来的便知道了。Educator 来自拉丁词 Educare,意为引导、指导。"由此看来,我们应当在教学中确立一个重要原则,不仅要教给学生知识,更重要的要教学生学会学习、学会思考、学会创造。爱因斯坦曾在《论教育》(1939 年)中写道:"如果一个人忘掉了他在学校学到的每一样东西,那剩下的就是教育。"他还极为尖锐地指出:"学校应该永远是为人服务的,学生离开学校时应是一个和谐的人,而不应当是一只专业训练有素的狗。"这并非是骂人,而是他极而言之罢了。

学会学习与学会读书是紧密相联系的。宋朝苏东坡曾说:"孔子圣人,其学必始于观书。"观书,即读书之意。这说明,自古以来,都是把学习与读书结合起来。一提到读书,必然涉及读书的态度和读书的方法。

---

1 巴士卡里雅 L. 爱和生活:15.

首先,我想谈谈读书的态度问题。所谓读书态度,也就是读书的目的,为什么读书。尽管现在读书的人很多,包括在校读书的学生和自学读书的人,但并不是每个人都深知读书的道理,总会或多或少地夹带着一些不良的思想动机。早在 1940 年代初,有一位叫杨玉清的学者就对读书的态度作了很精辟的阐述。他说:"以读书混文凭的人,不是读书人;以读书为混官做的人,不是读书人;以读书为时髦、为装饰品的人,更不是读书的人。读书人应当把一切书上的教训,变成自己的行动。"[1]作者并无反对读书获取文凭和读书做官之意,他反对的是"混"和伪装,这是以投机为目的的欺骗行为。毫无疑问,这是对书的亵渎,是对读书人的玷污。与之相反,正确的读书态度应当是以分析批判的态度,分辨真假,吸取精髓,学以致知,学以致用,掌握科学的方法,并且去开拓新的事业、获取新的知识。

　　不同的读书态度,反映出不同的读书苦乐观。自古以来,读书都被视为苦差事。在我国民间流行的《四季读书歌》就是一副苦相的写照。这首歌词是:"春天不是读书天,夏日炎炎正好眠,过了秋天又冬至,收拾书箱过新年。"与此相反的是认为读书是乐趣,我国古代宋元间学者翁森所作《四时读书乐》诗,就反映了一种以读书为乐的崇高的思想境界。我个人认为,读书的苦与乐并不是绝然对立的,它们是可以转化的。对于初学者来说,当他尚不自觉或未读进去的时候,似乎是很苦,但是一旦读书成了他的第一需要时,他就会觉得读书是乐趣。这正如翁森诗中所云:"读书之乐何处寻,数点梅花天地心。"我个人的体会是:"读书到苦方觉甜。"这就是读书苦与乐的辩证法。如若不信,君不妨一试,自会有一番感受!

　　其次,谈谈学习或叫作读书的方法。一提起学习方法,简直多得不胜枚举,实在是见仁见智。上自孔圣人,下至每个在校的学生,都有自己的学习方法。但是,作为学习的一种普遍方法,自学乃是一种有效的学习方法,是每个学习者都必须要掌握的。

　　我曾应一位作者的要求,给他出版的专著题写了一段话:"自学是学会生存的万能的钥匙,掌握了它,就能够在瞬息万变的信息社会中不断开拓与创新。"纵观古今中外一切大科学家、大学问家,他们的成功主要是靠

---

1　见 1940 年 5 月 1 日《读书通讯》创刊号。

自学。这是已被无数事例所证明了的一条规律，其经验是值得借鉴的。

联合国教科文组织在《学会生存》一书中说："有效的学习乃是依靠学习者和知识源泉间的关系性。"[1]这里所说的关系性，是指认识论上的主体与客体的关系，也就是说，知识的获取更要靠主体的积极性和能动性。该书又说："新的教育精神使个人成为自己文化进步的主人和创造者。自学，尤其是在帮助下的自学，在任何教育体系中，都具有无可替代的价值。"因此，自学法已成为教学改革的一个重点，成为教学的一个普遍原则，它不仅是社会青年成才的一种途径，也是在校每个学生学得真才实学的有效方法。为了达到这个目的，我们的教育机关要创造有利于自学的环境和条件。学生进行自学，教师不能认为自己任务减轻了，而应当指导学生的自学与研究，为学生的开拓与创新开辟道路。相比之下，这比教师照本宣科式的讲授要求高得多了。

## 三、我的"三点式"读书法

自学是一种普遍的方法，在实施过程中又有很多具体方法和诀窍。在这一方面，我国历代学者给我们留下了许多宝贵的财富。例如，孔子的"学而时习之""温故知新""举一反三""学思结合"，诸葛亮的"观大略"，陶渊明的"会意读书法"，陈善的"出入读书法"，等等。有关这方面的资料很多，我们可以根据自己的情况，有针对性地借鉴前人的学习方法，同时总结自己的读书经验，以便更有效地学习。

我自启蒙至今，读书、教书已半个多世纪，虽说没有成熟的学习经验，但体会还是有一点的。我在自学中，主要采用"三点式"的读书法。

首先，读书要抓重点。一篇文章少则数千言，多则数万言，一本书少则十几万字，多则几十万字。读书的时候，是否每篇文章、每本书的每个段落都要认真读或者都必须记住呢？很显然，这是不必要的，如果有哪一个教师如此要求学生，那只能是他在提倡死读书。事实上，每本书的内容都是有主有次、有叙有议、有论有证，这正像一棵硕大的果树一样，它有主干有枝蔓，有茎叶有花果。当写生作画的时候，应当抓住主干和花果，然

---

1　联合国教科文组织. 学会生存：185.

后添枝加叶,使之浑然一体。读书也是一样,只要抓住了重点,就抓住了全书的主线,也就能举一反三了。什么是重点呢?尽管书的类别和内容都不尽相同,但每种书都应当是有重点的。就社会和自然科学书来说,书中的重要概念、定义、定理、规律、方法和结论等,无疑都是重点。掌握重点的目的是为了现时和将来的应用,指导自己的行动。所谓掌握,就是要求记住,也即储存在人的脑库中。记忆有临时和永久之分,大脑记忆是必要的,但是大脑的记忆不仅受到容量的限制还会有忘却的时候。因此,采取辅助方法记忆是必要的,例如做卡片、写读书笔记和剪报等。目前电脑已经普及了,电脑也能够帮助记忆,我们不妨采用传统与现代相结合的方法,帮助储存和记忆各种有益的知识和信息。

其次,读书要攻难点。顾名思义,难点即困难之点,读书有难点,做事也有难点。就读书的难点来说,大概是指书中不容易看懂或问题不容易解决的地方。在读书的过程中,对于难点不能绕道走,要知难而进,务求突破难点。会读书与不会读书的重要区别之一,就是如何对待难点。如果突破了难点,那就是读懂了,学有所获,反之,就是没有读懂。读书攻难点,不仅是理解书中知识的需要,更重要的是培养理解、分析和解决问题能力。因此,在读书过程中,应当把学习知识与培养能力结合起来,做到"审问之、慎思之、明辨之"[1],否则就会茫然无所得。

再次,读书要究疑点。所谓疑点,就是指书中有怀疑的地方,"究"就是深入地研究。读书是为了求知,但是书中的内容未必都是真知,甚至会有错误的论点。读书不可迷信,应当以批判、继承的态度对待书本知识和一切人类的文化遗产,凡属于真知、真理的,应当吸收和继承,对那些伪冒、糟粕和过了时的知识,当然要加以批判和否定。

古之学者读书作学问,"唯学患无疑"。清朝黄宗羲告诫:"小疑则小悟,大疑则大悟,不疑则不悟。"[2]但是,中国大多数读书人有"唯书、唯古、唯上"的毛病,这对于读书存疑是不利的。在人类认识历史上,有很多发明或发现,都是从怀疑开始的。我们可以肯定地说,没有怀疑就不能发现

---

1　四书五经. 岳麓书社,1991:11.
2　见黄宗羲所著《南雷文定》(卷一)。

新的问题,没有否定就不能创新。据报道,1987年美国芝加哥大学物理系学生罗伯特·加里斯特(Robert Garsito)发现了牛顿所著的《数学原理》中的一个错误,这是该书出版300年以来从未被发现的。耐人寻味的是,加里斯特是在做例行作业时发现的。为此,他荣获了由SigmaXi科学研究学会颁发的"科学杰出奖"。我们试想:如果加里斯特对牛顿的《数学原理》深信不疑,那么他就不会发现这一错误,也就不会导致一项重大的科学发现。

在读书过程中,书本上的重点、难点和疑点是相互联系的,有时又是互相转换的。例如,读书过程中遇到的难点,也是应当理解的重点,一旦发现对难点有疑问时,它又变成了疑点。对于研究来说,疑点应当是研究的重点,一旦获得了突破,那就是一项新的发明或发现的诞生,也是新知识的创造。我崇尚创造精神,因此,我特别倡导创造性的学习方法。唯有如此,人类才会有所发现、有所发明、有所创造、有所前进!

## 四、什么是创造性的学习

概括起来就是:创造性的学习者必须酷爱读书、学会自学、善于质疑、大胆批判、明辨真伪、求异标新、巧用顿悟、开启智慧。其中,最重要的是悟性,它是学习的最高境界,而智慧是人的能力的最高表现。一般来说,区别一个人学习之优劣和成功与否,不在于分数之高低,也不在于学历和学位之高低,而在于悟性之有无。一个人如果没有大学学历,而拥有悟性,那么他能够有效地获取所需要的知识,甚至创造新知识;相反地,一个人即使有高学历甚至高学位,如果没有悟性,那也是绝对不可能成为杰出人才的。

怎么巧用顿悟和开启智慧?通过对大量杰出人才的观察,我总结出了"六自诀",即自学、自问、自疑、自答、自赏、自娱。这是一个连续的顿悟过程,是通过顿悟获得智慧的必经步骤。人的认知能力有感性、理性和悟性之分,感性的目的是求知,理性的目的是求真,而悟性的目的是求通,即触类旁通、融会贯通、博古通今、一通百通和心有灵犀一点通。因此,只有智慧才能达到一通百通的境界,才能进入学习的自由王国。

## 五、怎样使学习获得成功

首先是认清学习的本质。学习从来就是自学，而不是他学，因此一定要放弃依赖思想，学会自学，掌握学习能力，这是成才的关键。学习的本质即感知、重复和记忆。感知是通过五官感知直接和间接的知识，这是学习的前提。重复是学习的过程，温故而知新，目的在于加深理解，融会贯通。记忆是学习的目的，记住学习中的重点、难点和疑点，进而悟得知识背后的智慧。同时，在学习期间，一定要寻觅到自己的志趣，把它作为理想执着地去追求。

其次是一定要明确学习的目的。一般来说，学习有三个层次的目的：知、懂和通。"知"只是浅层次的目的，知其然而不知其所以然；"懂"是进入高一级的认识阶段，不仅知其然，而且要知其所以然；"通"则是进入最高的认识阶段，即不仅知其所以然，还要达到知其超然的地步。例如，融会贯通、触类旁通、博古通今、心有灵犀一点通，讲的都是一个通字。纵观古今中外，大凡大师级的学者都能够超越狭窄的专业范围，而达到通晓多学科的境界。

目前，各大学依然按照专业录取，分专业学习，按照专业寻找工作，这些都误导了学生，也坑害了许多人。请问世界上那些做出了最伟大的颠覆性科学发明的人，如泰勒斯、亚里士多德、哥白尼、达·芬奇、威廉·莎士比亚、托马斯·爱迪生、本杰明·富兰克林、比尔·盖茨、史蒂夫·乔布斯、马克·扎克伯格以及当今最疯狂的发明家埃隆·马斯克等，他们都是学什么专业的？始于工业革命形成的专业化教育，已经沿袭了近三百年了，它已经远远不适应智能化时代的需要，必须彻底改造，按照教育的本质重新设计课程和教学方法。

再次是要进入到学习最佳的境界。学习有感性、理性和悟性三种境界，而悟性是最高的境界。现在绝大多数的学生都只是处于感性阶段，只有少数学生达到理性阶段，几乎没有学生进入悟性阶段，这是我国大学冒不出杰出人才的根本原因。那么，怎样才能达到悟性阶段呢？这就需要反思，即反反复复地思考，百无禁忌地思考，海阔天空地思考。只有进入到悟性阶段才能产生智慧，即悟而生慧。这正如宋朝诗人辛弃疾在《青玉案》中所吟："众里寻它千百度。蓦然回首,那人却在灯火阑珊处。"这里的千百度就是反反复复地思考和搜索,在灯火阑珊处的"那人"就是我们要寻找的智慧或者所追求的真理。只有进入象牙之塔,才能安贫乐道和心无旁骛地从事学问的研究。只有在无私欲、无功利、无压力、无恐惧的自由状态,通过反反复复地反思,朝思暮想地穷究事物的本源,才能获得知识背后的智慧,唯有智慧才能在通向大师的路上走得更远。

# 苦读知书味,创造乐无穷[1]

新学年开始了,作为一位深深热爱你们的教育工作者,我有几句心里话想和你们谈谈。

学年更迭,流年似水。我们的时代在前进,社会在发展,改革在深入。但是,最近一个时期以来,曾一度销声匿迹的"读书无用"思潮又有所冒头,在一些地方和学校,青年学生厌学、弃学和退学的现象比较严重,甚至还有进一步发展的趋势。我对此感到深深的忧虑。

在我们社会大力提倡尊重知识、尊重人才的今天,为什么会再度产生"读书无用"的思潮呢? 据反映,原因有三:一是知识分子的工资与他们对社会所作的贡献相比,实在太低;二是社会选择机制的初步建立,使少数大学生分配遇到困难,使一部分人觉得读书无出路;三是看到做生意好赚钱,感到读书太清苦。从客观上讲,这些因素都是存在的,都不同程度地作用于人们的意识。我们究竟应当怎样看待这些问题呢?

---

1 本文刊登于《中国青年报》1988 年 9 月 1 日头版头条,题目为《新学年寄语》。1987 年 12 月下旬,教育部工作组进驻武汉东湖宾馆,据称是与武汉大学领导班子换届工作有关。1988 年 2 月 5 日,学校开始放寒假,学生们纷纷离校。已在武汉东湖宾馆隐秘居住 40 余天的工作组,于 2 月 10 日突然宣布免除刘道玉校长职务。3 月初大学生们陆续返校后才发现"学校已经变了天",叹息"大树已倒",但又爱莫能助。当他们听到中央广播电台播报《中国青年报》刊发的《新学年寄语》一文时,几乎全校学生都打开了宿舍窗子,静静地收听这篇贺词。本来,一个新学年开学伊始,都是国家领导人或至少是教育部部长来发表这类文告,可是这次却发表一个被免职校长的贺词,他们认为这是为刘道玉打抱不平,也为他们出了一口气,所以兴高采烈,奔走相告。

我感到,在我国,长期存在着一种时疫,即缺乏独立意识的"赶浪想潮"的心态病。当一种潮流袭来之时,人们往往不加思索,人云亦云,随波逐流。当前"读书无用""全民皆商"等现象,即是这种时疫的表现。作为独立意识较强的当代青年,应当头脑清醒地坚决抵制"读书无用"思潮的蔓延。

"读书无用"是一种短视症,它可以磨灭人的意志,模糊人的远大目标,使青年对自身价值的判断产生混乱。

青年朋友们普遍重视自我实现,这种实现是指个人独特的价值得到社会的承认。但是,这种价值是用什么来标定的呢? 可以肯定地说,绝不会是你弃学经商赚了多少钱。一个人的价值,最终取决于你对提高人类的物质文明和精神文明作出了哪些属于你的独特贡献。

青年朋友们喜欢做横向比较。我们可以看一看,二次世界大战之后,美国、日本、西德等发达工业国家,有哪一个不是靠高科技、靠具有高度文化素质的经营管理者和劳动力大军发展起来的? 在许多发达国家,"终身教育"不仅成为国策,也逐渐成为广大劳动者适应竞争的自觉手段。对这个"大趋势",我们怎么能视而无睹呢?

诚然,我国知识分子收入偏低是导致"读书无用"的客观因素之一。但是,我们也要看到,正是由于我国商品经济的飞速发展,使社会对这种不合理性有了越来越清醒的认识,我国政府正在制订方案,准备在几年里解决这个问题。随着我国工资制度的根本改革,可以预计,知识分子的收入将越来越和他本人积蓄的知识与作出的贡献相联系。青年朋友们,切不可因蝇头小利,"一叶障目,不见泰山"啊!

从另一个方面看,导致"读书无用"思潮的种种客观因素,并不是商品经济发展的必然结果,而是我国旧的教育制度、人事和工资制度不适应商品经济发展而暴露的种种弊端。我们应当做的,不能是弊上加弊,而是努力去革除这些弊端,去创立催人上进和推动社会发展的新制度。"十年动乱"期间,有整整一代青年被剥夺了受正规教育的权利,这个时代悲剧造成的人才青黄不接的恶果,至今还影响着我国现代化的建设。今天,有机会在各级各类学校就学的青年朋友们,有足够的理由珍惜这几年宝贵的读书时间,万万不可短视,去重蹈一代人失学的悲剧!

青少年时期是学习的黄金时代。心理学家研究了智力开发与年龄之间的关系,他们认为:以知觉能力而言,最佳年龄为十至十七岁;以记忆力而言,最佳年龄为十八至二十九岁;以动作和反应速度而言,最佳年龄为十八至二十九岁;以比较和判断能力而言,最佳年龄为三十至四十九岁。这些都充分说明,从幼儿教育到研究生教育,正好是智力开发的最佳时期。因此,希望青少年同学要放眼未来,千万不要坐失成才的良机,落得"少壮不努力,老大徒伤悲"的结局。

读书是苦事,但苦中有乐。古今中外一切大学问家、大发明家、大企业家,都是通过苦读和实干而获得成功的。为什么有些人总认为读书是苦事呢? 这是因为他们还没有培养起读书的兴趣,没有真正地钻进去,没有认识到知识和智力的价值。我深信,只要广大青年同学认识到自己的使命,树立了自身的价值观念,一定会同空虚和颓废作斗争,自觉地克服"读书无用"思潮的影响。而此时你们的心境必然是:苦读知书味,创造乐无穷!


# 与学生谈理想

近代微生物学奠基人、法国巴斯德研究所所长路易斯·巴斯德(Louis Pasteur,1822—1895)曾深刻地指出:"立志、工作、成功是人类活动的三要素。"这里所说的立志,也就是确立志向,或者说是树立理想。所谓的工作,是指达成其理想的全部实践活动。那么,成功又是什么呢? 从广义上来说,成功就是按照自己的理想或预想去创造出有竞争力、有效和有价值的东西。由此看来,立志、工作、成功三者是辩证统一的关系,理想是因,成功是果,而工作则是理想变为成功的中介。

理想是人类特有的一种精神现象,是与人生目标相联系的、有可能实现的想象,是鼓励人们奋斗和实现其自身价值的力量。理想是人们心中的太阳,它给人以温暖、希望,照亮人们前进的方向。人不能没有理想,假若一个人失去了对人生价值的追求,那么他就如大海中一叶无人驾驭的小舟,任凭风浪的冲击,不知漂泊到何方,有时甚至可能被大海"吞没"。

每一个希望实现自己人生价值的人,都不能不考虑"我应当成为什么样的人?"或"我能够成就什么样的事业?"。那么,什么是人生的价值呢?我认为,人生的价值在于追求成功,在于不断地超越自我。一个人的一生,面临着无数次的选择,每一次选择就是一次创业的机会,而每一次成功,则是人生价值的增值。树立远大的理想,对于一个成功的人来说非常重要,这已为许多思想家、科学家、政治家走过的道路所证实。理想对于广大青少年来说,的确是很重要的。我们在生活中常常发现,有的人迷惑、徘徊,有的人颓废、空虚,有的人失落、伤感,等等。这在很大程度上是由于他们没有树立崇高的理想所造成的,也就是没有树立正确人生观的表现。

古人讲:"千里之行,始于足下。"那么,对于一个努力成才的青少年来说,应当始于何处呢? 毫无疑问,立志将是人生道路的第一个驿站,也是青少年成才的入口。用现代语言说,立志就是人生自我设计,也就是回答"我将成为一个什么样的人?"。什么叫设计? 日本学者扇谷正造说:"设计人生不是预测,而是价值判断。"[1] 美籍华人朱钦骐是《福布斯》公布的有成就的企业家。他曾经说:"设计对我而言,就是解决问题,对于任何难题,找到一个有创意的解决途径。"他又说:"最有兴趣的是设计一个自己的事业,设计一个产品,而不是设计一件衣服。"

孔子有"三十而立"的名言,这是人所皆知的。他所说的"立",虽然包含有立志之意,但主要是立于"礼"。一个人到了三十岁才立志,未免晚了一些。那么,对一个人来说,到底应当从何时开始立志呢? 回答这个问题不能一概而论,事实上立志当是贯穿于人生的全过程的。

在历史上,既有少年得志的,如奥地利的作曲家莫扎特(Wolfgang Amadeus Mozart,1756—1791),5 岁时立志"要做一个出色的音乐家",并随父到欧洲各国巡回演出,13 岁演出自己创作的乐曲,一举成名,成为维也纳古典乐派的代表人物;也有"有志在年高"的,如 19 世纪德国自然科学家洪堡,75 岁立志撰写《宇宙》一书,到 90 岁方完成,历时 15 年。全书

---

1 扇谷正造. 自我启发百科:225.

共 5 卷,千余万言,包括动物、植物、物理和天文,是一部不可多得的百科全书。

虽然说立志是人的毕生课题,但是从生理学上说,人的智力和精力的发展与发挥,都有一个最佳的年龄区间,通常称为"人的黄金时代"或"人的最佳发明创造的峰年"。因此,对于每个人来说,立志应当早,这就是人们常说的"早立志早成才"的道理。

广大青少年正值风华正茂的年代,是长身体、长知识的最佳时期,他们天真烂漫,富有诗意般的幻想,是立志的大好时机。古今中外许多成功的人,大多在青少年时代立下鸿鹄之志,为一生的成功奠定了基础。例如微软公司的总裁比尔·盖茨就是一个盖世电脑奇才。盖茨是美国西雅图私立湖滨中学的学生,他从小喜爱电脑,被称为电脑帝国的"狂人",13 岁就完成了第一个计算机软件程序,后来创办了美国微软公司,拥有好几个"世界之最"和"世界第一"。他预言:"总有一天计算机将像电视机一样进入千家万户,而这些不计其数的家用计算机都必须需要软件——我们的软件。"[1] 是的,盖茨的伟大理想实现了。他被称为"计算机革命的点火人,软件世界的天才与皇帝"。他从 900 美元起家,现在拥有 139 亿美元的资产,是第一个靠观念、智能、思维致富的"知本家",也是有史以来最年轻的世界首富。

每个青少年都应当树立远大的理想,这已是无可争议的问题了。问题在于,青少年应当树立什么样的理想? 又如何实践自己的理想呢? 长期以来,应当说我们各类学校是重视青少年理想教育的,也取得了一定的成绩。但是,实事求是地分析,我们理想教育存在的问题还是比较严重的。从领导部门来说,主要是存在"假、大、空"的偏向,使理想教育流于意识形态化和公式化,所以少有成效。理想教育,应当指导青少年们正确地认识自己,科学地设计自我,回答"我将成为什么样的人?"或"我将成就什么样的事业?"。但是,我们的理想教育却不是这样的,而是向他们灌输空洞的教条,要求他们回答或去做与他们自我设计无关或个人力所不及的事。如果按照这种理想模式,那么只需要一个"总设计师"就够了,其他人

---

1 麦达利. 比尔·盖茨传. 四川人民出版社,1995: 76.

都不必自我设计了。从个人来说,在理想的设计上,主要是存在"多而杂"的偏向。所谓"多而杂",是指一个人在一个时期内,选择若干个目标作为自己的理想,这就是通常所说的多志向或多目标。例如,有些青年既想从政又想经商,有时又想当科学家;还有些学生,一下想当运动员,一下想当飞行员,过几天又想当宇航员;等等。这些都是属于立志"多而杂"的典型,因为他们选择的目标不仅多,而且杂,不同的目标之间又没有必然的联系,他们所需要的素质也是根本不同的,所以没有可行性。

古人告诫说:"有志者立志常,无志者常立志。"意思是说,一个有志向的人,一旦选定了目标,就不会轻易改变,要矢志不移地去追求它、实现它。反之,一个经常立志、经常改变志向的人,一般来说属于无志向的人,到头来可能是一事无成。

一个人树立美好的理想,还仅仅是一种理念,就好比是站在通向成功人生的道路起点上。如果我们把人生理想当作豪言壮语,那么实践理想就是实现人生价值的"马拉松"竞赛。我们都知道,"马拉松"竞赛实质上是意志与技巧的拼搏,如果没有顽强的毅力,没有百折不挠的精神,那就不可能坚持到底,也无法成为众多参赛者中的佼佼者。同样地,在人生的"马拉松"竞赛中,有的畏难而弃权,有的半途而废,有的因违纪而被除名,最后只有那些不畏艰难困苦的人才能达到光辉的顶点,成为创业的成功者。

美国贝弗利·希尔斯(Beverly Sills)说:"假如我的成功是在一夜之间得来的,那么这一夜乃是无比漫长的历程。"[1] 这句话是非常形象的,它道出了"宝剑锋从磨砺出,梅花香自苦寒来"的真理。然而,很多人只看到成功的喜悦,而不愿去尝试那艰难的漫长的历程;只会赞美腊梅的清香,而不愿去效仿腊梅那凌雪傲霜的精神。这就是为什么成功者始终只占人群极少数的原因。目前,我们正处在新旧世纪之交的时代。人类历史告诉我们,每当世纪之交,都预示着社会的变革和重大科学发明时代的到来。难道不是吗?我们今天享受的不少工业文明,都是上一世纪所没有、并为上一世纪的预言家们所言中的。例如,法国作家儒勒·凡尔纳(Jules

---

1 卡瑟拉.画出成功的自己.台湾上砚出版公司,1980:72.

Gabriel Verne,1828—1905）在 1863 年所写的《二十世纪的巴黎》一书中，就预言电灯、传真机、电梯、高架自动火车、合成音乐等都将相继问世。现在，这些发明成果已成为人们生活必需的一部分，它说明凡尔纳的预言惊人地准确。

现在，我们又处在人类重大发明新突破的前夜，这些发明无论广度或是深度，都将超过历史上任何时代。例如，在 21 世纪最初的十年，像小型可视电话，具有识别能力的机器人，计算机自动翻译机，人造关节、肌肉和人工眼，超导输电设备等，都将陆续被攻克。也许到 21 世纪 20 年代，人类将在太空建立太阳能电站，生产出多种抗癌疫苗，并最终消灭"不治之症"。

有科学家预言，人类大概用 25 年就将揭开太阳系以外行星上生命的秘密。这些伟大的科学预言的确是划时代的，令人鼓舞的。我们当今的青少年一代，正好生逢其时，是大有作为的一代。因此，希望大家树立远大理想，勤奋学习，刻苦钻研，培养创造性能力，使自己成为跨世纪的杰出人才。

**案例 4-1**

## 与三个女生谈心

晚餐后，部分教师与学生在明德楼厅堂里小憩，有的攀谈，有的听歌，有的打乒乓球，有的玩羽毛球，真是各有所爱，各求其乐。

初一的男生吴强在与一个小学生打羽毛球，也许因为年龄和球技相差悬殊，小强不愿打了。于是，他走向我说："校长，我想和您打羽毛球可以吗？"我说："当然，只是好多年没有打了，恐怕打不好。"本来，我年轻时是很喜爱羽毛球的，虽然没参加过正式的比赛，但接、发和扣杀也还是有一点基础的。吴强是初一男生中最高的，球技也颇有功底，我们俩基本上是势均力敌。但是，吴强毕竟是血气方刚的少年，而我已垂垂老矣，年龄差是整整半个世纪呀。经过几分钟的厮杀，我周身发热，已有点气喘了。于是，我建议说："休息一下吧！你和别的同学玩一下。"他同意了。

正当我放下球拍时，初一(1)班的三个女生走近我说："校长，我们想和您谈谈心，您愿意吗？"我说："当然愿意啊，那就请你们到我的办公室来吧！"她们随我来到办公室，我请她们分别在我左右边的沙发上坐下了。

我先开口说道："你们不是想谈心吗？哪一个先说呢？"我的话音刚落，一个身穿全套红色运动服、十分文静的女生应声道："我先说。"我说："好哇，请随意说吧，你们想什么就谈什么。"

谈话的气氛是十分融洽的，犹如家庭中爷孙交谈一样。那个文静的女生首先提出："校长，我觉得人生没有什么意义。"这是一个敏感的问题，也是每一个成年人都必须面临的问题。但是，对一个十二三岁的少女来说，产生如此的想法似乎太早了。她为什么会产生这种想法呢？是学习上遇到了困难还是家庭中缺乏爱抚呢？为了弄清原因，我决定耐心地疏导，摸准她的思想脉络，以便对症下药解除她的思想包袱。

从表情来看，那个女生虽然不十分活跃，但也并不孤僻。我试探性地问道："你是经常性还是偶然有这种想法呢？"她说："偶然有这种想法。"我又问道："那是在什么情况下有这种想法呢？"她说："是在这次期中考试以后有过这种想法。"我又追问道："你考的成绩怎样呢？"她说："还可以。"话到此，我基本上明白了她的思想症结所在，问题就出在对待考试的态度和对待分数价值的认识上。长期以来，我国的基础教育处于应试教育的压力之下，考试成了教师的指挥棒，也左右了学生的价值观、家长的期望值，使学生深受身心之苦。为了考得高分、升大学，过去不知酿成了多少悲剧，如果不克服应试教育的弊端，将来势必还会出现新的问题，这位女生的心绪，不正是应试教育压力所造成的负面效果吗？

针对这位女生的问题，我首先对"意义"一词向她们作了解释。我自问自答道："什么叫意义？所谓的意义，就是价值和作用。举例说吧，一个面包的价值就是可以作为人们的食品，为我们提供淀粉、糖和热量，维系人的生命。一本书的价值就是可以供人们阅读，让读者学习前人的智慧和经验，增加人们的才干，启迪人们的智慧。那么，人生的意义又是什么呢？这里，我们应对人生作些解释。人生是指人的生存和生活。因此，人生的意义就是人的生存和生活的意思。生活是一个含义很广泛的概念，它指人为了生存与发展而进行的各类活动。不仅你们的衣、食、住、行是生活，你们的学习、体育锻炼和娱乐活动等也都是生活。

"生活在同一个环境里，为什么有的人觉得生活有意义，而有的人却觉得没有意义呢？问题的区别在于生活目标不同，一个人如果有了明确的生活目标，那么他就会为实现其目标而勤奋学习、努力工作，他就会感到生活很充实，会领悟到人生的真正意义。我听说你们班上有一个女同学，立志要当武则天，这就是她的人生价值。武则天不仅是历史上一位有作为的女皇帝，也是一个女强人。当然我国现在没有皇帝了，想当皇帝的理想是不能实现的。但是，如果我们撇开武则天作为皇帝的身份，要效仿她成为一个女强人，这种理想当然是值得称道的。我相信，这位女同学有了这种理想，她会获得巨大的前进动力，会感到人生是有意义的。"

说到这里，我询问与我谈心的那位女同学："那么，你的理想是什么呢？"她说："我上新世纪外国语学校的目的是想出国留学。"我接着说："这很好嘛！虽说出国留学不是最终的目标，但毕竟是你的前进目标之一，有了这个目标，你就会去努力学好外语、学好文化科学知识，否则凭什么出去留学呢？"她连连点头说："是呀，我一定要好好学习。"看上去，她的心情很好，谈话之初的愁容也一扫而光了。

在三个女生中，有一个是从外地转学来的，她性格开朗，虽然到校才一个月，但是很快就与同学们打成一片了。在谈话中，她曾插话问道："校长，有的同学考试成绩好，就有些盛气凌人，您说这样对吗？"我明确地说："当然不对。考试成绩好是应当肯定的，但不能盛气凌人。俗话说'虚心使人进步，骄傲使人落后'。学无止境，学习的好与坏是相对的,也是可以转化的。有的同学虽然考得不好,但是他们总结了经验教训,就可能由不好变好;有的同学虽然考得好,但是他们骄傲了,不求进步了,那么他们就会落伍。大家所熟知的龟兔赛跑,不正是说明了这个道理吗?"听后,三位女生齐声说道:"校长,我们明白了,今后在学习中,我们既不气馁,也不骄傲。"

过了半个月,我又碰到了与我谈心的那位女同学。我问她:"你现在感觉如何?"她说:"我感觉很好!"看来,她们进步了,正在日渐走向成熟。真的,我打心眼里喜欢这些天真的孩子,她们能够主动、大胆地找老师和校长谈心,正说明了她们民主、自主意识的增强,她们必将是大有作为的一代!

# 个性是观察人才的窗口
——与李荣蓬同学的对话[1]

2011 年 8 月 18 日上午,我和武汉大学前校长刘道玉老先生进行了三个小时的交流。刘校长婉拒了凤凰卫视《名人面对面》节目的采访而选择和我交流,令我受宠若惊,交流内容亦令我受教颇深。由于当时没有录音,本文是根据记录的要点,经回忆整理的。

刘校长首先询问我有没有吃早饭,并给我一个蘸了花生酱的馒头让我一边吃一边回答他的问题,包括我的家庭情况和一些个人信息。我请刘校长浏览了之前准备好的问题提纲,在我一个馒头下肚后,交流正式开始。

**李荣蓬:**中国式思维有局限性么? 在中国式思维中,有人认为有含

---

[1] 本文为李荣蓬同学整理的对话文字节选。当时他在南方科技大学实验班就读,毕业后到美国南加州理工学院攻读物理学博士学位。收录时有删改。

糊不清、模棱两可、不重理性等缺点，在科技创新中乏力无能。缺乏创新人才与中国传统式思维的"束缚"有无关系，或许本身就不该叫"束缚"？

**刘道玉：**一个民族的思维方式在很大程度上受其文字的特点影响。中文的特点是什么？汉字起源于象形文字，它是一种表"象"的文字，我们今天看汉字的发展轨迹，几千年来都是在直接表示万物的形象，以形会意，中国人的思维特点是"象思维"。应当说，最早的确是老祖宗发挥想象力创造了文字，但是它后来走向了病态的形式主义，而没有走向有助于激发创造力的形象思维。中国人重视"形式"到了非常严重的程度，好大喜功和热衷于搞假大空那一套从学校改名就能够看得出来——把一个个学院改成大学，大专也都统统升格为大学，或者合并到大学了。中国现在有2000多所大学，除了大约10所没有合并和改名外，其他都改名了，而且是一改再改。其实，根本没有这个必要，学院就是学院，名字改了而质量没有提高，那岂不是换汤不换药嘛！麻省理工学院、加州理工学院、达特茅斯学院和巴黎高师等，都是世界最著名的大学，几百年来谁都没有想到要改校名。可是，中国自1990年以后，几乎每个大学都改了名，不少是一改再改，如由工学院改为理工大学，后又改为科技大学，反正是越改越大，这是典型的形式主义思想作祟。（他还列举了形式主义在高教机构中的种种体现，提到了之前他向清华大学写的那封公开信，痛批校庆的歪风邪气。他又举了清末民初从西方过来的教会为例。）中国人的视野往往多局限在五官可及的范围之内，保守而不敢冒险，缺乏抽象的能力和远见。

19世纪末，外国传教士到中国传教，同时教会办了学校、医院等慈善机构。他们来到中国传播的是文明、科学技术，但是解放后取缔了所有的教会大学和私立大学，国家限制教会发展，以宣传无神论代替传教活动，这是唯意识形态的表现。其结果不仅导致人们信仰缺失，而且造成了我国迄今没有一所教会大学，也没有一所真正意义上的和高水平的私立大学。

（后来，刘校长向我推荐了两本书。）一本叫作《中国人的特性》，是清末传教士亚瑟·亨·史密斯（Arthur Henderson Smith，1845—1932，中文名叫明恩溥）的作品，是他在中国生活了54年后写出来的，归纳出了24种中国人的特征，如"爱面子""不关心公共事务""缺少理性""说话吞吞吐吐"等；另外一本是日本女作家中野美代子的《中国人的思维模式》。可惜，我们中国人没有写出认识我们自己的书，台湾柏杨先生写了一本《丑陋的中国人》，但仅仅触及一些皮毛，未能剖析中国人深层的思维本质。虽然近代鲁迅、林语堂等也都致力于剖析中国国民的劣根性，但并没有写出有分量的专著。

**李荣蓬：**关于如何培养创新型人才，朱校长[1]认为关键是：好奇心、想象力、直觉与洞察力和学术交流。您认为呢？

**刘道玉：**清时校长说的这几条我都同意，但还要补充三条。第一条是个性，个性是观察人才的窗口。可以肯定地说，没有个性就没有创造性，所谓的个性就是敢于表现自我，敢于实现和超越自我。一个人如果没有个性，他将很难作出大的成绩来。中国的传统文化向来不主张人有个性，千百年来压抑人的个性，整齐划一地培养人，这是非常不利于人才的培养的。（刘校长还称赞我很有个性，让我既惊喜又感到很有压力。）第二条是敢于冒险。原始创意往往不来自知识，而是来自好奇和想象力，有了创意然后寻求知识去实现创意的构想，而这一切都要求敢于冒险的精神。中国人太过于保守了。为什么是哥伦布而不是中国航海者发现了新大陆，就是因为中国人不敢冒险。第三条就是要有百折不回的毅力。国学大师黄侃曾教导学生说："人生在世，实为勤苦而生，不为逸乐而生；能于苦中求乐，乃是真乐。"社会上有论调认为：没有大学文凭或者大学读不完的人有何用？这说明，现在社会对人的评价机制有问题，"文凭至上"十分流行，完全按照专业知识来评价人才，不利于创造性人才的成长。

**李荣蓬：**对于人的持久发展，您认为天才早成的培养有效还是保留青年人的童真和天性更科学？

**刘道玉：**人才的出现究竟由什么来决定？我搞了一辈子教育，一直在研究到底人才的成长靠什么，是名校、名师，或是高学历、高学位？如果是名校和名师，但并不是名校和名师的每个学生都能够成为杰出的人才。

---

1  指南方科技大学的朱清时校长。

应当说,学位和文凭这些东西本身有一定的作用,否定这一点就成了读书无用论,但是起决定作用的是自己,这就是决定同一所名校或同一个名师的学生成功与否的根本差别。

每一个人如果要想成功,需要回答这样三个问题:

第一,我是一个什么样的人？一个人要知道自己的优势和劣势,对自己的情况有一个比较清晰的认识。古希腊先哲苏格拉底说,要"认识你自己"。这句名言,几乎是所有行为科学家的座右铭,每一个想要成功的人必须正确地回答"我是谁?"这个问题。

第二,我想做什么事？这里的"想"是超越生存要求的,是指人生的志趣和理想。胡适当年曾对青年说:"跟着马克思走不是好汉,跟着牛克思走不是好汉,跟着孔丘走也不是好汉,你要走出自己的路来。"怎样走出自己的路呢？那就是必须有自己的理想,并坚定不移地去努力实现自己的理想。

第三,我能做成什么事,我的价值有多大？这里就要考虑自己的实际情况,即主观的愿望与客观的条件。一旦工作与理想不一致的时候,在工作的同时应不放弃理想,工作是为了生存,理想是我的至爱,应在工作之余去研究自己喜爱的问题,以实现自己的理想。例如,法国的数学之王费马(Pierrede Fermat)是一位律师,但他提出的"费马猜想"曾经困扰了世界数学家 358 年,最后被美国普林斯顿大学的安德鲁·怀尔斯(Andrew Wiles)证明,但费马至今仍是无人撼动的"业余数学之王"。

有一位武大女生极为留恋美丽的校园,但她又对国内教学非常失望。她来征求我的意见,我对她说:"你应该选择你所希望接受的教育,而把美丽的校园保持在记忆里。"于是,她选择到美国密西根大学留学,插班到该校心理学三年级学习。工作是为了生存,理想是为了志趣。学什么、爱什么和做什么是完全可以分开的。我的儿子刘维宁是加拿大航天局最高的五级科学家,也是加拿大全国最年轻的五级科学家。他除了研究空间科学外,也非常爱好写作和文学,还用英文创作了多部小说。他的人生故事是一个鱼和熊掌可以得兼的典型例子。能做两件事就不要做一件事,一个人可以完成的事绝对不要两个人去做,这就是创造性的有效的工作原则。(刘校长这种追求"得兼",认为工作、理想可以分开的观点令我深有感触。)

人小的时候还是尽量少一些灌输,保持儿童的童真,让其自由成长比较有利于长远的发展。失去了童真,就泯灭了儿童的好奇心,也就扼杀了人的创造性。

**李荣蓬**:您如何看待科学、技术、商业三者之间的关系?

**刘道玉**:这三者其实是相互联系的,它们需要真正的市场经济来调节。科学是最重要的,也是最根本的,技术则是直接转化为商业价值的东西。在中国,最弱的也是科学,依然很落后。诺贝尔奖奖励的就是原创的重大科学理论,它主要反映原创科学理论的发展水准。诺贝尔奖不仅仅是一个荣誉,还反映了先进科学理论的储备情况。一个国家如果没有先进科学理论的储备,就不会有独立的先进技术,到头来也不会有独立的经济,这是我们必须要认识清楚的问题。从科学发明史来看,一项科学理论的重大突破,将会导致技术领域哥白尼式的连锁革命,进而带动一系列新兴产业的发展,带来价值连城的利益。

**李荣蓬**:您认为对改造社会来说,革命与教育哪个更有效?

**刘道玉**:解放前,革命肯定是主流,共产党可以说是应时而生。但是和平时期,教育应该发挥更大的作用,但是教育发展遇到瓶颈就无法改造社会了。

**李荣蓬**:教育会侵犯人权吗?比如对年轻人进行洗脑式教育。

**刘道玉**:教育是有普世价值的。西方有一个哲人说,教育是上帝在创造了生命与自由之后给人类的最后礼物。孟子说:人之初,性本善。教育的目的本身是维护人权的,是保证人的平等、自由的。之前有个南方人给我带了一本书,正是讨论这个问题的,叫《本征教育》。所谓本征就是回归教育的本源,他的努力值得肯定。湖北立人大学之所以受到关注,正是因为它回归了教育的本源。最早的大学就是11世纪初一群西方人聚在一起发表言论或是由某人向人们宣讲自己发明的学说的地方,后来人多了或遇到雨天,就到了室内,固定了时间,有了固定的听众,大学就是这

229

么形成的。

李荣蓬：您如何看待"熟能生出百巧来"和"无知有利于创造"的论点？如果有平衡点，如何定义这个平衡点？

刘道玉：这个问题不能够绝对化，单看两种论点都有道理，但是不能以偏概全。平衡这两者需要有联想力，人需要善于积累经验，有时大脑可通过加工信息而产生新的创意，但是不要被经验所束缚，不能迷信专业知识和行家。


# 找到自己真正的志趣
——与李泽华同学的对话[1]

刘道玉：泽华，我现在送你一本杂志[2]，里面有我今年 6 月写的一篇文章。我写这篇文章完全出于好奇心。我对这个"我"字非常好奇。在汉语中，"他"字是第三人称，由单人旁加"也"字组成；第二人称"你"也是单人旁。为什么"我"不用单人旁，而用了一个什么偏旁呢——就是干戈玉帛的"戈"。这边是个正"戈"，另一边是个反"戈"。双戈向背就是"我"，而且"我"的蕴义是武器。为什么用武器来比喻人？我非常好奇。为了把这个问题搞清楚，我就写了《怎么读懂"我"》。

根据我的体会，人和人的差别，关键就在于你是否读懂了"我"。成功人士大多读懂了"我"。读懂了"我"的意思是什么呢？我是一个什么人？我有什么长处和短处？我想成为一个什么样的人？我怎么才能成为我所希望成为的人？就是这些问题，你回答清楚了，就可以成功。而大多数人是糊里糊涂的，没有认识"我"。这篇文章你看看，就是因为我好奇，我 85 岁了还好奇，充满了好奇。一个人脑子里如果没有了好奇心，就像一座干

---

1  本文由李泽华的妈妈欧燕华整理，当时泽华已被清华大学录取，是准大学生。
2  《阅读时代》2018 年 8 月刊。

枯的水坝,那就永远发不出电。脑子没有好奇心,就不可能有创意,也不可能有创造。

人老了,这篇文章就是我反思自己。海东、燕华,你们有空也看看。

我知道,泽华是个好孩子、好学生。我听你爸爸妈妈说,你的学习从来没让你爸妈操过心。从小学到高中,你没有参加过什么培优呀、补习班呀,也没有请过什么家教。这说明,你有很强的学习自觉性,有很强的自理能力,有很强的理解能力,所以你能考出好成绩。我本来想问问你,你考得高分的经验是什么。现在我不问了,因为答案我已经知道了。我想问你另外一个问题,你除了学习以外,还有什么爱好?

**李泽华:**打球吧!

**刘道玉:**打球当然很好,我所说的爱好,是指琴棋书画方面,你有没有这方面的专长?

**李泽华:**没有,基本没有。

**刘道玉:**我之所以引出这个话题,是认为人走完这一生,如果没有留下什么遗憾,这一生就是完满的人生。可是我的一生不是完满的人生,我的人生有很多很多的遗憾。这里我要告诉你们:我们走过的弯路,你们不要再走;我们有的遗憾,你们不要再有。

我的遗憾是什么? 第一,没有任何的爱好。我是个非常枯燥无味的人,琴棋书画都不会,音乐和乐器都不会。这是一个很大很大的遗憾,我最怕人家邀请我参加联欢会,一参加联欢会,人家要我拿节目,我什么都拿不出来。这就是很大的遗憾。

我第二个遗憾,英语不好。这是我人生最大的遗憾。我们读书的年代,把英语当成敌人的语言,所有教英语的老师都必须改行教俄语。那时候的口号是一边倒。向苏联学习就是革命的,学英语就是反革命的。我是个不满足的人,我想学英语,但找老师都找不到,所以没办法,我根据俄语的发音来学英语的发音,这样就不标准了。所以我从前看些化学方面的专业书,每一个词都需要查字典。因为英语发音很特别,有很多字母它不发音,我不知道怎么拼。我认识的,但我写不出,就是因为不会拼。这是第二个遗憾。

如果我能够再活一辈子,重新活一次,那我一定会弥补这些缺憾。可惜人不能活第二次。所以，你到了清华以后，首先看看有什么乐团，管弦乐团、民俗乐团什么的。你一定要把爷爷这个缺憾补上。

**李泽华：** 好像很难呀！

**刘道玉：** 你要趁年轻时候学，我现在年纪大了，想学也没办法了。我特别建议你学小提琴。小提琴是很高雅的西洋乐器，既可以参加合奏，又可以独奏。你在有闲情逸趣的时候拉首小提琴曲，那是极大的享受。不要把它仅仅看作一个爱好，它对你整个人生都会很有好处。

还要拿几本英文原版小说读。我大儿子是留学美国的，后来到加拿大，现在因"千人计划"回到北京来了。他是空间物理学家，他的中英文小说写得很漂亮。英国伦敦有个叫 *Richmond* 的时尚杂志，专门聘请他写评论，他写的时评连英国人也写不出来，只有涉猎古典英文的人才能写得出来。但他是理论物理学家。

所以你英文上要下功夫，要读原版书。你读小说也可以，读你专业领域的英文书也可以。就是拿着看，养成快速阅读习惯，要运用英文来思考。这是训练你敏锐、流畅的思维和阅读速度的最好办法。

下面我再讲讲学习。学习是什么？学习的本质是什么？谁不知道学习呢，其实很多学习过的人都不懂学习。

学习有三种境界：第一个境界就是感性认识阶段；第二个境界是理性认识阶段；第三个就是悟性认识阶段。很多人分不清楚学习的三个阶段。我们现在的学生，绝大多数都停留在感性认识阶段——知其然而不知其所以然。部分学得好的学生，就进入了理性阶段。他不仅知其然，而且知其所以然。而只有极少数极少数的，将来能成为大师级的人才，才能进入悟性阶段。而悟性阶段不但要知其然，知其所以然，还要知其超然。

感性学习阶段的目的就是知——我知道了。像一个物理公式，我知道了；一个数学公式，我知道了。理性阶段，我不仅知道这个公式，还知道这个公式是怎么推导出来的，而且我知道用其他多种方法把它推导出来。这就进入了理性阶段。进入悟性阶段，我不仅知道这个公式怎么推导出来，我还知道这个公式能够应用到化学、生物等等学科，这就进入了超然阶段。

所以，感性阶段就是凭人的五个感官，靠接触才能认识；理性阶段就是靠理性思维；而悟性阶段完全靠直觉思维，跟人的五官没有关系了，就靠直觉,靠悟性。

你看易中天,我想你们知道这个人。他是武大的学生,我的学生。他现在应该是大师级的人物了,但是他拒绝"大师"这个称号。他说大师现在很臭了,成了"大尸"。这反映了一个人的思想境界——有的人争着要,而有的人要自摘"大师"的帽子。

易中天本来是学文学的,他没有大学学历。他高中毕业于武汉市华师一附中。毕业那年是1965年,正好国家号召要到边疆。他也是个理想主义者,抱着解放全人类最后解放自己的思想,没考大学,到新疆建设兵团当了军耕战士。当了十年军耕战士后,他才意识到,我连自己都解放不了,还解放人类?他觉悟了,不能这样下去了。他就到农耕厂中学教书,教了四年语文,以同等学力考上武大古代文学专业研究生,虽然没有大学学历,但他比那些大学毕业生水平还高。

他本来是学文学的,但他现在的研究领域涉及美学、哲学、社会学、建筑学、人口学、戏剧学等。他已经出版了135卷本的著作,超过胡适、钱穆等人。他70岁转为写戏剧,写《模范监狱》,成为年纪最大的戏剧新人。这个剧本一炮打红,演出了15场。而且绝妙之处在哪里呢?他能够串演《模范监狱》中的七个角色,他讲七种方言,湖南话、哈尔滨话、上海话、武汉话、广东话,他都会说。这说明什么?说明他的智慧,已经到了融会贯通的程度了。

你想要达到通的地步,就要进入到悟性的境界,这对你未来的学习有好处。你要看到,考上清华大学并不是你根本的目标。在我看来,你上清华大学和你在广东上广州大学是一样的,你不要看得太特别了。你们广州有个新办的广州大学,我知道,我的学生在那儿当化学系主任,现在退休了。没有区别,区别在哪儿?你在清华学的和别人学的,和你同班同学学的,有什么不一样?你要学到别人学不到的东西,这才是你的特别之处。

这里讲讲学习,这是我们过来人的一些理解,讲出来供你们参考。

我知道,你妈妈告诉我,你被清华数理大类录取了。到底将来是学数学、物理还是其他专业,还是未知数。你到了清华之后,要好好回答这个问题。

我还有个教训。我从初中开始就信奉"学好数理化,走遍天下不害怕"，那当然是上一辈对我们灌输的。结果，到了中年时候，我才认识到，这个口号错了。要真正学好数理化，必须打好人文社会科学的基础。人文社会科学不好的人，数理化也是学不好的。我们化学系有个北大的研究生，解放初的研究生，很厉害的。他的学问不错，见识也很好，但他一辈子都没有写出一篇论文。为什么？他文字不行。最后提教授还是被照顾的，他一篇论文没有。为什么？他写不出文字来，文字水平太差。这就是偏科引起的。所以我说，"学好数理化，走遍天下不害怕"这个口号错了。

我在 30 岁以前，也就是在"文化大革命"以前，所有的小说都不读。我认为那是浪费时间，我就是学数理化。化学学完了，我就学水利电力学的课。武大没有的，我就到外面去上，造成了我的人文社会知识的欠缺。当了校长以后，我才知道自己的不足，拼命地补课，恶补人文社会科学方面的许多课。

这就是我们以前走过的弯路，你们不要再走；我们的遗憾，你们不要再有。所以，要真正学好数理化，一定要打好人文社科基础，比如说哲学。哲学是什么？哲学就是思维科学。不懂哲学，你就不懂思维。你要读哲学书，不要读中国哲学家的书。中国没有哲学家，这是我直而言之。哲学是什么？哲学是回到事物的本质，事物的本源。比如人怎么来的，人为什么会思维，星球怎么演变的，地球怎么来的，物质是什么，物质怎么组成的。

我现在年纪大了，逐渐逐渐地回归到哲学的源头来思考问题。我最近要出版一本书，《教育问题探津》，天津的"津"。"津"是出口，找教育的出口。你找到了，问题就解决了。

这就是哲学的问题。你要读西方的哲学，罗素的、斯宾塞的、杜威的、康德的，不过康德的书不好读，很难读，还有黑格尔的。哲学就是思维科学，回答物质是什么，人是怎么来的，从根源上找问题。

这是第一个问题，在数理大类里要选择。

我接触过很多学生，武大的、外校的，南来北往，我也不拒绝。有一个共性问题，很多学生说"我不知道自己的爱好是什么"。这就是一个很大的问题。他们不知道自己的兴趣爱好是什么，也不知道如何去寻找自己的志趣和爱好。

由此我认为，人和人的差别，学生和学生的差别，大概就在这个问题上。如果谁找到自己真正的志趣,然后执着地追求下去,最后就会成功!找不到志趣的人,就会一头雾水,对自己的前途也是茫然的。

所以我希望,泽华你在清华时,要找到你的真正志趣究竟是什么。这个问题你自己回答,你爸你妈回答不了。他们有想法,但他们不能包办代替。你要有自己的想法。"我究竟喜欢什么""我将来要做一个什么人""我怎样才能成为我所希望成为的人",这些都要你自己回答。要找到你的志趣。很多人在大学都不知道要找到自己的志趣。我接触过很多很多学生,他们都不知道自己究竟喜欢什么。你要知道,一个兴趣贫乏的人,一定精神贫乏;精神贫乏才导致兴趣贫乏,所以他们才没有兴趣。

所以清华四年,泽华,你一定要自己回答:我的兴趣爱好究竟是什么,我要成为一个什么样的人。要执着追求自己的至爱,做一个精神丰富的人。一个精神贫乏的人好奇心也贫乏。阅读贫乏的人,精神也贫乏。它是连贯的。要想精神充实,你就要阅读充足的资料,特别是阅读些科幻小说。读小说,不仅是享受小说的情节,更主要的是激发你的想象力、好奇心,使你的精神丰富起来。

这是你在清华要回答的问题。回答清楚了,你就一定会成功的!

第三个问题,你要学会自学。一定要学会自学。你考得不错,我相信你很自觉,理解能力很强,跟着老师的课堂一步一步地往前走,听课思维很集中,对老师讲授的内容理解得比较透彻,所以你能考到好成绩。但是到大学了,这个方式完全不同了。大学不像中学那样一课课上、一课课地布置作业。有些大学甚至没有作业,老师上完课就走了。你三天五天都见不到老师,完全就靠自己。

学习是自己学习。学习从来是自学,不是他学。如果是他学,就是为他人学习,为你爸你妈学习,为老师学习。学习从来都是自己的事情,从来都是自学。只有自学,才能够深刻领会。

古往今来,一切大学问家的学问大概都是自学来的。在孔子那个时代、老子那个时代,虽然有学校,但那个时候是官学,学在官府。孔子、老子都是穷人,他们上不了学校。他们学问怎么来的?都是自学的。

华罗庚是一个初中生。到现在,中国人(在科学研究方面)没有任何人能超过华罗庚。一个初中生,能成为世界杰出科学家,88位数学伟人之一，成为唯一进入美国芝加哥科学技术博物馆的中国人。华罗庚没有虚荣心，他1936年到英国剑桥大学学习，导师是著名的哈代教授。哈代跟华罗庚说："华罗庚呀，你只需要两年就可以拿到我的博士学位。"华罗庚就跟哈代说："先生，我不需要博士学位，我是到你们这里来学最先进的数学知识和研究数学的方法的。"结果，华罗庚在剑桥大学两年发表了24篇论文，几乎是一个月一篇。据世界评论，华罗庚的24篇论文，每一篇都可以答辩一个博士学位，但他不要，他要的是真才实学，这是他成为著名数学家的原因。

再说陈寅恪。20世纪大陆和台湾都掀起了陈寅恪热。他没有学历，留学东西洋12年，哈佛大学、东京大学、柏林大学、巴黎大学都学过了，但就是不拿学位。他最后的学历是复旦公学，相当于中学的学历。

为什么？他们没有功利思想，没有虚荣心。我拿到一个博士学位，到处宣扬我是博士，那有什么用呢？陈寅恪和华罗庚都是我们学习的榜样。他们没有虚荣心，也没有功利思想，就是一心向学，所以才成为大师。

所以，你在清华的四年一定要找到你的志趣究竟是什么，它要是你真正的至爱。第二个，一定学会自学。第三，要打好人文社科知识的基础，不要死抱着"学好数理化，走遍天下不害怕"的想法，特别是要关注哲学和文学。文学是什么呢？你的阅读能力、你的理解能力、你的写作能力，都是靠文学基础给你的。哲学是教你学会思维的，要打好这个基础。同时社会学、历史也要懂一点。

如果说你在清华学习还有过剩的精力，那就把所有的精力都用在学英文上。这是我一生的遗憾。我说过如果让我再活一次，我要把所有的精力都用在英文上。你想我现在就很难，要看人文社科方面的英文书很难，几乎每一个字都不认识。数学、物理、化学，它是有科学语言的。像数学公式、物理公式、化学反应式、化学符号，这些都是科学语言。我能看懂一部分，猜一部分。但人文社科，每个字你都得搞懂，搞不懂你就理解不了。一定要把它搞好，好不好？这些就是我想说的。

你喜欢打球还可以继续打，强健身体。虽然你没有打篮球的先天条件，高度不够，连进校队都不够，但作为一个爱好、一个强身的手段是可以的。

我有一个亲戚,他生在深圳,没有在国内读大学,高中毕业后我推荐他到芝加哥大学香槟分校就读。这孩子这个暑假回来,身体强壮得很。他就打篮球,下了课就打篮球,跟黑人白人一起打,又可以学英文,又可以健身。

我还有一个学生,是历史系博士生,后来公费到了剑桥大学读博士,学欧洲和中世纪历史。这个孩子很厉害。他会打太极拳,每天早上就在剑桥的剑河外面打太极拳。许多外国人都来跟他学拳。他现在教了很多人,所以他英语很好。他不仅英语很好,还会拉丁语、希腊语、法语。他毕业后就在研究欧洲中世纪历史。中世纪历史的文献都是拉丁语,不懂拉丁语没办法,看不懂第一手资料。

因为他是公派研究生,毕业后必须回国,不回国就违约了。我说希望你做一个诚信的人,不要做违约的人,你一定要回来。既然签了约,你就必须遵守。这是契约精神。回来以后,你工作两年,可以再走。你甚至可以终生不回来,也没关系,但是你已经践约了。

他问我是回武大还是其他大学?我说你不要回武大。最坏的制度就是一个学生在一个学校学到底,从本科、硕士、博士、博士后,都在一个学校学习,学的都是一个风格。应该在不同学校,学不同的风格。所以他就到了复旦。到了复旦,我说你还要学上海话,因为上海人的地方主义比较严重。我过去吃过亏,文革以前到上海买东西,你不讲上海话,他不卖给你。现在倒不会,你只要给钱,都卖给你。1956年我到广东去,我不会广东话,吃完饭,他根本就不理你。现在都开放了,广东现在的外地人很多。

我还是要讲学乐器的好处,我们化学系有一位教授,很厉害。小提琴拉得好极了,学校文艺晚会上他的演奏总是博得全场喝彩。

这些都是我这个过来的人,对你这个还没有入校的准大学生提的建议。我姑妄言之,你姑妄听之。对的你就听,不对的你就不听。

大学多交朋友,各种各样的朋友,包括球友。保持你在高中的优点,自觉学习,听课专注,集中精神,还要加强消化和理解,触类旁通。再加上学会自学,找到你的志趣,找到你的至爱,认识你的自我。把自我认识清楚了,你就成功了。

考到清华,大家还是高兴的,你的学校和老师也是高兴的,但毕竟这都已经过去了,我们要面向未来。在清华北大的学生,也不是每个都是成功的。不成功的人也是很多的,北京大学毕业生卖肉的、卖糖葫芦的也有的是。也有没有名气的大学,培养出了不少杰出人才的,像中国的"两马"。马云是杭州师专毕业的,杭州师专的学制是三年。腾讯的马化腾是新建的深圳大学毕业的。他们两个现在是最厉害的。还有龙永图,中国世贸谈判首席代表,那是很厉害的。他是贵州大学毕业的。

还有更多人没有上过大学。像北京大学最著名的教授沈从文,一天大学都没上过。华罗庚是初中生,钱穆是初中生,齐白石是小学二年级学生,爱迪生读了三个月小学。所以成功不成功,跟名校没有多大关系,关键是决定自己——决定自己什么,就是我刚才讲的,那都是需要你自己回答的。武汉华中师范大学还有一位教授,就是一天校门都没进过的国学大师张舜徽,他完全靠自学成为国学大师的。

华罗庚培养了 100 多个博士,结果只有 5 个博士能够称为知名的数学家,其他都不入流,成功率只有 5%。同样是一个导师,其结果简直犹如天壤之别。

所以成功的钥匙在自己的手上,自己决定自己,所谓"师父引进门,修行在本人"。我预祝泽华的大学学习成功!

## 案例 4-2

### 与大三学生谈学习与人生[1]

2011 年 11 月 18 日下午,武汉大学计算机学院大三的 9 个学生,在班长刘以恒的带领下,如约来到我家,与我就学习与人生问题进行了两个小时的交流。来访的学生中有五男四女,他们是刘以恒、鲍祎俊、张梦妮、高洁、黄蓉、周晓帆、任建生、邹昌力、关浩宇。我们的谈话是在无拘无束的氛围中,以问答的方式进行的。他们总共提出了 5 个问题,我逐个回答如下:

首先,怎么看待大学的合并?我国大学合并始于 1998 年,是由浙江大学、杭州大学、浙江医科大学和浙江农业大学四校合并拉开

---

[1] 本文原题为《走出困惑,把握人生——寄语计科院大三部分学生》。

序幕的,一直持续了十多年。同学们关心大学合并,说明大学合并的涟漪依然没有平息。为了说明合并的利弊,不妨回忆一下半个多世纪前的大学院系调整,那次是从综合大学剥离出新的单科独立的学院,而这一次是把不少单科学院又合并为多科综合大学。这两次大学调整具有共同性,都是以行政命令来推动的,都是功利主义的。1951年院系调整的副作用,至今还没有消除,而这一次的大学合并,其副作用在今后也将逐步暴露出来。这些副作用主要是:追求"大而全",必将使某些有特色的学院削弱;一窝蜂地、盲目追求研究性的大学,必将造成不少学科的重复与过剩,同时削弱了高等职业教育;再次是校区分散,给大学管理增加了负担,也使大学的成本成倍增加,导致巨大的浪费。大学合并只能遵循教育规律,按照自愿的原则,因势利导,绝不能搞运动式一哄而起。

第二个问题是,大学怎样不至于被毁掉?你们提出这个问题,说明你们非常关心学校的命运,这是因为大学的好坏与大学生们的切身利益息息相关。怎么理解大学被毁掉?所谓毁掉不是毁掉物质性的学校本身,而是指大学的精神,而后者确实有被毁掉的可能性。人们普遍担心,现在大学精神滑脱,学术诚信丧失,学风浮躁,学术剽窃、抄袭屡禁不绝,这些歪风邪气正严重地腐蚀大学的机体,其后果是严重影响大学培养人才的质量。因此,我们必须抵制这些不良学风,铲除它们存在的市场。大学生是学校的主人,虽然你们不能从根本上遏制这些错误倾向,但也不能袖手旁观,应首先从自我做起,要坚决远离这些不良风气的影响。

第三个问题是一个女生提出的,问怎么看待加入党组织。她已经是共产党的预备党员了,但她的中学同学问她"你为什么要入党?"她说自己也不知道,所以心中很苦恼。我对他们说,自己说不清楚,说明你有点盲目,政治上还不成熟,应当继续深入地想一想,但苦恼大可不必。一般地说,大学生尚处于长知识、长身体的阶段,主要的任务是学习、思考和研究,大学应当是一个思考与创新的自由园地,应当珍惜这一段黄金韶华。从历史经验来看,在读书期间参加政治派别可能过早,因为没有社会工作和生活的经验,难免有思考不成熟的缺陷。

第四个问题是兴趣、考研和就业的关系问题。每一个大学生在面临毕业时,都会遇到考研或者就业的问题,而这两个问题又与每个人的兴趣密切相联系。我个人的看法是,在处理这三者关系时,有两点是需要考虑的:一是个人兴趣,二是所学学科的特点。兴趣是学习和成才的动力,一定要保护自己的兴趣,千万不能委屈自己,要做自己所喜欢的事,享受兴趣带来的成功和乐趣。怎样处理考研与就业的关系?应当根据不同学科来判断,考研不仅仅是获得一个学位,更重要的是能否真正提高自己的学术水平与工作能力,这应当是我们决定是否考研的重要因素。一般来说,纯实验性的学科,如物理、化学、生物、医学等,如果需要继续从事学术研究,就需要借助大学里的实验室,这是从事科学发现与发明的平台,也只有通过读研才能达到这个目的。然而,人文社会科学,尤其是实践性很强的学科,都可以通过自学来提高自己,似用不着耗费那么多时间学习研究生的课程。例如,文学创作、新闻采访、经济与管理,甚至包括计算机等,通过实践比读研更能够提高自己,更容易使自己获得更强的工作能力。

第五个问题是关于人生理想。青年人热情似火,思想解放,浮想联翩,勇于探索,是树立人生理想的最佳时期。那么,大学生怎样追求最佳的理想呢?为此,每一个人都要回答:我是一个什么样的人?我有什么长处与不足?我的志趣是什么?我将成为一个什么样的人?只有在正确回答这些问题之后,才能确定最佳的理想。一般来说,兴趣决定志向,志向决定理想,而理想靠执着的精神来实现。兴趣与所学专业无关,理想与专业也没有关联,只决定于你的挚爱。在现实生活中,学化学的成为漫画家,学哲学的成为诗人,学外语的成为生物学家,学历史的成为经济学家,这样的例子多得不胜枚举。

　　理想不是一成不变的,要因时因地不断地调整自己的理想,天时地利人和是实现理想的必要条件。我们如果不顾客观条件一味陷入空想,那是不能成功的。在实现理想的过程中不可能是一帆风顺的,有时会迷茫或困惑,这是不可避免的。每一个创业者,都要具备强大的心理素质,磨炼出百折不挠的毅力,勇敢走出迷茫,相信坚持就是力量,有实力才有成功!

# 自己要成为自己学习的设计者

——与苏州大学辩论队的对话[1]

　　2011年8月14日,苏州大学辩论队的同学从苏州来到武汉,就中国高等教育的一些困惑对刘道玉老校长进行了专访,年近80的老校长在家里耐心地回答了我们提出的问题。访谈近两个小时,但老校长依然觉得言不尽意,临行前,他出门再三叮嘱,希望我们做一个有独立精神的大学生。

　　**辩论队**:您在《中国教育之殇》一书中说现在中国的大学弊乱横生,但我们作为学生往往有点"不识庐山真面目",甚至有时会麻木地习以为常。您能不能从您的视角,跟我们具体说说,您觉得大学乱在哪儿?

　　**刘道玉**:没有比较就没有鉴别,没有鉴别就不能判断是非,为了说明这个情况,我们不妨把20世纪80年代的大学拿来做个比较。80年代的大学学风很好,教师认真备课,认真教学,没有教师捞外快,都一心扑在教学上。学生勤奋学习,不旷课,基本没有考试舞弊现象。80年代改革的

―――――――――――――

1　本文为苏州大学辩论队田诗瑜整理的对话节选。

氛围很好,那个时候胡耀邦总书记就提出:"允许改革犯错误,但不允许不改革。"所以我们坚决地相信改革能够改变学校的面貌,从来没有担心过改革犯错误。

但现在谁在搞改革?尽管偶尔提出一些口号,但其实没有人在搞改革。为什么?因为改革有风险。现在的这些校长教授不是没有智慧,但是由于整个中国改革的环境不宽松,他们就有后顾之忧。80年代真的是思想解放的大好时代,那个时候简直没有任何思想束缚。学生愿意上课就上课,不愿上课就不上课。我认为上课不上课这不是主要的,上不上课取决于你自己能不能很好地理解教学计划的内容。如果你不上课也可以理解,你干嘛要去上课?如果你需要在教授的帮助下理解教学计划内容,那就必须去上课。你说这是什么氛围?那都是非常民主、非常自由、非常宽松的,但现在情况完全不一样了。

现在学生还是学生,学生并没有变。如果说有一点变化呢,就是现在的学生独生子女多,受社会、家庭的影响,学习没有80年代的学生那么勤奋,这不怪你们,这是整个社会环境的问题。那大学乱在哪儿呢?我认识一个学生,她是2007届学生,她春节开学以后就离校了,去四川旅游,其他同学干脆就回家了。还差一个学期毕业呀,整个年级就放假了。后来我问另一个大学校长,你们大学是不是也这样?他说:"情况也差不多,各校都是如此。"对这种放任自流的现象,还美其名曰是为了学生找工作提供方便。提供方便也不能不上课啊。80年代的时候,我们的学生不到8月2号是领不到毕业证的。所以说现在管理不严,姑且不说教学质量,甚至连应该保证的教学时间也大打折扣。

那在教授当中呢,网上说"菜教授""水教授"一块钱买几个,这是大学治学不严的表现。90年代以后,各个学校都盲目攀比,武大要瞄准你北大有多少博士点、多少教授,就要赶上你。就是因为这种盲目的攀比心,不合格的教授被提成了教授,不合格的博导被提成了博导。我不是博导,不是因为我水平不够,是因为说我政治不合格。我的徒子徒孙都是博导,他们中的很多都是工农兵学员,学历都不全,更不说学术水平了。文科的很多教授连英文都看不懂,别说不能顺利阅读原文,连英文论文摘要都写不出来。这样的教授怎样培养学生呢?

**辩论队**：的确,我们有些老师也在课堂说:"你们想混么就来听我的课,不想混那就自学,自己去看书。"那么在您看来,在这样一个环境不自由、管理不严格、学风不良的氛围下,我们大学生应该怎么办?

　　**刘道玉**：当然你们学校老师的这个话是真心话,也是无奈,你们学生也无奈。现在当老师的又能怎么样呢? 老师也改变不了现状。这说的是真话,这反映了老师也好,学生也好,我们都无权改变现状。现在回到你们的这个问题上,面对这样一个学风不良、教学不认真、教育计划管理不严的氛围,我们学生应该怎么办?

　　你们知道,清华大学有一个叫蒋方舟的女学生,在清华大学百年校庆的时候,写了一封信给清华大学。她曾说:"我对现在的大学从来不抱希望,学习是自己的事情",这句话我想对你们都有用。面对这样一个学风不良的大学环境,我们绝不能放弃,自暴自弃。学习跟学校既有关系也没有关系。学习成才的钥匙掌握在你们的手上。不要依赖学校,不要依赖教师,不能把学习目的停留在教学计划内,不能老师的教学计划安排了我们就学,不安排就不学。绝不能这样,这样就是放弃。学校为你们提供的有利条件,你们要好好使用,学校没给你们提供的条件就要自己争取。联合国教科文组织早就说过:"学习主要是学习者自己的事情。"只有你自己想学,才能学得好,才能学得真知。

　　我觉得这句话对你们是很有用的。我做了一辈子教育,但是有一个问题一直没有想明白,可以说现在越来越糊涂了。一个人成才是决定于名校、名师,还是决定于学历和学位高低? 我回答不了。哈佛大学也好,麻省理工也好,清华北大也好,复旦也好,并不是每个学生都成了杰出人才。比如北京大学的毕业生里有卖糖葫芦的、卖猪肉的、摆地摊的,到茶楼去陪聊的都有。反过来说,那些地方大学甚至民办大学也有很多杰出人才。代表我国政府参加世贸组织谈判的首席代表龙永图,就是贵州大学的——北京大学没有出这样的人才,贵州大学却出了。再说名师吧,同样一个老师,前前后后带了很多学生,其中有杰出的,也有一般的。这就说明,一个人的成才和名师、名校、学位高低不呈绝对的线性关系。每个人的命运都掌握在自己的手中,自己要成为自己学习的设计者、自己理想的实践者、自我的超越者，这样才能获得成功。

**辩论队**：我们要成为自己的设计者，但是国内的教育又这么令人失望，现在我们本科毕业生关注的一个热点问题就是出国和考研，曾经也组织过很多次相关辩论。这个问题您怎么看，能不能给我们一些建议？

**刘道玉**：今年春节前，武大哲学系一个叫廖汉斯的二年级学生，不知道从哪里知道我的邮箱，给我发了一封信。她说："校长，我现在面临一个难题，难以取舍，就是在我非常热爱的校园和令人失望的教育之间，我不能能选择。"她想出国留学，但又面临"我非常喜爱武大这个美丽的校园"的困难。武大是全国最美的校园之一，于是她在出国和失望的教育之间难以抉择。后来我给她回了一封邮件，我说："汉斯同学，作决策不是有一个原则吗？两利相权取其大，两害相权取其轻，你面对决策就应该按照这个原则，在你喜爱的美丽校园和失望的教育之间，我建议你选择对你有利的教育，把美丽的校园永久地保存在你的记忆里。因为这个校园是客观存在的，你以后还有机会再来参观它。可是，出国留学的机会就不是很多了，机不可失呀。你应该义无反顾地选择你喜爱的教育，这是终身的事。"后来，她接受了我的建议，果断决定休学，申请去美国留学。她被美国密歇根大学心理学系录取了，插入该校大三学习。她的选择有代表性，你们有条件就要争取到国外去学习，那么你们可以在一个自由的学习环境中，自由地发挥自己学习的潜力。不是有一句古话吗？海阔凭鱼跃，天高任鸟飞，学习也应该是这样。还有一个女学生，是武大经济管理学院的，叫姚飞婷，她已经被保送到北大免试读经济学研究生，但是她准备放弃读研。她说："我在北大读研和武大读研有什么区别？都是混日子。"而西方国家的教育是很自由的，学生不会被限制，你想学什么不想学什么都由自己决定。于是，她选择到法国留学，并被法国行政学院录取，这是法国一所水平很高的学院。

至于读研究生呢，我历来有一个观点，读人文社会科学的不一定要盲目地追求高学位。现在研究生学位和本科生学位没多大区别，甚至还不如过去的本科学士。有些导师一个学期都不见研究生一面，那你就要靠自己。学自然科学的想学习，想做点研究，离不开实验室，离开了仪器设备就寸步难行。可是学人文社会科学的，社会就是你的实验室。学人文科学关键就是要有能力，这个能力不是研究生的学位能给你的。比如大学搞经济教学，很多大学教授根本就是计划经济培养出来的，他们根本就不懂市场经济——学金融的根本不敢进证券交易所，吓得直发抖；教会计的根本就不会算账——这些纸上谈兵又有什么用呢？跟着这些老师学你们会有什么收获呢？比如说你要搞金融，那就出去自己闯，这样才能获得真知，才能获得实践经验。如果想学也可以，但是不管是本科生还是研究生，不要对老师期望太高。就像蒋方舟说的："我对学校教育不抱期待。"如果没有出国的条件，读研也可以，但不要只为了满足自己的虚荣心一而再再而三地考研。研究生将来是以做研究为主的，最主要的目的就是能获得研究成果或者成为大学师资队伍中的一员。所以，你自己要有一个目标，既不要依靠老师，也不要忽略老师的指导作用，如果他能指导，你们当然绝不放弃，要争取，他如果不指导，那就自己来努力。总而言之，在目前情况下，你们虽然不能改变学校的现状，但你们能够掌握自己的命运，甚至可以改变自己的命运。


# 重新认识大学的作用[1]

中国云大学创建于 2013 年 9 月，是一所草根性的民办教育机构。我之所以同意担任这所学校的名誉校长，主要是对我的学生文龙的支持。他是武汉大学计算机学院非常优秀的毕业生，他挚爱教育，放弃了高薪、高职和出国留学的机会，想以实际行动进行教育改革，尝试创办新式教育。我为他的精神所感召，愿意尽我所能给予他支持。

今天，云大学首届学员毕业了，我借机以视频向首届毕业的学员讲三句话，也就是三个意思。第一句话是，你们都是我国名牌大学在读的研究生和本科生，当年能够进入这些大学学习，也一定都是高考的佼佼者，你

---

1　本文为作者 2017 年 8 月 13 日对云大学首届毕业生的寄语。

们都有美好的理想和前程,但你们为什么要来这所草根性的大学学习呢?

所谓的草根性大学,是中世纪最早的大学的特征。那时的大学几乎没有一切物质属性的东西,如校长、教师、教室、实验室、图书馆、运动场、礼堂等。但是,他们却是学术的共同体,教师和学生都可以担任校长。他们彼此平等,和谐相处,能者为师,情不自禁和安贫乐道地追求永恒的真理。曾几何时,这些草根性的大学都消失了,而追求豪华成了大学的新时尚。在中国这种情况尤为严重,各校盲目地相互攀比,使功利主义、形式主义和虚荣心笼罩着大学,从而丢失了大学精神,偏离了正确的大学之道。自然界有一条基本规律,就是物极必反,于是 2012 年在美国诞生了密涅瓦(Minieva)大学,2013 年在中国也诞生了云大学,它们都是"四无"(没有校园、没有专任教师、没有入学考试、没有教学计划)大学,也是中世纪草根性大学的回归! 我为这种回归叫好!

我猜想,你们愿意到这所大学来学习,肯定不是为了追求奢侈的教育梦,而是为了尝试另类教育的体验。那么,你们体验得如何呢? 这只有你们自己能回答。如果你们对大学的真谛有了进一步的认识,学得了在你们的大学没有获得的东西,开阔了眼界,增长了才干,找到了自己兴趣之所在,那你们就算获得了成功,不枉来到云大学学习。

第二句话是,什么是启蒙? 云大学的教学内容之一,就是进行启蒙教育,这一点是很有远见的。什么是启蒙? 现代哲学的鼻祖康德是第一个回答这个问题的。他在《道德形而上学基础》一书中说:"启蒙就是人类对他自己招致的不成熟状态的摆脱。"什么是不成熟的状态? 例如无知、不求上进、懒惰、依赖性、个人迷信、崇拜权威等,都是自己招致的蒙昧。但是,康德仅仅说出了启蒙的一半真理,而另一半尤其重要。那么,启蒙的另一半是什么呢? 我认为,另一半是要挣脱外力强加于人们的不自由状态。一个是自己招致的不成熟状态,一个是外力强加的不自由状态,显然后者比前者更重要,这是人类启蒙运动最重要的目的。启蒙不是一次完成的,启蒙是一个动词,它贯穿人的一生。事实上,无论是启蒙还是发明创造,自由都是前提,只要赋予人们自由,启蒙肯定是会随之而来的,人类也会不断地有所发明、有所创造和有所前进!

第三句是关于学习的本质。问什么是学习,就犹如问时间是什么一样。古罗马神学家奥古斯丁在《忏悔录》一书中问道："时间是什么?"如果不问时间是什么,我倒知道时间是什么,但要真正回答时间是什么,我却不知道时间是什么了。什么是学习? 有过学习经历的人千千万万,可是几乎所有的人都不知道学习的本质,也即学习的真谛。经过研究,我认为学习的本质就六个字:感知、重复、记忆。多一个字没有必要,少一个字也不行。六个字包括学习的三个过程,它们互相联系、相互促进,感知是前提,重复是关键,记忆是目的。

认清学习的本质非常重要,决定学习是否成功不在于名校,而在于我们自己,在于我们到底学到了什么,我们的学习与他人相比究竟有什么不同。纵观古今中外,在最杰出的人物中,没有大学学历的人比有大学学历的人要多得多。这个现象值得深思,这将使我们重新认识大学的作用,借助大学这个平台,使自己成为杰出的人才!


# 大学应当是自由思考的地方[1]

素质教育是 20 世纪 80 年代初提出的,至今已有 20 多年了,但看法仍然难于统一,赞成者有之,反对者也大有人在。不过,我赞成素质教育的提法,鉴于应试教育的严重性,有必要强调素质教育,矫枉必过正嘛!

什么是素质? 北宋苏轼在《和董传留别》中有两句诗是:"粗缯大布裹生涯,腹有诗书气自华。"这里的气就是素质,泛指气度、气节、豪气、气质等,比喻只要饱读诗书,学有所成,气质才华自然横溢。对于素质人们虽然不能看到,但它们通过工作和生活都能够表现出来,如智慧、方法、创新能力和解决问题的能力等都是素质。

大学相对于中学而言,更有利于推行素质教育,因为没有高考的压力,也没有那么多的作业。但是,大学推行素质教育依然困难重重,原因在于传统的教育理念——教师习惯于课堂讲授,而不提倡学生自学,也不

---

1 本文为 2012 年 6 月 5 日在武大素质教育社团座谈会上的发言节选。

鼓励学生开展科学研究。众所周知,讲授只是传授已知的书本知识,而科学研究是发现未知的知识。在科学发现的历史上,由大学生作出重大发明或发现的例子不胜枚举。既然如此,为什么不提倡大学生做科学研究呢？这就是我们教育保守的地方,应当通过教学改革,改变这种落后的状况。

中国学生都有名校情结,其实大学生成才并不决定于名校和名师,而只决定于自己。要不然,为什么同一批进入同一个名校的学生,有的成才,也有不少人平淡无奇？重要的是,你在一所大学里究竟学得了什么,你与别人的学习有什么不同,而这些完全决定于自己。大学是无条件发现真理的地方,要达到这个目的,就必须自由思考,鼓励质疑和批判精神。自由就意味着强制不存在,不能人为地设置禁区,任何人都不能谋求权威,充当学术的评判官,真理只能通过实践来检验。

# 5

## 家庭是人才成长的摇篮

# 什么是成功的家庭教育[1]

中国教育问题太多,犹如一地鸡毛,真是说不清、道不完。但是,如果用博弈论来分析,仍然能够找出解决某些问题的最佳策略。博弈对策是要从博弈双方找出最佳策略,以求获得最有利的结果。教育中博弈的双方怎么划分?应该说,教育中处处有博弈,从个体来说,家长与孩子,教师与学生,教育管理部门与学校等,都处于博弈之中。从总体上来说,最大的博弈是以施教者为一方,而受教育者则为另一方。以此而论,那么教育领导部门、学校、教师和家长为博弈的一方,而各级各类学校的学生则是博弈的另一方,而且是居于劣势的一方,但他们又是博弈对策选择优劣和实际成效的检验者。

我们研究教育改革,就是要研究教育中的博弈关系,以期找到最佳的改革方案。教育博弈这个题目太大,我只想谈谈家庭教育中的博弈。教育中有一个最没有人怀疑的教条,即"教育等于学校"。如果是这样,那我们就要诘问:学校还没有诞生的时候,在公元 5 世纪以前,我国的老子和孔孟诸子是怎么培养出来的?比他们还要早一个多世纪的古希腊的泰勒斯、毕阿斯、契罗、莱俄布卢、佩里安德、庇塔库斯、梭伦等七贤,堪为天文、数学、哲学等各学科领域的鼻祖,这些人又是怎样培养出来的?那些自学成才的作家、剧作家、发明家、科学家等,又是怎样出现的呢?

因此,我要大胆冒叫一句:教育等于学校吗?非也。同时,我认为学校的诞生也是一把双刃剑,它既有利于教育的规模化和规范化,又养成了人们对学校的崇拜和依赖。一个不容忽视的问题是,中国公立学校独大的体制,导致其一统天下的局面,这是非常可怕的现象。没有比较就显示不出优劣,没有竞争就没有活力。我国公立学校垄断教育问题越来越严重了,以至于我国教育的方式越来越单一,造成了千校一面和万人一格的局面。同时,教育的保守性越来越严重了,它犹如司法活动一样,刻意追求形式化、公式化、模式化和标准化,而且代代相传。正因为如此,教育的双重性也日益彰显出来,它既有促进社会发展的一面,又有反对社会变革

---

1 本文发表于 2015 年 2 月 3 日《光明日报·教育周刊》。

的一面,而后一点却未被人们所察觉。

在人们对公立学校教育失望之后,有越来越多的教育觉醒者和先行者不再迷信学校教育,他们勇敢地投入到教育改革的实验中来,承担起家庭教育的使命。例如,云南今日学堂的校长张健柏、石家庄外国语大学的杨文雅、华中科技大学的姚国华、湖南的公务员李建勋、合肥国际学校的文雪、上海海事大学教授魏忠、北京文化学者席隆乾等等。这是十分可喜的现象,他们是推动教育改革的一支民间力量,并以一己之力挑战大一统的公立教育,决心在教育多样化的园地里,培育出千姿百态的绚丽花朵。

中国是一个十分重视家庭的民族,国家一词就是由"国"和"家"组成,这是其他任何语言所不具有的深刻蕴义。早在2500多年以前,孟子就说过:"人有恒言,皆曰天下国家,天下之本在国,国之本在家。"香港影坛巨星成龙和内地歌唱家刘媛媛在国庆60周年的焰火晚会上,演唱了一首名为《国家》的歌曲,引起了全场强烈的共鸣。其中,有几句歌词是:"都说国很大,其实一个家。一心装满国,一手撑起家。家是最小国,国是千万家……"这说明在汉语中,国与家是不可分割的。正是这个原因,使得中华文明在世界四大文明古国中,成为唯一香火不断的文明古国,这是令华夏子孙感到无比自豪的!

既然国与家密不可分地联系在一起,那么家庭教育和国家的教育也应当是相辅相成的。我国古代就有"家国同构"的教育模式,就是把教化天下的任务分摊到每个家庭。这正好体现了家庭是孩子成长的第一所学校,父母是孩子最早的启蒙老师。由此而论,家庭在教育中肩负着不可替代的重要作用,人类的知识、经验和文明的传承,最早都是通过家庭链条进行的。世界上各种事物的发展往往遵循螺旋式上升的规律,比如自学,人类就是由自学发展到学校教育,而且将会从学校教育发展到未来自学为主的模式。

伊万·伊利奇(Ivan Illich,1926—2002)是美国著名的思想家和批评家,他强烈抨击了学校教育的种种弊端,于1971年就提出了非学校化社会(Deschooling Society)的概念,号召人们废除学校。[1] 这并非是天方夜谭,随着文化教育的普及和网络技术的广泛应用,虽然不能说学校应被全部废除,但在网络技术大普及的时代,MOOC 概念横空出世,Udacity、Coursera 和 edX 三大在线教学平台迅速掀起了一股浪潮,初现了非学校化社会的曙光。网络教学将掀起教育的一场革命,对传统学校的教育功能带来巨大的冲击。我们可以预见,在线学习、家庭教育和自学的相互结合,将成为学习化社会显著的特点,兴许将会促进非学校社会变革的进程。

我国具有悠久的文明传统,在其发展的过程中,曾经有过不少成功的家庭教育例子。我们可以这样说,古今中外每一位杰出人才的背后,都有伟大的父母之爱,以及他们为教育子女所付出的心血。反之,每一个家庭教育的悲剧,从根本上说,也都有父母放弃教育或者教育不当之责。因此,为人父母者永远不要忘记自己的重任,在某种程度上说,父母的正确教育将影响孩子的一生,甚至决定他们的前途和命运!

事实上,我国家庭教育一直是存在的,只不过是在人们自觉或不自觉的情况下进行,以正确或不正确的方法在进行。从目前的情况来看,我国家庭教育存在两种极端情况,即过度溺爱和棍棒教育,虽然其表现形式迥异,但都是违背教育规律的,因此也都是有害的。就大多数家长而言,他们处于家庭教育的灰色地带,既有心教育孩子,但又不知怎样以科学的方法教育好孩子。由于我国教育市场的兴起,近十多年不仅出现了众多家长学校,还有网络家长学校、优秀家长学校实验基地,甚至召开过许多家长学校论坛。虽然它们的作用不能一概否定,但仔细看看这些家长学校究竟是谁办的,我们就会清醒许多。据我了解,绝大多数的家长学校都是依托某些中小学的,如果没有正确的教育理念,不是以改革的方式来指导家长学校,那么它们不仅无益反而是有害的。

俗话说,知子莫如父,因此父母应当是最好的家庭教师。我们为什么不承担起自己的职责呢?有些家长宁可送孩子去上补习班,或请家庭教师,也不愿自己研究教育学,担负起教育孩子的责任,这是转嫁或是推卸

---

1 伊利奇 I. 非学校化社会. 吴康宁, 译. 中国轻工业出版社, 2017.

自己的责任。事实上，现今绝大多数的学生家长，都具有教育孩子的能力，比起当年欧阳修和孟轲母亲的水平要高得多，完全能够培养出像欧孟那样的杰出人才。当然，现在的环境不同了，但只要我们坚持正确的教育价值观，树立"立学以读书为本"的思想，营造清静的氛围，抵制功利主义的诱惑，排除浮躁和浮夸的影响，家庭教育是大有作为的！

顾名思义，家庭教育是由家庭和教育两部分组成的，而东西方在家庭与教育方面的观念又是迥异的。我认为，在进行家庭教育时，东西方完全能够做到互补，既要发扬我国重视家庭的美德，又要借鉴西方教育子女的先进理念。比如，去掉父道尊严，多一些平等和对孩子的尊重；放弃对孩子的支配欲望，多尊重孩子的自由选择；少一些溺爱，多鼓励孩子独立自主；少一些包办代替，多鼓励孩子自立自强；少一些担心害怕，多鼓励孩子冒险；淡化分数和状元情结，着力提高孩子的思辨能力；放弃模仿和形式主义，多鼓励孩子探索和创新。总之，我们要在发扬重亲情、爱抚、孝道、诚信、守纪律、朴实等美德的同时，采用先进的教育理念，让孩子沿着正确的方向成长。

教育的真谛不是用知识填满学生的脑袋，而在于启蒙和解放，帮助孩子发现个性、启迪智慧和享受快乐。因此，家庭教育并不是要全部代替任课教师的教学，最重要的是与孩子沟通感情，发现和培养他们的志趣，帮他们养成良好的品德，培育自学的习惯，端正学习的态度，掌握自学的方法。大量事实证明，一个孩子只有酷爱学习而且掌握了科学的学习方法时，方能成为杰出的人才。

怎样看待孩子的成功，这是一个众说纷纭的问题，不同价值观的人有不同的追求标准。在一个多元化的信息时代，我们应当以多元的、动态的标准看待成功，不能够用同一把尺子衡量每一个人。我国普通的家长，都怀有望子成龙和望女成凤的情结，虽然其情可嘉，但这终究是不可能实现的美梦。无论是龙也好，或是凤也好，无非是指精英人才，比如高级领导人、著名科学家和亿万富翁等。但是，根据精英理论分析，社会精英始终是极少数，这不是因为个人的智知和努力不够，而是因为社会精英资源和机会极其有限。比如，美国建国238年，通过竞选担任总统的只有43人，自1901年到2009年获得诺贝尔奖的共有806人，世界拥有亿万富翁最多的美国也只有 400 人。虽然我们不能放弃成为精英人才的可能,但绝不可能仅仅以此来定位,否则不仅造成了个人理想与现实的巨大落差,还意味着我们教育的失败率岂不是太高了吗?

那么,我们应该怎样来界定家庭教育的成功呢? 我认为,一个孩子能够在自由的环境中成长,享受到智知增加和身心成长的童年乐趣;进入成年以后,他们能够选择自己喜爱的学业,学有所长,找到合乎自己理想的工作,并执着地去实现自己的梦想;他们倾心尽力做好本职工作,并有所发明、有所创造,既是一个有利于人民的人,也获得了个人的幸福与快乐:这就是绝大多数人能够实现的成功人生,也是我们家庭教育应当坚持的正确方向!

**案例 5-1**

## 一项夭折的早教实验

在人类的历史上,曾经出现过许多神童或天才,而且不少天才的科学家都是"神童"。所谓"神童",一般指相对于普通儿童而言智力超常。心理学家认为,人的智力主要包括观察能力、记忆能力、注意能力、思维能力和想象力等。智力超常的儿童,这些能力都会超出普通儿童。

怎样界定智力超常儿童呢? 这是一个似乎人人都知道,但是人人又都说不太清楚的概念。在教育学上,这也是一个争论不休的问题。为了操作方便,心理学家们以智商(IQ)来表示智力水平,并设计出了各种测试智商的方法(主要是韦氏法和比纳法),凡智商达到130 以上者,都被称为智力超常儿童。根据心理学家们的测算,在少年儿童中,大约有 1%～3%属于智力超常儿童。按照这个比例,我国应当有 600 万智力超常儿童,他们是我国人力资源的源泉,应当引起我国教育界的高度重视。

1984 年秋,《武汉晚报》曾经报道了一个年仅 4 岁的智力超常儿童,叫小津津。孩子的父亲姓陈,毕业于医士学校,是某工厂医务室的医师。他在浙江认识了一位农村女青年,后来结了婚,生下了小津津。他四处向人宣传说,他的妻子妊娠时吃了他从山上采寻的一种草药,所以小津津特别聪慧,并极力鼓吹和推广他的胎教法。

这则消息引起了我的注意。时隔不久,小津津的父亲带着他到武大来找我,向我们展示了小津津的超常智力表现,如背诵唐诗、朗诵英文诗词、演算数学四则运算题等,他希望学校接受他儿子为实验班的学生,盼望他的儿子成为杰出的天才人物。

著名经济学家于光远是我校的名誉教授,他正好在我校讲学,关于小津津的报道也引起了光远先生的注意。我与光远先生商定,欲对小津津进行一次现场测试。1985年元月初,在武汉大学第二会议室,由于光远先生主持,我们对小津津进行了考察。当时,小津津背诵了英文版《伊索寓言》中的一篇文章,做了几道数学四则运算题,还流畅地背诵了几首唐诗。他的表现获得了令人满意的效果,观看的人们无不称赞小津津是智力超常儿童。

根据我们考察的结果,这孩子已经掌握了近千个英文单词,能背诵几十篇古诗文,能够演算初中一、二年级的数学题。与此同时,我们对他的智商进行了测试,他的 IQ 达到 135,完全符合智力超常儿童的标准。根据考核的结果,经过学校研究并征得于光远先生的同意,学校决定接受小津津进行智力超常教育实验。

1985年2月14日,《人民日报》专门对此事做了报道。但有一些报刊误报说,武汉大学招收了一名4岁的大学生,这纯粹是误解。当时,武汉大学已经招收了大学少年班的学生,但小津津并不是其中之一,更不是大学生,而只是一个特殊教育实验的个案。那么,作为一所大学的校长,自身繁重的任务自顾不暇,我为什么要开展这项智力超常教育实验呢?我认为,无论是早教、基础教育或是高等教育,它们彼此是互相联系的,开展早教实验既可以探索人才成长规律,又可以为大学提供优质教育资源。

为了开展这项实验,学校成立了实验小组,由学校高教所、教务处和附属学校的有关人员组成,高教所常务副所长卫道治教授负责指导。学校对这项实验的指导思想是明确的,并提出了三个基本原则:一是必须坚持循序渐进的原则,可以实行跨越式的跳级,但大的教育阶段不能缺失,如初级、中级和高级中学需要进行体验。二是儿童必须回到儿童世界,享受儿童的乐趣,在儿童群体中成长。三是不能脱离集体,从幼儿开始要养成合作的能力,做到智力与思想教育并重的原则,二者不可偏废。

超常智力实验领导小组制订了一个实验计划,简称"2-3-2-3计划"。按照这个计划,准备将小津津收入附属小学学习,用两年时间完成小学六年的学习任务;用三年完成从初中到高中六年的学习任务;用两年完成大学四年的学习任务;再用三年完成从硕士到博士阶段的任务。如果这个计划得到顺利的实施,那么小津津14岁将获得博士学位,比正常的儿童达到这个目标提前了14年左右。这既是符合教育规律的措施,又是一个超前快出人才的可行计划。

可是,小津津的父亲坚决不同意这个计划,他不同意小津津入小学随班学习,即使跳级也不行。他要求从中文系、英文系和数学系各抽调一名教授,对小津津进行个别教学。我们向他指出,他的要求既不符合教育规律,亦违背儿童身心成长的原则。由于我们与小津津父亲的认识不一致,以至于这项实验不能按照计划实施,拖延了一年多的时间。

据小津津的妈妈说,他丈夫采用粗暴的方法教育孩子,经常打骂,甚至用脚踢踹,打得小津津在地上爬不起来。看来,我们与小津津父亲的分歧,不仅仅是随小学上课的问题,而是在教育原则上的根本分歧,是关于培养什么样的人的分歧。因此,这项计划被终止是必然的事,当然也是好事。所幸的是作为教育工作者,我们坚持了教育实验的原则。

据说,小津津离开武汉大学以后,陈某带着他到了东北某师范大学,后来又辗转了几所大学,但都以失败而告终。大约20年以后,我又偶然遇到小津津的妈妈,她告诉我,小津津后来上了一所普通大学,但他并不是什么杰出的人才。听后,又引起了我对这项实验改革的两点思考。

首先,从教育理论来看,我们设计的"2-3-2-3"实验方案是有理论根据的,也是可行的。德国小卡尔·威特是19世纪的天才,他9岁上大学,12岁发表数学论文,13岁出版数学专著,14岁获得博士学位。我们的实验方案与卡尔·威特的成长经历不正是不谋而合吗?

其次,小津津到底是真正的早慧儿童,还是棍棒教育下的"神童",我们暂且不作结论,实践将会说明一切。他如果是真正的早慧,那他就是其父棍棒教育下的牺牲品,实属可惜。如果他的背诵能力仅仅是棍棒逼出来的,那他就是其父的宣传工具。当然,我们也因为没有把这个实验进行到底而惋惜,这说明任何教育改革的实验,都必须遵循教育规律,否则只能是事与愿违!

# 什么是幼儿智力的萌动期

教育学上已有共识,一个人能否成为杰出人才,关键要抓好幼儿的早期教育。那种"成熟优势发展观"早已过时,幼儿智力开发上的等待主义也是有害的。世界儿童早期教育的鼻祖卡尔·威特,是第一个以实证方法证明早期教育对于培养天才是极为重要的。[1]

---

1  威特 C. 卡尔·威特的教育. 李浩然,译. 长江文艺出版社,2009.

卡尔·威特的教育观得到了大量的实例证明,除了他的儿子小卡尔·威特外,还有被称为数学家之王的德国数学家卡尔·弗里德里希·高斯(J.C.F. Gauss,1777—1855)。高斯在说话之前就已经会计算了,童年时更显示出很高的数学才能。小学三年级时,老师出了一道"1 + 2 + 3……+ 100"的累进加法算题,当其他同学还在埋头计算时,他早已在黑板上写出了 5050 的得数,因为他发明了首尾级数差的算法。高斯的数学成就遍及各个领域,如数论、代数学、微分几何、非欧几里得几何、超几何级数、复变函数论、椭圆方式数论等,先后有 155 种数学专著出版。有人形容说,19 世纪数学是一条河,而其源头就是高斯。人们感叹道:"高斯之后再无高斯了!"[1]

　　其他早慧的天才不胜枚举,如瑞士天才数学家莱昂哈德·欧拉(Leohard Euler,1707—1785),父亲希望他成为一名牧师,而他自幼喜欢数学,不满 10 岁开始自学代数,13 岁上大学,15 岁获得巴塞尔大学学士学位,17 岁获得硕士学位。他与阿基米德、牛顿、高斯并称为世界数学四杰。他先后长期在俄罗斯和德国科学院任职,双眼相继失明后,在黑暗中研究数学 17 年,共出版数学论著 886 本(篇),获得了"所有人的老师"的尊称,令无数人敬仰。另外,世界第一位华裔天才数学家陶哲轩,31 岁获得了菲尔兹奖;计算机之父冯·诺依曼(John von Neumann,1903—1957)6 岁心算 8 位数,8 岁学习微积分,掌握七种语言,是 20 世纪的一位全才;美国人类学巨擘阿尔弗雷德·克罗伯(Alfred Louis Kroeber,1876—1960)16 岁考上哥伦比亚大学,师从博厄斯,是博厄斯学派的代表人物,共出版了 532 种学术著作;等等。这些人都是早慧天才,也是儿童早期教育的成功典型,他们从不同的角度证明了卡尔·威特教育观的正确性。

　　但是,我宁愿以"智力萌动"代替卡尔·威特的"智力曙光",因为萌动是动词,是生命的象征,是生命诞生前创造性的躁动。"萌动"一词,最早出自《礼记·月令》,"孟春之月,是月也。天气下降,地气上腾,天地合同,草木萌动"。[2] 南朝宋谢庄在《郊庙歌辞·宋明堂歌之四》中曰:"萌动达,

1　金亚楠,徐沥泉.纪念高斯逝世 160 年.自然杂志,2015(5).
2　四书五经.中国友谊出版公司,1993:241.

万品新，润无际，泽无垠。"总之，"萌动"是一个蕴意十分丰富积极的词汇，比喻一个新的生命诞生，一个新的创意迸发而出，含有创新和创造的意义。

每年春回大地，万物复苏，一切生命都在蠢蠢欲动，山涧的竹笋破土而出，稚嫩松枝从岩石缝挺拔向上，地层下冬眠的昆虫或是寄生卵也都在复苏或破茧而出，显示出勃勃的生命活力。人是万物灵长，具有思维能力是其最明显的特征。人的思维和智慧都源于大脑，因此大脑的发育尤其重要，我们可以把幼儿大脑发育分为萌动期（从 0 到 2 岁）、关键期（从 3 到 6 岁）和发展期（7 岁以后），而天才的成长就在于是否抓住了智力萌动期的开发机会。这项开发必须由家庭教育而非学校的教育承担。孟子的母亲仉氏和欧阳修的母亲郑氏，不可能有很高的文化，既然她们都能够把儿子培养成为圣人和名列唐宋八大家的大文豪，那么现代的知识女性也是能够培养出一批旷世天才来的。

什么是智力的萌动期？又怎么发现幼儿智力的萌动呢？根据我们夫妇教育儿子的经验，幼儿智力萌动是在他欲要说话和蹒跚学步之始，年龄大约是一岁到两岁。当然，每一个幼儿发育的迟早不同，说话和走路的先后也有所不同。我之所以把说话和走路之始视为智力萌动，这是因为人之所以成为万物之灵，最重要的标志就是语言和直立行走，这是人类进化过程中最伟大的创造，如果不能越过这个坎，人就不能成为"智人"。我们试想一想，当幼儿意欲说话和走路之初，内心该有多么大的萌动，这就是质的飞跃，抓好这个萌动期就抓到了早期教育最重要的环节，所以卡尔·威特才说要尽可能早、尽可能多和尽可能正确地进行早期教育，这也是后期能否成为天才的根本区别。

我们的儿子刘维宁是我在苏联留学时出生的，因而起了一个颇具革命蕴义的名字（维护列宁主义路线之意）。他并不是天生之才，7 岁多才上小学——这是学习苏联造成的恶果，因为苏联与欧美不同，7 周岁才开始接受学校的教育。但是，儿子的蒙育从诞生以后就开始了，他妈妈刘高伟是我的大学同班同学，由于我不在她身边，她一个人既要肩负有机化学的教学任务，又要养育儿子，真是辛苦了。她虽然没有学过早期教育的著作，但她有望子成龙的本能欲望。儿子刚好是 1 岁时开始说话，几乎同时开始蹒跚学步,于是她全神贯注于对儿子的早期教育。儿子性格特别安静,从不哭闹,左右邻居都不知道我们家中有一个男婴,这是对他早期教育最好的先决条件。

我们耐心给儿子念小人书,讲故事,教他认字,要他复述故事的内容。儿子的悟性很高,记忆力也很强,后来他自己看小人书、连环画,再后来他自己看《中国少年画报》《十万个为什么》等。到了 4 岁多的时候他能够看《西游记》《水浒传》,同时学会使用《新华字典》。早期教育,使儿子养成了爱书、爱读书和自学的习惯,培育了他的好奇心、独立思考能力和联想思维能力。他的阅读十分广泛,古今中外、政治经济、天文地理、名人传记无所不涉,无论何时何地,他都能够迅速地进入情不自禁的读书境界。[1]

刘维宁是由初中破格考上武汉大学的。他仅仅用了 40 天就自学完了高中三年的全部课程。这说明他的自学能力、记忆力都很强,具有很高的悟性。进入大学后,他基本不上课,全部课程都是自学,可以说是大考大玩,小考小玩,学得极为轻松自如。他大学三年级又通过了中美物理联合研究生考试,不到 19 岁赴美国深造,25 岁获得号称美国南方哈佛——赖斯大学的空间物理博士学位。他后来被加拿大国家航天局聘任,是该局第一位五级科学家(最高),也是加拿大最年轻的五级科学家。他曾经担任国际空间物理学会委员、副主席和主席,还兼任十多个国家学术机构的领导职务。2012 年他被我国以"千人计划"引进回国,担任中国科学院空间中心"夸父卫星"项目首席科学家(这是一个国际合作项目,但由于各国经费不能落实,所以项目没有启动)。现在国家又将成立国际子午线圈研究项目,仍然聘请他担任首席科学家。

刘维宁是空间物理学家,但他通晓多门学科,例如他创作了多部中英文中长篇小说,还被英国时尚杂志 Richmond 聘请为专栏评论家,写了十多篇评论。1994 年他心血来潮,尝试性地参加了美国 GMAT(经济企业管理研究生入学考试),结果获得 740 分(满分是 800 分)——从概率上说,只有 0.5% 的考生能够达到这个标准。他被哈佛大学、芝加哥大学、斯坦福大学等五所顶尖大学录取为工商博士研究生。但是,他只是为了好

1　刘维宁.长河上溯手记.报告文学,2006(8):92—102.

玩,并非真的弃理学经济管理,但这个成绩显示了他的学习能力已经达到"通"的境界,也就是"一通百通"的道理。

现在,他在从事空间物理学研究的同时,还涉足其他多个领域,如智能建筑设计、文学创作、化学机器人设计材料、时尚评论和重大开发项目策划等。他精力充沛,自学能力极强,悟性非常之高,阅读广泛,过目不忘,甚至到了"要风得风、要雨得雨"的地步。他何以做到这一切呢?这要源于智力萌动时对他的早期教育,使他养成了好奇心和融会贯通的能力,使他不仅能够知其然,还能知其所以然,进而达到知其超然的境界,这也跟国外几个世纪前出现的许多全才一样。可惜的是,我国过度专业化的教育扼杀了许多准全才。我国新时代需要天才,也需要全才,而培养这样的人需要抓好智力萌动期的教育,希望我国为人父母者,义不容辞地担负起自己教育子女的责任!


# 母爱是最伟大的教育力量

我国是一个十分重视家庭的民族,"国家"一词就是由"国"与"家"组合而成的,说明"国"与"家"是密不可分的。孟子是最早对"国家"进行诠释的圣贤,他说:"天下之本在国,国之本在家,家之本在身。"

教育产生于劳动、生活和社群交流而始于家庭,这应当是没有争议的了。依此而论,家庭应当是孩子的第一所学校,父母则是他们的启蒙老师。纵观人才的发展史,古今中外每一个杰出的人才背后,都有一个"窦燕山"式的父亲和"欧孟仪型"的母亲。但是,由于孩子与母亲天然的亲密关系,在家庭教育中,我们更要重视母亲的教育作用。

## 一、《欧孟仪型》中的伟大母亲

吴嘉猷(字友如)是我国晚清著名画家,他自幼父母双亡,寄食于伯父家,刻苦自学成为画家,工于人物肖像。他的著作颇丰,《中兴功臣图》《豫园宴聚图》《欧孟仪型》《五子图》等都是他的代表作。

《欧孟仪型》是展示欧母和孟母教子的画卷,这两位母亲的身世和教子的母爱深情有惊人的相似之处。这是一幅水墨人物画,在一张古式书桌的两头,左边是孟子母亲躬身教独生儿子写字,右边是欧母教一双儿女(欧阳修和妹妹)读书识字,背后是一个书橱,堆放着线装书籍。这幅画流传了近百年,所谓的"仪型"就是楷模,她们也就成了后世千千万万母亲的表率。

孟子出生在贵族后裔之家,其父孟孙激(字公宜)是一个怀才不遇的读书人,在游学求仕的途中逝世。当时,孟子只有 3 岁,母亲仉氏承担了养育儿子的责任,发誓要把儿子培养成为有用之人。在山东邹城孟庙里,有一尊纪念孟母的石碑,上面镌刻着"母教一人"。在中国"四大贤母"中,仉氏也是名列第一的。那么,孟母是怎样成为"母教一人"的呢?众所周知,《三字经》是我国古代蒙育教材,自宋朝问世以来经久不衰。从根本上说,《三字经》就是一部明德、励志、劝学的醒世恒言。这本仅有 1450 多字的小书,跨越了近 1500 年,贯穿了 10 个典故,其中关于孟母教子的就有两个。《三字经》第九句开始就是:"昔孟母,择邻处,子不学,断机杼。"前者是"孟母三迁"的故事,后者是"孟母断杼"的故事,它们反映出孟母教育儿子的智慧、信心和决心。

孟子自幼聪慧,模仿力极强,但非常贪玩。针对他的特点,孟母从改变周围环境做起,先后从墓地、屠宰场迁居到书院,这正是适合孟子居住的地方,使他慢慢地对读书产生了兴趣。但是,刚开始时,孟子的学习并不踏实,一次他早早逃学回家,孟母十分生气,但她既没有骂也没有打,而是拿起剪刀把正在织的布匹剪断了。孟子震惊不解地问母亲:"好好的布,为何剪断?"孟母叹着气说:"你读书就像我织布一样,累丝成寸,累寸成尺,累尺成丈,累丈成匹,才能成为有用之物。你今日的学习,必须下累日累年之功,不分昼夜,才能有所长进,而你却懒学厌倦,中途逃学,等于前功尽弃,一事无成。我剪断织的布,就像你中途退学一样,什么有用的物件也成不了。"

孟子听了母亲的谆谆教导,从深入浅出的比喻中领悟到深刻的道理。母爱深深感动着他,从此他再也不逃学了,开始发奋用功,朝夕勤学,博览群书。功夫不负有心人,孟子终于成为战国时期著名的思想家、政治家、教育家和散文家。他是儒学代表人物,提出了仁政思想,坚持以人为本,主张官轻民贵,这些都是有进步意义的。在学术地位上,孟子仅次于孔子,故有亚圣之称。这一切都源于孟母的教子有方,孟子的幸运是有一位慈母,中国的幸运是有一位亚圣!

在《欧孟仪型》中,另一位伟大母亲是欧阳修之母郑氏,她与孟母相隔了1300多年,但是这两位母亲教子的故事有惊人相似之处,所以她们都被列入中国四大贤母。欧阳修出身书香门第,父亲欧阳观是一个小官吏,在调往泰州任军事推官时,不幸因病猝死于官舍。欧父是一个清官,死后家中竟无"一瓦之覆、一垅之埴",母子三人生活瞬间陷入困境。无奈之下郑氏携儿女奔湖北随州任推官的欧阳修二叔欧阳晔。但是,欧阳晔位卑薪低难以维持众人的生活,郑氏不得不自谋生计。

郑氏出身江南名门望族,知书达理,勤俭贤惠,宽仁慈爱。转眼间,欧阳修到了读书识字的年龄,但家徒四壁,既请不起塾师,也买不起书籍和笔墨纸张。于是,郑氏就自己做了儿子的启蒙老师,没有笔墨纸张,她就把儿子带到河边的沙滩上,用河畔生长的荻草坚硬的荻杆作笔,以沙滩作纸,教导欧阳修认真地读写,直到会背诵和写得工整为止。由此衍生出"画荻教子"的典故,在民间广为流传。当儿子再长大些以后,欧母已经不能教育他了,于是就四处借书由欧阳修全部抄写出来,然后自己学习钻研,直至读懂和融会贯通为止。就这样到10岁时欧阳修就显示出了他的天赋与才华。

但是,欧阳修的科考之路并不顺利,先后两次参考科举都意外落榜。1029年他参加了国子监广文馆试和国学解试,均获得第一名,次年又参加礼部省试,也得到第一名,这样他就获得"监元""解元"和"省元",等于连中三元。然而,在殿试中,他并没有获得状元,而被仁宗皇帝唱了第十四名,位列二甲进士及第。据考官晏殊后来对人说,欧阳修未能夺魁是因为他太过于显露,众考官欲挫其锐气,促其成才。

欧阳修是北宋著名的政治家、思想家、文学家,官至翰林学士。宋嘉祐年间曾有"嘉祐四真"的典故,即"富公真宰相,欧阳永叔真翰林学士,包拯真中丞,胡公真先生"。欧阳修是北宋最早的文坛领袖,发表散文500余篇,领导了北宋诗文的革新运动,他与韩愈、柳宗元和苏轼合称"千古文章四大家";同时,世人又把他与韩愈、柳宗元、苏轼、苏洵、苏辙、王安石和曾巩合称为唐宋八大家,而且将其列为八大家之首。

欧母一生辛苦,因劳成疾,于宋仁宗皇祐四年(1052 年)病逝于南京,享年 72 岁。欧阳修对慈母逝世极为悲痛,他上奏皇上辞职回乡安葬母亲并守孝。他在父母的墓碑上专心撰写了《泷冈阡表》,碑外联是"泷冈长拱持,香水漾环流",内联是"阡表不磨崇公范,古坟犹带荻花香"。当年,永丰县沙溪镇泷冈西阳宫旁曾建造了一座雄伟的"荻楼",以纪念欧母画荻教子的精神,可是历经沧桑巨变,"荻楼"已破坏无存。[1]

因欧阳修一生成就和一世英名,熙宁七年宋神宗赐予他"文忠公"的谥号。经纬天地曰文,虑国忘家曰忠,对欧阳修而言,这个谥号实至名归。自古以来,都有子荣而父贵,所以欧阳修的父亲被赐封崇国公,母亲被敕封魏国夫人。这就印证了一条公理,为人父母者,只要努力付出了,最终是会获得回报的。

## 二、母爱成就了伟大的人物

《慈母深情》是著名作家梁晓声小说《母亲》中的节选,该文已被列入小学五年级下学期语文课文。[2] 此文记叙的是他在少年时极想买一本《青年近卫军》小说,为此整天失魂落魄,于是他怯生生地找到在棉纺厂劳作的母亲,想要一块五角钱买书。尽管其他女工都反对梁母给儿子钱买书,但她说"孩子爱读书是好事"。当母亲从衣袋里拿出皱巴巴的一把角子钱时,梁晓声热泪盈眶,感动得撕心裂肺。他有了平生第一本属于自己的书,从此他爱书、爱读书,也爱写作,最终成了著名的作家。

自古以来,母亲不仅是每个人心中的神圣偶像,也是文学创作永恒的主题。在国内外,写母亲的小说、诗词、歌曲,多得无以计数,其作者中不乏文学大师,如俄国的高尔基,印度的泰戈尔,美国的赛珍珠,日本的小林多喜二和大冈升平,华裔法国作家高行健,中国的丁玲、冰心、莫言等。而且泰戈尔、赛珍珠、高行健和莫言都是诺贝尔文学奖的获得者,这就说明

---

1 见 2011 年 12 月 28 日《井冈山报》。
2 梁晓声. 母亲. 中国财富出版社,2008.

母爱对他们的成长起到了至关重要的作用，他们的作品就是对母爱的一种感恩回报。

美国发明大王托马斯·爱迪生无疑是一位伟大的传奇人物，而他的妈妈南希也是一位无与伦比的伟大母亲。正是伟大的母爱造就了伟大的发明家。那么，爱迪生传奇在什么地方呢？他的传奇就在于，他仅仅上了三个月小学，学历几乎就是空白，但他既是世界学历最低的发明家，又是发明成果最多的发明家。他的不幸始于好奇心，而他的伟大成功也在于好奇心。

为什么爱迪生只读了三个月的书呢？原来，在上学之初的数学课堂上，爱迪生向数学老师提问："为什么 1＋1＝2？"老师回答："爱迪生，你拿一支铅笔再加一支，这不就变成两支铅笔了吗？"可是，爱迪生又追问："老师，把两个杯子的水倒入一个杯子，水就集中到一个杯子里，1＋1怎么是2呢？又如把两块泥巴贴在一起还是一块，怎么是二呢？"于是，老师不耐烦地发火说："你自己去想吧！"老师继续讲课，可是爱迪生又举手发问。老师说："爱迪生，又有什么问题？""老师，鸡蛋为什么会孵化出小鸡？"老师回答说："那是因为母鸡给鸡蛋加了温。"接着，爱迪生又一连串提出了："为什么会起风？鱼在水中为什么不会淹死？天空为什么是蓝色的？"这时，老师忍无可忍，对爱迪生狠狠地骂道："真烦人，混蛋，你是个傻瓜吗？像你这样读书也是白读。"

爱迪生哭着回到家里，南希听了儿子的诉说，认为老师的做法是错误的，遂拉着儿子到学校找老师问个究竟。她质问老师恩格尔道："你不是说我儿子是傻瓜、笨蛋，读书也是白读了吗？"老师自知理亏，无言以对。南希理直气壮地说："我明白了，儿子我自己来教育，不必麻烦老师了，再见吧。"南希边走边想：儿子对于灌输和默记式的课堂教学不感兴趣，于是先后提出了许多奇怪的问题，所以与老师发生了矛盾。南希由此获得了灵感，她要采取新的教学方法，与儿子一起享受阅读与思考的乐趣。她暗暗发誓："要让儿子尝试绝不输给其他孩子的教育。"从此，南希开始了对爱迪生的家庭教育，这是一所两个人的"学校"——母亲和儿子。

南希面对的是一个学历空白而且听力有障碍的孩子，那么她是如何成功地对爱迪生进行教育的呢？俗话说，知儿莫如母也。南希最了解儿子,她采用的方法就是一把钥匙开一把锁(培养人应当因人制宜、因材施教,而学校教育不成功的原因也就在于此)。南希的教育原则是无条件地爱孩子,这种爱是真挚的,不是宠爱、偏爱,更不是溺爱。无条件的爱就是要相信孩子,要包容孩子的错误,引导他认真改正错误,而不是嫌弃他。这一原则一直贯彻在南希对爱迪生教育的始终,无论遇到什么困难,她都坚定不移,这就是她力量的源泉。

亨利幸田是日本励志畅销书作家,他撰写了《成功母亲的 7 大教育法则——天才爱迪生的秘密》。[1] 这七个法则是:(1)用无条件的爱来包容;(2)磨炼感性;(3)培养理性的好奇心;(4)享受思考的乐趣;(5)失败是最好的教案;(6)障碍造就特长;(7)陶醉在与他人的交流中。南希本是小学教师,这些原则是从她教育爱迪生的实践中总结出来的,具有普遍的指导性。相信每一个挚爱孩子的母亲,只要付出了全部的爱,都能够培养出伟大的人物来。

在这些法则中,我认为最重要的是培养理性的好奇心,它是成就爱迪生成为伟大发明家的内因和动因。爱迪生的不幸是好奇心,因为一连串的好奇发问,被教师认为是笨蛋、是不可教育的蠢材;而他之所以获得1093 项发明专利,也是因为每一项发明都源于好奇心。正如南希所说:"我骄傲,我有一个有好奇心的儿子。"对于爱迪生来说,好奇心似乎是与生俱有的,那么南希是怎样保护他的好奇心,又是怎样一步一步地引导他走上发明创造之路呢?

首先是发现孩子的爱好,千方百计地予以引导。南希对爱迪生的教育几乎是从启蒙开始的,她亲自给孩子讲课,与儿子一起阅读《鲁滨逊漂流记》《悲惨世界》等名著,这样既能识字,又要理解课文的内容,并逐步养成了爱迪生爱读书、快速阅读的习惯。在阅读过程中,南希发现爱迪生对物理和化学非常感兴趣,于是就给儿子买了当时十分著名的《派克科学读本》《自然哲学的学校》,其中都有实验内容,有简单的说明和插图。爱迪生爱不释手,一边学习,一边做实验,直到完全掌握为止。南希还给爱迪生介绍了关于意大利天文学家伽利略生平的书籍,爱迪生对伽利略通过

---

1　亨利幸田. 成功母亲的 7 大教育法则. 李重民,译. 上海远东出版社,2006.

实验证明真理的精神十分敬佩,对"实验"一词的意义也有了初步的认识,从此实验活动伴随了他发明创造的一生。

其次是磨炼意志,为养成百折不挠的毅力奠定了基础。爱迪生一旦对科学有了兴趣,就想买实验材料和建立自己的实验室。为此,妈妈又启发他学习如何自己赚钱,鼓励他先后卖菜、水果、报纸,妈妈还鼓励爱迪生创办了十分受欢迎的《先驱周报》,这一切为爱迪生从事发明创造奠定了基础。母爱并不是百般的呵护和娇生惯养。试问:今天有哪一位家长让孩子从事这些小商小贩的买卖?可是,正是经历了这些艰难困苦,才锻炼出了爱迪生从事发明创造所需的恒心和毅力。爱迪生发明电灯泡时,曾经经历了一万四千次失败,如果不是从小磨炼出来的不怕失败的秉性,那是很难想象的。

再次是研究式的学习和研究方法。爱迪生从事的发明涉及物理、化学、无线电、电器、通信、冶矿、交通、建筑等领域。也许人们会问:爱迪生几乎没有在学校学习的经历,也没有学过任何科学或工程课程,那么他做这些发明所需要的知识和技术是从哪里获得的呢?这要得益于母亲教给他的研究方法。对于他提出的各种各样的问题,母亲总是与他一起思考,一起查百科全书,这就是他知识的源泉,取之不尽用之不竭。事实说明,学习能力比具体知识重要,而爱迪生从小养成的学习能力,使他享用终生。

本来,诺贝尔奖评选委员会评定托马斯·爱迪生和尼古拉·特斯拉(Nikola Tesla,1856—1943)共同获得 1912 年诺贝尔物理学奖,可是二人在直流电与交流电方面是死对头,都拒绝与对方共同获奖,于是当年的物理学奖改授予了瑞典物理学家尼尔斯·达伦(Nils Gustaf Dalén,1869—1937)。爱迪生虽遗憾未能获得诺贝尔奖,但是他被美国《大西洋月刊》评为影响美国 100 位名人中的第 9 名,这也足以说明他对美国乃至于世界的贡献是不可磨灭的。爱迪生之后再也没有爱迪生了,这是非常值得深思的一个问题——也许是因为再也没有南希式的母亲了。

## 三、"首席妈妈"贡献了六个精英

"首席"一词是当代西方国家的一个流行词汇,最早出现在 20 世纪 70

代初。1971年美国《波士顿环球报》使用了这个词,1972年《哈佛商业评论》再次肯定了这个词汇,随后英国牛津词典正式将其列为一个词条。所谓首席是指首领、第一、最高的位置,包含有最尊贵的地位之意。最初出现在首席执行官(Chief Executive Officer)中,后逐步衍生出诸多含有首席的词汇,如首席财务官(Chief Financial Officer)、首席科学家(Chief Scientist)、首席教授(Chief Professor)等。到了80年代,一个缩写的CEO代替了40年以前普遍使用的总裁(President),并在全世界流行开来。

在众多冠以"首席"的称谓中,有一个特别亲昵的"首席妈妈",这是专指韩裔美国著名学者全惠星教授。她的经历颇具传奇,成就令人赞佩,她的成功家庭教育经验也具有普遍的意义。1929年全惠星出生于韩国首尔,就读于韩国梨花女子大学英文系,作为交换生于大二时到美国迪克逊大学学习社会学,后进入波士顿大学攻读社会学和人类学,获得双科博士学位。

1960年韩国发生军事政变,进入长达27年的军事独裁统治时期。她的丈夫高光林时任韩国驻美国大使和驻联合国代表,因此遭到军政府的通缉。他申请政治避难,遂带着全家辗转来到美国。他们夫妇都学有专长,到美国以后都在著名的耶鲁大学任教,是该校首次聘请的亚裔教授。后来,全惠星在美国创办了东岩文化研究所,专事韩美文化交流的研究。

他们夫妇共养育了六个儿女,由于全惠星家教有方,六个儿女个个都是精英人才,这就是她被誉为"首席妈妈"的原因。这里,我们不妨把这些精英简要介绍一下:大女儿庆信,哈佛大学毕业,获得麻省理工学院理学博士学位,后任韩国中央大学化学系教授。大儿子京柱,毕业于耶鲁大学医学院,曾担任马萨诸塞州卫生和公共服务部部长,现任哈佛大学公共卫生学院副院长。二儿子东柱,中学时获得美国总统奖,后获得哈佛大学和麻省理工学院的哲学博士学位。三儿子洪柱,哈佛大学毕业后,留学英国牛津大学,后回哈佛大学获得法学博士学位,曾任耶鲁大学法学院院长,曾经出任奥巴马政府副国务卿一职,主管人权事务。二女儿庆恩,获得哈佛大学法学博士学位,现任耶鲁大学临床医学客席教授。小儿子定柱,哈佛大学社会系毕业后,在波士顿美术馆和纽约视觉艺术学院获得美术学最高学位——MFA(艺术硕士)。这些人不仅出自名校,而且都在事业上作出了贡献，是名副其实的精英人物。

全惠星育儿的经验震惊了世人，她获得了韩国总理奖、KBS海外同胞奖、美国康涅狄克总督奖。美国《纽约时报》评论她的家庭道："这个成功的家庭可与美国历史上著名的肯尼迪家族相媲美。"《华尔街日报》把她的孩子称作震撼华盛顿特区的第二代韩裔精英兄弟。美国教育部把她的家庭作为亚裔美国人家庭教育的研究对象以借鉴其经验。全惠星也把自己家庭教育的经验浓缩成一本书，即《有奉献精神的父母培养大人物》[1]，书中介绍了她的家庭经验、理念与做法。该书在韩国和美国引起了轰动，成为一部成功家庭教育的畅销书。全惠星教育理念先进，并以大量实例说明观点，使该书既具有可读性又具有实用性。由于本文篇幅限制，我只想强调最主要的三点：

首先是父母的榜样作用，造成一种和谐的家庭教育环境。全惠星与丈夫高光林夫妻恩爱，处处给孩子们做榜样，他们自己的事业都非常成功，正像她所说的："感情好的夫妻，更容易成为成功的父母。"当她的孩子进入高中时，全惠星也曾经考虑过"是继续工作还是照顾家庭"。经过慎重的考虑，她选择了工作，并认为"绝对不要为了孩子而牺牲自己"。这是明智的选择，她是在为孩子们做榜样。他们还有一条家规：无论工作多么忙，全家每天必须共进早餐，这是温情的早餐，是感情交流、倾听与建议的好机会，也是家庭教育的一种有效的方式，果然收到了极好的效果。

其次是高标准和严要求，绝不忽略任何细节。她对孩子的系统教育从3岁开始，为他们制订了一套几乎是"残酷"的教育计划，从洗冷水浴和锻炼身体开始。全惠星也是一个慈祥的妈妈，她对孩子的教育从观察入手，然后一步一步将他们引到正确的道路上来。例如，她的一个儿子学习一直非常努力，一次他突然对妈妈说想休学一个学期。对此，她没有立即表态说"绝对不行"（因为这种做法是不够开明的），而是与孩子进行交流，使他认识到青春期只有一次，引导他最后作出了正确的决定。全惠星一直教导孩子们要"尊重小人物，要做大人物"，这也是高标准。什么是大人物？大科学家、大官和大款，当然都是大人物，但是做人不能仅凭知识，还

---

1　全惠星.有奉献精神的父母培养大人物.邵娟,译.光明日报出版社,2009.

要有高尚的品德,否则就不能算是有奉献的人——她特别强调奉献二字,就是要为他人做有益的事。正如她在书的前言中所说:"父母们,请跟我一起做一个奉献者!"

再次是兄弟姐妹之间的相互激励,尤其要注意发挥"领头羊"的作用。全惠星的六个子女都是哈佛大学或耶鲁大学的博士,似乎他们在选择名校时都有默契,这与长女庆信的选择有关,然后弟妹们就沿着她的足迹前行。这种例子在人才学上并不少见,例如我国五代后晋人窦禹钧有五个儿子,他们都荣登科甲;清末著名启蒙思想家梁启超有九个子女,个个都成龙成凤,其中出现了三个院士;宋嘉树是晚清实业家,六个子女个个都是大人物;合肥民初教育家张武龄养育了十个儿女,个个品学兼优,学贯中西。在国外,这种例子也屡见不鲜,如美国著名的肯尼迪家族,瑞士连续出了十多位数学家的伯努利家族,等等。而我国的计划生育政策,不仅造成人口结构失衡,而且使得独生子女人数高达 1.2 亿人。独生子女家庭对孩子过于溺爱,也给教育造成了极大的困难,虽然不能说独生子女完全不能成才,但娇生惯养使得家庭教育被扭曲,使他们之中难以出现最伟大的人物来。

总之,良好的家庭教育是教育的根基,人们必须重新认识学校的教育,那种标准化、形式化、规模化和按部就班的教育,对于培养伟大人物已经是不合时宜了。虽然我们无力改变这种现实,但我们完全能够承担起教育自己子女的责任。苏联著名教育家马卡连柯说:"必须拿出父母全部的爱、全部智慧和全部才能,才能培养出伟大的人物来。"因此,为人父母者,必须承担起家庭教育的职责。请家庭教师和参加补习班、培优班并不是明智的选择,因为这些都是应试教育的翻版。我们应当清醒地认识到,家长如果放弃家庭教育,这意味着失职,无论对子女或是对国家都是不负责任的表现。在我国古代,文化程度不高的女性都能够培养出伟大的人物,那么现在高学历的母亲们拥有更优越的家庭教育资源,只要坚信母爱伟大的教育力量,坚定不移地进行教育实践,也一定能够培养出伟大人物来的!

# 我与一位农村母亲就教育孩子的通信

1988年的1月,是一个凄楚的寒冬,大雪纷飞,冰棱垂挂,珞珈山上的松柏被冰雪压断了许多,连四区操场看台中央的一棵百年大樟树也被压倒了。就在年前一个多月,教育部以张文松为首的工作组住进了东湖宾馆,名义上是调查武大领导班子换届情况,而实际上是密谋撤销我的校长职务。他们终于选择了一个合适的时机——全校于2月5日放寒假,等全校学生离校后,他们于2月10日以电传方式宣布免去我的校长职务,以避免大学生闹事。但是,他们不够光明正大的做法,引起了校内外一片哗然。

本来被免职以后,我有机会复出或者东山再起,但是我一一谢绝了,因为我挚爱教育,仍然梦想尝试创办新式教育。1994年10月,武汉市一家民营企业联合江岸区政府和谌家矶乡政府,准备创办一所全日制寄宿学校,拟聘请我担任校长。为了实现我的教育理念,营建教育改革的舞台,我同意了他们的聘任。这所新建的学校取名为新世纪外国语学校,是一所涵盖小学、初中和高中全程的寄宿制学校。为此,我亲自设计了学校的校徽、校训、教学方针以及成长之家的原则,而且我连续三个学期亲自给初一学生讲授创造思维方法课。改革之花必然结出丰硕之果,学校的声誉远播全国各地。1998年12月21日,《中国青年报》在"冰点"专栏刊发了记者部主任谢湘写的一篇长篇报道,题目是《从大学校长到小学校长》,被不少报刊转载,在全国产生了较大的影响。

在我国家长的传统观念里,都有一个"望子成龙"的心结,安徽省宁国市宁墩镇南阳村的李慧群看到了这篇报道后,被这所学校所吸引。大约是1998年底,李慧群给我写了一封信,她自称是一个"村妇",信中表达了希望我介绍儿童教育方法的心愿,同时询问是否能够送儿子到新世纪外国语学校读书。新年元旦过后,我于1月3日给她写了回信,现摘录如下:

慧群同志:
　　你的来信收到了。你留心时事,关心教育,重视对子女的教育,而且信文写得通顺，字体工整，这绝非是一般农村"村妇"所能比拟的。

我所创办的新世纪外国语学校，主要是为了进行教学改革实验，以培养创造性人才为目的。由于是民办，国家分文不拨款，投资建校耗费上千万元，所以目前收费比较高，从小学一年级到六年级，估计需要交纳各种费用近10万元。

我知道，目前农村尚不富裕，其子女可能读不起这类学校。但是，我并没有忘记为农村孩子创造学习的机会，因为我本人就是从贫穷农村奋斗出来的。我准备在时机成熟时，专门为农村优秀的学生设立奖学金，使他们也能够接受最好的教育。正如你说的，"为他们挣一个光明！"

你应当有信心，形势在发展，你的儿子一定能够上大学，只要他努力学习的话。

祝全家幸福！

刘道玉
1999 年 1 月 3 日

此后，到 2010 年为止，我们相互通信 12 年，往来信件 12 封，平均一年一封。我之所以与一个农村妇女就教育孩子的问题通信，是出于教育工作者的责任，诲人不倦一直是我坚持的信条。对于李慧群的文化程度，我一直感到好奇，直到 20 年以后她才告诉我，她是高中毕业生，应该算回乡知识青年。她丈夫叫李大方，忠厚，话语不多，但心灵手巧，在一家公司做机修工。他们有一个儿子，是 1993 年出生的，名叫李世吉，她在给我写信的时候，儿子刚刚到读小学的年龄。在我们通信的 12 年中，李世吉完成了小学、初中和高中学习阶段。他于 2010 年夏天参加高考，尽管发挥得不是最好，但也考得了 591 分，被安徽医科大学录取，2015 年顺利获得了学士学位，2018 年获得烧伤外科硕士学位，现在继续攻读该校烧伤外科博士学位。应该说，李慧群望子成龙的心愿已经实现了，我们为教育她的儿子所作的讨论，也是有益的。

1999 年底，李慧群又来信询问教育儿子的方法，我在回信中写道：

小李：

我要说明的是，我不是名人，更不是伟人。其实，我与你们一样，也是出生在农村，只是由于机遇好，凭着农民共有的美德——勤奋，才上了大学，出国留学，并当了教授。我所走的道路，就是苦学成才的道路，我经历了苦学、巧学和博学三个阶段。每一个人，只要有恒心，都是可以沿着这条道路走向成功的。你询问我应如何教育你们的儿子，根据我的经验，提几点建议供你们参考：

(1)他既然已经就读小学了，那就让他在老师的教导下，好好学习，全面发展，既动脑又动手。(2)对独生子女切不可娇惯，既然生活在农村，过一点艰苦生活是有好处的。你们应根据年龄不同，让他适当做一些培养生活能力的劳动。从总体上说，无论是学术界或是政界，吃过苦的农村学生占有很大的比例。(3)要从小养成爱读书、爱思考、爱提问、爱发奇想的习惯，这是日后学习成才最重要的素质。(4)要培养孩子多方面的兴趣，如下棋、绘画、音乐、泥塑、手工艺、各类体育活动等。这些对于开发儿童的右脑极有好处。人的大脑分为左右两个半球，左脑是记忆脑，而右脑被称为创造脑，培养创造性的人才，关键是要开发右脑。

暂时写到这里，今年秋天，我将出版一本叫《头脑冲浪》的书，非常适合小学生课外活动使用，届时我将赠送一本给你。

祝你儿子学习进步！

刘道玉
2000 年 2 月 20 日

2005 年 9 月，我的自传《一个大学校长的自白》由长江文艺出版社出版，为了激励李世吉成才，我把该书赠给李慧群一本。我在信中写道：

这本书一个月内加印了三次，许多城市都脱销了，许多朋友都找我要书，但我没有赠送给他们。也许它对你儿子更有用，甚至可能会影响他的一生，所以我要赠送一本给你，就让你儿子当小说来读，从中学习怎样养成良好的个性和学习方法，形成高尚的道德和人生观，树立对事业执着追求的精神。我的人生并不是十分成功的人生，但希望你儿子的人生是一个成功的人生。

但是，李慧群收到书以后，给我寄来了 100 元钱，似乎是要付给我书费。对此,我写信批评她这是非常不妥的,况且我的书根本不用这么多钱。我知道他们家境非常困难,于是我把 100 元再加上 200 元,一共寄给她 300 元,我说就作你儿子新学年的学费好了,否则我是于心不安的。后来,我又出版了《创造思维方法训练》一书,这是我为新世纪外国语学校初一学生讲授的课本,对于训练少儿思维方法很有参考价值。这是一本寓科学发明故事与文艺百科知识为一体的通俗读物,其中讲述了 30 个思维方法、97 个科学发明故事,提到的发明家有 162 人,具有相当的可读性。我对李慧群说,你自己先把这本书读懂,然后你指导小世吉阅读,继而指导他按照书中的方法去做实验,以达到动脑动手的目的。

有一次,李慧群写信问道:"儿子身板矮小瘦弱,担心在学校受欺负,使得他变得更加懦弱,应该怎样对待这个问题?"我在回信中写道:

慧群:

早上好!

你在来信中谈到懦弱与阳刚的问题,这的确是需要讨论和加以区分的问题。我认为坚强与懦弱是一种心理素质,主要在于内心,而不在于外表;主要表现在对待困难和挫折上,而不表现在与人的争斗和输赢上。从你举的例子来看,尚不足于说明孩子是软弱或刚强。从做母亲的角度,爱子之心是可以理解的,但少儿之间的打闹是一种乐趣,也是大人难于理解的。据报道,美国曾经发生过这样一个故事:一天在公寓前,两个男孩在打架,两家大人站在背后观战,一个孩子被打倒在地,而另一个孩子也哭了。这时两家大人走上前相互握手问候,二话不说,各家领走各自的孩子。这就是美国对待儿童打闹的态度,也是他们开明大度的表现,是他们培养儿童独立性的方法。这事如果发生在中国,很可能大人也会参与进去,甚至会引起两家人的矛盾。

祝你的儿子学习进步!

刘道玉

2001 年元月 3 日

每一个教育工作者都应当具有爱心,不管他们是你的学生,还是偏远农村的儿童,都应当向他们施予爱心,尽可能地给他们以帮助。在过去的

12年间,虽然我给李慧群写了一些信,但到底有什么作用呢? 时隔近20年,李慧群在给我的信中写道:

刘教授:

您好!

我能遇到您,能与您交流,是我此生最大的福气。从1998年年底到2011年9月,我们以手写书信交流了12年,我的收获很多。首先您给了我一些自信。在我的儿子快要上小学的时候,我带着忧虑与疑问,写了一封信给您,我盼望您的回信,但我也没指望您回信。在我心里,教授、大学校长是何等人物啊,您该有多忙多高贵,会回复我这样一个山野村妇的信吗? 让我惊奇的是,1999年1月3日您真的给我回信了,还夸我信写得流畅,非一般农村村妇所能比拟的。您鼓励我要有信心,只要我儿子努力学习,一定能上大学。收到您的信,我的内心如获珍宝般高兴,觉得前途是光明的,我不能自轻自贱。

您在2001年元月3日的信中,专门讲了对学生教育的三个阶段:小学阶段是养成教育,中学阶段是说服教育,大学阶段是自我教育。在小学阶段,养成教育最重要,就是要养成良好的学习习惯、生活习惯、思考习惯。人是习惯性的动物,良好的学习习惯一旦养成,将受益终身。家长和教师肩负着养成教育的责任,无论是家长还是教师,一定要言传身教,既要爱抚又要严格要求,只要持之以恒,必有裨益。您在"言传身教"四个字下面加了标注点予以强调,这让我信奉一生,时时刻刻鞭策自己。我基本不看电视,总是陪着儿子读书。我们家虽然钱少,但书比人家多,这是我儿子获得优秀成绩的基础。

18年以来,我们这个行政村,每年考取二本、三本的有几个,但考取一本的尚没有,而我儿子是全村第一个博士。这些都得感谢您的指引,我们全家终身难忘。

祝您健康长寿!

李慧群

2019年1月10日

爱是最纯洁的,是无私的奉献,不能掺假,不能有私心,也不能以爱作为交换。在我与李慧群通信的12年中,我先后多次赠书给她,也寄过钱,但我反复告诉她,一定不要给我寄任何物品,我最讨厌别人送礼,这是低俗的风气。李慧群非常尊重我的意愿,她对我被免职的遭遇和身体的疾病非常关心,但她从不给我送礼物。我们虽然相互通信 12 年,也有频繁的思想交流,但至今我们还没有见过面,我也不认识她的儿子,这说明我们的关系是非常纯洁的。慧群教育儿子的成效,主要源自她自己的刻苦学习,从中她也悟得了许多教育的道理和方法。有鉴于此,她弟弟的双胞胎儿女也由她负责教育,而她视如己出,把自己教育儿子的经验用在她的侄儿侄女身上,俨然是一位教育里手,我真的为她而高兴。

我们共同教育李世吉只是一个个案,但我自己的能力和精力是有限的,自然不可能关心到广大农村的少年儿童。因此,我希望所有的教育工作者,特别是那些有教育经验的名师,也参与到关心农村儿童教育的行列里来。如果我们都对他们献上一份爱心,相信会帮助更多农村的学童,使他们都走上成才之路。当今,我虽然已经老迈,但挚爱教育的初心不变,仍然不会拒绝每一个有求于我的人,我会义不容辞地为此竭尽我的所能。


# 尊重孩子自己的选择[1]

经过四个多月的紧张施工,新世纪外国语学校第一期工程于 9 月 8 日竣工。首批新生于 11 日报到注册,12 日上课,16 日举行了隆重的开学典礼。

为了庆祝国庆 46 周年,同时庆祝学校校舍竣工、感谢各界和教师的亲属们对我校的支持,学校决定在 29 日晚上举行联欢会,邀请教职工的亲属们一起联欢。

尽管开学时间很仓促,条件也有限,但师生们还是编排了短小精悍的文艺节目。教工舞蹈仅排练了两次就上台了,而且会计张群在登场前半小时血压很低,有的教工为了布置会场几夜没合眼。联欢会不仅牵动着每个师生的心,还吸引了部分学生的家长。

---

1 本文于 1995 年 10 月 4 日写于"树人学园"。

由于国庆节要放三天假，所以有些家长准备在晚会前把自己的孩子接回家。小学一年级男生罗京栋是枣阳籍学生，他的父母从襄樊开车来接他到其姑姑家过节。但是小京栋不肯跟他爸爸走，他把祈求的目光转向了我，似乎希望从我身上得到支持。我走近他身边问道："京栋见到了爸爸妈妈应当高兴呀，为什么撅着嘴呢？"他说："我不回去，我要参加晚会。"我明白了他的意图，于是对他的爸爸罗坤说："我们是老乡了，您老远赶来，今晚我邀请您们全家在'新世纪'过节，参加我们的联欢会。"罗坤见我如此好客，同意了我的邀请。小京栋见状，马上笑了起来，随后挣脱了他妈妈的手，飞快地跑到了同学中间。尽管父母很疼爱子女，但是少儿们毕竟更喜欢回到儿童世界中去，寻找他们的朋友和童趣！

　　我与罗坤分手后，转身又碰上小学三年级女生王鑫和她的爸爸王远年及妈妈。他们带着女儿准备上小车回家，可是王鑫就是哭着不上车，不管妈妈怎么劝，她还是不愿回去。见此情景，我一边给她的爸爸王经理打招呼一边问王鑫："今天放假应当高兴啊，为什么要哭呢？"王鑫说："我要参加晚会，我还要表演节目呢。"看样子，我又得为王鑫解围了。于是，我对王经理说："你们是否再征求一下王鑫的意见，看她是愿意马上回家还是晚会后再回家？"这时，王经理似乎觉得让女儿受委屈了，以一种很温和的口气问女儿："王鑫，你选择哪种方式？"王鑫很干脆地说："开完晚会后再回家。"我插话说："你也应该邀请爸爸妈妈看你的表演呀！"王鑫破涕为笑地跳着说："你们也留下来和我们一起联欢吧！"王经理和夫人似乎理解了女儿的心情，点头同意了女儿的要求。

　　实际上，上面的两个例子道出了同一个问题：以什么样的态度对待孩子？是平等的态度抑或是"父道尊严""师道尊严"？是尊重孩子的志趣抑或是包办代替？在这方面，列宁的父亲乌里扬诺夫开创了家庭教育的成功经验。他认为："唯有孩子自己有愿望、感兴趣，他们才能取得很大的收获。""尽管孩子很小，但是他的最大愿望是把他作为一个成人看待。"[1]在我校联欢晚会前发生的两个小插曲，由于学校的疏导和家长的开明，获得了积极的结果。孩子们的收获绝不只是一场文艺晚会，他们的自信心

---

1　彼切尔尼可娃. 天才的摇篮：50，172.

和自我实现的独立个性也获得了增强。反之,如果我们采取相反的做法,那么他们损失的也绝非一场晚会,而是心理的创伤,个性受到压抑,其不良影响也是深远的。这再一次说明,无论在家庭还是学校的教育中,一定要采取民主、平等的教育原则,尊重孩子们的兴趣、个性,允许他们适当参加大人的重要谈话和进行辩论,这无疑会促进孩子们学会思考问题,养成良好的个性素质。尊重他们的选择权,就能培养他们的独立性,开发他们的创造性能力。

# 考试成绩不是评价孩子的唯一标准
## ——致学生家长王女士的信

亲爱的王女士:

很遗憾,直到目前为止,我还未能把你们和你们的儿子对上号。本想当面与你们交流一下关于培养孩子的问题,但一直没有机会,故只能以这封信谈谈对你们儿子学习的看法。

去年十月下旬,武汉市江岸区举行了一次小学生"航海模型"竞赛,我校选拔了 4 名小选手参赛,你们的儿子凯凯获得了全区第一名。消息传出,我们都为他高兴,学校向他表示了祝贺。这是我校创办不到两个月获得的第一块奖牌,我十分看重它,因为它符合我倡导的"金牌精神"。当然,这个成绩的取得,主要是你们儿子自己努力的结果,这不仅反映了他对海模有较好的了解,而且反映了他对技术制作的兴趣和特长。

但是,期中考试他的数学不及格,这的确是我未料到的。是什么原因呢? 是偶然的失误还是原有的基础较差呢? 我询问过他的数学老师陶盛风,她是一位小学数学高级教师,年富力强,经验丰富,备课、讲课、批改作业、辅导学生都十分认真,是我校教师中对工作最投入的一个。据陶老师介绍,凯凯的数学基础较差,作业粗心,听课时注意力不集中,但绝对没有智力上的问题。她说:"我已采取了给他补课的措施,他也有了进步,我们有信心帮他赶上去。"

为了进一步摸清问题的"症结",我又找凯凯的班主任高老师交谈。她介绍说:"该生的智力并不差,他的主要问题是思想不集中。"高老师是一位有经验的老师,十分热爱班主任工作,对学生富有爱心和耐心。据她观察,凯凯在做作业或考试时,如果有老师站在身边,往往都能做对,如果没有老师在场,他老是出错误。这是一个很怪的现象,值得从心理学上进行研究。看来,他的思想不集中和考试时必须有老师在场有一定的关联性,一个是内因,一个是外因,由于他的心理素质脆弱,不能控制思想分散,只能借助于老师的权威来保持思想集中。问题和原因初步找到了,那么就应该给他开一个"处方",以便克服他的缺点。依我看,这个处方就是加强"二气二力"的锻炼,即志气、勇气和毅力、耐力。具体做法比如可适当多参加一些大运动量的体育活动和轻松愉快的文艺活动,多与同学交往,逐步克服他的偏内向的性格。只要持之以恒,必有收获,我们对凯凯的未来是充满信心的。

在凯凯身上还暴露了另一个有趣的问题,那就是他的海模竞赛第一名与他的数学考试不及格形成了鲜明的对比,这又是值得研究和深思的问题。其实,这个现象不仅在你们儿子身上表现出来,在国内外也有不少这样的事例。20世纪80年代初,上海一个小学生茅嘉麟因发明了"万能穿绳器"而荣获国际博览会金奖,但他后来却因多门课不及格而被退学。日本本田技研工业公司创始人本田宗一郎,小时候贪玩成性,奔放不羁,在学校里考试屡遭失败,但是他倾心于劳技课,从中他的制作能力得到了培养。他后来从汽车修理厂的学徒做起,钻研修理技术,从制造汽车活塞到制造摩托车,使自己的事业一步一步达到了顶峰。他现在已成为日本摩托车和小汽车制造王国里的巨子。

以上两个例子说明,考试成绩与学生的才智并不完全是一回事。如果论考试成绩,茅嘉麟和本田宗一郎肯定不是好学生,但论创造力,他们都是最优秀的人才。问题就在于,我们用什么标准衡量人才?我们到底需要什么样的人才?我们如何培养富有创造性的人才?实际上,这些问题正是我们要通过改革解决的问题,要制订一个综合考评学生素质的客观标准,以代替单纯以分数作为考评学生的唯一标准,这样才不致于压抑和埋没有创造性精神的学生。

我从老师那里了解到,你们为儿子上学承受了很大的经济压力,为儿子的学习成绩不佳而忧心忡忡,甚至有些自责,不好意思与老师对话。依我看,这完全是多虑的,你们不应过多地责备孩子,也不应当对他丧失信心。你们应当相信我们办学的诚意,相信我们的科学教育方法,问题在于要有耐心,要相互配合。根据我几十年的经验,只要学生智力没有生理缺陷,那么就没有不可教育的学生,而只有教授不得法的老师。

信已写得很长了,我的目的是想对你们儿子的学习和智力作一点分析,同时介绍一些教育学和心理学上的观点。如果我的分析对凯凯的学习有所帮助,对你们有些参考价值,那我就感到高兴了。今后,我将继续把凯凯作为跟踪研究的对象,希望我们密切配合,共同担负起对他的培养任务。

顺祝

万事如意!

刘道玉

1996. 1. 16

# 充满爱心的家庭教育[1]

今年元宵节过后,湖北省刘道玉教育基金会转来一封信,来信者是湖南省的李建勋先生,他自称是一位由教师转为公务员的学生家长。同时,随信还附上了一本电子版的书稿,书名是《成才主道是家庭》。这个书名立即引起了我的兴趣,虽然我近年视力很差,但仍情不自禁地浏览了这本书稿,读后引起了我的共鸣。直觉告诉我,李建勋先生虽然已经是一位中层领导官员,但他依然挚爱着教育,以爱心亲自教育爱女,并取得了成功。

李建勋先生邀请我为他的这本书写一篇序言,由于我们教育观点相同,故欣然同意他的请求。为了写这篇序言,我通读了这本书稿,虽然花

---

1 本文是作者 2014 年 3 月 28 日为《成才主道是家庭》一书所作的序言。

费了不少时间,但阅读是我学习的机会,从中也受到许多启发。对于作者的个别观点,虽然我持有不同的看法,但这不影响我们的合作。在后来的面谈中,我们也推心置腹地交换了看法,并取得了共识。

《成才主道是家庭》与众多书籍不同,它是一部对女儿教育实验的完整记录。难能可贵的是,他一直坚持了 18 年,这该需要付出多少爱心和耐心呀! 总的来说,我认为这是一部有学术价值和实用价值的参考书,因此乐意向广大读者推荐,特别是学生家长们很有必要研读这本书,从中吸取有益的经验,学习作者可贵的探索精神。

概括起来,这本书有五个方面值得我们学习与借鉴。

(1) 为人父母者,必须担负起教育子女的神圣职责。中外教育史均表明,一个国家的人才素质和文明程度,在很大程度上决定于家庭教育的成效。一个不为人们觉察的现象是,同一分数段进入同一所名校的学生,后来的才智和成就会表现出巨大的差异,这其中就有家庭教育的关系,特别是父母是否亲自指导孩子的学习起着重要的作用。用法国启蒙思想家、教育家卢梭的话来说,最好的教育是在个人发展的前期,也就是家庭教育,它是奠定一个人一生的基础。

例如,欧阳修和孟轲的母亲分别成就了中国儒学的亚圣孟子和唐宋八大家之首的大文豪欧阳修。像这样的典型例子,在西方国家也是屡见不鲜的,如大发明家爱迪生,瑞士天才数学家欧拉,英国数学家、物理学家麦克斯韦,德国 19 世纪天才小卡尔·威特,瑞士的伯努利数学家族,等等。毋庸讳言,在他们成长的背后,家庭教育都起着至关重要的作用。

可惜的是,在我国经济转型的过程中,没有把握住教育发展的正确方向,教育产业化就是明显的误导。一段时间以来,教育广告、各类教学辅导班、奥数班、高考辅导资料、高考秘笈的推销,家长学校等肆意泛滥,把教育的非市场价值统统排斥出局,这些是导致我国教育问题丛生的根本原因。许多学生家长宁可送孩子上补习班,或是请家庭教师,也不肯花时间研究教育,肩负起教育孩子的责任。但是,李建勋先生是一个例外,他坚持长期跟踪女儿的教育实验,并写下了全程的记录,其精神令人敬佩! 我相信,建勋能够做到的,其他任何具有大学学历的人都可以做得到,只是他们愿意与否的问题。

（2）家庭教育不是率性而为，必须自觉地以科学的教育理论和方法为指导。李建勋先生有着先天的有利条件，因为他是师范学院的毕业生，受过教育学和心理学的熏陶，又有6年教师工作的经历，这些都为他对女儿进行教育实验提供了良好的条件。不止于此，他还在长期的教育实验中，参阅了大量的教育论著，实现了理论与实践的有机结合。我看得出，作者深受弗洛伊德和华生心理学的影响，也借鉴了戴尔·卡内基励志教育的经验，所以他的实验获得了成功。

（3）教育是一块伟大的实验田，最是需要躬耕的人。苏联教育家阿·波瓦利阿耶夫曾说："教育是一块伟大的实验场地，发展个性、教育技术随之改变。"纵观世界著名的教育家，他们既是哲学家，又是教育改革的实践家，为了推行自己的教育理念，大多亲自创办了实验学校。例如，古希腊哲学家柏拉图创办了柏拉图学园，夸美纽斯创办了夸美纽斯实验学校，美国杜威创办了芝加哥实验学校，洪堡创办了柏林大学，英国罗素创办了比肯山学校，苏联苏霍姆林斯基在帕夫雷斯农村中学躬耕了33年多，其中任校长26年，积累了丰富的教育经验，写出大量著作。在现代中国，除了陶行知先生创办了晓庄乡村师范学校以外，既没有开展教育实验的教育家，也没有躬耕教育实验的校长。虽然我国现在有众多的民办（或私立）学校，但实事求是地说，他们基本上没有办学的新思路，也不是为了实验某个教育理念而创办的。正是这个原因，中国没有世界著名的教育家，这与拥有丰富教育实验资源的大国地位极不相称，应该引起我国教育界深刻的反思，必须采取相应的对策。

教育实验的确有一块伟大的、广阔的实验场地，实验的对象是多种多样的，可以是一所学校，一个班级，一门课程，或一个学生，一个子女。我之所以赞赏《成才主道是家庭》这本书，是因为我很佩服李建勋先生进行教育实验的精神。西方有位哲人说过："国家的命运与其说是操纵在掌权者的手上，不如说掌握在父母的手里。"我真诚地希望，我国的学生家长们，各级学校的领导者们，广大的教师们，以及教育学的研究者们，积极投入到这个伟大的实验场地里来，由此而涌现出大批教育家来。

（4）异见当尊重，创造最可贵。人类历史的不断发展，不是源于赞同或赞美，而是因为人们有"不从"的行为，有不从才会有创造，从而会不断前进。教育的根本目的是培养自由的人,而只有对人云亦云的世俗观点、权势人物说"不",人才会成为自由的人。我高兴地看到,在李建勋先生的书中,多有异见或"不从"的观点,例如他提出的"外因主导内因"的观点,就与传统的内因决定论相悖。其实,外因与内因在一定的条件下,是能够相互转化的。我们不难为他的观点找到佐证。例如,孟母三迁的故事,母爱使爱迪生成为伟大的发明家,而凡·高在画店打工的经历激发了他对画画的兴趣,虽然他27岁才开始学画,但执着的追求使他成为后印象派的代表人物——这些事例,不都说明了是外因主导内因吗?

(5)理论联系实际,创新是为了应用。教育既是一门理论学科,又是一门实践性很强的学科。创新理论的创始人约瑟夫·熊彼特在弥留之际留下遗言:"行动——光有理想和理论是不够的,只有行动起来,努力改变现状,才是真正对理论的拓荒。"《成才主道是家庭》这本书,正好体现了这个特点,具有普遍的实用性。他提出的关于孩子成长中常见的17个问题的解决办法,就是非常有实用价值的,值得广大学生家长学习和参考。

这本书的特点,远不止我以上所谈的五个方面,相信读者从中可以找到自己感兴趣的内容。更重要的是,希望更多的家长们,积极地投入教育伟大的实验场地中来,通过辛勤的耕耘,总结出你们自己教育子女的心得体会,以此催生出教育学园地里百花盛开的景象。


# 花季少年初成长

——我与杨文雅的八年幼教实验


石家庄有一位叫杨文雅的青年女教师,她有一个10岁的儿子,2012年夏天她对儿子的教育出现了危机。用她的话说,"既然称其为危机,存在的困难肯定不小,单靠一己的智慧是搞不定的"。为此,她于2013年6月专程去美国亚特兰大参加全美教育年会,会后又参与了课堂教学,明白了美国教育的核心与实质。2014年1月,她思忖着:"这个学期该去哪呢?"脑子里不假思索地出现了刘道玉先生的名字。于是她通过网络查找

到刘道玉基金会的联络方式,给基金会写了一封信:

基金会敬转刘道玉先生垂阅
先生台鉴:

　　为一帮小儿教育事,乞请谒见先生,以求就有道而正焉……读先生之书《心印》《创新教育》《创造思维方法训练》《大学的名片》等,认同先生思想,赞赏先生精神,望素心之诚,祈得以缘,一岁之始,得以拜于堂前,以聆教诲。

　　起初,阅读信文后,我猜想写信者可能是一位上了年纪的男性,因为很少女性使用这些文绉绉的字眼。结果,见面后发现她是一位年轻的女性。她善于遣词措意,其文采令我惊讶! 2014 年元宵节时,她专程来到武汉,打算住一周时间等待我的接见。但她既然已经来了,我不忍心让她等待一周,于是立即约她见面。我们交流了两个半天时间。2014 年 2 月 17 日下午见面时,她真的要下跪拜我为师,我感谢她的真诚,但劝阻了她的跪礼。

　　我对杨文雅的第一印象非常好,她才思敏捷,文笔流畅,深谙古汉语。她热爱教育,研读过古今中外很多教育名著,故而我同意她的要求,愿意与她一起共同研究如何教育少儿。据她介绍,她原来在大唐集团公司河北分公司工作,薪俸也不错,后来放弃电力国际项目的预设,与儿子同步入学,儿子读小一,她读研一(北京外国语大学英语翻译专业的硕士研究生)。

　　她的儿子叫朱易从(乳名从从,英文名字叫 Andy),2004 年出生,年仅10 岁,读小学三年级。他的优点是思维敏捷,学习和做事都很快,但字写得潦草,做习题时总是出错,运动时爱摔跤,做事毛手毛脚,拿东西不是打了就是洒了。由于这些原因,他的学习成绩不太理想,几乎各门课程的成绩都偏低,老师对他的印象也不是太好。这些都令她十分担心,丈夫朱海胜为此也急白了头。

　　虽然我们是初次见面,但都无拘无束,围绕着以下问题进行了坦诚的交流:怎样看待爱动的孩子? 怎样看待现行的学校教育? 怎样看待分数？她甚至提出：假若您站在文雅的角度，您希望自己10岁的儿子接受怎样的基础教育，将来又接受什么样的高等教育？

我简要回答了她提出的各种问题。至于说到少儿应当接受怎样的基础教育，我认为，我国现行的基础教育仍然是灌输式的应试教育，在培养循规蹈矩的乖孩子，追求高分，剥夺了儿童的童趣，忽视了他们的个性，无法启蒙他们的好奇心和想象力。对待少儿要淡化对高分的要求，分数并不代表一个学生的优劣，它带有很大的随机性。现在流行的培优、补习班和奥数班，都是不可取的，这些都无形中增加了学生的负担。一个孩子到了上大学的年龄，不必追求名校，也不必刻意地追求所谓的好专业。一个人成功与否，不决定于名校和名师，也不决定于所学的专业，只决定于自己。因此，一个适龄青年，只要上个大学本科就足够了。我们应当把重点放在培养孩子的思维能力上，让他们养成良好的阅读和自学的习惯，重在启迪悟性，树立远大的理想，并要为实现自己的理想养成自立、自强、自律的能力，这些才是他们未来成功最关键的素质。

通过交谈，我们对她儿子的教育取得了完全的共识。谈话结束后，我们都觉得意犹未尽，我对文雅说："以后你有任何问题，随时可以通过电子邮件或是短信进行交流。"她同意了。临别时，我向她赠送了几本书，包括我的自传《拓荒与呐喊》《创造思维方法训练》和英文原版《The Way of Happiness》，她欣然接受，并表示要认真拜读。八年以来，我们先是以邮件交流，相互收发的邮件多达200多封，后来是以微信交流，更加快捷与频繁。

什么是教育实验？它是以受教育者为实验对象，使用某种设计理念或是方法，对孩子施以教育，以达到预想的正面效果。我向文雅详细地介绍了苏霍姆林斯基的实验方法，她极为欣赏，并表示愿意进行尝试。当然，杨文雅是自己儿子教育实验的设计师和实践者，而我只是间接的参与者，或者说是一个啦啦队队员。文雅的教育实验不止于自己的儿子，她还创办了一个"社区学习小组"，招收一批少儿学习英语和文化课程，开启他们的智慧，颇受社区家长们的欢迎。

我们的实验面对的是一个顽皮好动的男孩，实验从哪里开始呢？兴趣是最好的老师，发现孩子的兴趣是施教的入口。从从喜欢拉丁舞，开始爸爸不同意,但文雅因势利导予以了支持,获得了很好的效果。后来孩子对化学感到好奇,于是他的父母专门建了家庭化学实验室,购买了化学实验的材料和指导书,使孩子对什么是空气、什么是盐以及水的三态等有了感性的认识。化学试纸是检验物品的酸碱性的,从从十分好奇,他自行用试纸来检验酱油、醋、可乐、牛奶等,甚至别出心裁把唾液、尿液、养鱼池的水和不同颜色的花卉,都拿来检验其酸碱性。他觉得非常好玩,从实验中获得了乐趣。后来,从从对数学有了兴趣,而且能够超前地自学和解题。

根据从从好动的特点,文雅采取了"以动止动,动中求静"的方法,而练拳是最好的选择。于是,从 2014 年暑假起,文雅带上从从和朋友的儿子,到河南陈家沟学习太极拳,历时一个月,使得孩子的力和气都得到了提升,也磨炼了孩子的意志。难能可贵的是,他们母子连续 5 年暑假都到陈家沟练拳,先练套路,后练散打。陈家沟地处农村,粗茶淡饭,洗冷水澡,孩子们都习以为常了。每年暑假一个月练下来,他们都变成了"土著人"一样。2019 年暑假,他们母子又来到湖北的武当山,从从学太乙玄门剑,而文雅学太极剑。这一切既强健了体魄,又磨炼了意志,为他日后的学习奠定了基础。

写字是中国幼儿学习的启蒙课,怎么练习写好汉字,也是需要加以正确引导的。我提出,可以参考书法名家的字帖,但最好不要让孩子临摹字帖。临摹是一种模仿思维,久而久之会潜移默化地形成模仿的习惯,从而扼杀了孩子的创造性。文雅的做法是,把历代各种碑帖、字帖摆在孩子面前,让他们自己感觉哪一种美就选择哪一种,这既是尊重他们的选择权,又能启迪他们的美感。他们一边学习还一边创作作品,再把写的字装裱成礼品,让孩子有一种成就感。

少儿是天真浪漫的,是想象力最丰富的时期,因此开启他们的想象力是头等重要的,是培养他们创造性的前提。为此,文雅每个学期都要用英语排演音乐剧,例如他们排演了《穿靴子的猫》《姜饼人的故事》《狮子王》《威尼斯商人》等,收到了很好的效果。想象力是作文的生命力,从从用 30 分钟写了《我想变》的作文——这是他自己选定的题目,说明在他脑子里萌动着想象,也想改变自己,这是孩子的觉醒,非常值得肯定。文雅引导儿子进行科学小实验,建立了一个物理实验箱,玩过杠杆、磁力、电路等。

此外,他们常常到郊外采集动植物标本,用孩子们的想象力制作粘贴画,既培养了想象力又训练了他们的动手能力,手脑并用,可谓是一举两得。

自学是我一贯强调的方法,不善于自学的学生,是难以成为杰出人才的。自学建立在阅读的基础上,只有具备了理解和从整体与细节上把握的能力,自学才是有效的。自学需要恒心,世上无难事,只要专心致志,没有学不会的东西。在这方面,文雅进行了持久的尝试,收到了很好的效果。她的儿子养成了爱读书的习惯,他能够自学初中一年级的数学课程。但是,孩子虽然懂得内容,做习题却总是出错。这是男孩普遍存在的问题,需要通过培养他们细致和认真的学习态度来克服。

在我们的通信中,文雅提出这样一个问题:"当孩子提出一些古怪问题时,我是绕过去,还是给他一点初步的解释?"我回答说:"既然孩子提出了问题,说明他是希望得到答案的,我们不应当让他失望,否则会挫伤他提问的积极性。"一个具体的例子是,从从看到烟火时会问:"为什么烟火是五光十色的?"他自己上网查询得知这是因为不同金属燃烧时会发出不同的颜色。孩子进一步又问:"金属为什么会燃烧?自家的锅为什么不燃烧?"通过启发,他知道了不同金属有不同的燃点,只有达到燃点的温度,金属才会燃烧。

在教育孩子时,发现他的缺点应当怎样对待?是生气还是训斥?对此,文雅也摸索出了良好的方法。她认为:"如果孩子有了缺点,用幽默的方式说出也许给他的警觉更深刻,我要尝试用幽默解决问题。"在睡觉前,她还会给儿子讲几个笑话。文雅的教育实验才进行了一年的时间,但她的儿子和她教授的一些孩子,都有了惊人的变化,这是非常可喜的成绩,我也分享了她实验成功的喜悦。

2015年元宵节,是我们认识一周年,文雅带着儿子从从来见我,认识我这个他有印象但还未曾谋面的爷爷。我热情地接待了这位小客人,带他在大学校园里散步,让他感受大学的文化氛围,与他进行跨代际的交流,希望给他以积极的影响。我带他参观我的书房寒宬斋,并解释说:"'寒'是指一个人要耐得住严寒,能够做到寒窗苦读,梅花香自苦寒来。'宬'本来是藏书的房子,我之所以取这个字,蕴义是指一个人要获得成功,必须掀掉压在头上的盖子(宝盖头),那岂不就成了吗?"从从调皮地说:"爷爷,我也想从您的书房寻找一点灵性。"我说:"很好,灵性来自超级想象力,你现在正是想象力最丰富的时期,要好好地保护和发挥你的想象力,将来定能成为有用之才。"

陪同儿子读书,这是文雅引导的重要方法,身先垂范。每天晚饭后她会陪读5分钟,主要是古典名著。她认为古文诵读可涵养神元。她的指导原则是依照深浅难度,列出书目和篇目,由儿子自选,激发他的兴趣,让他自己与古人结缘。比如说唐诗、宋词、元曲、《千字文》《庄子》《诗经》等。《历代文选》也是必读的书目。书单上还有《谏太宗十思疏》《春夜宴诸从弟桃花园序》《滕王阁诗序》《陋室铭》《岳阳楼记》《兰亭序》《桃花源记》等。文雅的古文功底,要归功于父亲杨红军的教诲。他是中学语文教师,擅长文言文与写作。而儿子也深受妈妈的影响,打下了古汉语的基础。

从从虽然是独生子女,但文雅夫妇对儿子并不溺爱,也从不包办代替,而是大胆放手,培养他的自立、自理能力。从小时起,小件衣服从从自己洗,按时作息不需催,出门不需要叮嘱安全。8岁自己去拳馆学拳,不接送。10岁自己到北京参观,来回不接送。13岁到广州参加剑桥大学组织的夏令营,自己去自己回。14岁到清华大学参加冬令营,不用接送。15岁参加中考,也不要接送,父母也不陪考。可是,现在高考时,父母陪考,入校时父母陪送,简直就成了学校的一道风景线。从从与这些准大学生们相比,孰优孰劣不是很明显的吗?原来一个处处让人操心和担心的男孩,如今事事让人放心,前后的惊人变化,说明了文雅的教育实验获得了成功。

2019年7月初,从从初中毕业了,获得了合格的毕业文凭。鉴于他的文化素质和体育特长,他被一所体育学校录取,实行3+4的教育模式,即在职业教育中心学习3年,而后直接升入河北体育大学本科。这就是说,他无需再受备考的煎熬,越过了残酷的统一高考。对于少年来说,这无疑是一次心理的解放,他可以专心致志地学习自己所喜爱的知识,尽情地释放自己的爱好。

看到从从前后的变化,我们在感到欣慰的同时,丝毫没有停止实验的想法。我对文雅说,我们的实验进行了8年,看来还有8年在等待我们。孩子成长的未来之路还很长,我们将继续实验和求索,绝不能行百里者半九十！从从现在虽然是学体育的，但在其成长的过程中，变化的因素很多。一个人学什么成什么，并不是铁律。刘欢是学法语的，却成为著名作曲家和歌唱家。武大经济系毕业的王艺，现在是中国雕刻艺术第一人。因此，我们还需要继续观察从从的闪光点究竟是什么，然后把它放大成为他的志业，即终身的追求，如果他做到了，就一定会获得成功。

仁心无涯，实验不止。我与文雅都十分热爱教育，我已经垂垂老矣，但文雅还非常年轻，她会把教育儿子的经验传承下去，办好她的幼儿实验班，为培养出更多优秀的少年儿童作出贡献。我们应当相信，只要播下了良种，不停地耕耘和精心管理，肯定是会获得丰收的！


# 爱心的"摇篮曲"[1]

1983 年 12 月，湖北人民出版社联合广东、湖南、广西和河南五家出版社，联袂推出青年学习与修养系列丛书，其中一本是《在人才成长的摇篮里》，我为该书写了一篇序言，表达了我对"摇篮"一词的青睐。摇篮、摇篮曲、摇篮颂、摇篮诗歌这些美妙的词汇，大都与婴儿或青少年的成长有着密切的关系。在这些词汇中，摇篮曲是最为著名的，它是奥地利作曲家舒伯特（Franz Schubert，1797—1828）的经典名曲。舒伯特是早期浪漫主义音乐家代表人物，也是最后一位古典音乐的巨匠。他年仅 19 岁时就创作的成名之作《摇篮曲》，现在已是家喻户晓的流行歌曲。这是每一位母亲都有过的亲身经历，她们守护在婴儿的摇篮旁边，口里轻轻地唱着这首甜美的歌曲，使婴儿快快地入睡，期盼他们快快健康地成长。

每一个人都经历过摇篮时期的生活，这是他们生命的摇篮，是成长的摇篮。有时候，人们也把接受蒙育的幼儿园、小学、中学、大学，或是成长的环境比喻为摇篮。我以《摇篮曲》这首名曲为题，借以形容冯德全教授

---

[1] 本文为作者 2017 年 4 月 8 日所写的冯德全教授"0 岁方案"评论，载入李骥著《冯德全教育理论与实践》一书。

开创的"0岁方案"。所不同的是,舒伯特的《摇篮曲》是为了使婴儿快快地进入梦乡;而冯德全教授的"0岁方案"则是以爱心唤醒每一个生理发育正常的婴儿所具有的潜在智慧,唤醒每一个儿童的心灵,以及他们童年的梦想——而梦想是成就一个人伟大事业最主要的动因。

教育是什么?古往今来有许多教育家试图回答这个教育哲学问题。最早回答这个问题的是德国哲学家、教育家卡尔·雅斯贝尔斯(Karl Jaspers,1883—1969)。他在《什么是教育》一书中写道:"对于绝对价值和终极真理的虔诚,就是一切教育的本质。"在文献中,也有人认为,教育是精神的成长,是心灵的对话,是人性的呼唤,等等。然而,我认为教育是心智的启蒙,以此来概括教育的本质更为恰贴。教育的作用本来就是启蒙,从愚昧到开化、从不知到知、从知其然到知其所以然进而到知其超然、从守旧到革新、从模仿到创造等,都需要启蒙。启蒙是未完成式,启蒙伴随着教育贯穿在人的一生之中。

冯德全教授是一位从基层成长起来的著名教育家,他是我国幼儿早期教育"0岁方案"的创始人。所谓的"0岁方案",是指0—6岁优教工程及实施方案,是他在长期研究与实践的基础上逐渐形成的。一切创新都源于灵感,而冯德全教授创立"0岁方案"的灵感,则是受到《早期教育与天才》一书的启迪,也是因他儿时在农村所受的"鬼教育"对他的心灵刺伤很深。于是,他发誓不能再让这种愚昧重演,要开启婴幼儿的优质教育,把孩子从保姆的手心里解放出来,从斗室中解放出来,从孤独中解放出来。总之,教育就是解放,解放他们的个性,解放他们的双手,解放他们的大脑!他的这些观点与联合国教科文组织早在30多年以前就提出的"教育即解放"是不谋而合的,此乃天下英雄所见略同耳。

德全教授研究幼儿早期教育始于20世纪70年代末期,是思想解放运动给他带来了研究的活力。在阅读和研究了大量西方早教著作的基础上,他于80年代中期正式提出了"0岁方案"的教育理念,并撰写出《0岁方案》一书。大约在90年代中期,他的幼儿早期教育项目达到了黄金时期。为了传播早教的理念,他创办了函授学校、父母学堂、创办《人才摇篮》杂志,出版《0岁方案》和《早教革命》等著作和光盘,接受早教函授的家长多达百万之众,真可谓是盛况空前!

但是，他研究"0 岁方案"的道路并不是一帆风顺的，像任何新理论和新事物一样，"0 岁方案"也存在争议，甚至受到贬斥。他在原单位长期被边缘化，曾经多次受到打压。这正说明，我国教育改革之所以步履艰难，就是因为我国教育界的保守思想太顽固。虽然推行"0 岁方案"困难重重，但冯德全探索婴幼儿早期教育的初心不改，在这条道路上踽踽笃行了38 年，这种精神令我感动和感佩，我之所以以"爱心的'摇篮曲'"为题写这篇评论，目的就是表达我对他的探索精神的敬意，为他创立的"0 岁方案"而呼吁！

李骥是冯德全教授的学生（他们是两代人），既受到老师学术思想的熏陶，又对耄耋之年的老师多有帮助。出于对师长以及他的学术思想的崇敬，李骥特撰写了《冯德全教育理论与实践》一书。全书共 12 章 18 万余字，比较全面地介绍了冯德全教授幼儿时期的农村生活，以及从小学教师到大学教授的成长经历，也特别详尽地阐述了冯德全"0 岁方案"创立的经过和五大创新理论要点。这本书结构严密，文字叙述生动，材料详实。

我与冯德全教授基本上是同龄人，他比我小两岁，他曾经得过一次重病，虽然得以恢复，但继续研究却力不从心。所幸的是，他的"0 岁方案"后继有人，希望代代相传，让它在婴幼儿早教中发挥重要的作用。


# 爱心在教育世家的传承[1]

2012 年 5 月下旬，武汉大学工学部土建学院范崇仁教授来访，向我赠送了清华大学教授孙复初撰写的《儿子的呼喊》书稿（预印本）。范教授述说了他"来之不易"的经过——他为了打听我的住址，先后向校长办公室、党委组织部询问我的住址，都说不知道。范教授生气地对党委组织部的工作人员发脾气诘问道："刘校长是老党员，你们组织部为什么不知道，那

---

1　本文为作者阅读清华大学教授孙复初《儿子的呼喊》后的感言。

你们管什么?"最后,范教授还是通过离退休干部管理处打听到我的家址。范教授年长于我,他不辞劳苦由工学部走到文理学部,至少要步行一小时。因此,当我拿到这本书,既为复初教授对教育的热爱精神所折服,也为崇仁教授受托的友情所感动。

尽管我的工作很忙,但这本饱含着对慈母的深情和对教育深爱的书,一下子吸引了我,我不得不放下手头上的写作任务,一口气读完这本特别的书。读后的确受益匪浅,而且感慨万端,一股爱的暖流涌上了心头。

首先,通过这本书我了解到了什么是教育世家。我国近现代史上虽然不乏教育世家,但像斯霞校长这样的教育世家尚不多见。1991年9月,第三届全国优秀教育世家评选委员会评定,斯霞、霍撇征等30户榜上有名。所谓教育世家,都是一家三代以上从事教育工作,并在教育工作中有突出的贡献。孙复初教授是全国模范教师斯霞老师的长子,他的祖父在苏南创办了一所百年名校,外祖父(斯霞的父亲)在浙江省创办了一所百年名校,他就是在这两个教育世家的熏陶下成长的。他们三代直系亲属中总共有十多人是大中小学的教师,而且个个是优秀的名师。很显然,如果没有先辈们的垂范,没有他们言传身教的感染,爱的教育的薪火是不可能代代相传的。在这个教育世家中,斯霞校长起到了承上启下的作用,实在是功不可没。我敬仰斯霞老师,我之所以在教育改革征途上跋涉不已,在某种程度上,也是受到斯霞校长精神的感染。

其次,什么叫热爱教育? 没有爱心就没有成功的教育,这是人所共知的道理,但要做到真正热爱教育,并不是一件很简单的事。马小平老师生前曾说:"干教育这一行,如果不十分热爱,干得不愉快,还十分痛苦,那就真正要赶紧改行。"这是一句大实话,是发自肺腑的真言。可是,我们现在当教师的,都要扪心自问:我们到底是把教育当作谋生的手段,还是挚爱的事业?据我观察,真正热爱教育工作的并不是多数,而大多数都是为生存才干教育工作的。否则,为什么体罚学生事件禁而不绝? 为什么对研究生指导不负责任? 为什么把认真搞教学工作看成毁灭自己? 为什么把学生当雇工? 为什么导师与研究生打麻将会有潜规则——导师只能赢不能输?

但是,从《儿子的呼喊》一书中,我看到了一个热爱教育的典范,他就是孙复初教授。他在清华大学教坛辛勤耕耘了近50年,受业于他的清华学子多达一万人。他虽然早已退休,但心中仍然装着教育,牢记慈母的教诲:"你们这些做老师的,要去讲,要去喊,要救救在应试教育下挣扎的孩子们。"于是,他就在搜狐网上写博客,以真实姓名发表对教育的系列看法,至今已发表近280篇评论。这该是多么大的工作量,又需要多么大的毅力啊!如果没有对教育的挚爱,没有洞察入微的观察能力,没有大无畏的精神,就不可能对当今我国教育诸多问题作出那样鞭辟入里的抨击。

再次,呼喊到底有什么作用?应当说,《儿子的呼喊》一书,是发自复初教授心底的声音,这既是他慈母的嘱托,又是他对当今教育的诤言。我十分赞赏"呼喊"一词,对于我国万马齐喑的教育改革来说,非常需要呼喊。因为如今我国教育当局和大多数教育工作者,正如孟子所云"以其昏昏使人昭昭",这实在是我国教育的悲哀呀!我们呼喊的目的,就是进行教育改革的启蒙宣传,把那些仍然置身于教育改革之外的人们唤醒,使他们变得"以其昭昭使人昭昭"。

我与孙复初教授有着同样的使命感,也是在呐喊不止。他说他是一只老杜鹃在啼血,而我也最喜欢宋朝王令的那句诗:"子规夜半欲啼血,不信东风唤不回"。去年9月,我的自传修订版出版,书名就是《拓荒与呐喊》。其意思是,在任职内,我就是一头拓荒牛,埋头不停地开拓、创新;被免职以后,失去了改革的舞台,我就变成了一只杜鹃鸟,昼夜不停地呐喊,希望唤回教育改革的春天。清末,梁启超先生说:"饮冰十年,难凉热血。"然而,我啼血十年,却唤不回春天。

尽管我们在不停地呼喊或是呐喊,但所起的作用有限。为什么?因为能够站出来呐喊的人太少了,我国1200多万教师,哪怕只有百分之一的人出来呼喊,就会汇成一股洪流。民心不可欺,在这样的情况下,教育当局就不可能再装聋作哑了,兴许能够推动我国教育改革,这实乃国家和民族的大幸!

我真诚地希望,《儿子的呼喊》一书尽快正式出版,相信在这本感人至深的著作的影响下,会有更多的教育工作者参加到为教育改革而呼喊的行列中来,并亲自参与教育改革的实践。我希望这一天尽快到来,在我国广阔的教育园地里,开放出绚丽的花朵,结出丰硕的果实!

是为至盼!

附录

# 从大学校长到小学校长[1]

谢　湘[2]


每天鸡鸣时分,住在武汉大学北三区 28 栋 6 号的一位老人就准时起床了。

一辆轿车立即载着他顺着校园的环山公路飞驶而去。

从武汉大学到武汉新世纪外国语学校整整 70 公里。在这条固定的路线上,老人已来来回回奔波了三个春夏秋冬。

他就是今天武汉新世纪外国语学校校长刘道玉。

1981 年 8 月 22 日,48 岁的刘道玉被国务院任命为武汉大学校长。当年全国最年轻的大学校长如今已是年逾 65 岁的老人了。

作为一位改革开放以来中国教育领域具有很高知名度和影响力的改革家,在经历了 20 年风雨沧桑之后,刘道玉最终做了一次大跨度的角色转换:由一所著名大学的校长躬身而成一家民办小学的校长。

"按您的学识、威望,您还是应当去办一所大学,哪怕是当一百人的校长也好,但千万不要去当一所万人的中小学校长。"他的学生纷纷打来电话或跑上门来劝阻他。

可是,刘道玉痴心不改,欣然为之。

60 岁那年,他写过一篇自传《生命六十始》。文中他这样写道:"在教育战线上,我服务了 35 年,从事教育领导工作也有四分之一世纪,自从我被免除大学校长职务以来,总有一种壮志未酬的余憾,仍一往情深地追随着教育改革,并希望有创办一所新型学校的机会,作为进行教育改革的'实验田'!我的事业或新的生命,也许就从这里开始。"

## 恢复高考,邓小平不容置疑地说,就从今年开始

这是一段鲜为人知的故事。

1977 年 8 月 4 日,由国务院召集的一个重要会议——教育与科学工作座谈会在北京召开。这一天,正是小平同志复出工作的第 5 天。

他亲自参与确定人选,在全国范围内邀请了严济慈、苏步青、杨石先等 15 名

---

1　本文原载于 1998 年 12 月 21 日《中国青年报·冰点周刊》。

2　谢湘,先后任《中国青年报》记者部主任、社编委会委员和副社长,中国女记者协会副主席等职。

著名科学家聚会北京。刘道玉作为教育部的代表和中国科学院的吴明瑜一起负责会议的简报工作。

中央调刘道玉到北京来，是准备委以重任的。他很快便被正式任命为教育部党组成员、高教司司长。

当时，历经劫难的中国大地百废待兴，拨乱反正的任务异常艰巨。而同时，"两个凡是"的阴云还密布在神州上空，禁锢着人们的思想。

春天的气息已经扑面而来。老教授们、老科学家们一个个心花怒放，畅所欲言，力陈了"四人帮"给中国教育界、科技界带来的种种危害。

会期总共三天。当会议只剩下最后一天时，一位尚未来得及发言的教授私下急匆匆地找到刘道玉商量："你看看，我想讲的，别人都已经讲过了，我还说点什么好呢？"

"有一个重要的问题还没有人讲，"刘道玉沉吟了一下，提醒他说，"那就是招生问题。希望你明确提出否定'十六字'招生方针（即自愿报名、基层推荐、领导批准、学校复审），建议恢复统一高考。"

这是刘道玉深思熟虑过很久的问题，也是他作为新上任的高教司司长迫切需要解决的问题。

那位教授非常赞同刘的意见。在第二天的会上，他言辞激昂地说："解放前升学要靠钱，解放后的 17 年要靠分，现在靠什么？靠权力。群众有句顺口溜：'学好数理化，不如有个好爸爸！'不推倒'十六字'的招生方针，招生走后门的现象就不可能从根本上杜绝。"

坐在一旁的邓小平，听得非常仔细，频频点头。听完之后，他当即表态，同意恢复高考制度。

"今年恐怕已经来不及了，招生工作会议已经开过了。"在场的教育部负责人感到有些为难。

"那就再召开一次招生工作会嘛，从今年起就恢复统一高考。"邓小平一锤定音。

关乎中国青年前途命运、关乎中国发展未来的一个历史性的重大决定，就在这一瞬间做出了！

在北京工作期间，刘道玉一直住在教育部大楼的办公室里。短短两年时间，他夜以继日，一连参与组织了 24 个全国性会议，如全国综合大学和外语院校教学座谈会、全国高等学校招生工作会议、全国高等学校科研规划会议、教材会议等等，还担任了全国教育工作会议的秘书长。在教育战线拨乱反正的一系列重大历史事件中,刘道玉以他的胆识,自始至终是积极的倡导者和开路先锋。

## 珞珈山,中国高教改革的试验区

曾经有一位英国议员这样问过刘道玉:"一个大学校长对社会的贡献是什么?"

刘道玉回答:"一个大学校长或是一个真正有灵魂的大学校长,应该是用开明的治学思想培养和造就一批杰出人才,报效和建设国家。"

1981年,走上武汉大学校长岗位的刘道玉,是怀着一种沉重的心情开始他的改革之路的。

不久前举办的全国高校科研成果展,一度使他深受刺激,久久难以释怀。

偌大的展览大厅里,北大、清华,还有一些无论历史还是名声都远不及武大的学校,各自提供的科研成果能够摆放很大很大一个展台,唯有武大仅拿出了一项火柴盒大小的发明,展品被搁在一个很不起眼的角落里。走着走着,刘道玉和一起参观的武汉大学的同事都觉得脸上无光,他们不约而同地摘下校徽,悄悄装到口袋里。

回到武大,他立即召集全校科研工作会议,坦率地把自己所看到的、所想到的一切告诉了大家。他的语气显得有些激动:"固然,我们可以把一段时间内学校百花凋零、学术地位下降的问题归之于十年动乱带来的恶果,但是,新时期开始以后,学校怎样才能为四化建设早出人才、快出人才,怎样才能迅速提高教师的科研能力、提高学校的学术地位,是更为重要的问题。我们应该有一种紧迫感,要学习越王勾践,卧薪尝胆,十年深居,十年奋起。"

为了这奋起的一天,刘道玉一方面打开大门,网络百家,另一方面从制度入手,推进改革。

有一个在武大校园内流传甚广的故事。

鄂西山区土家族子弟田贞见,1979年以全县第一名的好成绩,被武大生物系遗传学专业录取。

可是,学生物不是田贞见的兴趣所在。对他来说,与其在实验室里解剖兔子,不如写小说更有意思。他每天脑子里想的、手上写的都是科幻小说。旧的教育体制往往是一榜定终身,校与校之间、专业与专业之间难以再调整。

在痛苦多日以后,田贞见终于鼓足勇气,拿起笔向校长倾诉了自己内心的苦闷。

刘校长没有责备自己的学生,相反却表现出一种特别的理解:"兴趣是成才的重要动力和诱因。没有兴趣的学习是枯燥无味的,是被迫的,是痛苦的,是少有成效的。"

在刘道玉的关心下,这位"不愿当兔子被放在砧板上解剖"的学生,终于被批准转入中文系 1980 级学习。

"一切以学生的成长为出发点,尊重学生志趣,培养创造性人才",可以说是刘道玉教育思想的核心,也是他在教育改革方面最具特色的部分。他认为教育即解放,就是要打破传统思想对人才全面成长的束缚,要强调人的自由发展,要从强调教育的统一性向强调创造性和革新精神转变。

他开始有意识地运用自己的校长权力去推动这种解放,从教学内容到管理体制率先推行了一系列改革措施:学分制、主辅修制、插班生制、导师制、贷学金制、学术假制等等。

学生们呼吸着自由的空气,可以按照自己的意愿和梦想自由设计和编织自己的未来之路,可以自由地选课,自由地转系,自由地组织各种社团、出版各种刊物。学校里赛事不断:写作比赛、英语比赛、书法比赛……中文系一位获全校写作一等奖的新生当年就被送往法国留学。

学校与世界上 100 多所大学建立了学术交流联系,四面八方的新鲜空气可以自由流向这里。

当初有文章评论称:武汉大学是"中国高教改革的试验区"。

没有人能够否认,刘道玉担任武汉大学校长的 8 年,是武汉大学近半个世纪以来知名度最高、综合实力提高最快的时期。

鉴于刘道玉在教育和文化交流方面的突出贡献,1985 年法国总统密特朗授予他最高荣誉勋章,1987 年他获得日本东洋哲学学术研究奖章,1993 年获英国剑桥名人中心 20 世纪勋章。

事实上,对于旧体制的每一点突破,都是思想解放的结果,都伴随着无数的曲折与艰辛。

为了让更多的人才脱颖而出,刘道玉的眼光不仅停留在在校生身上,还扩大到那些非重点大学中出类拔萃的学生以及社会上自学成才并有突出建树的青年,考虑吸纳他们到武汉大学来,给予深造的机会。

刘道玉回忆说:"1983 年 9 月,我将一份申办插班生制度的报告送到了教育部,时隔半年,没有回音。我亲自跑到部里去汇报,但得到的答复是,'此事无先例,待研究后再答复你们'。这一等又是 3 个月。不得已,我再次进京。我向部领导阐述道,改革就是做前人没有做过的事,应当允许失败。何况试行插班生制度并不一定会失败,难道统招的大学生个个都能成才吗? 领导觉得我的话有道理,表示同意,但还要通过国家计委批准。我趁热打铁,径直找到国家计委。计委教育司司长李昌龙是一位热心快肠的四川人,他当即表态说:'愚公可以感动上帝,你刘校长的改革精神也会感动我们嘛!'结果当年就拨给武汉大学 90 个国家计划分配指标。一项崭新的改革之举,才终于得以实行。"

用今天的眼光来看刘道玉当年的改革,应该说,他那关注未来的目光使他较早地具有了某种市场意识,把学生视作学校的"主体",一切改革都紧紧围绕提高"主体"的质量和竞争力来进行、来体现。

### 改革需要舞台,如果没有就自己创造一个

尽管有人曾把刘道玉的改革探索称之为"温和的改革",但也没有避免"他的一切荣誉和麻烦都因改革而来"。

1988 年春天,武汉大学校园里,上上下下都在传说一个爆炸性新闻:刘道玉下台了!

3 月 6 日下午武汉大学中层干部会上,国家教委干部局负责人奉命宣布免去刘道玉校长职务,任命一位实际年龄比刘大 4 岁的副校长为武汉大学校长。对此,刘道玉事先基本上一无所知,没有人跟他谈过话,也没有人给他打过招呼。

他想把武汉大学搞成一个高教改革特区的想法和实验就这样被终止了。

从叱咤风云的改革战场上退了下来,刘道玉重新回到他在化学系的实验室,重新回到他那个极为朴素的家。

有人跑出来谋划策,认为他有三条路好走,一是下海,刘道玉不干,"这既非我所长,更非我所愿";二是潜心转作纯学术研究,刘道玉也不以为然,虽然他有金属化学教授的专业背景,但让他埋头书斋,不问世事,他觉得这样对国家对民族没有什么实际意义;三是复出。这年 8 月,国家教委主任李铁映邀他到北戴河谈话,告诉他可以去北京,也可以去沿海城市,去驻外使馆也可以;海南省委书记许世杰热情邀请他出任海南省副省长兼海南大学校长;另外,厦门大学、暨南大学,甚至准备新办的北海联合大学纷纷邀请他去主持校务,但他最终都以各种理由回绝了。

刘道玉认为:"一个人可以失去改革的舞台,但不能失去对改革的追求,对于一个强者来说,完全可以凭借自己的力量重新创造一个新的舞台。"

在不长的时间里,乐观、豁达的刘道玉重新安排了自己工作、生活的三个方向。

家中那间仅有六七平方米大小的书房,墙壁已经斑驳脱皮。

自从下台这一年的 8 月开始,每天晚上看完新闻联播以后,刘道玉便准点走进书房,打开台灯,开始伏案读书写作。免职十年,在这间斗室里,他完成了自己第一本有关创造教育学的专著《知识·智力·创造力——谈创造教育》,以后又陆续出版了《创业与人生设计》《爱的学校——武汉新世纪外国语学校教改纪实》等书。

书房虽小,却并不妨碍刘道玉情系改革,他在这里写出并发表了一系列思考性文章:

——关于创办中国实验大学的若干思考;

——关于长江流域教育改革与发展的思考;

——关于民办教育若干问题的思考;

……

他甚至还去投稿参赛,他的《我看素质教育》一文获得光明日报"素质教育与创造力培养"征文比赛的一等奖。

中外教育历史上,许多思想家、教育家在推行他们先进的教育思想时,大多创办过以改革为特点的实验学校。像古希腊哲学家柏拉图创办了柏拉图学园,捷克的夸美纽斯创办了"夸美纽斯实验学校",我国近代著名的教育家陶行知创办了南京的"晓庄师范"……刘道玉仰慕先贤,渴望一个舞台、一个载体来实践他今天的教育理想。

1994 年 3 月 8 日,由刘道玉担任会长的"路石教育改革基金会"在武汉成立了。"路石"的名字,是刘道玉自己选定的。他想借"路石"之意,表达一种强烈愿望:为了教育改革、为了跨世纪创造性人才的培养,甘愿继续做一颗小小的铺路石。

一年以后,一座新的改革舞台——武汉市新世纪外国语学校诞生了。刘道玉亲自出任校长。

改革开放 20 年了,当初提倡"恢复高考"制度的建议者万万没有想到,中国教育的大一统局面仍然没有太大的改变,基础教育在"高考指挥棒"的引导下,路会越走越窄,钻进了"应试教育"的怪圈。身为一个老教育家,刘道玉非常痛惜地说:"看到可爱的孩子们在重压下,性格受到压抑,心灵受到扭曲,我真是打心里同情他们!"

"中国教育的问题很多,重要的不是坐而论道,怨天尤人,而是要身体力行、身先士卒。创办和具体运作新世纪外国语学校,就是我身先士卒、继续进行教育改革的一个尝试。"

## 千教万教教做成功的人　千学万学学做成功的人

"我天生与众不同，我敢说我不像世界上任何人。"

1995 年 9 月 11 日，在新学校开学典礼的致辞中，年逾 60 的刘道玉激情满怀地引用了 17 世纪法国启蒙思想家卢梭的这句名言。

办学之初，刘道玉的思路就非常明确：坚决打破"千校一格、万人一面"的办学模式，办一所有特色的新型学校；通过对中小学基础教育的了解和实践，考察中国教育的全过程；针对"应试教育"的弊端，尝试"成功教育"。新型学校的任务是：塑造国民优根性、开发创造性智力、培养跨世纪人才。改革的参照系是 21 世纪。

新世纪外国语学校办学理念上的确表现了许多与众不同的鲜明特色：

中国学生普遍有两大弱点，一是读死书，不动手；二是不合群，缺乏团队精神。这反映出中国的传统教育是忽视"技"和"群"的。刘道玉认为，一个教育方针，不能只是一个空洞的口号，而应该针对我国青少年的弱点，有针对性地施教，优化国民素质。他提出"坚持德、智、技、群、体、美六育并重"的办学方针，具有一定的超前性。

学校追求的是成功教育，其教与学的目的是：千教万教教做成功的人，千学万学学做成功的人。

学校培养的目标是创造性的人才。学校按照创造教育原则，培养青少年的个性、创造思维能力和创造性的实践能力。在打好文理基础知识的前提下，强化英语，熟练地掌握现代电子技术，大力开展科技发明制作活动，为培养 21 世纪人才打基础。

学校提出的校训：博爱、博学、乐教、乐学、自立、自强、创新、创业。

学校倡导的校风：科学民主、团结友爱、合作竞争、开拓创新。

校训、校风都独具一格，不与人同，与国际教育改革的大趋势相一致。

这些特点和特色在学生和学生家长那里感受得更具体、更真切。

一位名叫凯凯的新生，刚到学校不到两个月，就被选拔参加了武汉市江岸区航海模型比赛。孩子心灵手巧，以优异的成绩获得全区第一名，为创办不到两个月的新世纪外国语学校拿回了第一块奖牌。

谁也没有想到，在第一次期中考试的时候，他的数学竟然没有及格。

孩子的家长为此忧心忡忡，压力很大。

这天，孩子的妈妈意外收到了刘校长的一封亲笔信，内容都是关于凯凯的学习和培养问题。

刘校长在信中告诉她,为了摸清问题的症结,他特意询问过凯凯的数学老师和班主任,据老师们介绍说,孩子的智力并不差,主要的问题是思想不集中。据观察,该生在做作业和考试时,如果有老师站在旁边,他往往都能做对,如果没有老师在场,他老是出错误。

刘校长分析说,看来,他的思想不集中和考试时必须有老师在场有一定关联性,由于他心理素质脆弱,不能控制思想分散,只能借助于老师的权威来保持思想集中。问题基本找到了,刘校长亲自开了个处方,"依我看,这个处方就是加强'二气二力'的锻炼,即志气、勇气和毅力、耐力。具体做法,可适当参加一些大运动量的体育活动和轻松愉快的文艺活动,多与同学交往,逐步克服他偏内向的性格。只要持之以恒,必有收获"。

至于凯凯的海模竞赛第一名的成绩与他的数学考试不及格形成的强烈反差,"这是一个很有趣的问题,又是值得研究和深思的问题,"刘道玉说,"其实,这个现象不仅在你们儿子身上表现出来,在国内外也有不少这样的事例。"

刘道玉表明自己的看法:"考试成绩与学生的才智并不完全是一回事。问题在于,我们用什么标准衡量人才?我们如何培养富有创造性的人才?实际上,这些问题正是我们要通过改革解决的问题,要制订一个综合考评学生素质的标准,以代替单纯以分数作为考评学生的唯一标准,不至于压抑和埋没那些有创造性的孩子。"最后,刘道玉再三恳切地说:"你们不应过多地责备孩子,也不应当对他丧失信心。你们应该相信我们办学的诚意,相信我们科学的教育方法,问题在于要有耐心,要互相配合,今后我将把凯凯继续作为跟踪研究的对象,希望我们密切配合,共同担负起对他的培养任务。"

一个普通的家长,第一次听到这样丰富的教育学、心理学的知识,而且这些能说服人的道理都是由校长亲口讲出来的,凯凯的妈妈放心了,她愿意让孩子继续留在新世纪学校学习。

这只是刘道玉写给许多家长的信中的一封。他要求各班班主任要和家长保持密切的联系,每半个月必须给家长写一封信,全面介绍学生的情况。

最好的教育常常是"润物细无声"。

学校根据"因材施教"的观点,对英语、数学等课程均采取了"异步教学"的办法,同年级的学生可以按照不同的成绩分成 A、B、C 三个小班。授课采取异步教案、异步讲授、异步辅导、异步考核,让每一个孩子天天都能品尝到成功的感觉,从而大大提高了学生的学习兴趣和学习成绩。

刘道玉深深感到,中国教育现在面临的问题很多,涉及教育的观念、教育制度以及教育政策，要真正完成教育改革的使命，还任重而道远。

早在好几年前，刘道玉就开始凭栏远眺 21 世纪的曙光了。

他清楚地看到：21 世纪将是一个由"制造"向"创造"转变的时代。在基础教育中推广创造教育，培养青少年创造性的个性、创造性的思维能力、创造性的实践能力，是教育面向 21 世纪的重要使命。

他正在为这个辉煌时刻的到来而奋斗。

# 刘道玉：永远的校长[1]

陈　俊　张真宇[2]

## 从留苏到赴京：从"反修战士"到高教司司长

还在上大学之前，我就知道了刘道玉的名字。

这名字在当时多少有点传奇色彩。

二十世纪六十年代初，刘道玉作为武汉大学化学系高材生赴苏联留学，攻读副博士学位。留苏期间，他被推选为苏联科学院中国留学生会主席。当时，正值中苏关系交恶。一次，全苏工会为庆祝"五一"国际劳动节举行招待会，刘道玉上台演讲，讲什么呢？讲了苏联反华的种种恶行，并呼吁苏方取消对中国留学生的新闻封锁。结果全场大哗。刘道玉很快被苏联外交部宣布为"不受欢迎的人"驱逐回国。年轻的留学生刘道玉一时成为新闻人物，他的名字在国内大小报纸上不胫而走。一九六二年七月一日，在首都机场，各界群众数千人伫立在烈日下迎候包括刘道玉在内的五位"反修战士"归来。迎接他们的中央领导说，修正主义不欢迎你们，党中央欢迎你们！人民欢迎你们！

一九六二年七月三日，周恩来总理在人民大会堂接见了刘道玉一行五人。周恩来说："鉴于你学的专业与国防有关，我建议你到军事科学研究院工作，你愿意吗？刘道玉似乎早有思想准备，他说："谢谢总理的关怀，我是武大培养的，还是想回去报效母校。"

母校，对于刘道玉来说，也许真的是一个难以逾越的情结，他在教育领域的开拓性贡献，他对教育事业的一往情深、九死不悔以及伴随着他的种种困扰，都和母校的名字紧紧地连在一起。直到他屡屡辞去"加官进爵"的诱惑，他所情有独钟的，还是教育科研和教育改革。

就这样，一九六二年八月，刘道玉载誉而归，成为武汉大学化学系的一名讲师，并担任一个科研组的组长。他的专业是金属有机化学。

---

1　本文原载于《黄河・黄土・黄种人》1996 年第 6 期。
2　陈俊，女，武汉市艺术创作研究中心专业编剧，正高一级职称。张真宇，男，《黄河・黄土・黄种人》杂志编审。自 2000 年以后，报刊和网络上频频出现"刘道玉——永远的校长"的说法，实际上这一特殊专用语均源自陈俊和张真宇二人的这篇专访报道。

然而天有不测风云。当一九六六年四月刘道玉被任命为武汉大学副教务长时，"文化大革命"已经是山雨欲来风满楼了。尽管刘道玉执意要做一名科学家而不是行政领导，但他在接踵而来的政治风浪中还是被指定为"教改组长"，接着就被打成"苏修特务""反革命分子"……生活好像被一只突如其来的魔手随意拨动着，刘道玉身不由己地在漩涡中沉浮：黑牢与钢鞭、老虎凳与 30 多公斤重的黑牌……种种折磨使刘道玉在内心深处开始对"十七年教育"进行深刻反省，结果得出与"文革"完全相反的结论。多少年以后，当刘道玉终于把"博爱"作为他亲手创办的武汉新世纪外国语学校校训时，其中已经包含着建设与批判的双重力量了。

　　由于刘道玉在教育界的特殊地位，"文革"后期，他被"工宣队""军宣队"解放，以中共十大代表、中共湖北省委委员及武汉大学党委副书记的身份迎来了新时期，并于一九七七年四月赴京参与筹备粉碎四人帮后第一次全国教育工作会议。在京期间，刘道玉被任命为教育部党组成员、高教司司长。

　　尽管刘道玉反复申明"不愿当官，尤其不愿当京官"，但在一个百废待兴的年代，他仍然以一个知识分子独特的风姿参与了拨乱反正的工作。可以说，当中国教育面临在一片废墟上重建的关键时刻，刘道玉以自己的良知、经验和才华，推动了一个划时代转机的到来。

## 大时代的到来：邓小平说，从今年就恢复统一高考

　　一九七七年的中国，尽管"四人帮"已沦为阶下囚，"文化大革命"也已宣布结束，但"两个凡是"（一九七七年二月七日中央两报一刊社论称："凡是毛主席做出的决策，我们都坚决维护；凡是毛主席的指示，我们都始终不逾地遵循。"简称"两个凡是"——编者注）的阴云仍然笼罩着大地。在作为"重灾区"的教育与科技领域，一道道清规戒律的"紧箍咒"仍然束缚着人们的思想。在当时的教育部党组，只有刘道玉一人有在大学从事教学和科研工作的经历，因此凡涉及高教方面拨乱反正的工作，就全压在了他一人身上，公务浩繁，且如履薄冰。

　　一九七七年六月底，教育部党组召开会议，刘道玉做了一个闯禁区的大胆发言。他说："四人帮"被粉碎了，中国教育面临起死回生的转机，但广大教师仍然心有余悸，因为有"两个基本估计"（一九七〇年"全国教育工作会议纪要"认为：文革前十七年教育战线基本上是修正主义路线占统治地位，十七年培养的知识分子的世界观基本上是资产阶级的，简称为"两个基本估计"——编者注）。"两个基本估计"不推翻，就不可能调动广大知识分子的积极性，拨乱反正也不可能见成效。

　　否定"两个基本估计"，这在今天看来也许只是思想解放运动的一小步，历史

却在这一小步上放下了重重的砝码。因为"两个基本估计"是以中央文件的方式，由毛泽东亲自圈阅的。刘道玉的讲话，代表了在十年浩劫中饱受摧残的全国广大教师和知识分子的心声。

刘道玉回忆说：邓小平复出后，首先治理遭受"四人帮"破坏最为严重的教育与科技领域。一九七七年八月四日，邓小平在京召开了教育与科技工作座谈会，与会的有来自高等学校和科学院的各十五位著名科学家。我作为教育部的一名代表，与科学院的吴明瑜同志一起负责座谈会和简报工作。会议开到最后一天，有一位教授尚未发言，他对我说："我要讲的，别人都讲了，你看我讲点什么好呢？"这时候我意识到时机成熟了，就建议道："还有一个问题没有人讲，那就是招生问题，希望你明确提出否定'十六字'招生方针（即自愿报名，基层推荐，领导批准，学校复审。——编者注），恢复统一高考。"他同意了。在第二天的会上他言词激烈地说："解放前升学靠钱，'十七年'靠分数，现在靠权力。广大群众反映说：'学好数理化，不如有个好爸爸。'不推倒'十六字'招生方针，招生走后门现象就不能杜绝。"邓小平当即表态，同意恢复高考制度。但是，当时的教育部负责人却说："今年来不及了，招生工作会议已开过了。"邓小平不容置疑地说："再召开一个招生工作会议嘛。从今年就恢复统一高考。"于是，会后立即召开新的招生工作会议，紧张地开展统考的准备工作，招收了粉碎"四人帮"后第一届统考的大学生。

这就是中国教育走过的历程。邓小平以他特有的"铁腕"方式将教育推上正轨。在"文革"模式尚未全面终止的历史背景下，这一步骤的运作，凝结着包括刘道玉在内的教育家们为国分忧的苦心。

改革之轮一旦启动，即势如破竹、不可阻挡。一九七七年八月中旬，由刘道玉建议召开的全国部分综合大学教育工作会议在北戴河开幕，并形成了一个不仅对当时而且至今仍有指导意义的"座谈纪要"。"纪要"颁发后引起强烈反响，对于教育界的拨乱反正起到了至关重要的作用。一九七八年四月二十二日至五月十六日，筹备长达一年的全国教育工作会议在京召开，被"文革"扰乱十年之久的中国教育从此进入大规模深层次恢复秩序时期，为中国现代化建设输送了源源不断的人才。

这个在中国当代史上具有里程碑意义的全国教育工作会议的秘书长，就是本文主人公刘道玉。显然，在决定新时期教育的重大历史事件中，刘道玉不仅是一位参与者和见证人，也是一位举足轻重的策划者和推动者。

**国家计委有关负责人表示:"愚公可以感动上帝,你刘校长的改革精神,也可以感动我们嘛!"**

也许仍是由于那种挥之不去的"母校情结",也许由于骨子里的学者追求,刘道玉在教育部借调二年之后,再次回到珞珈山下,准备重操旧业,并着手建立了自己的化学实验室。这一时期刘道玉的职务是:武汉大学党委副书记兼副校长、武汉大学"过渡金属有机化合物的合成、结构和性能的研究"课题组组长。由于责任心、使命感以及开拓性使然,实际上他是在教学科研、教育行政以及高校改革三条战线上艰苦地拼搏着。这三条红线贯穿着他最辉煌丰盛的年华。尤其一九八一年,刘道玉被国务院任命为武汉大学校长以后,酝酿已久的改革方案得以出台。在他的主持下,武汉大学成为全国高校改革的"前沿阵地",创造了一系列科学的管理制度:如补救学年制同步教学缺陷、因人施教、灵活组合的学分制、主辅修制;另如鼓励教师多出成果,使教师不仅仅是"放电",还能得以"充电"的学术假制;救助并使贫困学生加压负重、发奋拼搏的贷学金制度;还有旨在实现教书育人功能的导师制以及教育史上独一无二的插班生制度。

正由于这些制度的推行,使得武汉大学在八十年代被誉为"高校领域的深圳";许多学生凭高考成绩可以上北大、清华,但冲着刘道玉的名声,他们几乎毫不犹豫地报考了武汉大学。刘道玉任校长的八年间,是武大近半个世纪以来知名度最高的时期,其综合实力跃入重点综合大学前几名。

从今天看来,对教育改革来说,最具有实质意义的是学分制、主辅修制;最具有爱心和战略眼光的是学术假制、贷学金制;而最具有创新意义和实验意义的则是插班生制度。

所谓插班生制度,就是把那些非重点大学中出类拔萃的学生,以及社会上相当于大学二年级水平并有突出建树的青年,通过考试吸收到重点大学里来,以产生"嫁接""杂交"和"优生"的效果。

对于旧体制的每一项突破,都必须克服传统的惰性并承担改革的风险,其艰辛可想而知。例如插班生制度的申办过程,刘道玉这样回忆说:一九八三年九月,一份申办插班生制度的报告送到了教育部,半年过去了仍没有音讯。我亲自到教育部去汇报,但得到的答复是:"此事无先例,待研究后答复你们"。一等又是三个月,不得已再次进京。我阐述道:"改革就是做前人未做过的事,应当允许失败。何况试行插班生制度并不一定会失败,难道统招的大学生个个都能成为人才吗?"教育部的负责人也觉得有道理,表示同意,但还需国家计委批准。我趁热打铁,径直找到国家计委,李昌龙司长很客气地接待了我。他操着四川口音说:"愚公可以感动上帝,你刘校长的改革精神,也会感动我们嘛!我同意实验,招收的插班生纳入国家分配计划。"真是好事多磨呀!一个崭新的改革举措,在经过一年多的反复争取之后,终于获得了批准。

这会儿,刘道玉早已从大学校长职位上卸任,但在这些新的教学制度下成长起来的大学生,却已遍及大江南北;武汉大学的许多教学实验,也已在其他大学开花结果,并产生出难以估量的综合效益。

### 田贞见的故事:别让我做兔子好吗?

一九八三年,《中国青年报》在醒目的位置发表了一篇通讯《不爱上课的学生》,由此在高校中引发了一场全国性的大讨论。这个所谓"不爱上课的学生"叫田贞见,鄂西山区土家族子弟,一九七九年以全县第一的总成绩考入武大。

田贞见现在叫"田天",已经是武汉《少年文学报》的主编了,还出版过六本文学专著。可是他入学的头二年,却是武汉大学生物系遗传学专业的学生。其实学生物并不是田贞见的志趣所在。田贞见担任生物系团总支宣传委员,发起创办了全校第一个理科学生刊物《生物天地》。但他发表的却尽是所谓的科幻小说。对于他来说,在实验室解剖兔子不如写小说更有意思。可是按照惯例,文科与理科却隔着一道难以逾越的鸿沟。

田贞见于是写了一封信给刘道玉校长。他在信中举了解剖兔子的例子。他写道:当我用注射器给活蹦乱跳的兔子注射空气时,我觉得我就是那只挣扎的兔子。我不忍心面对兔子绝望的眼睛。他请求刘校长:不让我做兔子,好吗?

结果,这位"不爱上课的学生"被批准转入中文系学习。

至今,田天仍记得刘校长说的:创造教育的一个重要特点,就是尊重学习志趣。兴趣是成才的重要动力和诱因。没有兴趣的学习是枯燥无味的,是被迫的、是痛苦的,因此是少有成效的。

田贞见不过是武大千万学生中极其普通的一个,他也只是受到刘校长关怀的学生之一。这种根据学生兴趣爱好和特长允许转系的举措,体现了教育者的爱心和战略眼光,这是刘道玉教育思想取得成功的一个重要因素。

### 一生中五次辞官:刘道玉说,我剩余的生命仍属于教育

尽管刘道玉内心对"做官"有着深深的拒斥,但在人们眼里,他有时却着实"官运亨通":三十三岁出任大学副教务长;四十四岁出任高教司司长;四十八岁

成为全国最年轻的大学校长——一九八一年八月二十二日《人民日报》头版转发新华社电讯称：这是我国解放后自己培养的大学生中第一位担任大学校长的人。

刘道玉辞官的故事曾被人们传为美谈。中共湖北省委副书记、团中央书记、武汉市市长、海南省副省长……都被他用同一个理由婉拒：我爱教育，离不开教育。一九八三年那次，刘道玉坚辞不受的态度打动了中共中央总书记胡耀邦，他说："既然他不愿搞，就不要为难他了，现在高等教育也十分缺少干部，他有志于高教改革，就请他留在大学搞吧！"

是的，在一个"官本位"传统根深蒂固的古老国家，能够在官位和权势面前毫不动心，这是一种何等的人格！

那么大学校长就不是官吗？是的，在有些人眼里，这也许不是一个令人垂涎的"高干"职务！但在教育家刘道玉眼里，它却从来都不是官职，而只是一种义务。他说："我热爱教育，热爱青年，崇尚改革，因此愿意为它作出牺牲。"

今天，离开大学校长岗位业已八年的刘道玉又进入了一个新的领域，那就是中小学教育。他于去年创办的私立武汉新世纪外国语学校，以创造教育、成功教育和博爱教育为宗旨，已经招收了来自全国各地的五百多名中小学生。在汉口谌家矶一个绿树环抱的郊野，展现在笔者面前的，是一所集"中、小"全程教育于一体的新型学校的雏形，尽管建校才一年多，却呈现出一种宏大逼人的气象。这是刘道玉为自己设计的一个新的人生舞台，一块延续他毕生追求的"教育实验田"。刘道玉宣称：他所继承的，是从"柏拉图学园"到陶行知的"晓庄师范"这一古今中外实验教育的丰富遗产；他所瞄准的，是二十一世纪教育的新格局；他的目标，是培养新世纪所需要的新型人才。而这一切，在旧的教育体制中是难以预期的。

一九九三年，鉴于刘道玉在教育领域对二十世纪的卓越贡献，具有世界权威的英国国际名人传记中心授予他二十世纪功勋奖章。通过我眼前的这所学校，通过在一种新体制下受教育的男女学生，历经沧桑的刘道玉，把他的生命和理想延伸向未来世纪的纵深时空……

未来的人们还会说，这是我们的校长，永远的校长！

# 注视着那个最亮的火炬

——访刘道玉[1]

石熙和[2]

他过去是名牌大学校长。他年轻时就崇拜蔡元培、陶行知,认为教育的根本所在是"博爱"。60岁才起步,创办民营教育,从娃娃抓起。他自称是"教育救国论者"和"教育危机论者",所以,在他的民办学校里有一座新铸的"警钟",重1.1吨……

他过去是武汉大学的校长,现在是一家民办学校的创办人,该怎么称呼他呢?我有点踌躇。

好在有几本杂志要送他,我便在封皮上端端正正地写上"赠:刘道玉先生"。

他放下手里的纸笔,不定是什么要紧的活儿——和我握手并递给我一瓶矿泉水:"喝点水。天热,这么远你来一趟不容易。我们,就谈谈吧?"于是不讲客气,我直接提问得了。

## 三番两次为哪般

60年代初中苏交恶,刘道玉于1963年被迫中断留苏学习回国。为了表示抗议,北京举行了万人大会欢迎被逐留学生。其中刘道玉是留苏学生会主席,大约"反修"的立场坚定,是被照会"限48小时离境"的。所以陈毅副总理兼外长亲自到首都机场迎接,周总理在人民大会堂亲切接见、握手拥抱。

此前刘道玉在苏联科学院元素有机化学研究所攻读副博士。凡事通晓几分的周总理便要他留北京,到"军事科学院"工作。

"如果当时答应了,恐怕至今是一身戎装,或肩缀将星,过一辈子'戎马生涯'啦!"

"可是我对周总理说我要回武大,我得对母校有所报答。"这事轻飘飘地就过去了。

不过,婉拒周总理岂不有点傻?

1977年刘道玉奉命到教育部协助工作,并接受教育部党组成员兼高等教育司司长的任命。那会儿也是要留他,明摆着的部长人选,可刘先生硬把工作关系留

---

1  本文原载于《良友》1997年第12期。

2  采访记者石熙和是高级编审。

在武大,没去。

1983 年 2 月,中央驻湖北联络小组找刘道玉谈话,传达中央任命他为武汉市市长的决定。他还不满 50 岁,给谁掂掂也觉得那是"适逢其遇""福星高照"了,可刘先生说"可以做市长的人很多,大学也要人……"为这事他甚至准备到中央去"恳切陈词",此事惊动胡耀邦发话,生生把个市长的官儿搅"黄"了。

他要干嘛?

## 千千心结系教育

"他要干嘛?"回答有二:第一是志向,叫"矢志教育无怨无悔";第二是见解,说"官职的大小≠贡献的大小"。

刘道玉矢志教育蓄之既久。自幼在私塾领教过戒尺掌手,新学堂里也尝过教鞭敲脑袋;初高中虽然跨过新旧两个社会,然而整个亲历亲受只让他觉得读书是苦行,有时简直是受罪。稍大一点竟有了这样的概念:教育的实际与人才成长好像根本不一致。

比及年长,知道有蔡元培、陶行知等老一辈杰出的教育家,于是豁然见亮倾慕拜服,并且见贤思齐立定志向,决计学成之后发轫于教育报国,特别以革除教育弊端为己任。

我问他:在教育部长的位置上不是更有利于实现您的教育主张吗?他浅浅一笑:"不能,那至多只能当个好官,不能潜心教育实践。"

在他创办的"树人学园"里,的确有着一种比较独特的理念与实践,叫作"全程管理",学生的吃、住、学、玩、做都是施教课题。说"课题",是说他们既是施教对象又是考察研究对象。所以,同小学生一起升国旗要做文章,同小学生比赛竞走、打羽毛球、交谈也要做文章;解决学生挑食厌食要做文章,为年幼学生想爹想妈也要做文章。文章不旨高深、不尚学究气,都是教育者的自觉选题,是爱心和理想的驱动,又是科学、民主精神的体现。

关键在于,学生作为人才成长的"点的轨迹"可尽收眼底,唯其如此方能"因人施教"。

总之,对刘道玉来说,俯仰盼顾都是教育课题,如同刘麦,一捞一大把。

总之,当教育部长不可能做这样的事。

## 最要爱护创造力

中国人聪明。中国人对人类的文明进步曾经有过巨大的贡献,然后是好多世纪的沉寂。中国没有现代科技的奠基人,没有大发明家。中国人虽然曾经备受西方侵略,但当今中国人的现代物质生活、现代科学观念,没有一样不是来自西方。这是个痛苦的问题。为什么?刘先生以为是教育落后或首先应该警醒于教育。"百年大计教育为本,不错,我更以为'治国之道教育为本'!"

刘道玉可能对很多人讲过以上的话。

科技领先与否事关教育,对此刘先生有自己的比较观。他出访过英、法、加拿大和日本,考察的都是教育。很自然,他要与留苏的体验进行比较,感觉没有太大差别。那时苏联在科教领域是相当宽松自由的,科学民主的气氛浓厚。他不仅庆幸自己接受过最先进的教育,更重视那种教育体验,从而坚定了一个信念:教育旨在开发人的创造力,教育最直接的目的是培养成功的人。

基于这个信念,他提出了"全程教育"的主张。他认为人的创造力具有原发性,人在幼年就有强烈的反映。小孩子"少见多怪""异想天开""爱表现"最应该受到爱护,因为那就是爱护创造力。所谓"全程教育"就是全过程的教育,使受教育者的创造力从小就得到科学的、良好的保护,同时不断地为创造力提供最好的发育条件和机会,直到创造力完全有可能充分实现而致用于社会。

"但我们的教育是叫孩子听话,做乖孩子,考高分。结果把孩子弄得很苦,厌学情绪极为严重。很多有识之士也看出了毛病,可是没有措施,或者软脚软手没有得力措施。"

"不能无视'少见多怪',无怪就没有奇想、没有创新。所以少见多怪就是学习的积极性,是成材的动力。更不能压制'爱表现'的孩子,不然就是扼杀创造力!"

现在提出摒弃"应试教育",推行"素质教育",真是中华民族发展进步的万世福祉,然而刘道玉先生可谓先声夺人,率先厉行了。

### 教育必然是解放

"人类的历史,是一个不断地从必然王国走向自由王国的历史……"毛主席这段话首见于周总理的政府工作报告。由"必然"走向"自由",真乃字字千金,几乎不啻一部简约的解放宣言!

"教育能够是,而且必然是一种解放。"联合国教科文组织的观点简直就是这个"解放宣言"的应和唱酬!这并不奇怪,真理往往从多视角得到契合。刘道玉先生非常赞赏这些观点。在他的有关论述中,对"教育即解放"作了两个层面的解析:第一是它的本意,即教育必定是开发人的创造力;第二则是教育观的更新和教育制度的变革。他认为第一是基本点或立足点,第二是着力点。

在他看来,教育实践如同科研实践,也要不断地逼近真理,也是一个从必然走向自由的过程;因此,首先应当获得解放的是教育者自己。

对此,他有着长时间的观察与思考。

他以为应该指出,教育者不懂教育的现象十分严重,教育的解放功能,首先是开发创造力的功能长期以来被忽视了。

所以他觉得对教育应赋予新的诠释:"所谓教,是外施于内,强调外因,主要是教者作用;所谓育,可理解为发育、生成,强调内因,主要是受教者作用。两者作用合而为一即是教育。"

之所以提出这样一种释义,是因为教育在认识论上存在着严重偏误。论"教"者多矣论"育"者少焉,以致在实践上偏重教者作用而不注重甚至无视受教者的作用,这是一个极大的谬误,是种种教育弊端的主要根源……

为如此重大的命题殚精竭虑、敏见勇为,对一位64岁的人来说未免苛重,然而"教育即解放"又是多么富于魅力,多么令人向往!

## 躬耕一方"实验田"

笔者不是教育的取经人,但是,对一位满腹经纶的学者,不了解他的思想又能了解什么呢? 刘道玉先生就是某种新教育思想的人格化,写他这个人就是写他的思想。

不过,还是让我们从他的"思想"中"解放"一下,浏览一下他的"实验田"吧。

那是他创办的新世纪外国语学校。

这个学校坐落在汉口北郊谌家矶"树人学园",占地2400亩,总建筑面积4000㎡,总投资为人民币1亿元。

校园分教学区、运动区、生活区和校内植物教育基地。

所授外语主要是英语,如果需要,也可开设俄、日等语种。实行六三三学制——从小学到高中。

人们习惯地把这类学校称作"私立学校",而刘先生认为他的学校是"民办学校",因为资金来源是贷款和收取的学费,并非个人掏腰包。

他反对"封闭式教学"的说法,实行寄宿制只是为了"全程管理"。而教学本身不仅不应封闭,还要比一般学校更开放,学生的自主意识可以得到更健全的维护和尊重。

他不同意"半军事化"的做法,认为军事化有明确的意义,而"半军事化"不知为何物。学校就是学校,不能任意涂抹,弄得不伦不类。

他更反对"贵族学校"一说,甚至也反对这样借代比附。

他认为在政策允许之下的自主办学，当然要办得有特色，而所谓特色绝不是"设备一流""阵容强大"等等。特色在于办学的文化理念，在于办学的指导思想。"可以这样武断地说，没有独特的办学思想，就没有学校的特色。"

在他的"实验田"里，将来要开什么"花"结什么"果"，取决于怎样耕耘和改良"土壤"，刘先生的确进行了缜密的"耕作"。

## 博爱育苗盼成荫

既然有了"耕耘"，自然要有"养料"，这个"养料"就是博爱。刘先生的博爱，首先是针对"偏爱"提出来的。他觉得传统教育长期以来滋生了一种"痼疾"，那就是偏爱。偏爱有三：爱优秀生不爱"差生"（他坚决反对"差生"的提法）、爱听话学生不爱调皮学生、爱漂亮学生不爱丑学生。其实，"差生"、调皮生和丑学生更需要爱，更希望得到关怀！

"人民教育家陶行知告诫说：'你这糊涂的先生，在你的教鞭下有瓦特，你的冷眼里有牛顿，你的讥笑中有爱迪生。'"刘道玉警言：如同水可载舟也可覆舟，教育可以培养人才也可以扼杀人才。

刘道玉郑重地说，长期以来，"博爱"被当作资产阶级的东西看待，仿佛它是资产阶级的"专利"。我们支援"老少边穷"不讲它，支援水旱灾区不讲它，学生"手拉手"活动也不讲它；战战兢兢说"爱"，轻轻悄悄"行善"，虽然"爱心"二字说了不少，然而它至多是社会义举的一条花边，从来未敢正论。我们为什么要把自己禁锢得这样可怜呢？资产阶级利用"博爱"欺世，与我们充满博爱精神的正义事业何干！

刘先生说："爱本天然，它是博爱的基础，而博爱是爱的升华。它的特征是给予、奉献、利他和爱人。

"博爱与教育的关系太大了，没有爱就没有教育，而没有爱心的教育多半毫无成效。

"对于教师，没有爱心就不可能具有无私奉献全部智慧学识的职业道德，也就不可能培养出超过自己致用于未来的优秀人才。

"对于学生，没有爱心就没有学习的激情，没有理想也没有追求，最后学无所长一事无成。

"爱是一切工作的巨大动力，是情感和智慧的源泉，是许多优秀品质的肇始，如坚强、乐观、勇敢、正直等等。

"最重要的是，爱是一种力量，是激发创造潜力的伟大力量！

"多爱如是，何谓不博？"

有关"博爱"在教育上的实践，要讲的实事太多了，这里我只好向读者推荐刘道玉的一本专著——《爱的学校》。如能拜读，必大受教益。

## 响起未来的钟声

他的学校有一座铸钟，名为"警钟"，重 1.1 吨。

敲响它本有多种含意，而集中为一就是敲响未来，预示未来在召唤。

直到访谈结束我也没有听到钟声。然而回想他的话却有洪钟敲响的震感。他称自己是"教育救国论者"和"教育危机论者"，两"者"都出自对教育现状的基本判断。他说：发达国家都极为重视教育。美国的两届总统布什和克林顿都说要在任内当"教育总统"。英国首相布莱尔大声疾呼：教育，教育，还是教育！新加坡总理吴作栋的连任口号是：新加坡，第一位的任务是教育；要把新加坡变成"智慧岛"。日本 21 世纪的发展战略是：培养国际通用人才。

那么，我国面向 21 世纪的战略是什么呢？

人们在企盼、在探求！

当全世界都在注视中国为奔向 21 世纪点燃一个又一个火炬的时候，刘道玉注视的是教育这个火炬，他希望这个火炬最大最亮。

当人们高颂"捧起明天的太阳"之时，他祝福它尽快成为事实！

# 刘道玉：一位超前的教育改革家[1]

方可成[2]

## 刘道玉年度汉字：创

我选"创"。在汉语字典中，含有"创"的词汇很多，例如创造、创新、创世纪、创造精神，等等。人类的历史就是一部创造的历史，人类今天享受的所有物质文明和精神文明都是创造的成果。

我们国家2012年取得的所有重大成就都是创造的成果——第一艘航空母舰制造试航是创造，神舟九号与天宫一号在运行轨道对接是创造，蛟龙号深海探到7000米也是创造；我们的奥运冠军林丹、徐莉佳是创造者，莫言先生获得诺贝尔奖也是创造。中国太需要创造、太需要梦想了，我们应当把创造和梦结合起来，以梦带创造，以创造来实现我们每个人心中的梦想，创新不止，创造万岁。

## 致敬辞

担任武汉大学校长期间，刘道玉大力倡导自由开放校风，大刀阔斧改革高等教育，领风气之先。卸职之后，他矢志不渝探索理想教育，抨击教育积弊，呼唤创造性人才培养，言论振聋发聩。他是当代中国最值得记取的大学校长之一，也是最没有权力却最有影响力的教育家。

## 刘道玉与易中天对谈

易中天：1982年也就是30年前，我第一次上您家里去，那时候您是中国最年轻的大学校长，但是家里非常简陋和狭小。我问道："校长您为什么住得这么差？"您说："只要武汉大学教师的住宿问题没有解决，我刘道玉绝不住大房子。"您当年住在那样的陋室里有中国梦吗？

刘道玉：我心中一直有梦，我被任命为校长是48岁。1980年代改革开放和解放思想的氛围非常浓厚，我赶上了那个好时代。我记得胡耀邦同志有一句名

---

1　本文原载于2012年12月6日《南方周末》。
2　方可成，北京大学文学学士，美国宾夕法尼亚大学传媒学博士，原《南方周末》记者，现为香港中文大学新闻学院助理教授。

言：允许改革犯错误，不允许不改革。我坚决响应胡耀邦的号召，尽心实践教育改革。

改革从哪里开始？我认为教育需要自由，自由是教育的核心理念。因此我改革的起步，就是营造武汉大学自由、民主的校园文化。

易中天：您认为，我们的教育、学术怎样才能自由？

刘道玉：关键问题是解放思想，尊重学生的选择权，尊重学生的自由、人格，这是他们不可剥夺的自然权利。


在武汉大学的校园里散步时，老校长刘道玉依然会被许多年轻的学生认出来。虽然他卸任校长已经二十多年了，但这位"永远的校长"留下的武大改革故事，却在一代代学生中口耳相传。

刘道玉是《南方周末》"中国梦"致敬的第二位大学校长（第一位是中国政法大学前校长江平）。2012年11月17日"中国梦致敬盛典"那天，刘道玉还差一周就是80岁生日了，作家莫言托好友、翻译家许金龙送来一幅"打油诗"："先生声名重，改革举大旗。敢为天下先，甘做护春泥。桃李遍九州，文章焕万世。八十正当年，百岁众人期。"

11月24日，刘道玉80岁生日的正日子，大家为他举办了庆祝活动，老校长却又将它变成了一次为教育改革呼喊的机会。在这场以"创造教育"为主题的论坛上，他介绍了自己设计的创新体系。就像他自己所说的，1980年代主政武大期间，他是改革实践的拓荒牛；离开校长职位后，他就成了为中国教育改革昼夜啼叫的杜鹃鸟。

## 校长没有部长权大，但可以做事

南方周末：你的教育理想是从什么时候开始生根的？

刘道玉：我在中学时代读过一本书，叫作《炸药大王诺贝尔的故事》，那时我就希望自己未来能成为一个诺贝尔式的发明家。但是在32岁的时候，我被任命为武汉大学的副教务长，39岁被任命为党委副书记，48岁被任命为武汉大学校长。这就意味着我失去了成为化学家的舞台——化学实验室。

这时我的想法就在转变，从要做一个诺贝尔式的发明家，转化为培养更多的发明创造人才。所以我研究创造教育，通过创造教育能培养更多的学生成为发明家，这比我个人成为发明家的意义更大。

南方周末：在武汉大学任职期间，你曾被借调至教育部工作，出任党组成员和高等教育司司长。但你在工作了两年之后,坚决要求回到武大,为什么不愿意在教育部继续工作?

刘道玉:当时很多人也感到很惋惜,我担任教育部党组成员、高教司司长时才45岁,被认为是年轻有为,提拔副部长指日可待。但我知道,我的性格不适合做官,平生也留下了一个志愿,不想做官,更不愿意做京官——天子脚下难做事,你走快了,说你冒进,走慢了,说你保守。所以自古就有"京官难当"的说法。

当校长当然没有当部长、省长权力大,但是我可以扎扎实实地做番我想做的事业。

南方周末:但是你有没有想过,如果你留在教育部当上部长,甚至到更高层,那就可以更好地推动教育改革,有没有这个可能?

刘道玉:的确有人质疑我:你要当了教育部长,就有更大的舞台,能够领导全国教育改革。我认为这是理想状态,在中国的现实中是不行的。就算我当上了教育部长,也不可能放开手大张旗鼓地在全国搞改革。

南方周末:所以还不如在一个大学里面,好好地把这个大学给改好?

刘道玉:对。为什么在一个大学能够做一些改革的尝试,而在全国不行呢?这就是管理学上的"空隙理论"——在两个圆圈的交汇处有个空白,这个空白就是你的创业机会。我正是在教育部和地方政府这两个"圆圈"之间找到了这样一所大学,可以做我想做的事情,成就了我的改革理想。

## 自由是教育的灵魂

南方周末:在武大任职校长七年多的时间里,你做得最令自己满意的事情是什么?

刘道玉:第一件事就是贯彻了我的自由教育理念,营造了武汉大学民主自由的校园文化。自由是教育的灵魂。我那个时候允许学生不上课,允许学生自由选专业,允许学生跳级,允许学生留长发、穿喇叭裤,允许跳交谊舞、谈恋爱。很多学校晚上十点钟要把电闸拉掉,学生统一作息——都大学生了,干嘛还统一关电灯?学生有的喜欢早睡,有的喜欢晚睡,统一关灯的结果是那些夜猫子躺在床上睡不着。所以我不同意统一关灯,一切都由学生自己决定。

当时有清华大学、中国科技大学、上海同济大学的学生转到武汉大学来,真自由。连北京大学的几个院士都要调到武大工作。

第二件事,我创建了一系列新的教学制度:学分制、插班生制、双学位制、主辅修制、导师制、转学制等等,这些制度,至今还没有人超越,也被别的学校所效仿。

另外,我在武汉大学的时候,始终抓本科教学不放松。为什么? 因为本科教育培养的是大量要走向社会的人才,如果本科教育抓不好,我们为社会提供的就是不合格的产品,甚至是废品。本科教育是大学教育的中心任务,也是短板,用多大的力气来抓都不为过。

可是,我们的重点大学不重视本科教学,有几个大师、几个院士教本科课程的? 这就是所谓的"教学是支出,科学研究是收入"。去年云南大学有个副教授说,我才不会去全心全意地搞教学,那样是"照亮了别人,毁灭了自己"。说这种话的人是个别的,但是重科研、轻教学的思想在大学里是普遍的。这个问题不解决,大学教育质量是提不高的。

**南方周末**:反过来,有没有失败的教训?

**刘道玉**:我最大的失败和损失,就是没有处理好与教育部及省委的关系。我的个性太强,观点太强硬,缺乏灵活性,缺乏策略和变通方法。我曾经跟教育部领导进行了三次辩论,当面拍桌子,指责对方无知、浅薄、偏见。你说有校长敢对上司这样吗? 我跟省委书记也曾拍过桌子。

我的这些性格可能是导致我在校长这个职位上不能持久的重要原因。其实,我个人被免职是小事,因为我本来就不想当官,免职了,我没有任何遗憾,无官一身轻。但是,武汉大学热火朝天的改革事业也戛然而止,很可惜。

**南方周末**:你曾在上级领导面前说教育战线是最保守的?

**刘道玉**:是的。我跟他说:教育是最保守的一个战线,有的官员不学习,不调查研究,不深入基层,不了解情况,高高在上,发号施令,一举手投足皆出错。当然我这话说得很绝对,这跟我的个性有关。我这个人说话不留余地,办事不留后路。说话就要说得明明白白,不像有些人说话爱拐弯抹角。

### 发展 ≠ 改革

**南方周末**:离开武大校长的职位后你又进行了其他的教育改革尝试。

**刘道玉**:我办过新世纪外国语学校,办了六年,想要推行创造教育,因为创造教育要从幼儿开始,这是教育学家、心理学家共同得出的研究结论。有人不理解一个大学校长为何要去办一所中小学,但我是把这所学校作为改革的实验田。

六年的实验,确实获得了丰收。可惜,投资人最初骗我说,他赚了很多钱要投资教育,我信了,结果他是利用教育,空手套白狼赚钱,到了最后入不敷出,学校被迫关门了。这使我很成功的改革实践又戛然而止了,当然令我痛心。

**南方周末**:没有了施展理念的舞台,你就专心从事教育研究工作了。

**刘道玉：**我没有舞台了，就大量写文章，从理论上研究，发现教育改革中的一些问题，并提出个人见解。我出版过一本自传《一个大学校长的自白》（最新修订版改名为《拓荒与呐喊》）。我说我在任就是头拓荒牛，埋头耕耘开拓，被免职以后，我没有舞台了，就变成只杜鹃鸟，昼夜啼叫呐喊，希望唤回改革的春天。

**南方周末：**你在教育研究工作中自认为最重要的成果是什么？

**刘道玉：**我正在写《理想大学》这本书，它是我最想写的一本书，也是我最想留给后世的一本书。这本书会反映我对未来教育的理想。

未来大学到底是什么样子？我设计了一个教育仓储模式。就像仓储超市一样，那里应有尽有，顾客可以任意挑选，不受任何限制。我想未来的学生进入这个教育超市，可以自由选购。我们的领导者负责组织这个仓储超市的各种资源，制订仓储的游戏规则。我们的教师是这个超级教育超市的导购。这是我异想天开的想法，我会把这个教育仓储超市详细地加以描述。

**南方周末：**你如何评价近 20 多年来的教育改革成果？

**刘道玉：**应该说我们的教育有发展，办学的条件有提高，教育经费有很大的增长，硬件设备有很大的改善。这是这 20 多年教育发展的成就，我们有目共睹。

但这是发展，还不是真正的改革。改革和发展不是一个概念。发展是数量的增加、规模的扩大、条件的改善，而改革是质的改变。有位教育界的领导曾说，我们国家"两基"的达标率都超过 95％，就是教育改革成功的表现，这就混淆了改革和发展的界限。

另外，高等教育质量下降了。举一个简单的例子，现在大学学制是四年，八个学期。第八个学期，绝大多数大学都不上课了。我 1980 年代当校长时，第八个学期，不到 7 月 15 日，学生拿不到毕业证。现在是 3 月就"放羊"了，美其名曰是让学生去找工作。你说怎么能保证质量呢？用产业上的话，就是偷工减料。所以行家们认为，现在的硕士不如 1980 年代的本科毕业生，现在的本科生不如解放初期的高中生。

当然，很多人可能不同意我这个观点。你看看报纸上，我们的校长们、教授们，一天到晚都在赞颂现在教育的大好形势，获得了巨大成就，这就是看问题的角度不同。17 世纪法国有一个画家，叫夏尔丹，他说过一句话，观察事物是重要的，观察事物的角度同样重要。对同样一件事情，对同样一个现象，看法不同，得到的是迥然不同的结论。

### 改革者的意义

**南方周末：**你有没有想过，回顾这一辈子，如果没有选择教育，你会是什么样的一种人生状态？

**刘道玉**：当然想过。如果我没有回武汉大学，而是在留苏回国之后接受周总理的建议进入军事科学院，那么我会成为一名将军。如果我没有被任命为武汉大学的校长，而是在学校从事化学教学研究工作，我可能会成为一个比较有成就的化学家。

我这一生，离不开一个苦字，从小在农村受苦，读大学又是十年寒窗苦读，被历史推到大学校长岗位上，又是埋头苦干。我的书房虽然不大，但还有个书斋的名称，叫"寒宬斋"。"寒"就是"梅花香自苦寒来"的"寒"。"宬"，就是藏书的房子。书房当然是要藏书的，但是我这里用这个"宬"字，别有一番用意——反映了人的成功道路，你要想成功，就必须掀掉头上的盖子（宬字是在成字上面加一个宝盖头，去掉了宝盖头就是成功的"成"了）。

**南方周末**：你曾说自己这一辈子"什么都超前"：32 岁当副教务长，39 岁任武大党委副书记，45 岁当教育部高教司司长，48 岁当武大校长，54 岁被免了校长职务。那么，你认为自己现在所提的很多教育改革建议是不是也"超前"了？

**刘道玉**：我自认为是一个超前的人，任职超前，思想也超前。现在很多校长54 岁才正式出任，而我已经被免职了。

我觉得理想主义者和现实主义者最大的区别就是，理想主义者对现实的很多东西总认为不完美、不满意，总要想改它，追求事物最完美的状态。而现实派认为现成的东西都是合理的。培根有一句名言：新东西再好，人们也会因为不适应它而反对它；旧事物尽管有很多问题，但因为人们适应它，所以愿意保护它。

但是改革者和理想主义者的意义是什么？理想主义者存在的价值，就是让后人沿着他们的足迹前进。他们可能看不到自己的成果，他们可能还没有看到曙光就已经被浪潮淹没了，但是后人将会沿着他们的足迹前进。

## 梦魂萦绕系教育

——记著名教育家刘道玉的人生追求[1]

杨小岩[2]

刘道玉本不是武汉人,但武汉作为他的第二故乡已是不争的事实。他出生在鄂西北枣阳县蔡阳乡以北的刘家坡。环境的险恶,生活的艰辛,塑造了当地人刚强忠厚不怕牺牲的精神,也赋予了刘道玉勤奋刻苦、求变创新、诚实朴素、刚正不阿的坚强性格。刘道玉的夫人刘高伟是武汉人,对枣阳出生的刘道玉的评价是相当中肯的,她说:"刘道玉既有农民那种不怕吃亏的憨厚,又有中国文人宁折不屈的傲骨!"真是知刘道玉者,莫过其妻也。这大概就是刘道玉梦魂萦绕系教育、无怨无悔搞改革的精神能源吧!

### 一张录取通知单,定下了刘道玉终身的武汉情缘

刘道玉出身贫寒,从小就崇尚寒窗苦读,成绩优秀。他特别热爱田园生活,冬去春来,雷电风雪,地转星移,干旱水涝……这一系列扑朔迷离的自然现象,使他幼小的心灵对宇宙的奥秘产生了好奇。高考的时候,他毅然报考了南京大学天文系。可是,不知为什么,他却被录取到了武汉大学化学系。一张录取通知单竟定下了刘道玉终身的武汉情缘。国家的需要,强烈的事业心,不允许刘道玉有丝毫的犹豫和懈怠,他拿着录取通知单,高高兴兴地来到了武大化学系学习。后来,他写了一首诗:"金秋时节进珞珈,许把青春铸才华。校园处处留足迹,文章篇篇汗水洒。"这首满含深情的诗,充分表达了刘道玉勤奋向上、励志成才的强烈愿望和坚定信念。

大学生活是清苦的。从农村来的刘道玉,生活更是清苦。5 年共有 10 个寒暑假,但离武汉只有 380 公里的枣阳家乡,刘道玉一次也没有回去过。这并不是刘道玉不思念家乡和家乡的亲人,而是因为他实在是太穷了,买不起回家的车票,十分有限的一点助学金,他都节约下来买了书,这也是因为他如饥似渴地追求知识,想利用寒暑假多读一点书。对刘道玉来说,每年的寒暑假,就是他的第三个学期。假期中,或拜师求教,或专攻外语,或开展业余科学研究,或贪婪地阅读各种课外

---

1 本文原载于《武汉春秋》1999 年第 1 期。

2 杨小岩,武汉大学出版社教授、正编审。

读物,学得扎扎实实、生动活泼。

五年的大学生活,除认真搞好课堂学习之外,就是强调自学。他非常仰慕自学成才的华罗庚、王力和叶圣陶的自学精神。他把老师的课堂讲授当成自己学习的入门和方法,并利用这些方法,进行广泛的课余阅读,不断学得更多的知识。他开始对化学发生了兴趣,原子结构、分子轨道、电子理论、新兴材料、奇异的化学变化……对他都产生了极大的吸引力。在大学三年级的时候,刘道玉就组织了业余科研小组,带领周围同学围绕着不明白的问题进行学习和探讨,他深入地探讨了门捷列夫的元素周期表,把祖国资源、矿产分布与元素周期表结合起来,绘制了一张新的图表,既形象又利于记忆。

刘道玉的毕业论文是在中国科学院大连石油化学研究所撰写的,他的导师就是郭沫若的大儿子郭和夫,小导师是张晏卿。从郭老师那里,他学到了许多基本的科学思维方法,并且完成了《硫化物对于铂重整催化剂中毒影响研究》的毕业论文,发表在《武汉大学学报》上。刘道玉大学毕业时,正是第一个五年计划末期,沸腾的建设、工业的宏图,都给了他极大的鼓舞。他特别向往祖国的北疆风光,向往克拉玛依大油田,他填报的第一个毕业志愿就是克拉玛依,但是因为成绩优异和工作需要而留在武汉大学化学系任教。恰好这时,他又找到了武汉籍的同班同学刘高伟做女朋友,两人双双留校工作。这样,他与武汉又一次结下了不解的情缘。

### 婉谢周总理的关心和安排,决心执教于学于斯、长于斯的母校

1961 年元旦,刘道玉和刘高伟举行了简朴的婚礼,开始了互敬互爱、比翼双飞的新生活。婚后不到一个月,刘道玉就通过选拔和考试,被派往北京留苏预备班学习。当时,预备班共有 180 人,学习是相当紧张的,不仅要学好俄语,还要学好费尔巴哈和黑格尔的哲学。这几门功课,刘道玉都以全优的成绩通过。鉴于当时中苏关系日趋恶化,苏方对我国派出留学生计划未作答复,因此,预备部宣布请大家回原单位边工作边等待。出人意料的是,刘道玉一人被留了下来,并告知他已被苏联科学院元素有机化学研究所接受为研究生,并要他尽快动身赴苏。从接到通知到出发,不足半个月,实在太仓促,刘道玉甚至连回家探亲的时间都没有,妻子刘高伟只好赶到北京送行。

1962 年 2 月 10 日,刘道玉踏上了北去的国际列车。7 天后,列车抵达莫斯科。

在研究所里,刘道玉攻读副博士,导师是带有中将军衔的苏联科学院院士、国际著名的有机氟化学家克努扬茨。一开始,导师就向刘道玉提出了三条要求:一是必须通过元素有机、有机化学、有机结构理论三门研究生课程的考试,但院士不

上课,不规定教材,也不规定考试时间,完全靠自学;二是独立设计一个研究课题,提出课题报告,经导师同意后独立完成;三是独立完成一个富有创新意义的研究成果,并通过副博水平的论文答辩。导师每月会见他一次,听取他汇报学习和工作的进展情况,其余时间由小导师、院士的助手们具体指导。任务相当繁重。从一开始刘道玉就采取了与众不同的方法,他把备考与研究结合起来,边备考,边研究,齐头并进,充分利用有效时间。这样,在短短一年半时间里,他自学完了导师指定的三门课程,阅读了大量科学文献,写出了 10 本读书笔记,同时还写出了 3 篇论文初稿。

1963 年,刘道玉被选为苏联科学院中国留学生学生会主席兼党支部书记。当时,中苏论战十分激烈。苏方完全封锁新闻,留苏学生不时受到骚扰。为了维护祖国的尊严、留苏学生的新闻自由和人身安全,坚决反击苏方反华的嚣张气焰,刘道玉除了平时积极向苏联朋友宣传中方的观点以外,主要进行了两项大的活动:一是在全苏工会为庆祝"五一"国际劳动节而举行的招待会上,他以中国留学生学生会主席的身份发表了演讲,揭露苏方疯狂反华的恶劣行径,并全面阐述中方立场;二是他率领两位同学去苏联科学院主席团会见秘书长,除当面阐述中方立场外,还强烈要求苏方必须立即停止对中国留学生的新闻封锁和骚扰。会见是在激烈的辩论中进行的,气氛之紧张和言辞之激烈是可想而知的。

刘道玉的爱国正义行动激怒了苏方。6 月 28 日,刘道玉和 4 个大使馆工作人员,被苏方宣布为不受欢迎的人并限定 48 小时离境。6 月 30 日,刘道玉等一行 5 人乘图 104 飞机离开莫斯科,7 月 1 日返回北京。北京机场上红旗飘扬,锣鼓喧天,刘道玉等一行 5 人受到了首都各界群众数千人的热烈欢迎。当刘道玉等人走下飞机舷梯时,接受了少先队员们献的鲜花。陈毅、陆定一等领导人一一和他们握手,并亲切地说:"欢迎你们回到首都来,修正主义不欢迎你们,祖国人民欢迎你们!"

7 月 3 日,敬爱的周总理在人民大会堂接见了他们,并询问了每一个人的情况,对刘道玉的询问更是具体。当周总理知道刘道玉是学有机氟化学的,同国防工业关系密切,就对刘道玉亲切地说:"我建议你到中国军事科学院工作,你愿意吗?"刘道玉说:"谢谢总理的关怀,我是武大培养的,我想,还是回去报效母校。"总理说:"那也好,我不勉强你。"就在总理接见刘道玉后不久,正在北京颐和园休养的武汉大学校长李达约见了刘道玉,并设晚宴招待。李达校长深有感触地对刘道玉说:"武大是一所很好的学校,但是 1957 年以来,一直受到极左思潮的干扰。1958 年,搞浮夸,拔白旗,严重地挫伤了知识分子的积极性,希望你回武大后,加强师资队伍建设,为提高武大的教学质量和学术水平作出贡献。"老校长语重心长的话语,使刘道玉深受感动,他终于回到阔别 3 年的武汉大学,开始了他的教学生活。

## 不辞而别教育部,振兴武大显身手

1977 年 4 月初,身为武大党委副书记的刘道玉正在襄阳分校抓点,揭批与"四人帮"有牵连的人和事,突然接到党委书记纪辉的电话,告诉他刚刚接到教育部的通知,要借调他去参加筹备全国教育工作会议。4 月 15 日,刘道玉赶到教育部报到。教育部部长刘西尧对他说:"调你来主要是调查研究,起草全国教育工作会议的报告和文件。"

大约两个月后,刘道玉又突然被任命为教育部党组成员、高教司司长。刘道玉对此毫无思想准备,便找刘西尧部长反映。刘西尧说,这是中组部决定的,是工作需要。刘道玉只好又去找中组部,以组织关系不在北京为理由,希望完成筹备工作后回武大。中组部干部局局长张长庚对他说:"组织关系不在北京,并不影响对你的任命,回武大是不可能的,希望你尽快把关系转到教育部,安心工作。"刘道玉就这样被"逼上了梁山"。

刘道玉在教育部工作了两年,参与了教育改革、拨乱反正恢复统一高考、推翻"两个基本估计"等一系列重大决策活动;主持召开了全国部分综合大学教学工作座谈会,文科、理工科等大大小小各类分科专题座谈会、工作会,并且都取得了圆满的成功。1978 年 4 月 22 日至 5 月 16 日,刘道玉参加筹备的全国教育工作会议终于胜利召开了。作为大会秘书长,刘道玉参加了大会文件起草和全部筹备工作,他提出的关于实行学分制、走读制、建立高等学校出版社和恢复学报的建议,均被大会文件采纳了。

两年来的超负荷工作,使刘道玉这个铁打的汉子病倒了。经检查,发现他的左肺上有个鸭蛋大的阴影,值得庆幸的是肺癌细胞检查呈阴性,最后结论为大叶肺炎。经用强磁场消炎,刘道玉很快病愈出院,回汉休养。这时,他向教育部党组呈送了一份辞职报告,幸获批准。从此,他就结束了教育部的"临时工"生涯。

1979 年,刘道玉回到武汉,经过短暂休息,便被任命为武汉大学副校长、党委副书记。1981 年 8 月 23 日,《人民日报》头版刊载了国务院正式任命刘道玉为武汉大学校长的报道,那一年他刚刚 48 岁,是我国最年轻的大学校长,也是我国解放后自己培养的大学生中第一个担任重点大学校长的人。

刘道玉深知自己肩上担子的份量。在这段时间里,他首先重点抓了调查研究,追根求源,要弄清楚武汉大学落后的原因何在,并寻找振兴武大的具体对策。他先后走访了周如松、韩德培等著名专家、学者 36 人,同时找了不少干部、工人和学生谈心。从和他们谈话的过程中,刘道玉逐步认识到,武大之所以落后,根本原因在于以下三条:一是 17 年来,特别是 1957 年以来极左思潮的严重干扰,使运动不断,斗争频繁,搞得知识分子人人自危,严重挫伤了他们的积极性;二是宗派主义严重,拉山头,排斥异己,结党营私,顺我者昌,逆我者亡;三是学风保守,闭关自守,近亲繁殖,夜郎自大,不和外校交流,以至于人才流失,没有后劲。针对这些问题,刘道玉提出了"卧薪尝胆,埋头苦干,十年生聚,十年雪耻"的响亮口号,明确规定学校既是教学中心,又是科研中心,凡是教授、副教授,5 年内一定要出版一本学术专著,写不出学术专著,教材和教学参考书也成,科普和小人书也成,如果连这个要求也达不到,就请你自己抹去教授的头衔。同时,刘道玉狠抓重点学科建设,大搞教育改革。在他的领导和推动下,学校先后实行了学分制、双学位制、导师制、插班生制、主辅修制、贷学金制和转系转专业制等使人仰慕的改革,而且初战告捷——学校接连 7 次荣获国家技术发明奖,教师中有 300 多部学术专著出版,几千篇学术论文在国内外著名刊物发表,出国留学生考试成绩连年名列前茅。一个以生命科学、空间科学、材料科学、外国问题研究和中国传统文化研究为特色的多学科、多功能的综合大学办学模式开始初步形成,武汉大学终于打了一个翻身仗,名列全国"重中之重"的重点大学行列,成为全国教育改革的一面旗帜,被人们誉为全国高校中的"深圳特区"。

### 进京上访,不当市长,愿做市府智囊团

1983 年 3 月,中央派出了以中央办公厅副主任陈伯村和外交部副部长张灿明为首的工作组,对湖北省和武汉市的领导班子进行考察和配备。一天,张副部长突然通知刘道玉到东湖宾馆谈话。刘道玉心中无数,不知发生了什么事。当他到达后,张部长对他说:"中央已决定,要你出任武汉市委副书记兼市长,已形成纪要,今天给你吹吹风。"刘道玉对此完全没有思想准备,听后马上陈述道:"我感谢中央对我的信任,我深知市长的责任重大,要对党和全市 300 多万人民负责,我确实担当不了此职,恳请中央不要下文,否则组织上和我个人都会被动的。"当时,刘道玉振振有词地陈述了 5 条理由,证明他不能当市长。接着,刘道玉还风趣地说:"武汉、湖北乃鱼米之乡,现在市民们抱怨有米无鱼,如果要我当市长,恐怕会弄得市民连米也没有吃的喏!"张部长听后笑了,但他说:"这些不成理由,你的陈述恰恰证明了你有当市长的才华。"刘道玉还是坚持道:"张部长,请您向中央反映我的

恳求,千万不要任命。"然而,张灿明副部长严肃地说:"这个我不能反映,我只有执行中央决定的义务。"不过,他又补充道:"你个人有权向中央反映嘛!"

回到家里,刘道玉找夫人刘高伟商量后,决定马上向上级反映,并买好了3月24日晚赴京的火车票,还恳请邓垦同志给中组部部长宋任穷写了一封介绍信。就在去火车站的前半个小时,他接到了陈伯村主任的电话,陈主任笑着说:"道玉同志,你把火车票退了,我们再谈一谈。"刘道玉如同丈二的和尚摸不着头脑,急着问道:"为什么?"陈主任在电话里笑着说:"你不要'上访'了,上面已经知道了。尽管我们没有答应你向中央反映,但我还是向中央报告了。任穷同志把你的意见汇报给耀邦同志了。耀邦同志很重视,同意了你的请求。耀邦同志说:'既然他不愿意搞,就不要为难他了。现在高等教育战线也十分缺乏干部,他有志于高等教育改革,就请他留在大学搞吧!'听后,刘道玉真是喜出望外。对此,一位知情人士说:"从来只有为落实政策而上访的,没听说为不愿当官而上访的,至少当代没有,这大概又是刘道玉的创造吧!"

刘道玉虽执意不当市长,但他对武汉市的建设十分关心。有一次他向中共武汉市委第一书记王群建议成立一个咨询机构,利用"外脑",对政府的重大决策起智囊作用,王群同志立即同意。于是1983年秋天,武汉市人民政府咨询委员会正式成立,这是全国成立最早的一个咨询委员会,刘道玉被聘为咨询委员会主任,充当了市政府首脑们的智囊人物。

为了搞好咨询工作,刘道玉不仅反复征求专家学者的意见,还经常深入到工厂、学校、农村、商店进行考察,积极组织咨询委员会的专家开展武汉市经济社会发展战略的大讨论。他认为要讲战略,发展高新技术,迎接新技术革命的挑战,这是最大的战略,应当依靠东湖地区的智力密集的优势,建立东湖新技术开发小区,以带动武汉地区乃至于华中地区的经济发展。武汉市委书记王群同志听完刘道玉的建议后,立即拍板同意,并决定上报国家科委。省、市主要领导及有关同志,往返于武汉、北京之间,多方征求意见,广泛开展论证,大约经过两年的持续努力,刘道玉倡议的"武汉东湖新技术开发区筹备办公室"正式挂牌了,随后东湖新技术创业中心、东湖创业者协会也相继成立,刘道玉又被推举为武汉创业者协会理事长、东湖新技术密集小区专家委员会主任。

刘道玉领导的武汉市政府咨询委员会的工作是相当出色的。他组织专家为武汉市的重大决策进行咨询论证,先后开展了两通起飞、"招标投标法"、"目标成本控制法"、投天河机场、武汉港客运码头建设的论证,所有这一切,都取得了可喜的成绩,因而受到武汉市政府和广大人民群众的高度评价,刘道玉的咨询委员会主任一干就是 10 年。对此,刘道玉自得其乐地说:"这既是我的情趣,也是对武汉人民的报答。"

## 哪里也不去,决意把教改实验田种在武汉

正当刘道玉身体力行、雷厉风行地推进教育改革并且取得显著成绩的时候,一纸突然来到的传真文件,不明不白地免掉了他的武汉大学校长的职务。在宣布前,刘道玉对此一无所知,此事在社会上也引起了巨大的反响。

事后,国家教委干部司的负责人找刘道玉征求意见,想为他安排工作,刘道玉一一拒绝了。中央政治局委员、国务委员、国家教委主任李铁映专门约刘道玉到北戴河谈话,也想为刘道玉安排工作,刘道玉对李铁映的关心表示感谢,但以身体健康为由谢绝了。后来,海南建省时,许世杰邀请刘道玉去海南访问,意欲安排他到海南大学当校长。另外厦门大学、广西北海大学都盛情邀请刘道玉去当校长,甚至美国印第安那大学也来函邀请刘道玉去竞选该校校长。对所有这些安排,刘道玉都没有应允。

刘道玉之所以不愿到别的地方当校长的一个重要原因,就是他热爱家乡,热爱生他养他的这一片热土。自古以来,惟楚有才。集荆楚之英才而教之,实在是人生之一大乐趣也。刘道玉因此更加坚定了自己的决心:哪儿也不去,就把教育改革的实验田种在武汉,把自己的智慧和精力贡献给荆楚大地。

1994 年,刘道玉终于创办了"武汉路石教育改革基金会"。这个基金会之所以以"路石"为名,来源于他的学生喻杉的小说《女大学生宿舍》中以他为原型的校长路石。路石,道玉,既贴切,又对仗工整,其意不言自明,是指刘道玉和他的同事们乐于为教育改革、为创造型人才的成长、为迈向 21 世纪铺路奠基,无私奉献。

在基金会的基础上,刘道玉又联合武汉红康发展公司创办了武汉新世纪外国语学校。曾有些好心的朋友劝刘道玉说,作为一个著名大学的校长,一个堂堂的教育家,为什么热心去办一所中小学呢? 刘道玉不这么看,他说在中外教育史上,很多先进的教育家和思想家,在推行他们的教育思想时,大都创办了以改革为特色的实验学校,象古希腊的"柏拉图学园",捷克的"夸美纽斯实验学校",美国的"杜威实验中学",中国陶行知的"晓庄师范",等等。创办武汉新世纪外国语学校,这是刘道玉为自己设计的一块教育改革实验田。刘道玉宣称,他所继承的是从"柏拉图学园"到"晓庄师范"这一古今中外实验教育的丰富遗产,他所瞄准的是 21世纪教育新格局,他要达到的是培养新世纪需要的创造型人才,而所有这一切,在旧的教育体制中是难以预期的。

在结束采访时，刘道玉捧出了他的学术专著、论文和国内外各种期刊上发表的文章珍藏本，其中我特别喜欢他在《武汉晚报》副刊上发表的题为"说梦"的散文。他说："近年来，我想得最多的还是教育改革，只要一有机会，我还是著文直抒己见，我对教育改革的执着追求，并未因为考虑个人的安危而受到影响，它像梦魂一样萦绕着我的全部情怀，如果说做'梦'的话，这就是我多年来所幻想的一个'梦'。"是的，刘道玉是一个著名的教育家、思想家，也是一个著名的梦想家，我们坚信他的梦想是一定会变成现实的。这不仅因为他脚踏的是自古以来一直孕育英才的荆楚大地的沃土，而且因为他有一颗执着追求理想、顽强为真理而拼搏的黄金般的心。

# 后　记

　　2018年是武汉大学78级入校40周年,各院系的校友纷纷举行聚会活动,我也轮番地被邀请参加。但是,中文系78级的校友没有举行大型的聚会活动,而是由李昕、李军、方方、杨胜群、乔以钢五位校友相约,于10月3日下午来寒舍探望。他们要么是著名作家、学者、出版专家,要么是高官,令我十分感动,也让我切身地体会到:"为师的最大的幸福是培养出值得自己崇拜的学生"(陶行知语)。

　　李昕于1952年出生于北京清华园,1978年他以初中毕业生的知青身份考入武汉大学中文系,毕业后在人民文学出版社任编辑、编辑室主任和社长助理。1996年被派往香港,先后任香港三联书店副总编辑和总编辑。2005年奉调回北京,先后任北京三联书店副主编兼副总经理,后任总编辑。他是著名的出版专家,享受国务院特殊津贴,曾被南开大学等多所大学聘请为兼职教授。出于职业的原因和师生之情,他说在退休以前,最想做的一件事情,就是为校长编辑和出版一部著作。之后,我与李昕有多次联系与交流,这就是我整理、编辑和写作《论爱的教育》一书的缘起。

　　这本书稿辑成于特别的时期,大体上用了三个月的时间,我于2019年12月下旬辑成,于12月29日将书稿发给了李昕,他立即推荐给上海三联书店黄韬总编辑,而黄总十分慷慨地表示愿意出版拙著,并很快完成了申报选题工作并寄来了出版合同。

　　不料,12月30日夫人重病复发,不得不住进武大人民医院光谷分院,我也一同陪伴住院。更不幸的是,我于2020年1月10日发高烧,体温达到39.5℃。当时武汉已有关于SARS病毒肺炎流行的传言,也有人担心我是否会被感染这种病毒性肺炎。幸好是住在医院，各种检查十分方便，经过血检证明我是患了甲型流感，注射了 3 天头孢抗生素，我的体温迅速恢复了正常，又经过一周的巩固与恢复，我们夫妇于 1 月 17 日出院。这时关于武汉流行新型冠状病毒肺炎的事实已被证实，我们自知是高危被传染的人群，出院后也只能居家自我隔离。

这次新型冠状病毒肺炎的传播极为迅速，武汉是疫情爆发的中心，在紧急情况下，于 1 月 23 日宣布封城，企图以限制人员的流动切断传播链。随后，全国各省市医院纷纷施援武汉抗疫。与此同时，全国各地也都采取了各种措施，救治被感染的危重病人，尽力遏制疫情的蔓延。全国上下同心协力，经过 3 个月的奋战，全国疫情基本得到了遏制，部分地区陆续开始恢复工作。3 月 24 日，黄韬总编辑来信称："今天我们社全面复工。我已安排我社资深编辑匡志宏负责您大作的出版工作，她会跟您联系。祝您安康！"

今年 3 月 26 日，我与匡志宏女士取得联系，她在审阅了初稿后在给我的来信中写道："在您的鼓励下，我斗胆对您的书稿又做了一些调整，包括书名、章节名、文章排列等，并删减了一些与主题相关度不高的内容。"我在回信中写道："我十分荣幸你作为拙著的编审，如果把这本书稿比喻为一个襁褓中的婴儿，我就诚请你给她哺育和打扮，就像你自己的孩子一样。"她当即回复写道："如果说现在这本书还是襁褓中的婴儿，那它已经有了优秀的基因，我所能做的是让它更加眉清目秀，更加人见人爱罢了。"

在近两个月中，我们先后互通邮件 12 封，经过反复的磋商，我们取得满意的共识。为了使得这本书的内容更充实，我又在五一节前后新写就了 5 篇文稿，之所以这么快写出这些文章，是因为文成于思，我早已有了腹稿。与此同时，我又从过往的文稿找出了 10 篇与本书主题密切相关的文稿，总共约 6 万字。这是在志宏编辑的激励下催生出来的。对此，她给予了充分的肯定，说我真正地过了一个劳动节。

上海三联书店是一家久负盛名的老牌出版社，以严谨、务实、高质和高效而著称，因而拙著得以顺利出版。在此，我谨向黄总编辑、匡编辑、李编辑以及所有为本书作出贡献的美编、勘校各位同仁表示真诚的感谢。李昕校友兑现了他的诺言，我借机对他的推荐表示谢意！

本书出版于特殊时期,我谨以此书献给为全国抗疫作出贡献的医务人员、军人、警察、建筑工人、环卫工人和物资供应部门的广大员工,尤其是那些为抗疫而献身的英雄们!同时,我以沉痛的心情,借机凭吊在疫情中遇难的全国同胞们!

作者　谨识

2020 年 5 月 20 日

珞珈山寒宬斋